中國社會科學引文索引（CSSCI）來源集刊

# 簡帛研究

## 二〇一六 ·秋冬卷·

中國社會科學院簡帛研究中心
中國社科院歷史所戰國秦漢室
出土文獻與中國古代文明研究協同創新中心

楊振紅　鄔文玲　主編

廣西師範大學出版社
·桂林·

圖書在版編目（CIP）數據

簡帛研究. 2016. 秋冬卷 / 楊振紅，鄔文玲主編. 桂林：廣西師範大學出版社，2017.1
ISBN 978-7-5495-9651-5

Ⅰ. ①簡… Ⅱ. ①楊…②鄔… Ⅲ. ①竹簡—中國—文集②帛書—中國—文集 Ⅳ. ①K877.54-53

中國版本圖書館 CIP 數據核字（2017）第 066352 號

廣西師範大學出版社出版發行
（廣西桂林市中華路 22 號　郵政編碼：541001
網址：http://www.bbtpress.com）
出版人：張藝兵
全國新華書店經銷
衡陽順地印務有限公司印刷
（湖南省衡陽市雁峰區園藝村 9 號　郵政編碼：421008）
開本：889 mm × 1 194 mm　1/16
印張：18.5　　　字數：500 千字
2017 年 1 月第 1 版　　　2017 年 1 月第 1 次印刷
印數：0 001～1 200 册　　定價：100.00 元

# 目　録

# 釋《上四·昭王毀室》簡5的"尃"字*

北京師範大學文學院 張峰

**内容提要** 上博簡第四册《昭王毁室》簡5諸家釋爲"事"的字應改釋爲"尃",與簡4"塼"意思一樣,均應讀爲"祔",訓爲合葬。如此釋讀,也能得到相關文獻的支持。

**關鍵詞** 昭王毁室 事 尃 合葬

《上海博物館藏戰國楚竹書(四)·昭王毀室》(以下簡稱《上四·昭》)5有一句話:"曰:虗不知其尔蕤,尔古須既禬安從事。王遅尻於坪澫卒以夫₌歆₌於坪澫。因命至俑毁室。"整理者陳佩芬將這句話斷讀爲:"曰:吾不知其尔葬,尔古鬚既格,安從事。王徙居於平漫,卒以大夫飲酒於平漫,因令至俑毁室。"并訓"古鬚"爲"古稀",謂人年七十爲古稀;將"安"訓爲"於";將"從事"訓爲"治事"。[①]後來孟蓬生、劉樂賢、董珊、陳偉、張崇禮、單育辰、黄人二等均對此句有過研究,[②]梁靜對之前的各家説法也有過集釋。[③] 其中争議較大的是"尔古須既禬安從事"這句話的釋讀。

---

*本文是2015年國家社科基金西部項目"戰國楚簡所見《詩》類文獻整理與研究"(15XYY009)階段性成果;中國博士後科學基金第57期面上資助項目"清華簡《詩》類文獻整理與研究"(2015M570952)階段性成果。

① 馬承源主編:《上海博物館藏戰國楚竹書(四)》,上海古籍出版社,2004,186頁。

② 孟蓬生:《上博竹書(四)閒詁》,簡帛研究網,2005年2月15日。劉樂賢:《讀上博(四)札記》,簡帛研究網,2005年2月15日。董珊:《讀〈上博藏戰國楚竹書(四)〉雜記》,簡帛研究網,2005年2月20日。陳偉:《關於楚簡"視日"的新推測》,簡帛研究網,2005年3月6日,又收入其著《新出楚簡研讀》,武漢大學出版社,2010,189頁。張崇禮:《讀上博四〈昭王毀室〉札記》,簡帛網,2007年4月21日。單育辰:《占畢隨録之五》,復旦大學出土文獻與古文字研究中心網,2008年1月17日。黄人二:《上博藏簡〈昭王毀室〉試釋》,《考古學報》2008年第4期,461-473頁。

③ 梁靜:《上博(四)〈采風曲目〉等六篇集釋》,武漢大學碩士學位論文,2006,37-47頁。

(1)孟蓬生指出“蕣”當讀爲“墓”;“古須”當讀爲“姑須”,義爲“姑且等待”;“安”,用同“焉”,訓爲“乃”。句子意思是“你姑且等落成典禮之後再遷葬你父親的遺骨吧”。

(2)劉樂賢也認爲“蕣”讀“墓”,“古須”讀“姑須”。

(3)董珊將這句話讀爲“尔古(胡、何)須(待)既䘳(落)安(焉)從事?”意思是“你怎麼待到已經落祭纔來呢?”認爲含有輕微責怪的意思。

(4)陳偉讀爲“尔胡䰅既落焉從事?”後又讀爲“尔故須既爲從事?”

(5)張崇禮讀爲“尔姑須,既落,焉從叀。”將諸家釋爲“事”的字改爲“叀”,認爲即《周禮·春官·小宗伯》“卜葬兆,甫竁,亦如之”之“甫”,鄭玄注“甫”爲“始也”是不正確的,應訓爲“挖墓穴”。“從叀(甫)”指的是(王)同意尔(即簡文的“君子”)挖墓穴,簡 4“私自塼”指的是“私自挖墓穴”。後來放弃這種觀點,將二字均改讀爲“敷”,訓爲陳,“私自塼”意思是“私自來向君主報告這件事”;“從敷”意思是昭王“批准了君子的報告”。[1]

(6)單育辰讀爲“尔姑須,既落,焉從事”,將“塼”讀爲“祔”。

(7)黄人二讀爲“尔古䰅既格,焉從事”,訓“焉”爲“則”。將簡 4 的字釋“塼”讀“摶”,訓爲“聚”,指的是“摶聚一起并葬”。

按,諸家釋爲“事”或“塼”、“塼”的字分别作:

(下用“A”代替)　　(下用“B”代替)

兩者對比我們認爲前者當從張崇禮釋爲“叀”,與後者右側所從相同。理由如下。

先來看楚簡標準的“事”字:

(包 213)　(上四·内 6)　(清壹·皇 1)　(上五·姑 7)

而“叀”除了上舉“塼”所從外,楚簡還作:

(清壹·金 4)　(上九·陳 11“敷”所從)　(上九·舉 31)

兩者相比,很明顯區别僅在中部:“事”中間類似“甘”形,楚簡無一例外;而“叀”中間所從或爲“田”形,或爲“日”形。“叀”金文作:

(毛公鼎 集成 2841B)　(柞伯鼎)　(王孫遺巤鐘 集成 261.2)[2]

---

① 參見張崇禮《釋〈景公瘧〉中的“敷情不偷”》,簡帛研究網,2007 年 7 月 30 日;單育辰《占畢隨録之五》文後張崇禮評論。

② 字形參見董蓮池編著《新金文編》,北京:作家出版社,2011,374-375 頁。

"尃"本從又,"甫"聲(而"甫"又是從田的),甫旁上部或聲化爲"父"。[①] 楚簡中間所從的"日"形均爲"田"的訛書,這種現象楚簡常見,尤其表現在合體字中,筆者有過詳細的論述。[②] 這裏試舉幾例以見一斑(前者爲正體,後者爲訛體)。

奮:(上五·三1) 　　(郭·性34)

畜:(上三·周20) 　　(上六·用8"蓄"所從)

廟:(上三·周42)　　(清叁·琴10)

當然,還有很多本從類似"日"形的部件,却訛成"田"形,如:

壴:(上一·孔14"鼓"所從) 　　(清肆·筮58)

莫:(上五·弟8) 　　(上五·姑4)

良:(清壹·皇8) 　　(清壹·耆14)

可見楚簡合體字中"田"形、"日"形之間常互訛,無别。A所從中部形最上部一筆與下面的形筆畫乃一筆,顯然不是"事"所從的類似"甘"形。張崇禮説:"仔細核對照片,發現此字中間還有一豎",查驗圖版,發現A字中間横筆下面確有一豎筆,上部似没有。有兩種可能:一是上部筆畫殘,那麽中間是"田";二是横筆下面的豎筆屬於竹簡瘢痕,則爲"日"。若是前一種,則是"尃"無疑;若是後一種,所謂的"日"實際爲"田"的訛書,形體與上舉(上九·舉31)相同。此類訛書也發生在《清壹·祭》18的"尃"上,其辭例爲:"曰:'三公,求先王之恭明德。'"今本《逸周書·祭公》無此句話,整理者釋爲"事"。[③] 從文義及字形上

① 參見黄德寬主編《古文字譜系疏證》,北京:商務印書館,2007,1645-1646頁。

② 參見張峰《楚系簡帛文字訛書研究》,長春:吉林大學博士學位論文,2012,48-49頁。另外,一些相關論著或多或少提到過古文字或戰國文字中的此類現象,如劉釗《古文字構形學》,福州:福建人民出版社,2006,337頁;劉雲《戰國文字异體字研究——以東方六國文字爲中心》,北京大學博士學位論文,2012,119-120頁;何家興《戰國文字構形研究》,復旦大學博士後出站報告,2012,111-128頁;孫合肥《戰國文字形體研究》,安徽大學博士學位論文,2014,499-510頁。具體可參看張峰論文"綜述"部分所引,不再贅述。

③ 李學勤主編:《清華大學藏戰國竹簡(壹)》,上海:中西書局,2010,175頁。

看,明顯是"尃"字,讀爲敷。[①] 亦是中間發生訛書。

諸家之所以將A釋爲"事",除了字形相近外,很可能是"從事"連言的原因,但"從事"在簡文中不管作何解釋都明顯不通。A具體如何讀,還要聯繫前文,下面根據各家意見,參以己意,用通行字釋寫與本文討論相關的簡文如下:

> 昭王爲室於死涅之滸,室既成,將落之。王誡邦大夫以飲酒。既荆,齋之,王入,將落。有一君子,喪服曼廷,將蹠閨……寺人弗敢止,至2閨。卜命尹陳省爲視日,告:"僕之母辱君王,不幸僕之父之骨在於此室之階下。僕將埮亡老,3以僕之不得并僕之父母之骨,私自塼。"卜命尹不爲之告。"君不爲僕告,僕將召寇。"卜命尹爲之告。[王]4曰:"吾不知其尔墓,尔姑須。"既落焉,從尃。王徙處於坪瀾,卒以大夫飲酒於坪瀾。因命至墉毀室。5

上引各家説法中,孟蓬生、張崇禮和黄人二對文意的理解都值得關注,根據簡文"并僕之父母之骨","私自塼"可能與合葬有關,與後文"從尃"説的應是一回事,這一點張崇禮已經指出。"私自"一詞出現較早,如《莊子·徐無鬼》:"所謂暖姝者,學一先生之言,則暖暖姝姝而私自説也。"也出現在張家山漢簡《二年律令》簡77、78、79中,[②]後面一般接動詞。張崇禮訓"塼"爲挖墓穴,先不説這種行爲是否得當,但先秦并未見此用法,擅改鄭注似也不恰當。後改讀爲"敷",文義亦有不合情理之處。黄人二將B釋爲"塼"讀爲"摶",釋字不確,且"摶"的集聚義更多表示抽象的含義,説"君子"將父母兩個實體集聚在一起終覺未安。單育辰讀"塼"爲"祔",[③]完全正確,惜并未引起太多注意。"尃"滂母魚部。祔,《説文·示部》從"付"聲,付,幫母侯部。文獻從"尃"之字與從"付"多見相通之例。[④]《禮記·檀弓下》:"周公蓋祔。"鄭玄注:"祔謂合葬。合葬自周公以來。"孔穎達疏:"周公以來蓋始附葬。附即合也,言

---

① 參見復旦大學出土文獻與古文字研究中心研究生讀書會《清華簡〈祭公之顧命〉研讀札記》,復旦大學出土文獻與古文字研究中心網,2011年1月5日。可惜的是,李學勤主編的《清華大學藏戰國竹簡(壹)》所附"字形表"(213頁)及沈建華、賈連翔編《清華大學藏戰國竹簡(壹—叁)文字編》(上海:中西書局,2014,85頁)均列在"事"字頭下。類似誤釋的例子還有很多,這裏再舉一例。《上二·容》30"垧"作,李守奎等云:"'里'當是'日'與'土'之訛。"(李守奎、曲冰、孫偉龍編著:《上海博物館藏戰國楚竹書(1-5)文字編》,北京:作家出版社,2007,600頁。)楚簡"均"一般從土從旬作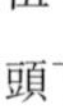(上四·曹35),而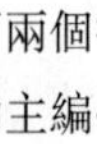可看作"日"訛爲"田",衹不過"土"的筆畫與"日"的筆畫連在了一起,不連的如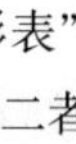(郭·唐2)。《清伍·三壽》有下面兩個字:(簡17)、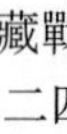(簡23),整理者將前者隸定爲"垧",後者隸定爲"畇","字形表"將二字分屬兩個字頭下(參見李學勤主編《清華大學藏戰國竹簡(伍)》,上海:中西書局,2015,222-223頁),顯然不確,二者就是一字。

② 參見張家山二四七號漢墓竹簡整理小組編著《張家山漢墓竹簡[二四七號墓]》(釋文修訂本),北京:文物出版社,2006,19-20頁。

③ 在論文初稿中,我們讀"塼"爲"祔",後來網上檢索到單育辰早已有此觀點,是我們不應該有的疏忽,故不敢掠美。單育辰并未過多展開論述,下文的論述權當作補充。特此説明。

④ 高亨纂著,董治安整理:《古字通假會典》,濟南:齊魯書社,1981,365-368頁。

將後喪合前喪。”[①]考古發掘的戰國中晚期九連墩楚墓，已經實行夫妻合葬。[②] 簡文“私自塼”的意思是君子私下合葬。簡5的“尃”亦應讀爲“祔”，“從尃”指昭王同意合葬。

《昭王毁室》的核心是昭王之室坐落在“君子”父親墳墓上，君子不能合葬其父母，特向昭王請求，昭王最後答應合葬。董珊已指出可以跟《禮記・檀弓上》、《晏子春秋・内篇諫下》“景公路寢臺成逢於何願合葬晏子諫而許”、《晏子春秋・外篇第七》“景公臺成盆成适願合葬其母晏子諫而許”中三條文獻相關聯，[③]其中《檀弓上》“請合葬焉”、《内篇諫下》“請命合骨”、《外篇第七》“恐力不能合祔”等詞語可以跟簡文的“塼”或“尃”相比觀，足證“尃”讀爲“祔”可從。

簡文“吾不知其尔墓，尔姑須。既落焉，從尃”，諸家均認爲這句話全部是“王曰”的内容，我們認爲可能衹有前兩句是“王曰”的内容，至於“既落焉，從尃”乃是作者叙述話語。“既落焉”對應簡1的“將落”，表達的是已然的事實。“從”可訓爲聽從、依順、依從。《墨子・號令》：“不從令者斬。”“從尃”指的是“既落”之後昭王答應君子父母合葬。“‘吾不知其尔墓，尔姑須。’既落焉，從尃。王徙處於坪澫，卒以大夫飲酒於坪澫。因命至墉毁室”，此時的場景是昭王將要舉行落祭之禮，卜命尹將君子的話上報給昭王，昭王對君子説：“我不知道這是你父親的墳墓，你姑且等待一會。”緊接着，昭王舉行落祭之禮，進行完畢，答應了君子合葬其父母的請求。隨後昭王來到坪澫，命至墉[④]毁室。“既落焉”後面的話都是作者的叙述，且簡文前後相呼應，即：“既落”呼應“將落”，“卒以大夫飲酒”呼應“王誡邦大夫以飲酒”。“既”顯然應訓“已經”，《尚書・堯典》：“克明俊德，以親九族。九族既睦，平章百姓。”孔傳：“既，已也。”[⑤]“既”+動詞+“焉”表示已然事實的結構也見於古書，如“後陵遲以至於始皇，天下并産於戰國，儒術既絀焉，然齊魯之閒，學者獨不廢也”。[⑥] 另外，簡文也透露出衹有落祭完成纔能飲酒的事實。

注：感謝匿名審稿專家的意見，使小文避免了很多錯誤。對於專家的意見，本文均已采納。

---

① [漢]鄭玄注，[唐]孔穎達疏：《禮記正義》，龔抗雲整理，王文錦審定，北京大學出版社，2000，228頁。

② 劉國勝：《湖北棗陽九連墩楚墓獲重大發現》，《江漢考古》2003年第2期，30頁。湖北省文物考古研究所：《湖北棗陽市九連墩楚墓》，執筆者：王紅星，《考古》2003年第7期，13頁。

③ 董珊：《讀〈上博藏戰國楚竹書(四)〉雜記》。

④ 至墉，整理者認爲是人名或職官名(參見馬承源主編《上海博物館藏戰國楚竹書(四)》，186頁)。似非，可能是動賓結構。

⑤ [清]阮元校刻：《十三經注疏》，北京：中華書局影印本，1982，119頁。

⑥ 《史記》卷一二一《儒林列傳》，北京：中華書局，1959，3116頁。

# 清華簡《厚父》校釋四則*

華東師範大學中國文字研究與應用中心　白于藍　吴祺

**内容提要**　本文參照傳世典籍和出土文獻,對清華簡《厚父》篇中的部分字句進行新的解釋。將"𠡱"讀作"嘉",訓爲美、大;將簡文"隹(惟)曰其勫(助)上帝𤔲(亂)下民之匿(慝)王廼渴(竭)𡗲(失)其命"斷讀爲"隹(惟)曰其勫(助)上帝。𤔲(亂)下民之匿(慝)王,廼渴(竭)𡗲(失)其命";將"慸"讀作"僭",訓爲"差也",指出簡文"天命不可慸(僭)"與傳世典籍中的"天命不僭""天命弗僭"可相參;將"恖"讀作"癡",訓爲狂,指出簡文"恖(癡)痓(狂)"與"庚(康)樂"用法對應,均爲同義複詞。

**關鍵詞**　清華簡　《厚父》　校釋

《清華大學藏戰國竹簡(伍)》一書中見有《厚父》篇,①公布至今,研究文章層出不窮。本文擬在諸家研究的基礎上,對簡文個别字詞的釋讀談點看法。不當之處,敬請方家批評指正。

---

* 本文爲2013年國家社科基金重大攻關項目《秦漢六朝字形全譜》(13&ZD131)、2014年國家社科基金一般項目《戰國秦漢簡帛古書通假字聲系及資料庫建設》(14BYY163)中期成果。

① 李學勤主編、清華大學出土文獻研究與保護中心編:《清華大學藏戰國竹簡(伍)》,上海:中西書局,2015。

## 一

该篇簡 1 有一段話,整理者釋文如下:

□□□□王監劼〈嘉〉練(績),聒(問)前文人之龏(恭)明悳(德)。

關於“劼”字,整理者注【一】:“‘劼’爲‘嘉’字省變(參李學勤《戎生編鐘論釋》,《文物》1999 年第 9 期;馬楠《〈尚書〉、金文互證三則》,《中國國家博物館館刊》2014 年第 11 期)。《書·盤庚下》:‘用降我凶德,嘉績於朕邦。’”①子居認爲“當讀爲原字”,訓爲慎。② 王寧認爲“所謂‘劼績’當即《酒誥》所説的‘劼毖殷獻臣’之績,‘劼’是‘劼毖’的省語”。③ 馬文增認爲當讀爲“桀”,指夏桀。④

按,所謂“劼”字,原形作“”。該字從力從吉,整理者隸定作“劼”,正確可從,但認爲其是“‘嘉’字省變”則仍有可商。清華簡中標準寫法的“嘉”字很常見,作:

(《保訓》簡 7)　(《皇門》簡 2)　(《耆夜》簡 4)
(《耆夜》簡 6)　(《芮良夫毖》簡 20)　(《三壽》簡 25)

對比可知,標準寫法的“嘉”字與本簡之“劼”字的寫法差别很大,均左上從“禾”,難以省變爲“吉”形。從前引整理者的注釋可以看出,將“劼”釋爲“嘉”是來源於李學勤和馬楠的觀點。核檢原文,李、馬立論的依據是戎生編鐘當中的“劼”字,該字原形作“”,出現在“劼遣鹵責(積)”之銘文當中。李、馬均指出該銘可以和晉姜鼎“嘉遣我易(賜)鹵責(積)千兩(輛)”之銘相對照,由此得出“劼”爲“嘉”字省體這一結論。事實上,晉姜鼎早已亡佚,今僅有銘文摹本流傳,摹本中所謂“嘉”字的原形作“”,很難認定就是“嘉”字。金文中“嘉”字很常見,作:

(伯嘉父簋)　(右走馬嘉壺)　(沇兒鐘)
(中山王嚳大鼎)　(陳侯作嘉姬簋)　(邾公釛鐘)

對比可知,金文中“嘉”與“”寫法差别亦很大,均左上從“壴”,未見有省變爲“吉”形者。可見,將“”釋爲“嘉”缺乏堅實的字形依據,整理者説“‘劼’爲‘嘉’字省變”,很難令人信服。新近公布的清華簡第六册《子産》篇簡 7 有字作“”,字形與“”一脈相承。就字形而言,

① 李學勤主編、清華大學出土文獻研究與保護中心編:《清華大學藏戰國竹簡(伍)》,111 頁。

② 子居:《清華簡〈厚父〉解析》,清華大學出土文獻研究與保護中心網,2015 年 4 月 28 日。

③ 王寧:《清華簡五〈厚父〉之“厚父”考》,簡帛網,2015 年 4 月 30 日。

④ 馬文增:《清華簡〈厚父〉新釋、簡注、白話譯文》,簡帛網,2015 年 5 月 12 日。

“[illegible]”“[illegible]”與“[illegible]”“[illegible]”均從力從吉,當是一字。“[illegible]”“[illegible]”右下所從之三撩或兩撩很可能是裝飾性“羡畫”,無實在意義。至於其他諸説,或文法不通,或望文生義,亦難以令人信從。

“劼”字見於《説文》,筆者認爲在簡文中似當讀作“懿”。據《説文》,“劼”從吉聲,①“懿”從壹聲,②而“壹”亦從吉聲。③ 可見“劼”“懿”二字古音相近,當可相通。

“懿”字古有美、大之義。《爾雅・釋詁下》:“懿,美也。”《詩・大雅・烝民》:“好是懿德。”毛《傳》:“懿,美也。”《詩・周頌・時邁》:“我求懿德。”鄭玄《箋》:“懿,美也。”《書・無逸》:“徽柔懿功。”蔡沈《集傳》:“懿,美也。”《漢書・韋玄成傳》:“惟懿惟奂。”顔師古《注》:“懿,美也。”《玉篇・壹部》:“懿,大也。”《資治通鑑・陳紀八》:“自非懿戚重臣。”胡三省《注》:“懿,專久而美也,大也。”均其例。簡文之“劼(懿)績”即美績、大績之義。“懿績”一詞見於典籍,如:

> 《三國志・吴書・陸遜傳》:“君其茂昭明德,修乃懿績,敬服王命,綏靖四方。”
>
> 《晋書・王導傳》:“懿績克宣,忠規靡競。”
>
> 《魏書・高佑列傳》:“將令皇風大猷,或闕而不載;功臣懿績,或遺而弗傳。”
>
> 《全梁文・江淹〈王光禄爲征南湘州詔〉》:“今宜重敷善政,申此懿績。”
>
> 《文心雕龍・隱秀》:“斯乃舊章之懿績,才情之嘉會也。”

《説文》:“劼,慎也。”前引戎生編鐘銘“劼遣鹵責(積)”和晋姜鼎銘“劼遣我易(賜)鹵責(積)千兩(輛)”之“劼”,似均可訓爲慎。事實上,李學勤原文中已經指出戎生編鐘銘“‘劼’字《説文》訓爲‘慎也’,慎遣本來是很通順的”,但因其認定晋姜鼎之“[illegible]”字必是“嘉”字,才將戎生編鐘銘之“劼”字亦改釋爲“嘉”。清華簡第六册《子産》篇簡7之“劼”字出現在“此胃(謂)劼勑”之語中,其義待考。

## 二

該篇簡5—7有一段話,整理者釋文如下:

> 古天降下民,埶(設)萬邦,复(作)之君,复(作)之帀(師),隹(惟)曰其勫(助)上帝亂(亂)下民。之匿(慝)王廼渴(竭)㚇(失)其命,弗甬(用)先折(哲)王孔甲之典刑,真(顛)復(覆)氒(厥)悳(德),湳(沉)湎于非彝,天廼弗若(赦),廼述(墜)氒(厥)命,亡

---

① 《説文》:“劼,慎也。从力吉聲。《周書》曰:‘汝劼毖殷獻臣。’”

② 《説文》:“懿,專久而美也。从壹从恣省聲。”段玉裁《説文解字注》指出“‘从恣省聲’四字,蓋或淺人所改竄,當作从心从欠,壹亦聲。”上古音壹、懿俱爲影母質部字,兩字雙聲叠韻。段《注》所改當屬可信。

③ 《説文》:“壹,專壹也。从壺吉聲。”

> 氒(厥)邦。隹(惟)寺(時)下民唯帝之子,咸天之臣民,廼弗慭(慎)氒(厥)悳(德),甬(用)叙才(在)服。

這段文字講述的是厚父對王所提出的"其才(在)寺(時)後王之卿(享)國,肂(肆)祀三后,永叙才(在)服,隹(惟)女(如)怡(台)"這一問題的回答。

從上引釋文可以看出,簡文中"隹(惟)曰其勮(助)上帝𤔲(亂)下民之匿(慝)王廼渴(竭)違(失)其命"這段文字,整理者是在"民""之"二字間斷讀。整理者同時在注釋【二四】中指出,此段文字與《孟子·梁惠王下》所引《尚書》語句相似。[①] 清華大學出土文獻讀書會馬楠提出不同的斷讀方法,將該句斷讀爲"惟曰其勮(助)上帝亂下民之匿(慝),王廼渴(竭)違(失)其命",認爲該句意爲"謂君王本當助上帝治下民之過惡,而王迺不如此"。[②] 學者多從其說。[③] 筆者認爲,以上兩種斷句方式均有可商。

按,整理者指出此段文字與《孟子》所引《尚書》語句相似,這是十分正確的。爲論述方便,先將整理者所引《孟子》相關文句引録如下:

> 《書》曰:"天降下民,作之君,作之師,惟曰其助上帝寵之,四方有罪無罪惟我在,天下曷敢有越厥志?"

需要説明的是,關於《孟子》所引《尚書》這段文字,自古就有兩種截然不同的斷讀方法。一種是以趙岐《孟子章句》爲代表,是在"寵之四方"之"之"字下斷讀,將"寵之"上讀,將"四方"下讀,謂:"《書》,《尚書》逸篇也。言天生下民,爲作君、爲作師,以助天光寵之也。四方善惡皆在己,所謂在予一人。天下何敢有越其志者也。"另一種是以孫奭《孟子疏》和朱熹《孟子集注》爲代表,是在"帝"字下斷句,將"寵之四方"作一句讀。孫奭《孟子疏》云:"此《周書》之文也……言天生下民,而立之君師以治以教之,惟曰其在助相上帝,寵安四方,有善有惡皆在我,天下安有敢違越其志者也。"朱熹《孟子集注》則説:"《書》,《周書·泰誓》之篇也。然所引與今書文小异,今且依此解之。寵之四方,寵异之於四方也。有罪者我得而誅之,無罪者我得而安之。我既在此,則天下何敢有過越其心志而作亂者乎?"除此之外,清人江聲《尚書集注音疏》則提出不同的斷讀方案,雖亦主張在"帝"字下斷讀,但將"寵之"讀爲

① 李學勤主編、清華大學出土文獻研究與保護中心編:《清華大學藏戰國竹簡(伍)》,113 頁。

② 清華大學出土文獻讀書會:《清華簡第五册整理報告補正》,清華大學出土文獻研究與保護中心網,2015 年 4 月 8 日。

③ 子居:《清華簡〈厚父〉解析》,清華大學出土文獻研究與保護中心網,2015 年 4 月 28 日;王寧:《清華簡五〈厚父〉之"厚父"考》,簡帛網,2015 年 4 月 30 日;郭永秉:《論清華簡〈厚父〉應爲〈夏書〉之一篇》,李學勤主編、清華大學出土文獻研究與保護中心編《出土文獻》第 7 輯,上海:中西書局,2015;王坤鵬:《簡論清華簡〈厚父〉的相關問題(一)》,復旦大學出土文獻與古文字研究中心網,2015 年 6 月 26 日;《清華五〈厚父〉初讀》,簡帛網"簡帛論壇",2015 年 4 月 13 日,19 樓,蚊首發言;67 樓,youren 發言,2015 年 4 月 27 日。

一句,“四方”與“有罪無罪惟我在”連讀爲一句,云:“寵,尊尻也。言天降生下民,爲作之君,爲作之師者,惟曰其助天牧民,故尊寵之,使尻君師之任。”又云:“以助天光寵之者,謂以其能助天,故光寵之。作兩句解,誼乃明。今趙氏聯言助天光寵,意恉不明。”焦循《孟子正義》則將趙岐和江聲兩説并列,未作取捨。但今人楊伯峻仍贊同趙岐《孟子章句》的讀法,將之翻譯爲:“《書經》説:‘天降生一般的人,也替他們降生了君主,也替他們降生了師傅,這些君主和師傅的唯一責任,是幫助上帝來愛護人民。因此,四方之大,有罪者和無罪者,都由我負責。普天之下,何人敢超越他的本分(來胡作妄爲)?’”同時對朱熹的斷讀方法提出批判:“朱熹《集注》把下文‘四方’連接‘寵之’作一句,全文讀爲:‘惟曰其助上帝,寵之四方’,是不對的。”①

筆者認爲,將簡文與《孟子》所引《尚書》文字加以比對,既然簡文“帝”字下爲“亂”字,而《孟子》所引《尚書》“帝”下爲“寵”字,這就説明不論簡文還是《孟子》,均當在“帝”字下斷句,否則兩種資料將無法對應。若依整理者或馬楠對簡文的斷句,祇能認爲《孟子》中漏抄了“亂下民”或“亂下民之匿(慝)”;若依趙岐《孟子章句》的斷句,則祇能認爲簡文中漏抄了“寵之”。通過簡文與《孟子》對讀,正可證明前引有關《孟子》斷讀的諸説中,當以孫奭和朱熹之説爲是。江聲雖亦在“帝”字下斷句,但其將“寵之”讀作一句,將“之”解釋爲代詞,指代君和師,不合常理,難以令人信服。

綜上所述,這段簡文應當重新斷讀如下:

> 古天降下民,埶(設)萬邦,复(作)之君,复(作)之帀(師),隹(惟)曰其勳(助)上帝。嗣(亂)下民之匿(慝)王,廼渴(竭)䘮(失)其命,弗甬(用)先折(哲)王孔甲之典刑,真(顛)復(覆)氒(厥)悳(德),湳(沉)湎于非彝,天廼弗若(赦),廼述(墜)氒(厥)命,亡氒(厥)邦。隹(惟)寺(時)下民𨙸(共)帝之子,咸天之臣民,廼弗恷(慎)氒(厥)悳(德),甬(庸)叙才(在)服?②

簡文“嗣(亂)下民”是用來修飾“匿(慝)王”,而“匿(慝)”字則又是用來修飾“王”。“慝”字之訓爲“惡”,爲典籍常訓,③故“嗣(亂)下民之匿(慝)王”猶言亂下民之惡王。其後“廼渴(竭)䘮(失)其命”直至“述(墜)氒(厥)命,亡氒(厥)邦”均是用以描述“亂下民之慝王”的種種惡行以及所造成的惡劣後果。

---

① 楊伯峻:《孟子譯注》,北京:中華書局,1960,32-33頁。

② “𨙸(共)”字從整理者“一説”的看法讀。整理者指出:“‘𨙸’讀爲‘共’,《禮記·内則》注‘猶皆也’,與下‘咸’字同義。下民共帝之子。”可從。《墨子·法儀》:“今天下無大小國,皆天之邑也。人無幼長貴賤,皆天之臣也。”與簡文可相參。“甬(庸)”字從郭永秉《論清華簡〈厚父〉應爲〈夏書〉之一篇》讀,訓爲何。

③ 宗福邦、陳世鐃、蕭海波主編:《故訓匯纂》,北京:商務印書館,2003,814頁。

## 三

该篇簡 9—10 有一段話，整理者釋文如下：

> 於（嗚）虖（呼），天子！天命不可漗，斯民心難測，民弋（式）克共（恭）心芍（敬）愄（畏），畏不恙（祥），㑹（保）教明悳（德），愻（慎）㝅（肆）祀。

關於“漗”字，整理者注【三六】：“此字右邊形體近‘悤’，可隸作‘漗’，讀爲‘撞’，指衝撞。也可能是‘法’的訛字，‘法’常讀爲‘廢’。《書·大誥》‘予惟小子不敢替上帝命’，孔傳：‘不敢廢天命。’”[①]馬楠認爲“漗”當讀作“聰”，有聞、查之義。[②] 網友苦行僧認爲此字當是“酗”之异體，有沉迷之義。[③] 黄國輝認爲此字當讀爲“從”。[④] 程浩認爲此字與清華一《祭公之顧命》簡 15“沁”字形體略同，應釋爲“沁”，訓爲終結、廢止。[⑤]

按，“漗”字原形作“”。楚簡文字中“心”字和“心”旁十分常見，未見有在“心”上加一短横者。就字形而言，程浩所釋不確，整理者隸爲“漗”正確可從。但是，整理者與其他諸説讀爲“撞”“聰”或“從”均缺乏典籍依據，難以令人信服。

筆者認爲，“漗”當讀作“僭”。上古音“漗”爲清母東部字，“僭”爲精母侵部字。二字聲母同爲齒音，韻部上古音東、冬、侵三部關係密切，[⑥]例可相通。

典籍中從“悤”聲之字與從“毚”聲之字有相通之例。《周禮·地官·廛人》：“掌斂市絘布、總布、質布、罰布、廛布。”鄭玄《注》引杜子春云：“總當爲儳。”段玉裁《周禮漢讀考》：“杜蓋謂爲聲之誤，二字雙聲也。”《周禮·地官·肆長》：“斂其總布，掌其戒禁。”鄭玄《注》引杜子春云：“總當爲儳。”《周禮·地官·載師》：“凡宅不毛者，有里布。”鄭司農《注》引上《周禮·地官·廛人》：“掌斂市次布、儳布、質布、罰布、廛布。”“總布”正作“儳布”。而典籍中從“毚”聲之字與從“朁”聲之字亦常可互通。《易·豫·九四》：“勿疑朋盍簪。”馬王堆漢墓帛

---

① 李學勤主編、清華大學出土文獻研究與保護中心編：《清華大學藏戰國竹簡（伍）》，114 頁。

② 清華大學出土文獻讀書會：《清華簡第五册整理報告補正》，清華大學出土文獻研究與保護中心網，2015 年 4 月 8 日；馬楠：《清華簡第五册補釋六則》，李學勤主編、清華大學出土文獻研究與保護中心編《出土文獻》第 6 輯，上海：中西書局，2015，225-226 頁。

③ 《清華五〈厚父〉初讀》，簡帛網“簡帛論壇”，2015 年 4 月 9 日，1 樓，苦行僧發言。

④ 黄國輝：《清華五〈厚父〉補釋》，復旦大學出土文獻與古文字研究中心網，2015 年 4 月 27 日。

⑤ 清華大學出土文獻讀書會：《清華簡第五册整理報告補正》，清華大學出土文獻研究與保護中心網，2015 年 4 月 8 日。

⑥ 參于省吾《釋𠀠、吕兼論古韻部東冬的分合》，收入其著《甲骨文字釋林》，北京：中華書局，1979，463-471 頁；曾憲通《從“蚩”符之音讀再論古韻部東冬的分合》，《第三屆國際中國古文字學研討會論文集》，香港中文大學，1997；沈培《上博簡〈緇衣〉篇“卷”字解》，饒宗頤主編《華學》第 6 輯，北京：紫禁城出版社，2003；顔世鉉《楚簡“流”、“讒”字補釋》，謝維揚、朱淵清主編《新出土文獻與古代文明研究》，上海大學出版社，2004。

書本《周易》“簪”作“讒”。《詩・小雅・巷伯》:“取彼譖人。”《後漢書・馬援傳》引“譖”作“讒”。《荀子・哀公》:“君子固讒人乎!”《韓詩外傳》卷二“讒”作“譖”。《史記・陳丞相世家》:“无畏吕嬃之讒也。”《漢書・陳平傳》“讒”作“譖”。均其例。可見“漗”當可讀作“僭”。

“僭”字古有差義。《廣雅・釋詁四》:“僭,差也。”《詩・大雅・抑》:“不僭不賊,鮮不爲則。”毛《傳》:“僭,差也。”《詩・小雅・鼓鐘》:“以雅以南,以籥不僭。”孔穎達《正義》:“又以爲雅樂之萬舞,以爲南樂之夷舞,以爲羽籥之翟舞,此三者皆不僭差。”《詩・商頌・殷武》:“不僭不濫,不敢怠遑。”馬瑞辰《毛詩傳箋通釋》:“僭之本義爲以下儗上,引伸之爲過差。”《書・咸有一德》:“惟吉凶不僭,在人。”僞孔《傳》:“行善則吉,行惡則凶,是不差。”《左傳》襄公二十六年:“賞不僭而刑不濫。”孔穎達《正義》:“僭謂僭差。”《左傳》僖公九年:“不僭不賊,鮮不爲則。”杜預《注》:“僭,過差也。”《左傳》哀公五年:“不僭不濫,不敢怠皇。”杜預《注》:“僭,差也。”《太玄・周》:“何德之僭否。”范望《注》:“僭,差也。”《後漢書・楊震列傳》:“僭恒陽若。”李賢《注》:“僭,差也。”均其例。

《書・大誥》:“天命不僭,卜陳惟若兹。”僞孔《傳》:“天命不僭差。”孔穎達《疏》:“天命必不僭差。”僞古文《書・湯誥》:“天命弗僭,賁若草木,兆民允殖。”僞孔《傳》:“僭,差也。”孔穎達《疏》:“是天之福善禍淫之命信而不僭差也。”此“天命不僭”“天命弗僭”與簡文“天命不可漗(僭)”可以相參,但語義有所不同。前者是説天命不會僭差,後者是説天命不可僭差或不可僭差天命。《晋書・石季龍載記》:“天命不可違,其敕諸州兵明年悉集。”“天命不可漗(僭)”與此“天命不可違”語義相仿。

《漢書・翟方進傳》:“予不敢僭上帝命。天休於安帝室,興我漢國,惟卜用克綏受兹命。今天其相民,况亦惟卜用!”顔師古《注》:“僭,不信也。言順天命而征討。”《漢書・翟方進傳》:“故予大以爾東征,命不僭差,卜陳惟若此。”顔師古《注》:“言必信之矣。”按,此兩處“僭”字,顔《注》均以“不信”解之,未確。《漢書》此“命不僭差,卜陳惟若此”即前引《書・大誥》之“天命不僭,卜陳惟若兹”,“僭”亦當訓爲差。“僭差”當爲同義複詞。“予不敢僭上帝命”即我不敢僭差上帝之命。簡文“天命不可漗(僭)”之“漗(僭)”字與此“予不敢僭上帝命”語義相仿,“僭”字用法相同。

需要説明的是,前引整理者注釋中還提到該字“可能是‘法’的訛字”,讀爲“廢”,并引《書・大誥》“予惟小子不敢替上帝命”孔《傳》“不敢廢天命”爲證。這也是有問題的。首先,就字形而言,説“漗”字是“法”的訛字,缺乏字形依據。楚簡文字中“法”字叠出繁見,未見有與此字類似的寫法。其次,段玉裁《古文尚書撰异》早已據《書・大誥》篇“天命不僭,卜陳惟若兹”指出“予惟小子不敢替上帝命”中的“替”當爲“朁”之訛字,應讀爲“僭”。

## 四

该篇簡13有一段話,整理者釋文如下:

> 母(毋)湛于酉(酒)。民曰隹(惟)酉(酒)甬(用)禍(肆)祀,亦隹(惟)酉(酒)甬(用)庚(康)樂。曰酉(酒)非飤(食),隹(惟)神之卿(饗)。民亦隹(惟)酉(酒)甬(用)敗(敗)畏(威)義(儀),亦隹(惟)酉(酒)甬(用)恖(恒)瘽(狂)。

關於"恖(恒)瘽(狂)"之"恖(恒)"字,整理者未作解釋。網友暮四郎認爲當釋爲"亟",讀作"極",形容程度之深,"極狂"即深重之狂。[①] 馬文增認爲"恖"當讀爲"很",爲暴戾之義。[②]

按,楚簡文字中"亙""亟"字形有别,整理者釋爲"恒"可信。楚簡文字中"恒""極"音近可通,[③]故從音讀上看,暮四郎將之讀作"極"亦無不可。但從用法上講,典籍中未見"恒狂"或"極狂"等類似的説法,此二説均缺乏必要的書證。上古音恒爲蒸部字,很爲文部字,二字韻部相隔,典籍中亦未見相通例證,故馬文增的看法亦難以令人信服。

筆者認爲,此字於此似當讀作"癡"。"癡"從疑聲,"恖"從亙聲。上古音"亙"爲見母蒸部字,"疑"爲疑母之部字。聲母同爲牙音,韻部陰陽對轉。古音很近,例可相通。筆者曾指出馬王堆漢墓帛書《老子》甲乙本《德經》中的"萴"與"骾"二字均應讀爲"骸",[④]而典籍中從"亥"聲之字與從"疑"聲之字亦可相通。《後漢書·虞詡列傳》:"勿令有所拘閡而已。"李賢《注》:"閡與礙同。"《玉篇·門部》:"閡,止也。與礙同。"《玉篇·石部》:"礙,止也。亦作閡。"可見,簡文之"恖"當可讀作"癡"。《廣雅·釋詁三》:"狂,癡也。"《莊子·逍遥游》:"吾以是狂而不信也。"陸德明《釋文》引李云:"狂,癡也。"《玉篇·犬部》:"狂,癲癡也。"可見"癡""狂"同義,"癡狂"當爲同義複詞。而且,該詞典籍習見,如:

> 《淮南子·俶真》:"或通於神明,或不免於癡狂者,何也?"
>
> 《論衡·率性》:"有癡狂之疾,歌啼於路,不曉東西,不睹燥濕。"
>
> 《論衡·論死》:"物與人通,人有癡狂之病。"
>
> 《論衡·刺孟》:"夫人無故毀瓦畫墁,此不癡狂則遨戲也。癡狂之人,志不求食,遨戲之人,亦不求食。"

簡文前有"亦隹(惟)酉(酒)甬(用)庚(康)樂"語。《爾雅·釋詁上》:"康,樂也。"《詩

---

① 《清華五〈厚父〉初讀》,"簡帛"網"簡帛論壇",2015年4月19日,32樓,暮四郎發言。

② 馬文增:《清華簡〈厚父〉新釋、簡注、白話譯文》,簡帛網,2015年5月12日。

③ 白于藍:《戰國秦漢簡帛古書通假字彙纂》,福州:福建人民出版社,2012,615頁。

④ 白于藍、黄巧萍:《讀秦漢簡帛札記》,《中國文字研究》第17輯,上海人民出版社,2013,60-61頁。

·唐風·蟋蟀》:“無已大康。”毛《傳》:“康,樂也。”《漢書·董仲舒傳》:“夙夜不皇康寧。”顔師古《注》:“康,樂也。”可見,“康樂”亦爲同義複詞。“康樂”一詞典籍亦習見,義同安樂。《周禮·秋官·司寇》:“其康樂、和親、安平爲一書。”《禮記·樂記》:“嘽諧、慢易、繁文、簡節之音作,而民康樂。”《大戴禮記·禮察》:“導之以德教者,德教行而民康樂。”《風俗通義·正失》:“中宗之世,政教明,法令行,邊境安,四夷親,單于款塞,天下殷富,百姓康樂。”均其例。簡文“恖(癡)痓(狂)”與“庚(康)樂”均爲同義複詞,用法對應。

# 試論清華簡《繫年》中的幾個多字謚

長沙市文物考古研究所　羅小華

**内容提要**　清華簡《繫年》中的"晋莊平公",文獻作"晋平公";"晋簡公",傳世文獻作"晋定公";"秦翼公",傳世文獻作"秦哀公";"晋敬公",文獻又作"哀公""懿公";"衛幽侯",傳世文獻又作"衛懿公""衛哀公"。上述五個謚號應該都是多字謚:"晋莊平公""晋簡公"和"秦翼公"都是雙字謚,"晋敬公"和"衛幽侯"都是三字謚。

**關鍵詞**　清華簡　繫年　多字謚

2011年12月,由清華大學出土文獻研究與保護中心編著的《清華大學藏戰國竹簡(貳)·繫年》出版。整理者指出:"《繫年》有許多内容可補充傳世文獻的不足,和《尚書》、《春秋》經傳、《國語》和《史記》等互校,多有异同。"[①]其史料價值不僅體現在朱鳳瀚先生所説的"《繫年》記載了諸多周代重大問題,如周代設立'三監'、'共和執政'的確切含義、周平王東遷、秦人的源流等",還體現在一些細微處,如古代君主的謚號。[②] 現在,我們想談談《繫年》中另外幾個多字謚——"晋莊平公"(簡91、96、99)、"晋簡公"(簡109、110)、"秦翼公"(簡105)、"晋敬公"(簡111)和"衛幽侯"(簡19)。

1."晋莊平公"。《繫年》簡91"晋莊平公即位元年",簡96"晋莊平公立十又二年",簡99

---

① 李學勤主編:《清華大學藏戰國竹簡(貳)》,上海:中西書局,2011,135頁。

② 參張春海《清華簡〈繫年〉或有助填補周代研究空白》,《中國社會科學報》2011年12月22日第2版。

“晋莊平公即世”。[①] 又省作“平公”。簡 92、95“平公率師會諸侯”,簡 92－93“平公立五年”。[②] 傳世文獻中也記作“平公”。《史記·晋世家》:“冬,悼公卒,子平公彪立。”“二十六年,平公卒,子昭公夷立。”[③]《吕氏春秋·去私》:“晋平公問於祁黄羊曰:‘南陽無令,其誰可而爲之?’”[④]

2.“晋簡公”。《繫年》簡 109“晋簡公立五年,與吴王闔閭”,簡 110:“晋簡公會諸侯,以與夫差王相見於黄池。”又省作“簡公”。簡 100:“簡公即位。”整理者指出:“昭公三十一年爲晋定公元年,簡文則稱簡公,下第二十章同。晋柬(簡)公,即晋定公,名午。”[⑤]蘇建洲先生指出:“傳世文獻未見‘晋簡公’的稱號,且謚號‘簡’‘定’不能替换……《繫年》將‘晋定公’寫作‘晋簡公’,可能是傳聞有异,或是説有聲音的因素在其中。”[⑥]而“簡”和“定”作爲謚號,又都見於《逸周書·謚法解》:“壹德不解曰簡,平易不疵曰簡”;“大慮静民曰定,安民法古曰定,純行不爽曰定”。[⑦] 據此,我們懷疑,“簡”和“定”都是這位晋公的謚號。也就是説,這位晋公是雙字謚。

3.“秦翼公”。《繫年》簡 105:“秦翼公命子蒲、子虎率師救楚,與楚師會伐唐,縣之。”整理者指出:“《左傳》定公四年楚昭王奔隨,‘申包胥如秦乞師……秦哀公爲之賦《無衣》。九頓首而坐。秦師乃出。’《史記·秦本紀》亦作‘哀公’,索隱云:‘《始皇本紀》作㻫公。’今本《始皇本紀》作‘畢公’。簡文作‘異公’。”[⑧]王輝先生指出:“‘異’疑讀爲‘翼’,《逸周書·謚法解》:‘剛克爲伐曰翼。思慮深遠曰翼。’……秦異公即秦哀公……‘哀’與‘異’字形不接近。上古音‘異’職部喻紐,‘哀’微部影紐,聲韻亦有距離。但古音微部與之部(職爲之部入聲)字可通轉……‘異、哀’雖可通用,但當以‘翼’爲正字……‘秦哀公’應改稱爲‘秦翼公’……在整個春秋戰國時代,謚‘翼’者絶少,而謚‘哀’者則不鮮見,秦‘哀公’改稱‘翼公’,對謚法研究也有重要意義。”[⑨]“哀”爲微部影紐,“翼”爲職部喻四。二者聲韻并不接近。而且,“哀”和“翼”在《謚法》中都有記載。據此,我們懷疑,“哀”和“翼”是雙字謚。李零先生曾總結出秦國有厲共公、肅靈公、元獻公、惠文王、悼武王或武烈王(當爲三字謚)、昭襄王、孝文王、莊襄王等國君均有雙字謚,秦孝公也可能謚“孝平王”。[⑩] 另外,據文獻記載,古人還是有

① 李學勤主編:《清華大學藏戰國竹簡(貳)》,177、180 頁。
② 李學勤主編:《清華大學藏戰國竹簡(貳)》,177 頁。
③ 《史記》卷三九《晋世家》,北京:中華書局,1959,1683、1684 頁。
④ 許維遹撰,梁運華整理:《吕氏春秋集釋》卷一《去私》,北京:中華書局,2009,29 頁。
⑤ 李學勤主編:《清華大學藏戰國竹簡(貳)》,180、186 頁、182 頁注 9、187 頁注 5。
⑥ 蘇建洲、吴雯雯、賴怡璇:《清華二〈繫年〉集解》,臺北:萬卷樓圖書股份有限公司,2013,713 頁。
⑦ 朱右曾:《逸周書匯校集訓校釋》卷六《謚法》,臺北:臺灣商務印書館,1971,93、94 頁。
⑧ 李學勤主編:《清華大學藏戰國竹簡(貳)》,184 頁、185 頁注 4。
⑨ 王輝:《一粟居讀簡記(六)》,《古文字研究》第 30 輯,北京:中華書局,2014,362－363 頁。
⑩ 李零:《楚景平王與古多字謚》,《傳統文化與現代化》1996 年第 6 期。

用“翼”作爲謚號的,衹是時代稍晚。《後漢書·陰興列傳》:“建初五年,興夫人卒,肅宗使五官中郎將持節即墓賜策,追謚興曰翼侯。”[①]《三國志·蜀書·法正傳》:“先主立爲漢中王,以正爲尚書令、護軍將軍。明年卒,時年四十五。先主爲之流涕者累日。謚曰翼侯。”[②]由此可見,“異(翼)”“哀”應爲雙字謚。

4.“晋敬公”。《繫年》簡111“晋敬公立十又一年”整理者指出:“晋敬公,見《竹書紀年》:‘出公二十三年奔楚,乃立昭公之孫,是爲敬公。’(《晋世家》索隱)據《史記》,晋敬公名驕,有别謚哀公、懿公。簡文所記晋國世系始自獻公,終烈公止,中間衹缺出公一世未見。據《竹書紀年》出公在位二十三年推算,晋敬公十一年當在周貞定王二十八年。”[③]雷學淇《竹書紀年義證》卷三二云:“《晋世家》明云:‘立昭公曾孫驕爲哀公。’《趙世家》又謂驕是懿公,則哀懿自是一人之謚,猶周貞定王,《左傳》正義引《世本》,或稱貞王,或稱定王也,《竹書》又謂哀懿公即敬公耳。傳謂敬公是昭公之孫,孫即曾孫,猶《魯頌》謂僖公爲周公之孫。蓋孫是後裔之大名,非必皆子之子也。奔齊奔楚及在位年數,與《史記》各殊,此聞見异詞,而《竹書》以晋人晋事,當不誤也。”[④]“敬”“哀”和“懿”作爲謚號,均見於《逸周書·謚法解》:“夙夜警戒曰敬,夙夜恭事曰敬,善合法典曰敬”;“蚤孤短折曰哀,恭仁短折曰哀”;“温柔聖善曰懿”。[⑤] 我們懷疑,“敬”“哀”和“懿”都是這位晋公的謚號。换句話説,這位晋公是三字謚。

5.“衛幽侯”。《繫年》簡19:“幽侯滅焉。”整理者指出:“被狄攻滅的衛侯,《左傳》稱‘衛懿公’,《論衡·儒增》稱‘衛哀公’,簡文則作‘幽侯’,謚法互异。”[⑥]華東師範大學中文系戰國簡讀書小組認爲:“‘幽’蓋誤字,涉上文‘周幽王’而誤。”[⑦]蘇建洲先生認爲:“‘幽’,影紐幽部,三等開口;‘懿’,影紐脂部,三等開口;‘哀’,影紐微部,一等開口。幽部與脂部、微部古音有密切的關係……總之,從聲音來看,‘幽’確實與‘懿’‘哀’相近,符合通假的條件……‘公’‘侯’爵稱確實可以互稱……後來看到朱曉海先生認爲‘參照《左傳》,卷二二〈宣公十年〉,頁382:改葬(鄭)幽公,謚之曰靈’,則‘懿’未嘗不可能乃後來的改謚。”[⑧]我們懷疑,“幽”“懿”“哀”等三字都是謚號,即三字謚,與上文中的“晋敬公”亦稱“哀公”“懿公”相同。“哀”和“懿”,詳上文。“幽”,《逸周書·謚法》:“蚤孤隕位曰幽,雍遏不通曰幽,動静亂常曰幽。”[⑨]

---

① 《後漢書》卷三二《陰興列傳》,北京:中華書局,1965,1132頁。

② 《三國志》卷三七《法正傳》,北京:中華書局,1959,961頁。

③ 李學勤主編:《清華大學藏戰國竹簡(貳)》,186頁、187頁注10。

④ 方詩銘、王修齡:《古本竹書紀年輯證》,上海古籍出版社,1981,85頁。

⑤ 朱右曾:《逸周書匯校集訓校釋》卷六《謚法》,97、98、95頁。

⑥ 李學勤主編:《清華大學藏戰國竹簡(貳)》,144頁、145頁注10。

⑦ 華東師範大學中文系戰國簡讀書小組:《讀〈清華大學藏戰國竹簡(貳)·繫年〉書後(二)》,簡帛網,2011年12月30日。

⑧ 蘇建洲、吴雯雯、賴怡璇:《清華二〈繫年〉集解》,237-238頁。

⑨ 朱右曾:《逸周書集訓校釋》卷六《謚法》,98頁。

上述五個謚號中,“晋莊平公”“晋柬公”和“秦異公”都是雙字謚,“晋敬公”和“衛幽侯”都是三字謚。

雙字謚在古代文獻中比較常見。李零先生在對文獻中周、東周、秦、趙、魏、韓、燕、楚等國的雙字謚進行總結之後,指出:雙字謚的“年代範圍約與戰國相終始,幾乎各國都有,有些甚至可以一代代排起來(如周和秦、趙稱王以後),可見是一種普遍現象。它使我們考慮,現存文獻所見的單字謚,恐怕還有不少原來也是雙字謚;其省稱之例,或用上字,或用下字,并不固定,也未必局限於文獻所録的某一種”。[①] 關於一字謚與雙字謚的關係,《白虎通·謚》有言曰:“謚或一言,或兩言何?文者以一言爲謚,質者以兩言爲謚。故湯死後稱成湯,以兩言爲謚也。”[②]李零先生認爲此説“實不足信”,并提出新説:“謚者益也,一不足而二,二不足而三,都是後來加上去的。”[③]李説可謂卓識。

至於三字謚,童書業先生曾指出:“周代謚號往往多至二、三字,而文獻中常簡稱其主要之一字,如衛武公之爲‘睿聖武公’,齊靈公之爲‘桓武靈公’是也……又若韓桓惠王亦稱‘悼惠王’,‘宣惠王’亦稱‘威侯’,秦悼武亦稱‘武烈王’,則或爲三字謚,蓋古謚法頗爲錯出也。《檀弓下》:‘公叔文子卒,其子戍請謚於君……君曰:昔者衛國凶饑,夫子爲粥與國之餓者,是不亦惠乎?昔者衛國有難,夫子以其死衛寡人,不亦貞乎?夫子聽衛國之政,修其班制,以與四鄰交,衛國之社稷不辱,不亦文乎?故謂夫子貞惠文子。’則古謚法三字似爲常例。”[④]李零先生不僅提出了新的見解(詳上文),還列舉了更多例證。這些例證,有的見於傳世文獻:“《國語·楚語上》左史倚相説衛武公(前812—前758)死後謚爲‘睿聖武公’,‘武’字更是由三字謚省稱。還有上文的雙字謚有些有兩種叫法,如秦武王或作‘悼武王’,或作‘武烈王’;趙王遷或作‘幽湣王’,或作‘幽繆王’;魏惠王或作‘惠文君’,或作‘惠成王’;韓宣王或作‘宣惠王’,或作‘鄭威侯’,或作‘鄭宣王’;韓桓惠王或作‘悼惠王’。這些雙字謚也有可能是由三字謚拆讀。”也有不少是見於出土文獻的。西周穆王銅器班簋“班非敢覓,作昭考爽謚曰‘大正’”中的“大正”,是“以‘大正’爲雙字謚,或連‘昭’爲三字謚”;西周共王銅器史牆盤中記有“粵古文王;迅圉武王;憲聖成王;慎哲康王;弘魯昭王;祁顯穆王”,都“是在冠以謚稱的王號前别加二字稱美之……它們前面的兩個字,除‘粵古’和釋讀尚有疑問的‘迅’字……均可與《逸周書·謚法》相印證。”叔弓鎛中的“孝武靈公”、邍仲之子□鎛中的“有成惠叔”和“有成惠姜”、禾簋中的“懿恭孟姬”、陳侯因資敦中的“孝武桓公”等,也都是三字謚。[⑤]

---

① 李零:《楚景平王與古多字謚》。
② [清]陳立撰,吴則虞點校:《白虎通疏證》卷二《謚》,北京:中華書局,1994,70-71頁。
③ 李零:《楚景平王與古多字謚》。
④ 童書業:《春秋左傳研究》(校訂本),北京:中華書局,2006,345頁。
⑤ 李零:《楚景平王與古多字謚》。

將童書業、李零二位先生的意見綜合起來考慮，就可以揭示出古代多字謚的基本情況：謚號是從單字發展到多字（先雙字，後三字）的。雙字謚在文獻中很常見，經常省稱爲單字。三字謚早在商周時期就已經出現，在文獻中又往往省稱爲雙字或單字，其省稱如李零先生所言"或用上字，或用下字，并不固定"。關於多字謚的省稱，古代學者也有所發現，如清人顧炎武就曾指出："古人謚有二字三字，而後人相沿止稱一字者。"[①]

關於多字謚出現的時代，李零先生總結説："古多字謚的出現并不始於戰國，而是濫觴於商周，盛行於春秋，和單字謚相隨，也有很早的來源。"[②]另外，李先生還提及了衛、晋二國雙字謚的使用情況，可與《繫年》的記載互證。李先生指出："《國語·楚語上》左史倚相説衛武公（前812—前758年）死後謚爲'睿聖武公'……楚平王的雙字謚，年代不僅早於楚系最早的獻惠王（即惠王），也早於上述年代更早的秦厲共公和周貞定王，已經上延到春秋時代，是可補文獻之缺的重要發現。"[③]從時代上看，衛懿公在位時期要晚於衛武公。既然衛武公已經使用三字謚，那麽衛懿公使用雙字謚是很正常的。當然，也不排除衛懿公有三字謚。晋莊平公在位時期與楚平王差不多，甚至稍早。這不僅印證了李先生雙字謚可以"上延到春秋時代"的論斷，還可以將晋、衛二國使用雙字謚的時段上限大大提前。可見，晋、衛二國的雙字謚也是出現得比較早的。

綜上所述，清華簡《繫年》中的"晋莊平公"，文獻作"晋平公"；"晋簡公"，傳世文獻作"晋定公"；"秦翼公"，傳世文獻作"秦哀公"；"晋敬公"，文獻又作"哀公""懿公"；"衛幽侯"，傳世文獻又作"衛懿公""衛哀公"。除"晋莊平公"是明確記載外，其他四個謚號的情況均不明顯。但實際上，《逸周書·謚法解》不僅收有謚號"柬（簡）""異（翼）""敬"和"幽"，還收有謚號"定""哀""懿"。這就説明，"柬（簡）"和"定"，"異（翼）"和"哀"，"敬"和"懿""哀"，"幽"和"懿""哀"都不是偶然出現的錯誤，而應該理解爲雙字謚和三字謚。在文獻中，雙字謚和三字謚都存在省稱情況。省稱時，并没有固定爲某一字。這幾個多字謚，尤其是"晋簡公""秦翼公""晋莊平公"和"衛幽侯"的記載，幸賴《繫年》得以保存。雙字謚的使用時段上限，也幸賴《繫年》得以提前。

附記一：《逸周書·謚法解》另有一處"思慮深遠曰翼"。他本有作"明"者，學者有將其訂正爲"[illegible]""固"的，亦有學者對各字進行解説的。[④] 此條當係重出。《文獻通考·王禮考》

① ［清］顧炎武著，黄汝成集釋，樂保群、吕宗力校點：《日知録集釋》，上海古籍出版社，2006，1309頁。
② 李零：《楚景平王與古多字謚》。
③ 李零：《楚景平王與古多字謚》。
④ 參黄懷信《逸周書匯校集注》卷六《謚法解》，744-745頁。

作:"思慮果敢曰趩。"[①]《謚法》卷三作:"意慮深遠曰趩。"蘇洵解釋說:"趩者,取其警而後行,深慎之稱也。趩或作畢。"[②]我們懷疑"翼"從"異"得聲,於是有了"異";"異""畢"形近,"異"訛成了"畢"。"趩",則應該是在"畢"的基礎上疊加了"走"旁。而"趕"的出現,大概是因爲"趩"字殘損。"趕"所從的"旱",與"畢"的繁體很接近。至於爲何會出現"固"字,則不得而知了。

附記二:春秋時期,晉國曾有兩位"翼侯"。《左傳》隱公五年:"翼侯奔隨。"[③]此翼侯指晉鄂侯。桓公三年"逐翼侯於汾隰"。[④] 此翼侯指晉哀侯。這兩處翼侯之"翼",都是指地名,而非謚號。《史記·晋世家》:"翼,晉君都邑也。"司馬貞索隱:"翼本晉都也,自孝侯已下一號翼侯,平陽絳邑縣東翼城是也。"[⑤]秦哀公在清華簡中寫作"秦異(翼)公",會不會與晉哀侯稱"翼侯"存在某種聯繫?

① [宋]馬端臨:《文獻通考》卷一二二《王禮》,北京:中華書局,1986,1111頁。
② [宋]蘇洵:《謚法》卷三,《叢書集成新編》第31册,臺北:臺灣新文豐出版公司,1985,46頁。
③ 《春秋左傳正義》卷三隱公五年,1727頁。
④ 《春秋左傳正義》卷六桓公三年,1746頁。
⑤ 《史記》卷三九《晋世家》,1638頁。

# 清華簡六《鄭文公問太伯》與《左傳》“鄭伯克段於鄢”*

中國社會科學院歷史研究所博士後流動站　熊賢品

**内容提要**　清華簡六《鄭文公問太伯》中的地名“郋(鄔)”,即《左傳》隱公元年“鄭伯克段於鄢”中的“鄢”,其地在今偃師南。“鄭伯克段於鄢”的歷程爲鄭國軍隊從新鄭出發,攻打位於其西北部、段所在滎陽地区的“京”;其後段從“京”逃往其西部的偃師南之“鄢(郋、鄔)”,并於此被鄭國軍隊打敗;之後段渡過黄河而逃亡至今輝縣市。

**關鍵詞**　清華簡　鄭文公問太伯　左傳　鄭伯克段於鄢

《左傳》隱公元年記載有“鄭伯克段於鄢”,關於其中的“鄢”地所在,歷來争論較多,筆者亦對此問題有所關注。近來在閱讀新出清華簡六《鄭文公問太伯》的時候,認爲篇中的地名“郋(鄔)”,應當是《左傳》“鄭伯克段於鄢”的“鄢”,其地在偃師南緱氏鎮附近。現撰成此文,并請專家賜正。

## 一　清華簡六《鄭文公問太伯》中的地名“郋”

清華簡六《鄭文公問太伯》中有如下記載:

*　本文係國家社科基金重大項目“大遺址與河洛三代都城文明研究”(13&ZD100)、中國博士後科學基金第五十九批面上資助“清華簡《繫年》與戰國王年問題研究”(2016M590177)的階段性成果。

> 世及吾先君武公,西城伊澗,北就𨛬(鄔)、劉,縈厄郢(蔿)、竽(邘)之國。①

整理者引《左傳》隱公十一年:

> 王取鄔、劉、蔿、邘之田於鄭,而與鄭人蘇忿生之田:温、原、絺、樊、隰郕、欑茅、向、盟、州、陘、隤、懷。②

并將簡文與《左傳》中的地名相對照,認爲簡文中的地名:(1)“𨛬(鄔)”就是典籍中的“𨛬(鄔)”,并指出典籍中也有時候作“鄢”,如《國語·鄭語》的記載:

> ……若克二邑,鄔、蔽、補、丹、依、𩁺、曆、華,君之土也。③

而公序本《國語》中則將“鄔”作“鄢”,(2)“劉”,在紀河南偃師西南;(3)“郢”即“蔿”,在河南孟津東北;(4)“竽”“邘”在河南沁陽西北。④ 上述意見都是比較合理的。

整理者將“𨛬(鄔)”與“鄢”相聯繫的意見可從。筆者認爲,從文獻的用例來看,古地名“鄢”既有可能是“鄢陵”的省稱,也有可能實際上是表示“𨛬(鄔)”的。而之所以“鄢”也存在實際上是表示“𨛬(鄔)”的可能,與它們在形、音上的相近有很大關係。首先,從文字形體上來看,劉釗先生曾指出古文字中存在“焉”“烏”形體訛混的現象,⑤是很有道理的。從相關字形上來看,“焉”“烏”在秦文字中的字形有些相近,“烏”字形體,如《毛公鼎》(《集成》2841,西周晚期)“ ”,目前一般據之,認爲“烏”是一個鳥形的象形字,秦文字中“烏”字形體尤其值得注意,如“ ”⑥“ ”⑦及《説文》篆字“ ”,這些與下文將要討論到的秦文字中的“焉”,形體有些近似了。而“焉”字的形體,如下列:

> 《中山王厝壺》(《集成》9735,戰國)　睡虎地秦簡《法律答問》168　《説文》篆字　碧落碑

季旭昇先生曾分析“焉”字的構型,指出《中山王厝壺》中本字從鳥、從正,可能是會意字;秦文字可能從烏、從隹,也有可能整個字爲象形。⑧ 將上述“烏”“焉”的形體相比較,我們可以發現在秦文字中兩者的形體較爲接近。

---

① 清華大學出土文獻研究與保護中心編,李學勤主編:《清華大學藏戰國竹簡(六)》,上海:中西書局,2016,119頁。
② 楊伯峻:《春秋左傳注》(修訂本),北京:中華書局,1990,76-77頁。
③ 徐元誥撰,王樹民、沈長雲點校:《國語集解》,北京:中華書局,2002,463頁。
④ 清華大學出土文獻研究與保護中心編、李學勤主編:《清華大學藏戰國竹簡(六)》,122頁。
⑤ 劉釗:《古文字構形學》,福州:福建人民出版社,2011,140頁。
⑥ 袁仲一:《秦代陶文》,西安:三秦出版社,1987,351頁。
⑦ 許雄志:《秦印文字彙編》,鄭州:河南美術出版社,2001,72頁。
⑧ 季旭昇:《説文新證》,福州:福建人民出版社,2010,316頁。

而在文獻中的具體例證,除上引清華簡整理者等很多學者指出的,公序本《國語》中存在"鄔"作"鄢"之外,目前筆者所見還有另外一例,如清代學者洪頤煊曾指出:

> 《淮南子·人間訓》"楚共王與晋人戰於鄔陵",《左氏》作鄢陵,字形相似,故經典常相亂。[①]

依洪頤煊此條,則表明在其所見的《淮南子》版本中,存在將"鄢陵"寫作"鄔陵"的現象。而現在常見的《淮南子》此條記載,則一般是"楚恭王與晋人戰於鄢陵",[②]由此表明在《淮南子》中也曾經存在"鄢""鄔"相作的現象。故據上述《國語》《淮南子》的例證來看,可以説明古文獻中存在"鄔""鄢"相作的現象。

同時,從古音上來看,"鄢""㵾(鄔)"的古音關係也很密切。文獻中有同一地名因爲讀音相近而异寫的用例,依此,更爲重要的是,從音韻上來説,"於""烏""焉"兩者就有很密切的聯繫。"焉""鄢"爲影紐元部,"於""烏"爲影紐魚部字,它們聲母相同,而韻部魚、元通轉,因此"焉""鄢"與"於""烏"在古音上相近。其次,也有相關用例,如楚簡中有"於""嗚"互作的用例,如上博簡《詩論》"於(嗚)虖(乎)! 前王不忘";[③]此外,"閼",《説文》解釋爲"閼,遮擁也。從門,於聲",文獻中有其與"焉"互作的用例,[④]如《史記·曆書》:"歲名焉逢攝提格",《索引》:"焉逢,《漢書》作'閼逢',亦音焉,與此音同",《爾雅·釋天》"太歲在甲曰閼逢";又《爾雅·釋天》"在卯曰單閼",《史記·屈原賈生列傳》司馬貞《索隱》引孫炎本作"蟬焉"。故可見"㵾(鄔)""鄢"在讀音上的聯繫也是非常密切的。

綜上,雖然目前我們還無法確定文獻中所見的"鄢""鄔"互作,是由於形體的訛誤,還是由於音接近而造成的异寫,但由相關材料已經可見"㵾(鄔)""鄢"從讀音到字形上關係都較爲密切。因此我們在考慮文獻所見"鄢"地的時候,除去爲"鄢陵"省稱的可能外,還要考慮到是"㵾(鄔)"地的可能,而這正是文獻中常見的同地名异寫的關係。

由之,結合這一思路和簡文上述關於偃師西南之"㵾(鄔)"的記載,給我們思考《左傳》"鄭伯克段於鄢"的地理問題,補充了相關的材料。

## 二 《左傳》"鄭伯克段於鄢"所在的新認識

學界關於《左傳》隱公元年"鄭伯克段於鄢"所在有不同意見,現依據出現的時間順序列

---

① [清]洪頤煊:《讀書叢録》,北京:中華書局,1985,21頁。

② 何寧:《淮南子集釋》,北京:中華書局,1998,1249頁。

③ 白于藍:《戰國秦漢簡帛古書通假字匯纂》,福州:福建人民出版社,2012,262頁。

④ 高亨纂著,董治安整理:《古字通假會典》,濟南:齊魯書社,1989,176頁。

舉如下:

**(一)柘城説**

《漢書·地理志》"陳留郡傿縣"顔師古注引應劭語:

> 應劭曰:"鄭伯克段於鄢是也。"師古曰:"鄢音偃。"①

并認爲陳留郡傿縣"鄭伯克段於鄢是也",即今河南柘城縣北。《讀史方輿紀要》卷五十"柘城縣"的"鄢城"條下記載"縣北三十里有鄢城,當是鄭伯克段處",②清代學者洪亮吉對此説論述甚爲詳盡:

> 《漢書·地理志》陳留郡,應劭曰:"鄭伯克段於傿,是也。"今考杜《注》潁川鄢陵縣既非;趙匡以爲當作鄔,一無確據,又係改字,亦非也。惟應劭之説最足依據。傿縣,前漢屬陳留,後漢屬梁國,作鄢。陳留郡在春秋時大半屬鄭。且《傳》上云"至於廩延",杜注:"廩延,鄭邑,陳留酸棗縣北有延津。"廩延至傿既屬順道,又渡河至共亦便,明克段之地爲陳留傿縣無疑。③

當代學者荆貴生先生認爲克段於鄢的"鄢"不在河南鄢陵縣,而在今傿城(遠襄集),認爲"傿"(今柘城縣傿城)在新鄭的正東,在京的東南方向。當子封率兵從西南而來時,共叔段可以從京之東門逃出,又朝東南方向逃到傿;當莊公從東方來伐傿時,共叔段又可以從傿的北門逃出,朝北跑到廩延,然後過河向正西的共國逃去;兩次逃奔均合乎情理,不與鄭軍所來的方向相逆,從而他將克段於鄢的"鄢"定在今傿城(遠襄集)。④

但此説歷來也遭到一些質疑,如《嘉慶一統志》卷一九四《歸德府·古迹》:

> 傿縣故城:在柘城縣北……《漢書·地理志》注:'應劭曰:鄭伯克段於鄢是也。'……《寰宇記》:在柘城縣北二十九里。按潁川有鄢陵,故屬鄭地,在今開封府鄢陵縣西北,此陳留之傿非也。應劭説誤,《元和志》《寰宇記》俱仍其謬。⑤

清代學者沈欽韓《左傳地名補注》:

> 鄢:《方輿紀要》:'鄢陵城,在開封府鄢陵縣西南。'……《寰宇記》:'鄢城,在宋州柘

---

① 《漢書》卷二八,北京:中華書局,1999,1256頁。

② [清]顧祖禹撰,賀次君、施和金點校:《讀史方輿紀要》,北京:中華書局,2005,2356頁。

③ [清]洪亮吉撰,李解民點校:《春秋左傳詁》,北京:中華書局,1987,2頁。

④ 荆貴生:《"鄭伯克段於鄢"的"鄢"》,《中國語文》1995年第2期,收入其著《荆貴生語言文字論集》,呼和浩特:内蒙古大學出版社,2001,121-126頁。

⑤ 《嘉慶重修一統志》,北京:中華書局,1986,9579-9580頁。

城縣北二十九里。'鄭伯克段之地疑遠。"[①]

可見,關於柘城説,尚有一些難以解釋之處。

**(二)鄢陵説**

"鄢陵"在文獻中有時候也簡稱爲"鄢",如《戰國策·韓策三·建信君輕韓熙》記載"秦出兵三川,則南圍鄢,蔡、邵之道不通矣",此處的"鄢"就是"鄢陵"。晉杜預提出"鄢"在"潁川郡鄢陵縣",此後學者多從之,如楊伯峻先生認爲"鄢"地在今河南省鄢陵縣北而稍西,[②]這種意見也成爲目前較爲通行的主流看法。[③] 但需要注意的是,(1)《春秋》與《左傳》中既出現了地名"鄢",也出現了地名"鄢陵",二者有時并非一地;(2)從出土文獻的記載來看,秦之"鄢"與"鄢陵"并非一地,所見有秦"鄢印""鄢丞之印",其地在秦碭郡(漢之陳留郡);又有"傿陵丞印",其地在秦潁川郡(亦漢之潁川郡)。[④] 另外,有學者認爲《左傳》隱公元年的"鄢"就是同書成公十六年中的"鄢陵",這是由於鄭國滅鄢以後初用原名、後來才改名爲鄢陵。對於這一觀點,荆貴生先生指出滅國改名的現象一般發生在政權交替不久之時,而從隱公元年到成公十六年,相隔一百多年,這是改名説的不足之處,[⑤]筆者認爲此説有道理。

因此也可以推測,我們要探討的《左傳》此處之"鄢",可能也與鄢陵不是同一地。其次,即使認爲"鄢"是"鄢陵",也面臨學界多指出的地理上較爲蹊蹺的問題。

**(三)偃師説**

一些學者認爲"鄢"是"鄔"字之訛,據此提出了不同的意見。其中《史記·鄭世家》"段出走鄢",唐張守節《正義》:"鄔,音烏古反。今新鄭縣南鄔頭有村,多萬家。舊作'鄢',音偃。杜預云:'鄢,今鄢陵也。'"認爲"鄔"在新鄭南之鄔頭村。而唐陸淳《春秋集傳辨疑》卷一引趙匡説,認爲應當是在鄭之西部,位於今河南偃師西南:

> 趙子曰:鄢當作鄔,鄭地也,在緱氏縣西南,至十一年乃屬周。左氏曰:王取鄔、劉、蒍、邘之田於鄭是也。傳寫誤爲鄢字。杜注云:今潁川鄢陵,誤甚矣。按從京至鄔非遠,又是鄭地,段所以有兵衆,故曰克。若遠走至鄢陵,已出境,即無複兵衆,何得云克? 又傳曰:自鄢出奔共,即自鄔過河向共城爲便路,若已南行至鄢陵,不當奔共也。[⑥]

---

① [清]沈欽韓:《左傳地名補注》,《皇清經解續編》(卷五九七),1頁。

② 楊伯峻:《春秋左傳注》(修訂本),7頁。

③ 胡安順:《"鄭伯克段於鄢"考辨》,《陝西師範大學學報》1998年第1期,及《"鄭伯克段於鄢"的"鄢"字考辨》,《西安教育學院學報》1997年第2期;韓益民:《"鄭伯克段於鄢"地理考》,《北京師範大學學報》(社會科學版)2006年第4期;張德恒:《鄭伯克段發微——并釋〈叔於田〉兩首》,《太原大學學報》2015年第2期。

④ 王偉:《秦璽印封泥職官地理研究》,北京:中國社會科學出版社,2014,363、606頁。

⑤ 荆貴生:《"鄭伯克段於鄢"的"鄢"》,121-126頁。

⑥ [唐]陸淳:《春秋集傳辨疑》,影印文淵閣四庫叢書-經部一四〇春秋類,臺北:臺灣商務印書館,1986,599-600頁。

此説也先後有一些學者贊同,如《漢書補注》所引清代學者徐松的意見,也認爲"然則克段者,緱氏之鄔;晋楚遇者,此傿陵(按:即今日之河南鄢陵),皆與陳留之傿陵無涉"。[①] 清代學者汪價《中州雜俎》卷二"烏焉互舛"條也認爲"《石經·春秋》'鄭伯克段於鄢。'趙匡云:'鄢當作鄔。'"[②]當代學者郭聲波先生也認爲克段之地是"鄔",應在晋緱氏縣西南(今河南偃師縣南),但不贊同張守節認爲"鄔"在新鄭南之鄔頭村的看法。[③] 賀江、辛志賢、王家康先生也對偃師南部説表示了贊同。[④] 從現在的討論來看,"偃師"以南説是這一種解釋的主流意見。

**(四)滎陽説**

清代學者吕調陽《群經釋地》、近代學者程發軔先生等贊同此説,如程先生認爲"鄢"與"旃然"爲同一地,衹是在讀音上的急緩之别;而旃然爲水名即"索"水,由此可以確定"鄢陵"在滎陽一帶,即後世之索城。[⑤]

從學者的討論來看,争議較多,有時候同一學者的意見就搖擺不定,如唐李吉甫《元和郡縣志》書中即同時見到有"柘城説"與"鄢陵説",本書卷七《河南道三》"宋州"之"寧陵縣"條記載:"故鄢城在縣南五十三里,漢之鄢縣。鄭伯克段於此。"[⑥]而卷八《河南道四》"許州鄢陵縣"記載:"本漢舊縣,屬潁川郡。春秋,鄭伯克段於鄢,晋楚戰於鄢陵,并此地。"[⑦]在一書中有兩種意見,表明其意見不定。不過,整合上文的討論來看,關於"鄭伯克段於鄢"的"鄢"地所在,上述幾種意見中,"柘城説""鄢陵説"都還存在一定的問題,而"滎陽説"主要立足於古音學,證據實際上也不多;相較之下,清華簡六《鄭文公問太伯》的記載則或爲"偃師説"補充了相關資料。綜合文獻與簡文"北就鄇(鄔)、劉"的記載,可見"鄇(鄔)"是在新鄭以北,由此可以否定唐張守節提出的新鄭南部鄔頭村説。另一方面,清洪亮吉曾認爲趙匡"以鄢爲鄔,一無確據,又係改字",清代程恩澤也有類似的觀點,[⑧]從而否定偃師説。現在我們從相關文獻來看,被他們否定的意見其實反而是有道理的。

---

① [漢]班固撰,[清]王先謙補注,上海師範大學古籍整理研究所整理:《漢書補注》,上海古籍出版社,2008,2302頁。

② [清]張燾纂、汪介人著:《津門雜記·中州雜俎》,揚州:廣陵書社,2003,489頁。

③ 郭聲波:《鄭伯克段疑不在鄢》,《人文雜誌》1986年第4期。

④ 賀江:《鄢地存疑》,《中華文史論叢》第15輯,上海古籍出版社,1980,100頁;辛志賢:《左傳地名考辨》,《北京師範大學學報》(社科版)1996年第3期;王家康:《鄭伯克段之"鄢"地在哪裏》,《文史知識》2014年第2期。

⑤ 程發軔:《春秋地名斠注》,《臺灣師大學報》1959年第4期;又《春秋地名圖考》,《臺灣師大學報》1961年第6期;羅師孔:《〈鄭伯克段於鄢〉之"鄢"》,《光明日報》2014年4月8日第16版。

⑥ [唐]李吉甫:《元和郡縣圖志》,北京:中華書局,1983,184頁。

⑦ [唐]李吉甫:《元和郡縣圖志》,209-210。

⑧ [清]程恩澤撰,[清]狄子奇箋:《國策地名考》,上海古籍出版社,1996,210頁。

## 三 "鄭伯克段於鄢"的歷程

於此,我們再來具體分析一下"鄭伯克段於鄢"的具體歷程。《左傳》隱公元年記載:

> 初,鄭武公娶於申,曰武姜,生莊公及共叔段……及莊公即位,爲之(按:即共叔段)請制……請京,使居之,謂之京城大叔……既而大叔命西鄙、北鄙貳於己……大叔又收貳以爲己邑,至於廩延……大叔完聚……將襲鄭,夫人將啓之。公聞其期……命子封帥車二百乘以伐京。京叛大叔段,段入於鄢,公伐諸鄢。五月辛丑,大叔出奔共。書曰:"鄭伯克段於鄢。"①

首先看這段記載中涉及的"鄢"之外的幾個地名:

(1)制。關於"制"地所在,首先要看"制"與"北制"的關係問題,《左傳》隱公五年記載有"北制":

> 鄭二公子以制人敗燕師於北制。杜預注:北制,鄭邑,今河南城皋縣也,一名虎牢。②

襄公十年記載有"制":

> 諸侯之師城虎牢而戍之。晋師城梧及制。杜預注:梧、制,皆鄭舊地。③

關於"制"與"北制"是否爲同一地,學界意見不一。一些學者認爲并非爲同一地,如日本學者竹添光鴻認爲在氾水縣西者爲制,即虎牢,而在鄭州北者,爲北制。④ 而《括地志》認爲兩者爲一:

> 滎陽故城在鄭州滎澤縣西南十七里。殷時敖地,周時名北制,在敖山之陽……鄭州氾水縣,古東虢國,亦鄭之制邑,漢之成皋,即周穆王虎牢城。⑤

目前較多學者贊同衹有"制"地。⑥ 筆者也認爲"制"可能也就是"北制",參照文獻中有"藺"又名"北藺"的例子,如見於《史記・六國年表》記載的"北藺""藺"爲同一地,公元前372年,在魏國一欄有"衛聲公元年,敗趙北藺",趙國一欄有"伐衛,取都鄙七十三。魏敗我藺"。故依之,"制"與"北制"很有可能爲同一地。

---

① 楊伯峻:《春秋左傳注》(修訂本),11-14頁。
② [晋]杜預注,[唐]孔穎達正義,浦衛忠等整理:《春秋左傳正義》,《十三經注疏》,北京大學出版社,1999,97頁。
③ [晋]杜預注,[唐]孔穎達正義,浦衛忠等整理:《春秋左傳正義》,890頁。
④ [日]竹添光鴻:《左氏會箋》卷一一,明治三十六年井井書屋本。
⑤ 賀次君:《括地志輯校》,北京:中華書局,1980,177、179頁。
⑥ 楊伯峻:《春秋左傳注》(修訂本),10-11、45頁。

其次,"制"是否爲虎牢,也是應當注意的。班固認爲"成皋,故虎牢,或曰制",[①]學者自後多認爲二者爲同一地,但也有學者認爲并非是同一地,"制"應當是在虎牢附近。[②] 本文贊同兩者應當爲一地之説。

(2)京。滎陽縣東南二十餘里處。[③]

(3)西鄙、北鄙。楊伯峻先生認爲上述二地可能是指鄭國西部與北部邊境一帶地區。[④]

(4)廩延。有學者認爲其地是在今河南延津縣,如杜預注:

(廩延,鄭邑)陳留酸棗縣北有延津。[⑤]

清代學者顧棟高認爲:

> 舊城在今河南開封府延津縣北十五里。黄河故道自新鄉東流徑衛輝府汲縣南七里,謂之棘津。又東二十里爲延津。[⑥]

另外一種觀點則認爲應當在今河南滑縣。清代學者劉文淇據《水經注》的記載,認爲:

> 廩延即今滑縣,唐之滑州,漢、晋爲白馬縣。杜預謂酸棗縣之延津,遠矣。[⑦]

而清楊守敬則認爲廩延在滑縣説有誤,應當是在延津:

> 《方輿紀要》《(大清)一統志》直云鄭廩延邑,亦曰酸棗,則是鄭地,在今延津縣……且《注》下文明言衛之平陽亭在廩延南,安得鄭之廩延邑在平陽北乎?[⑧]

本文暫從"廩延"在延津之説。

(5)共。一般認爲是在河南新鄉以西、焦作東北的輝縣市,其地有"共北山",《漢書·地理志》:"共北山,淇水所出",《水經注》:"共山,在共伯故國北,所謂共北山也。"上博簡《容成氏》"共、滕之間",其中的"共"也就是本地。[⑨]

雖然"廩延"還不好直接確定,但是關於另外幾處地點的所在,已經有大致比較可靠的認識,從而爲我們探討"鄢"的所在,提供了重要的基點。而確定清華簡六《鄭文公問太伯》篇中的地名"郾(鄢)",也就是《左傳》"鄭伯克段於鄢"的"鄢",與上述相關地名整體範圍分布

---

① 《漢書》卷二八《地理志》,1253-1254頁。

② 韓益民:《"鄭伯克段於鄢"地理考》,《北京師範大學學報》(社會科學版)2006年第4期。

③ 楊伯峻:《春秋左傳注》(修訂本),11頁。

④ 楊伯峻:《春秋左傳注》(修訂本),12頁。

⑤ [晋]杜預:《春秋經傳集解》,上海古籍出版社,1988,8頁。

⑥ [清]顧棟高:《春秋大事表》,北京:中華書局,1993,972-974頁。

⑦ 劉文淇:《春秋左氏傳舊注疏證》,北京:科學出版社,1959,9頁。

⑧ 楊守敬、熊會貞:《水經注疏》,南京:江蘇古籍出版社,1989,408、412-413頁。

⑨ 陳偉:《〈容成氏〉共、滕二地小考》,《新出楚簡研讀》,武漢大學出版社,2010,165-168頁。

是相宜的。簡文的記載表明,不僅如《左傳》所記載的鄭國東遷之後重視地形較爲重要的"制"地等,而"鄢(鄔)"地也是其擴張的目標之一。因此,整個"鄭伯克段於鄢"的過程如下:首先是鄭子封的軍隊從新鄭出發,攻打其西北部的滎陽附近之京,段由此西逃至鄢;其後段又在今偃師南的"鄢"戰敗;接下來段戰敗出奔,其如何逃亡至黄河以北目前還不清楚,路綫很有可能如學者所説,從孟津一帶度過黄河,然後再逃到偃師東北、黄河以北的輝縣市一帶,這一帶應當在《左傳》隱公元年記載"既而大叔命西鄙、北鄙貳於己……大叔又收貳以爲己邑,至於廩延",[①]也就是其中"貳於己"的"北鄙"範圍之内。此處的"廩延"(本文暫采延津説),與段所奔逃之"共"(輝縣市)均在黄河以北,且相距不遠,可見段仍然逃到與其有聯繫和支援的區域之内了。如果説是在新鄭以南的鄢陵或者柘城戰敗,然後再渡河逃跑到新鄭以北的"共"(輝縣市),這兩種路綫實在是頗爲蹊蹺。不過我們也要看到,文獻中偃師地區的一些古地名,曾先後得到考古材料的支持,如劉國、[②]滑國遺址[③]的發現;而關於偃師地區"鄢(鄔)"、也就是"鄭伯克段於鄢"之"鄢"在本地,從已有文獻材料分析上來説應當是最爲合理,也同樣還需要考古材料的最終確認。據清華簡六《鄭文公問太伯》等所做的上述路綫擬定,應當也衹是一種新的推定,尚待日後檢驗。

由上述討論,我們認爲關於"鄭伯克段於鄢"的"鄢陵説""柘城説"目前尚存在明顯的問題;"滎陽説"有古音上的依據,但證據也很單薄;相較來説,目前應當以"偃師説"相對合理一點。借助清華簡六《鄭文公問太伯》"北就鄢(鄔)"的記載,將之與傳世文獻相比較,它應當就是《左傳》隱公元年"鄭伯克段於鄢"之地,在今日之偃師西南部。上述地名"鄢""鄔""鄢"的互作,應當與形體、讀音相近有關。總之,我們認爲《左傳》隱公元年"鄭伯克段於鄢"所在,很有可能就是清華簡六《鄭文公問太伯》篇中的"鄢"也就是"鄔",在偃師南。"鄭伯克段於鄢"前後的行程,大體路綫可以如下圖所示。

---

① 楊伯峻:《春秋左傳注》(修訂本),12頁。
② 劉曉景:《劉國史迹考略》,《中原文物》1985年第4期。
③ 趙芝荃:《河南偃師"滑城"考古調查簡報》,《考古》1964年第1期。

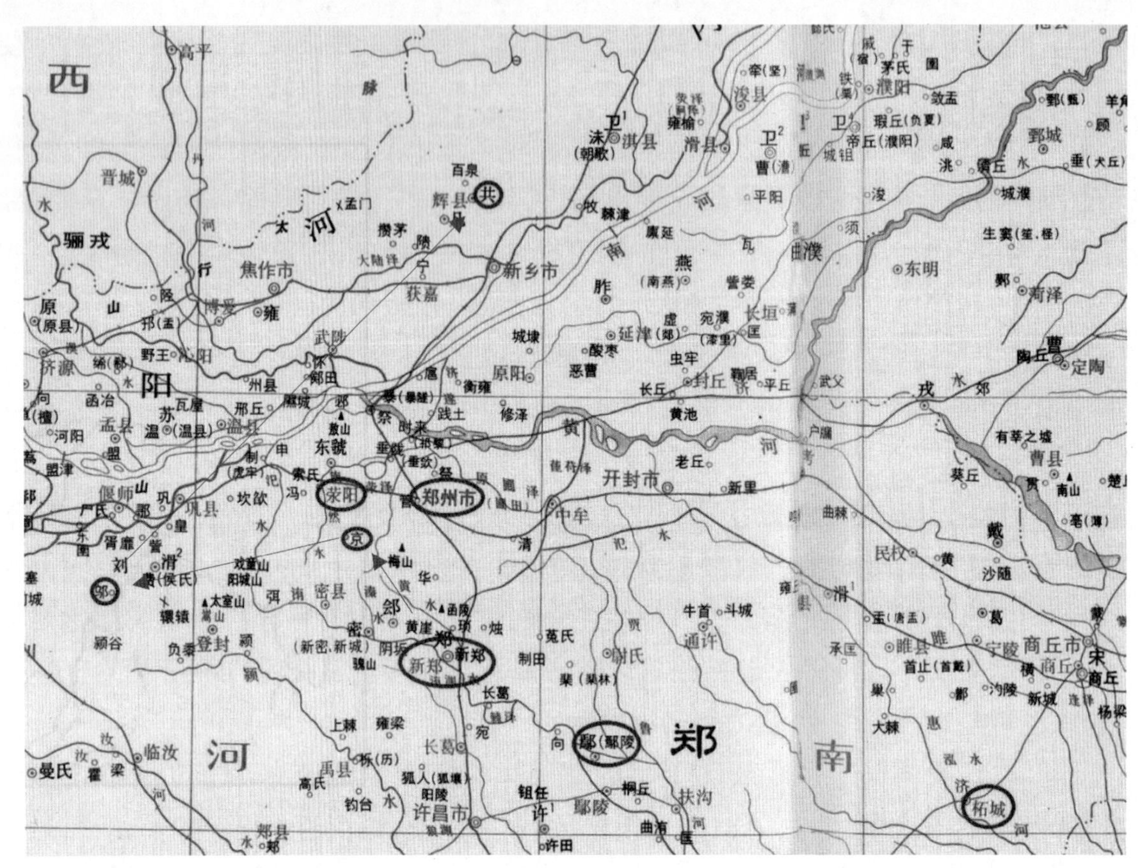

(底圖取自譚其驤主編《中國歷史地圖集》第一册,"春秋·鄭宋衛",地圖出版社 1982)

附記:感謝匿名審稿專家的寶貴意見,謹致謝忱!

# 出土秦漢曆書綜論*

北京大學中國古代史研究中心
出土文獻與中國古代文明研究協同創新中心 陳侃理

**内容提要** 曆書是人類有計劃地命名和安排時間的産物,反映出製作者和使用者的時間觀念及其遵循的時間秩序。目前所知年代較爲確定的出土秦漢曆書共83件,按照内容和形制等因素,可以分爲曆日和曆朔兩類,分别包括二型、三型,各若干式,呈現出一定的發展繼承關係。秦漢曆書主要有查日期和歲時節日、加注記事以及配合日書占視吉凶三種功能,結合了"曆法"和"選擇"兩類知識。曆書可以是使用者自己製作,也可能來自多元化的公共性渠道,曆朔和曆日安排往往不盡統一。這種情况,爲思考當時人的時間觀念以及秦漢國家與社會時間秩序的構成,提供了啓示。

**關鍵詞** 曆書 曆法 時間觀念 時間秩序

人類借助日月星辰的周期性變化來觀測和度量時間,發明了年、月、日等時間單位,又用表格等形式,系統而連續地譜排出特定時段内的年月日,形成實用性的文書,我們稱之爲曆書。[①] 曆書是人類有計劃地命名和安排時間的産物,反映出製作、使用者的時間觀念和所遵循的時間秩序。

* 本文爲教育部全國優秀博士學位論文作者專項資金資助項目"中国政治文化传统的形成与早期发展研究"(201311)階段性成果。

① 本文統稱爲曆書的文獻,學者也稱爲曆日、曆表、曆譜等。這些稱謂各有缺陷,不足以或不適於概括所有出土秦漢曆書。選擇"曆書"一詞作爲統稱,意在用現代名詞去指稱一個古稱難以涵蓋的範圍,并不表示此類文獻中的每一件都必須以"曆書"爲名。根據文獻自題名,將某件或某幾件特定的曆書稱爲"質日""曆日"等,也是可行的。另外需要説明的是,"曆書"有時也用於指稱記載曆法或時日選擇數術的書,與本文用的概念不同。

20世紀初以來,甘肅、内蒙、湖北、湖南、山東、江蘇等地出土了大批秦漢時期的曆書。目前,對這些資料的整理和研究工作主要包括三個方面:一是復原、定年和分類,二是討論命名和性質,三是通過所載曆朔干支推定秦漢曆法。這些方面,已有不少成果問世。隨着新材料的刊布和研究不斷推進,上述工作又可以進一步充實和深入。首先,部分曆書的復原和定年值得推敲;其次,有必要設計一個新的分類體系,使之能够容納迄今發現的所有秦漢曆書,反映它們之間的差别、聯繫及發展的綫索,在此基礎上重新認識秦漢曆書的功能、性質和來源;最後,在深入了解曆書中曆朔資料的性質後,還應反思秦漢曆法推定的前提和方法,重新認識秦漢帝國的時間觀念與時間秩序,探究其背後的社會和政治狀況。

我在2012年發表《秦漢的頒朔與改正朔》一文,[①]涉及前面提到的最後一個問題。此後繼續探索秦漢帝國時間秩序的形成過程,做了一些初步的思考。[②] 本文實際上是這一系列工作的基礎,初稿草成於2011年初,次年10月提交北京大學中國古代史研究中心、出土文獻研究所主辦的第一届出土文獻青年學者論壇,作爲會議論文宣讀,得到評議人凌文超先生等學界同仁的指正。舊稿近年來又陸續修改,增補了新發表的資料和研究成果,希望能够爲相關研究提供一點資料上的方便,也懇請讀者批評指正。

## 一　出土秦漢曆書的類型

出土秦漢曆書最早是20世紀初斯坦因在考察敦煌漢代屯戍遺址時發現的。羅振玉、王國維將其中的編册年曆分爲"横讀式"和"竪讀式"兩類。[③] 20世紀中葉,日本學者森鹿三將居延出土的漢曆分爲三類,增加了一種僅以單簡書寫每月朔日和八節、三伏所在的簡易類型。[④] 陳夢家的工作更加系統和完善,他明確提出以形制爲標準,將曆書分爲五類。[⑤] 此後做過漢簡曆書綜述的陳久金、張永山都接受他的體系。[⑥] 閔尾史郎則另闢蹊徑,從功能角度考

① 陳侃理:《秦漢的頒朔與改正朔》,余欣主編《中古時代的禮儀、宗教與制度》,上海古籍出版社,2012,448-470頁。

② 陳侃理:《秦漢時期的歲星和歲陰——從馬王堆帛書中的太陰説起》,湖南省博物館、復旦大學出土文獻與古文字研究中心、中華書局聯合主辦"《長沙馬王堆漢墓簡帛集成》修訂"國際研討會會議論文,2015年6月;《數字紀日的産生與通行》,吉林大學古籍研究所主辦"出土文獻與學術新知"學術研討會暨第四届出土文獻青年學者論壇會議論文,2015年8月,後改題《序數紀日的産生與通行》,刊於《文史》2016年第3辑。

③ 羅振玉、王國維編著:《流沙墜簡》,北京:中華書局,1993。

④ 森鹿三:《居延出土の漢曆について》,《史泉》22,1961。

⑤ 陳夢家:《漢簡年曆表叙》,《考古學報》1965年第2期,後收入其著《漢簡綴述》,北京:中華書局,1980。

⑥ 陳久金:《敦煌、居延漢簡中的曆譜》,中國社會科學院考古研究所編《中國古代天文文物論集》,北京:文物出版社,1989;張永山:《漢簡曆譜》,任繼愈主編《中國科學技術典籍通匯·天文卷》第一分册,鄭州:大象出版社,1993。後來,張永山據居延五鳳三年曆書木牘,增加了一種"單板環讀式",也是形制分類。

慮,將曆書分爲正曆和略曆兩種。[①]

近幾十年來,秦漢曆書不斷出土。尹灣漢簡、周家臺秦簡、張家山漢簡等墓葬中的新發現,將出土曆書的時代上溯至秦,地域擴展到南方,内容和形式也更加多樣,以往的分類逐漸顯得粗率或不够周延。本世紀以來,吉村昌之和劉樂賢分别對曆書分類做了新的探索。他們按照内容將曆書分爲年曆和月曆,然後再進行細分。吉村昌之試圖收録以往發現的全部曆書,逐一解説。[②] 劉樂賢文除分類外,還着力分析各類曆書的定名、内容和功能,是目前最爲系統的綜論。[③]

上述分類研究已經提供了認識曆書基本的框架,但如果要進而研究時間觀念、時間秩序及其發展變化,還需抓住曆書中最能够反映時間觀念以及時代和地域特征的因素,提出一個更能够反映曆書内涵及其發展的新分類體系,爲解讀其中的歷史信息做好準備。我設想的分類體系包括類、型、式三級。這個分類體系的核心標準是曆書的内容,用以劃分"類"和"型",形制則作爲"式"的主要劃分標準。在形制因素中,首先考慮書寫格式和閲讀方式。曆書的功能需要結合曆書以外的因素進行推測,因而僅作爲分類的參考。由於曆書兼有文獻和實物的雙重屬性,本文所用的類型概念與考古學研究器物的類型學概念不完全相同,這也是需要説明的。

根據内容,出土秦漢曆書首先可以分爲"曆日"和"曆朔"兩類。曆日類曆書的特征是,每一日占據獨立的一格或一行,每日的干支下都保留有加注的空間。"曆朔"類則不具備上述特征,而僅以記載每個月的朔日干支爲主要内容。以下分别介紹這兩類曆書。爲求論述簡明,每一式下以典型曆書爲例説明本式特點,帶叙同式曆書,對個别有疑問者略做考辨。[④]

### (一)曆日類曆書

曆日類曆書可分爲二型七式。以下用大寫字母表示型,羅馬數字表示式,分别介紹。

曆日類 A 型(年曆型):以年爲最小單位,不分割使用。此型分爲 7 式,下面以各式中年代最早的曆書爲序,由早到晚依次介紹。[⑤]

---

① [日]関尾史郎:《甘肅新出漢代曆様木簡の基礎的整理》,《東アジア—歷史と文化》2,1993。

② [日]吉村昌之:《出土簡牘資料にみられる曆譜の集成》,冨谷至主編《邊境出土木簡の研究》,京都:朋友書店,2003。

③ 劉樂賢:《秦漢曆日的内容及功用》,《法國漢學》叢書編輯委員會編《古羅馬和秦漢中國——風馬牛不相及乎》,北京:中華書局,2011。

④ 本文述及各種出土曆書,一概采用出土地加年代組成的簡稱。西北漢簡按照通行習慣冠以"敦煌""居延",必要時加上出土位置(探方號)以示区分。其他簡牘,如江蘇連雲港尹灣漢墓簡牘曆書簡稱"尹灣某年曆書",嶽麓書院藏秦簡曆書簡稱"嶽麓某年曆書"等。具體出處見於脚注,正文中不再一一説明。

⑤ 本文曆書的定年絶大部分依據學界普遍認可的意見,個别未見成説的則自行推定。對定年存在争議或者無法確定年代的曆書,正文或注釋中會另行説明。

Ⅰ式(逐日干支六欄横讀式):一般包括2支月名簡和57支或更多的干支簡,分六欄横向連讀,每欄兩月,合爲一年十二個月,如有閏月則單獨附於最末。有些曆書實例在月名簡中不包含干支,則干支簡的數量相應增加。該式的典型形態可參看文末所附示意圖一。

此式中的嶽麓書院藏秦始皇二十七年曆書是已發現秦漢曆書中年代最早的。[①] 此書現存竹簡綴合後共54支,原應由60支竹簡組成。[②] 其中一支簡正面無字,背書"七年質日","七"字上方殘斷,推測原應有"廿"字。這是迄今所見最早的"質日"自題。其餘59支簡分六欄寫滿354個干支,正好是六大六小共十二個月的日數。其中包含2支寫有月名的簡,其一自上而下分六欄書有"十月戊寅""十二月丁丑""二月丙子""四月乙亥""六月甲戌""八月癸酉",各月名下的干支表示該月朔日。另一支月名簡寫有十一月至九月,共六個奇數月的月名和朔日干支。前一月名簡的"十月戊寅"是秦始皇二十七年的元旦,從此開始向左横讀,經"己卯"至"丁未",共30日而十月畢。再往左接另一支月名簡,該簡第一欄書"十一月戊申"即下一個月的朔日。由此左數29日至"乙亥"而十一月畢,是爲本書的最後一支簡。然後再返回開頭的第一支月名簡,從第二欄"十二月丁丑"起左數。如此往復六次,至末簡的第六欄"辛未"而一歲終。

嶽麓秦簡中另有秦始皇三十四年和三十五年兩件曆書,[③]亦屬此式。屬於此式的還有:北京大學藏秦簡牘秦始皇三十一年曆書、三十三年曆書,[④]周家臺秦簡秦始皇三十四年曆書,[⑤]張家山M336號墓文帝前元七年曆書,[⑥]睡虎地M77號墓文帝前元十年至後元七年的十組曆書。[⑦] 這些曆書中不少有自題篇名"某年質日",如嶽麓秦簡的三件曆書(分别自題"☑七年質日""卅四年質日""卅五年私質日")、睡虎地M77號墓曆書中的多種(題有"元年質日""七年質日"等),以及張家山文帝七年曆書(自題"七年質日")。至少可以説明,此類曆書在秦至漢初的南郡一帶有較統一的名稱。它們之間有一細微差别,即月名簡有的同時包含朔

① 朱漢民、陳松長主編:《嶽麓書院藏秦簡(壹)》,上海辭書出版社,2010,3-9、47-65、177-179頁。

② 《嶽麓書院藏秦簡(壹)》提供的"釋文連讀本"(177-179頁)所復原的秦始皇二十七年質日僅包含59支簡,在06/0564、07/0616兩簡之間還應補入一支簡。

③ 均收入《嶽麓書院藏秦簡(壹)》,三十四年質日見10-18、67-89、180-183頁,三十五年質日見19-24、91-106、184-186頁。

④ 見拙文《北大秦簡中的方術書》,《文物》2012年第6期,90-91頁。

⑤ 湖北省荆州市周梁玉橋博物館編:《關沮秦漢墓簡牘》,北京:中華書局,2001,圖版11-17頁,釋文與考釋93-99頁。

⑥ 該曆書全文尚未發表,僅有簡介,見荆州地區博物館《江陵張家山兩座漢墓出土大批竹簡》,《文物》1992年第9期,4頁。該文將此墓編爲136號,後整理者更改爲336號。

⑦ 此10組曆書全文均未發表,此據簡報,見湖北省文物考古研究所、雲夢縣博物館《湖北雲夢睡虎地M77發掘簡報》,《江漢考古》2008年第4期,35頁。簡報中稱"(此類簡)一般一組爲一年。每枚簡自上而下分爲六欄,首枚簡書寫當年雙月的六個月名及其大小,在記列各月干支的竹簡之後,復有一簡書寫當年單月的月名及其大小,其後再記各月干支。如果當年有閏月,閏月的月名(後九月)及其干支記在最後。在一些干支之下,還記有一些事件。首枚簡的背面多題有'某年質日',如'元年質日''七年質日'等等。"上述特點正與本式相符。簡報還根據張培瑜《中國先秦史曆表》,判斷這幾組簡的時間跨度爲西漢文帝前元十年(前170)至後元七年(前157)。

日干支和月份大小(如嶽麓秦始皇二十七年、三十四年曆書),有的衹包含朔日(如嶽麓秦始皇二十七年曆書)或月大小(如北大秦簡秦始皇三十一年曆書),還有的多數月份衹標明大小而少數月又注出朔日(如嶽麓秦始皇三十五年曆書)。這個差别對曆書的使用似無實質性影響,故不再因之另行分式。

Ⅱ式(簡首干支六欄橫讀式):一般以60支簡爲一編,每簡上端注一個干支,順序編次,干支下分六欄橫向連讀,每一欄格表示一日,日名即對應的簡首干支。月份名及月大小注於表示該月朔日的欄格內。本式包括周家臺秦簡秦始皇三十六年附三十七年曆書[①]及孔家坡漢簡景帝後元二年曆書。[②] 該式的典型形態可參看示意圖二。

孔家坡曆書由60支簡編成,每簡上端依次寫有六十干支,起於辛未,終於庚午。第5簡(原誤排爲第1簡)干支爲乙亥,第一欄殘損處應書有"十月大",此格即表示該年十月朔日乙亥,是本年曆日的起始。從此格後左數第30支簡,上端干支爲乙巳,第一欄書"十一月小",即表示十一月朔日乙巳。再左數至全篇末簡後返回首簡,從第二欄起向左讀數至第4簡,此欄格書"十二月大",表示十二月朔日甲戌。依此類推,至九月戊辰歲終。

周家臺秦簡發表早於孔家坡漢簡,其中的秦始皇三十六年附三十七年曆書是兩年合用一編,情況較爲複雜。根據劉國勝的復原,[③]該曆書的形式基本同於孔家坡曆書,而有兩點特殊。首先,全篇末簡的簡背書有"卅六年日"四字,應是篇題,結合各月朔日,可以確定本書爲秦始皇三十六年的曆日。其次,該書中有十二個干支的上方又寫有正月至十二月的月名,下方寫有"大"或"小"字,組成如"十月辛亥小""十一月庚辰大""十二月庚戌大"等的十二組月朔形式,經考證,是秦始皇三十七年曆朔。劉國勝認爲,此書應是以三十六年曆日爲主,三十七年曆日可能是利用了上年曆日,而在其基礎上標注出月份而成。[④] 我贊同這個觀點。

本式與Ⅰ式的主體都分六欄橫向連讀。在Ⅰ式的基礎上,根據一年中的十二個月的大小挪動月名位置,對齊各月干支,一并移至簡首,即可得到Ⅱ式。這樣變形帶來兩點改進:一是書寫簡便,無需每日注出干支;二是每日欄格中可以加注的空間相應增大。Ⅱ式可能是在Ⅰ式的基礎上發展而成。不過,Ⅱ式并没有最終取代Ⅰ式。周家臺秦墓中,屬Ⅰ式的三十四年曆書與屬Ⅱ式的"卅六年日"同時并存。Ⅰ式在Ⅱ式出現之後仍長期流行,Ⅱ式則可能并

① 湖北省荆州市周梁玉橋遺址博物館編:《關沮秦漢墓簡牘》,圖版18-24頁,釋文與考釋99-102頁。

② 湖北省文物考古研究所、隨州市考古隊編:《隨州孔家坡漢墓簡牘》,圖版117-122頁,釋文注釋191-194頁。整理者最初的編連有誤,本文所據爲經武家璧改正後的編連復原,見武家璧《隨州孔家坡漢簡〈曆日〉及其年代》,《江漢考古》2009年第1期,120-126頁。

③ 整理者最初未能正確編連,後經程鵬萬等學者討論,由劉國勝完成了最爲準確的復原。參程鵬萬《周家臺秦墓所出秦始皇三十六、三十七年曆譜簡的重新編聯》,《史學集刊》2006年第3期;劉國勝《關於周家臺秦簡69-130號的簡序編排問題》,《簡帛》第4輯,上海古籍出版社,2009。

④ 劉國勝:《關於周家台秦簡69-130號的簡序編排問題》,《簡帛》第4輯,31頁。

未真正廣泛傳播。Ⅰ式的真正繼承者,應是下面將要介紹的Ⅲ式曆書。

Ⅲ式(簡首日序十二欄横讀式):一般以31支簡爲一編,首簡分十二欄書寫十二個月的月名及月大小,其餘各簡均在簡首書寫序數或序數式日期,以下分十二欄對應首簡的十二個月,依次書寫干支和曆注,横向連讀。該式的典型形態可參看示意圖三。

已出土屬本式的曆書很多,包括:銀雀山元光元年①以及敦煌太始二年、②肩水金關T21元鳳六年、③肩水金關T26元鳳六年、④肩水金關元平元年、⑤肩水金關本始二年、⑥居延本始四年、⑦敦煌本始四年、⑧敦煌地節元年、⑨敦煌元康元年、⑩肩水金關元康三年、⑪敦煌元康三

---

① 該曆書照片未發表,有關介紹及復原摹本見羅福頤《臨沂漢簡所見古曆概略》,《古文字研究》第11輯,北京:中華書局,1985,41-42頁。

② 甘肅省文物考古研究所編:《敦煌漢簡》,北京:中華書局,1991,簡號1919,T.XⅣ.ⅲ.7。以下所引曆書簡册,凡出此書者,均以書名後括注簡號的方式表示出處。該簡定年據吉村昌之《出土簡牘資料にみられる曆譜の集成》,冨谷至主編《邊境出土木簡の研究》,476頁。

③ 甘肅簡牘保護研究中心、甘肅省文物考古研究所、甘肅省博物館、中國文化遺産研究院古文獻研究室、中國社會科學院簡帛研究中心编:《肩水金關漢簡(貳)》,上海:中西書局,2012,簡號73EJ T21:139。該書所收曆書殘簡的復原和定年據羅見今、關守義《〈肩水金關漢簡(貳)〉曆簡年代考釋》,《敦煌研究》2014年第2期;程少軒《肩水金關漢簡"元始六年(居攝元年)曆日"復原》,李學勤主編《出土文獻》第5輯,上海:中西書局,2014。本曆書名稱中的T21表示考古發掘時第21號探方。探方標示簡牘的出土位置,在本文中視爲劃分不同曆書的决定性因素之一。肩水金關遺址不同探方出土的曆書殘簡,即使從曆朔安排上看屬於同一年,且書體、形制完全一致,應是同時所作,本文仍因出土位置有别而加以區分,在命名時加注探方号以示區别。

④ 甘肅簡牘博物館、甘肅省文物考古研究所、甘肅省博物館、中國文化遺産研究院古文獻研究室、中國社會科學院簡帛研究中心编:《肩水金關漢簡(叁)》,上海:中西書局,2013,簡號73EJT26:178、218。以下所引曆書簡册,凡出此書者,均以書名後括注簡號的方式表示出處。該書所收曆書的復原和定年據黄艷萍《〈肩水金關漢簡(叁)〉紀年簡校考》,《敦煌研究》2015年第2期;程少軒《〈肩水金關漢簡(叁)〉數術類簡牘初探》,楊振紅、鄔文玲主編《簡帛研究二〇一五(秋冬卷)》,桂林:廣西師範大學出版社,2015。對於存在多種定年可能的曆書殘簡,黄艷萍根據同探方出土簡牘的年代區間縮小範圍,作了定年。本文予以采信,本曆書就是一例。

⑤ 甘肅簡牘保護研究中心、甘肅省文物考古研究所、甘肅省博物館、中國文化遺産研究院古文獻研究室、中國社會科學院簡帛研究中心编:《肩水金關漢簡(壹)》,上海:中西書局,2011,簡號73EJT5:56-58。《肩水金關漢簡(壹)》所見各曆書的復原及定年,根據程少軒《〈肩水金關漢簡(壹)〉曆譜簡初探》,復旦大學歷史學系、復旦大學出土文獻與古文字研究中心編《簡帛文獻與古代史——第二届出土文獻青年學者國際論壇論文集》,上海:中西書局,2015;羅見今、關守義《〈肩水金關漢簡(壹)〉八枚曆譜散簡年代考釋》,《敦煌研究》2012年第5期。

⑥ 《肩水金關漢簡(叁)》(73EJT26:6)。

⑦ 中國社會科學院考古研究所編:《居延漢簡甲乙編》,北京:中華書局,1980,簡號111·6,《乙》84版。以下所引曆書簡册,凡出此書者,均以書名後括注簡號的方式表示出處。

⑧ 參敦煌市博物館《敦煌清水溝漢代烽燧遺址出土文物調查及漢簡考釋》,《簡帛研究》第2輯,北京:法律出版社,1996,374頁。

⑨ 參敦煌市博物館《敦煌清水溝漢代烽燧遺址出土文物調查及漢簡考釋》,《簡帛研究》第2輯,373-374頁;及同書所載殷光明《敦煌清水溝漢代烽燧遺址出土〈曆譜〉述考》一文,376-385頁。

⑩ 《敦煌漢簡》(1835,T.XI.ⅱ.6)。此簡沙畹、羅振玉考爲永興元年(153),説見羅振玉、王國維編著《流沙墜簡》,91頁。羅見今考慮敦煌簡的年代上下限及同出紀年簡後,認爲當是元康元年曆,説見羅見今《敦煌漢簡中曆譜年代之再研究》,《敦煌研究》1999年第3期,93-94頁。今從之。

⑪ 《肩水金關漢簡(壹)》(73EJT10:273、276)。

年、[①]敦煌神爵三年、[②]敦煌五鳳二年、[③]肩水金關 T23 五鳳三年、[④]肩水金關 T30 五鳳三年、[⑤]肩水金關五鳳四年、[⑥]敦煌甘露元年、[⑦]肩水金關 T23 甘露二年,[⑧]肩水金關 T29 甘露二年、[⑨]肩水金關 T6 黄龍元年、[⑩]肩水金關 T26 黄龍元年、[⑪]肩水金關初元元年、[⑫]肩水金關初元三年、[⑬]肩水金關 T10 永光元年、[⑭]肩水金關 H1 永光元年、[⑮]居延建昭三年、[⑯]居延建始元年、[⑰]敦煌鴻嘉四年、[⑱]居延元延元年、[⑲]居延建平二年、[⑳]額濟納元始元年、[㉑]敦煌元始五年、[㉒]肩水金關 T9

① 羅振玉、王國維編著:《流沙墜簡》,圖版 15-18 頁,考釋 83-84 頁。

② 羅振玉、王國維編著:《流沙墜簡》,圖版 19 頁,考釋 84-86 頁。

③ 《敦煌漢簡》(1807,T.Ⅵ.b.ⅱ.4),定年據羅見今《敦煌漢簡中曆譜年代之再研究》,《敦煌研究》1999 年第 3 期,93 頁。吉村昌之定爲元始二年,今不取。

④ 《肩水金關漢簡(貳)》(73EJT23:593)。

⑤ 《肩水金關漢簡(叁)》(73EJT30:187)。

⑥ 《肩水金關漢簡(叁)》(73EJT32:9)。

⑦ 《敦煌漢簡》(1178,79.D.M.T18:18),定年據吉村昌之《出土簡牘資料にみられる暦譜の集成》,冨谷至主編《邊境出土木簡の研究》,482 頁。

⑧ 《肩水金關漢簡(貳)》(73EJT23:751)。

⑨ 《肩水金關漢簡(叁)》(73EJT29:69)。

⑩ 《肩水金關漢簡(壹)》(73EJT6:70)。

⑪ 《肩水金關漢簡(叁)》(73EJT26:144)。

⑫ 《肩水金關漢簡(叁)》(73EJT32:8)。

⑬ 《肩水金關漢簡(壹)》(73EJT9:115)。

⑭ 《肩水金關漢簡(壹)》(73EJT10:272)。

⑮ 甘肅簡牘博物館、甘肅省文物考古研究所、甘肅省博物館、中國文化遺産研究院古文獻研究室、中國社會科學院簡帛研究中心編:《肩水金關漢簡(肆)》,上海:中西書局,2015,簡號 73EJH1:4。該書所見曆書復原參許名瑲《〈肩水金關漢簡(肆)〉曆日校注》,簡帛網,2016 年 3 月 5 日,下文不再出注。

⑯ 甘肅省文物考古研究所等編:《居延新簡——甲渠候官》,北京:中華書局,1994,簡號 EPT43・285。按:據簡文一月二十一日戊寅,推斷是年正月戊午朔,當是建昭三年。以下所引曆書簡册,凡出此書者,均以書名後括注簡號的方式表示出處。

⑰ 《居延新簡——甲渠候官》(EPS4T1・17),據羅見今、關守義《〈居延新簡——甲渠候官〉六年曆譜散簡年代考釋》,《文史》第 46 輯,北京:中華書局,1998,55 頁。

⑱ 《敦煌漢簡》(2272,T.ⅩⅩⅢ.c.023+T.ⅩⅩⅢ.1.ⅰ.013),定年據馬伯樂《中國古文書》,陳久金重新綴合,見陳久金《敦煌、居延漢簡中的曆譜》,中國社會科學院考古研究所編《中國古代天文文物論集》,118 頁。又見勞榦《漢晋西陲木簡新考》,臺北:中研院史語所,1985,圖版 52,釋文 13-14 頁。

⑲ 《居延漢簡甲乙編》(503・5,《甲》1923),考釋定年見陳久金《敦煌、居延漢簡中的曆譜》,中國社會科學院考古研究所編《中國古代天文文物論集》,119 頁。

⑳ 《居延漢簡甲乙編》(506・18,《甲》2004),考釋定年見陳久金《敦煌、居延漢簡中的曆譜》,中國社會科學院考古研究所編《中國古代天文文物論集》,119 頁。

㉑ 曾磊:《額濟納漢簡所見曆譜考釋》,孫家洲主編《額濟納漢簡釋文校本》,北京:文物出版社,2007,312-313 頁。

㉒ 《敦煌漢簡》(1122,79.D.M.T13:15),定年據吉村昌之《出土簡牘資料にみられる暦譜の集成》,冨谷至主編《邊境出土木簡の研究》,487-488 頁。

居攝元年、[①]肩水金關T23居攝元年、[②]居延居攝三年、[③]肩水金關T23居攝三年、[④]肩水金關T24居攝三年、[⑤]額濟納始建國三年、[⑥]肩水金關始建國天鳳五年、[⑦]居延建武元年、[⑧]居延建武六年七年、[⑨]居延永元十七年、[⑩]敦煌永興元年[⑪]曆書等。西北邊塞遺址出土的漢簡中還有一些殘簡亦屬此式,由於殘缺過甚,缺少足够的曆朔信息而無法確定年代,暫不列入討論。[⑫]

此式曆書絶大多數出土於邊塞屯戍遺址,殘缺嚴重,唯一基本完整的是墓葬出土的銀雀山武帝元光元年曆書。該曆書出土於山東臨沂銀雀山2號漢墓,由32支簡編成。首簡有書題"七年視日"。第二簡分十三欄,由上至下依次書十月至後九月(閏月)月名及月大小。其餘30支簡簡首依次書數字"一"至"卅",數字下分十三欄對應第二簡的十三個月,每欄從左至右横向按順序書寫干支,表示一個月的二十九或三十天。一些干支下還有八節、反支等簡單的曆注。本式其他曆書雖多殘缺,根據現存簡片,大致可以判斷均采取類似形式,與元光元年曆書最明顯的差别是改以正月爲歲首。這是太初改曆造成的時代性差异。[⑬]

本式曆書月縱日横,編册横讀,與Ⅰ式類似,衹是分欄數目不同,可以視爲Ⅰ式的變體。

---

① 《肩水金關漢簡(壹)》(73EJT9:282)。

② 《肩水金關漢簡(貳)》(73EJT23:317、901、315+702、318、902、264、903、904、593+837+835+860、691+802、801+760、269+803、316、908、840、211、879、992)。

③ 《居延漢簡甲乙編》(166·8、9,《乙》120版),考釋定年見陳久金《敦煌、居延漢簡中的曆譜》,中國社會科學院考古研究所編《中國古代天文文物論集》,119頁。

④ 《肩水金關漢簡(貳)》(T23:332)。

⑤ 《肩水金關漢簡(貳)》(T24:305+497+498A)。該書與T23所出同年曆書形制、書體皆异,不屬於同一簡册。

⑥ 劉樂賢:《額濟納漢簡數術資料考》,《歷史研究》2006年第2期,175–176頁。

⑦ 《肩水金關漢簡(肆)》(73EJF1:52)。

⑧ 《居延新簡——甲渠候官》(EPT65·100、189、239–241、324),據羅見今、關守義《〈居延新簡——甲渠候官〉六年曆譜散簡年代考釋》,《文史》第46輯,52–53頁;及吉村昌之《出土簡牘資料にみられる曆譜の集成》,冨谷至主編《邊境出土木簡の研究》,493–495頁。

⑨ 《居延新簡——甲渠候官》(EPF22·636–638)。陳久金據《中國古代天文文物圖集》圖版三六:2所載EPF22·636考出爲建武六年、七年曆書,見其撰《敦煌、居延漢簡中的曆譜》,中國社會科學院考古研究所編《中國古代天文文物論集》,119–120頁。後羅見今、關守義又指出同出的637、638兩枚殘簡亦屬同一曆書,見其撰《〈居延新簡——甲渠候官〉六年曆譜散簡年代考釋》,《文史》第46輯,49–50頁。

⑩ 《居延漢簡甲乙編》(37·40,《乙》32版),此簡定年有疑,參陳久金《敦煌、居延漢簡中的曆譜》,中國社會科學院考古研究所編《中國古代天文文物論集》,120–121頁;吉村昌之《出土簡牘資料にみられる曆譜の集成》,冨谷至主編《邊境出土木簡の研究》,498頁。

⑪ 《敦煌漢簡》(1835,T.Ⅵ.c.ⅰ.6),定年據吉村昌之《出土簡牘資料にみられる曆譜の集成》,冨谷至主編《邊境出土木簡の研究》,498–499頁。

⑫ 有些簡可以推斷屬於某幾年,但無法確定是哪一年,限於體例,本文也未收入,可參看前引各位學者的研究。

⑬ 另有一種敦煌馬圈灣出土漢簡曆書,現存12枚簡,收入《敦煌漢簡》,簡號373–384。簡首數字最小爲"三",最大爲"二十八",形式、讀法均與上述相同,但僅分三欄書寫三個月的干支,占據全簡上部約四分之一的區域,以下空白。由於無法確知所載爲何月,故不能根據曆朔定年。此曆書未載全年曆日,嚴格來説并非年曆,因其他形式與本式相同,附注於此備考。

將Ⅰ式曆書中的奇數月欄插入偶數月欄之間,就非常接近本式了。已知所有Ⅲ式曆書,時代均晚於Ⅰ式。Ⅰ式曆書年代均在漢景帝以前,最晚爲文帝後元二年(前157);Ⅲ式曆書年代,最早者即銀雀山元光元年(前134)視日,屬武帝前期,其餘均在太初改曆以後,特别是宣帝以後。考慮到這兩式曆書均有相當數量的實例,合計占曆日類年曆的絶大多數,可以認爲兩者時代先後相錯的現象并非偶然,很可能存在繼承和取代關係。本式與Ⅰ式還有一個重要差别,即在簡首標示表示日期的數字序號,絶大多數曆書的序號後還帶有"日"字。Ⅰ式曆書則没有日期。標注日期數字,反映序數紀日法興起,體現出秦漢時間觀念的演進。[①]

另外值得説明的是,西北邊塞遺址出土的年曆絶大多數屬於此式,很可能是當時屯戍系統中由官方機構製作和頒行的通用形式。[②]

Ⅳ式(簡首日序六欄横讀式):包括尹灣漢墓出土的元延二年曆書[③]和日照海曲漢簡武帝後元二年曆書,[④]形式與Ⅰ式形式基本相同,僅有兩個差别。一是以正月歲首,如尹灣元延二年曆書的兩枚月名簡所載月份,分别是"正月、三月、五月、七月、九月、十一月"和"二月、四月、六月、八月、十月、十二月",與Ⅰ式曆書月名簡起於十月和十一月不同。這是由於太初改曆,以正月爲歲首所致。二是在簡首增加表示日期的數字。尹灣元延二年曆書每枚干支簡簡端都有數字序號"第一""第二""第十""第廿"等,標示各簡干支分别是每月的第幾日。日照海曲武帝後元二年曆書形式基本相同,衹是數字序號没有"第"字。這兩件曆書出土地相近而與Ⅰ式曆書的出土地相距很遠,其特殊性可能包含有地域因素。但考慮到這兩件曆書的年代至少比Ⅰ式曆書晚70至150多年,似更應從發展變化的角度去探究差异産生的原因,故將之與Ⅲ式曆書并列,理解爲Ⅰ式的另一種變體。

Ⅴ式(半年拆分六欄横讀式):分六欄横讀,僅見居延天鳳六年曆書[⑤]一例。此種曆書應是Ⅲ式的變體,不同之處在於,不以奇偶數拆分全年的十二個月,而是以上下半年拆分,正月至六月爲一組,七月至十二月爲一組。

---

① 拙文《序數紀日的産生與通行》對此有詳細討論。此文刊出後,我纔注意到江陵鳳凰山10號漢墓所出景帝前期的簡文中有序數紀日。拙文原將序數紀日的産生定在武帝時期,過度强調了太初改曆爲序數紀日産生創造條件的意義,是不對的,應當更正。

② 敦煌懸泉簡中提到昭帝時有"行曆日詔書",説明當時國家已有頒下曆日的制度。詳參拙文《秦漢的頒朔與改正朔》,456頁。

③ 連雲港市博物館等編:《尹灣漢墓簡牘》,北京:中華書局,1997,3、61-67、138-144頁。

④ 劉紹剛、鄭同修:《日照海曲簡〈漢武帝後元二年視日〉研究》,《出土文獻研究》第9輯,北京:中華書局,2009,49-59頁。

⑤ 《居延新簡——甲渠候官》(EPT65・18、19、20、195、232-237),據羅見今、關守義《〈居延新簡——甲渠候官〉六年曆譜散簡年代考釋》,《文史》第46輯,54-55頁;及吉村昌之《出土簡牘資料にみられる曆譜の集成》,冨谷至主編《邊境出土木簡の研究》,491-492頁。

Ⅵ式(數牘合編分欄横讀式):此式亦僅見兩例,即額濟納建武八年(或永元十一年)[①]和敦煌永元六年曆書。[②] 額濟納建武八年曆書僅存一殘牘,正背面分别分欄書寫有二月、三月的日期和干支。敦煌永元六年曆書亦僅存一殘牘,有照片。據羅振玉的釋文和復原,該牘正背兩面分别書寫。正面分别三欄,第一欄首列書"十二月大",以下書一日至十五日之日期、干支、神煞,第二欄爲十六日至三十日,第三欄則爲七月二十七至三十日。背面現存兩欄,第一欄爲閏月一日至十二日,第二欄爲十三日至二十三日。根據上述情况,推測此牘可能原與其他五到六塊木牘合編爲一年的曆書,具體形式已無可考。此牘中爲何將七月末尾數日與十二月曆日混寫於一面,就很難解釋,衹能等待將來出土發現的提示了。

Ⅶ式(分欄直讀式):迄今僅發現一例,即《流沙墜簡》所載五鳳元年曆書。[③] 此書僅存一簡,且未附照片。據羅振玉提供的釋文看,簡正面上方縱寫大字"八月丁亥小",以下書每日干支,起丁亥終癸卯。簡背上方縱寫大字"八月",以下干支起甲辰終乙卯。正面兩面顯係相接連讀,合爲八月朔日至二十九日之干支。每一干支均横向書寫,與上方"八月"等字不同,可視爲分欄。推測此簡應非單獨使用,而是與其他十二、三枚簡合編爲一册,每月一簡,首簡分欄書數字日期,與各月支干支對應。若然,則此類曆書亦爲年曆,自成一式。[④] 此式似與Ⅲ式有關,Ⅲ式縱欄、横欄互换即成此式。不過未見簡影,此式在干支下是否還留有加注的空間,也不得而知。

以上7式,共67種。其中Ⅰ式17種,Ⅲ式42種,兩者之和接近總數的九成,可説是曆日類年曆的主體。

曆日類B型(月曆型):以月爲使用單位,每月可獨立查閲。迄今出土的此型曆書可分爲3式。

Ⅰ式(横讀式):本式不分欄,書寫在木牘上。有居延本始二年十一月、[⑤]居延神爵元年(元康五年)五月[⑥]兩種。

---

① 説見劉樂賢《額濟納漢簡數術資料考》,《歷史研究》,2006年第2期,176-177頁。

② 羅振玉、王國維編著:《流沙墜簡》,圖版20頁,考釋88-91頁。羅見今對此定年有疑,并認爲七月曆日與十二月并非同年,而是後加上的。説見羅見今《敦煌漢簡中曆譜年代之再研究》,《敦煌研究》,1999年第3期,94-95頁。此説證據尚不充分,今不取。此外,《居延新簡——甲渠候官》所載EPT65·425號木牘,鄧文寬認爲是東漢永元二年(90)曆書,見其著《居延新簡〈東漢永元二年(90)曆日〉考——爲紀念王重民先生百年誕辰而作》,《鄧文寬敦煌天文曆法考索》,319-327頁。若然,則似當屬本式。但從圖版看,鄧氏的釋讀不無疑問,該曆書形式和年代仍不明確。故本文暫不收入該牘,存此備考。

③ 羅振玉、王國維編著:《流沙墜簡》,86頁。又見《敦煌漢簡》(1709,T.Ⅵ.b.ⅰ.192)。

④ 吉村昌之認爲是本書是月曆,見吉村昌之《出土簡牘資料にみられる暦譜の集成》,冨谷至主編《邊境出土木簡の研究》,499-500頁。這一可能亦無法排除,録此備考。

⑤ 《居延漢簡甲乙編》(457·19,《乙》258)。定年據張永山《漢簡曆譜》,任繼愈主編《中國科學技術典籍通匯·天文卷》,223頁。

⑥ 《居延漢簡甲乙編》(179·10,《甲》1017)。另有一件(202·9,《乙》141),陳夢家定爲神爵元年曆譜,陳久金存疑,按此非曆譜。

本始二年十一月月曆木牘,横列直書,首行寫大字"十一月大",以後爲是月干支日期,起於"壬子一日",至十六日而後殘斷。其中四日、六日、八日下,分别注有"寢兵""冬至""盡"字樣。神爵元年五月月曆木牘文字完整,形式與上述相同,唯右端"五月大"前尚有一行小字,云"四月廿九日庚戌寢兵"。陳夢家將此牘定爲"穿繫横讀式"曆書,認爲全本應由十二支簡組成。[①] 森鹿三則注意到此牘加注有四月晦日"寢兵",與上述本始二年十一月木牘也注有"寢兵"一事聯繫起來,結合居延簡中元康五年(即神爵元年)夏至寢兵詔書的下行文書,認爲該月曆木牘是詔書的附件。[②] 我贊同森鹿三的意見。這是一種爲特定目的製作的曆書。

Ⅱ式(縱讀式):縱向分欄書寫在木牘上。屬本式的有尹灣漢墓元延三年五月木牘,[③]以及連雲港花果山漢初出土的兩種元壽二年十月木牘。[④] 兩者的出土地同屬西漢東海郡,形制非常相似。

尹灣元延三年五月木牘出土時長 23 厘米,寬 7 厘米,分别相當於漢代的一尺和三寸,是標準的一尺牘。此牘分三欄。第一欄分九行,大字隸書,首行書"五月小",後八行書本月神煞所值干支。第二、三欄小字草書全月 29 天的干支和日期,有四個干支日期下還加注有記事性的文字。[⑤] 從圖版看,此牘没有編連或穿繫的痕迹,背面亦無字,應是單獨使用的月曆木牘。

花果山漢墓出土的 9 號木牘,長 6.4 厘米,寬 5.7 厘米,殘損嚴重。整理者最初認爲内容類似於《日書》。現在參考尹灣木牘,可以判定此牘屬同類月曆。從摹本看,花果山 9 號木牘分欄書寫,由於殘斷較甚,僅存上二欄。第一欄大字隸書,首行書"□月□",次行書"建日亥"。[⑥] 以下三行均爲三字一行,前兩字皆漫漶不清,末字分别"未""寅""壬",當是神煞所值。由"建日亥",可知此爲建亥之月(即十月的月曆)。第二欄小字草書,首行全殘,第二至第三行據釋文分别爲"壬辰二日""癸巳三日""甲午三日",是本月的干支日期。由此推得,該月朔日爲辛卯。同出簡牘中,有元壽二年十月至三年三月曆朔(7 號木牘,介紹詳下),而

---

① 陳夢家:《漢簡年曆表叙》,《漢簡綴述》,235 頁。

② 森鹿三:《論敦煌和居延出土的漢曆》,收入其著《東洋學研究——居延漢簡篇》,京都:同朋舍,1975,中譯文見中國社會科學院歷史研究所戰國秦漢史研究室編《簡牘研究譯叢》第 1 輯,北京:中國社會科學出版社,1983,113-128 頁。陳久金也認爲神爵元年五月月曆木牘是同年夏至寢兵詔書的附件,説見陳久金《敦煌、居延漢簡中的曆譜》,中國社會科學院考古研究所編《中國古代天文文物論集》,113-115 頁。

③ 《尹灣漢墓簡牘》,3、22、128 頁。

④ 此兩種木牘整理者編爲 8 號、9 號,僅有摹本及初步釋文,見李洪甫《江蘇連雲港市花果山出土的漢代簡牘》,《考古》1982 年第 5 期,476-480 頁。

⑤ 關於此牘的具體情況,可參看劉樂賢《尹灣漢墓出土曆日及相關問題》,《簡帛數術文獻探論》,266-272 頁。

⑥ "建日亥",李洪甫讀爲"年日亥",摹本亦將首字寫得近似"年"字。但"年日亥"文義不通,而隸書"建"字右半邊與"年"字形相近,根據尹灣元延三年五月月曆的文例,可知此當作"建日亥"。

元壽二年(前1)十月即爲辛卯朔。據此,上述花果山9號木牘可確定爲元壽二年十月月曆。此牘與尹灣木牘出土地同屬西漢東海郡,時間僅相差10年,格式相同,應可反映當時該地區月曆木牘較爲統一和穩定的形式。此式月曆包含了記事的空間,在功能上與Ⅰ式不同。

花果山漢墓還出土了一塊殘牘(8號),分八行寫有某月十七至二十四日的干支和日期。據摹本所示"甲寅廿四日"等曆日數據,可以推知本月朔日爲辛卯。聯繫上述9號木牘,推測很可能也是元壽二年十月的月曆,但干支字體與9號木牘不同,不能綴合。此牘殘缺過甚,無法確認是否分欄縱讀,今暫附録於此。①

Ⅲ式(多行木簡式):本式包括居延居攝元年六月、②居延建武二年三至五月③兩種。它們形狀窄長,屬多行書寫的木簡,與書寫尹灣月曆的尺牘(長寬比約3:1)迥异。

居攝元年六月木簡上端大書"六月"二字,無月大小、神煞等記録。所載干支日期分欄書寫,每欄四日,一個月的日期干支應有八欄,今存其六。建武二年三至五月月曆書寫的一枚木簡的正背兩面,與居攝元年六月木簡一樣,分欄書寫,每欄四日。兩者可歸入一式,但也有明顯的不同。建武月曆除寫有月大小外,還在兩面上抄寫了三個月的月曆,四月月曆前半部分書寫在正面三月月曆下,後半則寫在背面五月月曆之上。這就不是一簡一月了。④

本式月曆與連雲港出土的兩種月曆木牘差别明顯,可能原與其他簡牘編連使用,用途可能也不一致。⑤

### (二)曆朔類曆書

"曆日類"曆書均列每日干支,下面介紹的"曆朔類"曆書則僅記每月朔日干支和月大

① 周家臺秦簡秦二世元年曆朔木牘的背面分欄寫有當年十二月的干支,吉村昌之將其視爲月曆(見吉村昌之《出土簡牘資料にみられる暦譜の集成》,冨谷至主編《邊境出土木簡の研究》,505-506頁)。我認爲它是收到曆朔木牘後爲計算距離嘉平的天數而書寫的干支表,并非用作十二月的月曆,因此不收入此處。詳參陳侃理《秦漢的頒朔與改正朔》,余欣主編《中古時代的禮儀、宗教與制度》。

② 《居延漢簡甲乙編》(290・11A,《乙》220),考釋定年見陳久金《敦煌、居延漢簡中的曆譜》,中國社會科學院考古研究所編《中國古代天文文物論集》,119頁。

③ 《居延新簡——甲渠候官》(EPT65・101),據羅見今、關守義《〈居延新簡——甲渠候官〉六年曆譜散簡年代考釋》,《文史》第46輯,51-52頁。

④ 另外,《居延新簡——甲渠候官》中還載有一枚殘牘(EPT8・12),最上分四行寫有某月二十二至二十五日的干支和神煞,以下殘斷。根據"廿四日己巳建"等文字,可以推斷此月爲建巳之月,即四月,朔日爲乙巳。查朔閏表可知,此牘屬元康元年(前65)的可能性最大。由於根據殘牘無法推斷它原來是否記載了整月的曆日,或與其他牘板合編爲年曆,故暫不入正文,附此備考。

⑤ 此外,張家界古人堤東漢簡牘中也有一種類似於月曆的文獻。據整理者介紹,它"書寫於漢律牘之背面,共計三段,可綴連爲一篇,其首爲:'……五月朔……戊戌一,已亥二……',一直排至'甲子廿七',以下殘破。"見湖南省文物考古研究所、中國文物研究所《湖南張家界古人堤遺址與出土簡牘概述》,《中國歷史文物》2003年第2期,70頁。此牘格式不明,且無法定年,故本文暫不收入,附此備考。

小。有時它備有便於速查的干支表,但不再爲每一天的干支安排獨立位置。這類曆書按照所包含的時段長度,可以分爲"單年型""數月型"和"多年型"。

曆朔A型(單年型):分爲二式。

Ⅰ式(月朔式):羅列全年各月朔日及月大小,有時加注重要節日。本式迄今共發現二件,皆爲木牘,分别是周家臺秦二世元年[①]和敦煌永光五年[②]曆書。

周家臺秦二世元年曆書木牘,正面分兩欄書全年十二個月的朔日干支及月大小。第一欄起於"十月乙亥小",終於"四月壬申小";第二欄起於"五月辛丑小",終於"九月己亥大"。兩欄文字共占去木牘正面的上半。在下半空白區域的中間,寫有一個"大"字,墨迹較淺,似爲後來加注。木牘背面右上書"以十二月戊戌嘉平月不盡四日",嘉平即臘日。這塊木牘很可能是秦代國家頒布曆朔和重要節日的記録。[③]

敦煌永光五年曆書書寫於一枚木牘的正反兩面。正面分二欄,上欄第一行書"永光五年"四字,第二至五行依次書正月至四月每月的月名、朔日干支和月大小,下欄共四行,依次書五月至八月。木牘背面不分欄,五行依次爲九至十二月。各月下加注二分、二至、四立八個主要節氣及伏、臘所在日。九月條的下方,還注有"□高五尺"四字,其義未詳。[④]

這一類型的曆書注明全年月朔、節日,衹需借助甲子表,即可由之推出每一天的干支,或每一干支所對應的日期。它實際上提供了全年的曆日,但衹供查詢,無法加注。

Ⅱ式簡曆式:在Ⅰ式所含内容外,還配上六十甲子表,以便查詢。屬此式的,有肩水金關五鳳三年、[⑤]尹灣元延元年、[⑥]敦煌永始四年[⑦]三件曆書。具體而言,前兩件與後一件又有區别。

肩水金關五鳳三年曆書過去被張永山稱爲"環讀式曆譜"。它寫在長23.2厘米,寬5.1厘米的一尺牘上,共有四列文字沿四邊構成環形,所有文字都自外向内書寫。上列從左至右

---

① 湖北省荆州市周梁玉橋博物館編:《關沮秦漢墓簡牘》,圖版25頁,釋文與考釋103–104頁。

② 羅振玉、王國維編著:《流沙墜簡》,圖版19–20頁,考釋86–88頁。

③ 拙文《秦漢的頒朔與改正朔》詳細討論了這塊木牘的性質,可參考。

④ "□"所代表的字,羅振玉未作釋讀,從圖版看,或許是"垣"字,缺末筆。

⑤ 此曆書出土於肩水金關遺址,最初發表時僅有正面照片,見《中國古代天文文物圖集》圖版三六:1,北京:文物出版社,1980;又收入張永山《漢簡曆譜》,任繼愈主編《中國科學技術典籍通匯·天文卷》第一分册,227、237頁。最新的正背面清晰照片收入《肩水金關漢簡(叁)》。

⑥ 《尹灣漢墓簡牘》,3、21、127頁。

⑦ 《敦煌漢簡》(2267,T.XXⅡ.f.1)。該牘定年有争議,此據陳久金(《敦煌、居延漢簡中的曆譜》,中國社會科學院考古研究所編《中國古代天文文物論集》,118–119頁)、羅見今(《敦煌漢簡中曆譜年代之再研究》,《敦煌研究》,1999年第3期,95–97頁)説。

依次書正月、三月、五月、七月、九月、十一月這六個奇數月的朔日干支和月大小,下列則是偶數月。左右兩列分别書 24 和 25 個干支,與上下兩列的朔日干支正好構成一個環形的六十甲子表。從左上角的"正月戊寅大"開始,逆時針讀數,轉過半圈至右下角的"二月戊申小",再轉半圈至上列的"三月丁丑大",如此循環將近六圈,至右列上方第二個干支"壬申"(此時代表十二月壬申晦),便數完全年的 354 日。在部分干支下,加注有二分、二至、四立和三伏日,與Ⅰ式比較,知是當時曆書的慣例。該曆書的背面還抄寫有該年二月的月曆,其中干支"乙卯"下書"到"字,可能是收到該木牘的記録。這一情况與周家臺秦二世元年曆書類似,很可能反映了西漢中期的頒朔情況。此外,干支"戊申"到"乙丑"的下方有一般用於表示完成某事的記號"卩",説明該月曆可能還有其他的用途,現在已不得而知。

尹灣元延元年曆書的形式基本同於上述,僅有幾處小的差别。第一,該年閏正月,故下列書有閏月,并且數讀循環增加半圈。第二,各月均先書月名、大小,再書朔日干支,且月名、大小用大字,干支用小字。與五鳳三年曆書相比,這樣更能體現六十甲子表的完整性。第三,該年十月、十二月均爲甲午朔,兩者都加注在同一個"甲午朔"字樣上方。五鳳三年曆書中,七月、九月均乙亥朔,處理方式則是增寫一行"乙亥朔"。兩種處理方式相比,前者在數讀甲子循環時無需跳數,亦更爲方便。第四,該曆書除二分、二至、四立和三伏外,還加注有臘日,并且每一節日上方都注明月日。從這四點差别看,元延元年曆書的製作顯得更爲成熟細緻。

仔細審讀上述兩件曆書,可以發現它們的精巧設計并非憑空產生,將它們與之前介紹的曆日類 A 型Ⅱ式中的兩件曆書相對比,不難找到某種聯繫。程鵬萬已經指出,這類曆書與周家臺秦始皇三十六、三十七年曆書格式相同。[①] 具體而言,它們的主體部分都由各月大小和六十甲子表構成,實質都是在甲子表的相應位置添注月名表示曆朔,并利用六十甲子循環紀日的原理,用一個干支對應一年中的多個日期。這類環讀式的簡曆,或許就是從曆日 A 型Ⅱ式曆書發展而來的。

本式的第三種,敦煌永始四年曆書與上述兩種差别相對較大。此曆書木牘左、右和下部均殘缺。從殘存部分看,最上欄四行從左至右分别書三月、五月、七月、九月的朔日和月大小,其下書六十甲子,分欄横讀。推測原有五欄,每欄自右至左書十三個干支,第五欄僅書八個干支,故全部殘缺不見。干支下注有八節和伏日。對比居延五鳳三年、尹灣元延元年木牘,可知此牘同爲簡曆式年曆。估計原來上欄爲六個奇數月的朔日和大小,最下欄則還有寫

① 程鵬萬:《周家臺秦墓所出秦始皇三十六、三十七年曆譜簡的重新編聯》。

有六個偶數月的朔日和大小。月份没有按照一般習慣從右至左書寫,而是從左往右,或許是受環讀式年曆的影響。

如上所述,本式年曆木牘的設計十分巧妙,使全年的每一天都能找到對應但非獨占的位置,事實上構成了簡單的年曆。它既可視爲曆日表(曆日類 A 型Ⅱ式)删除記事功能後的"縮略版",也可看作月朔式年曆(曆朔類 A 型Ⅰ式)的"增强版"。

曆朔 B 型:數月型。此型曆書記載多個月的曆朔,可在一年中,也可以跨年。此型包括敦煌元鳳三年正月至八月、[①]連雲港花果山元壽二年十月至三年三月[②]兩件。

敦煌元鳳三年曆書見於《敦煌漢簡》一書,整理者未綴合,釋文也有一些錯誤。今將兩殘片左右綴合後,可見上半部分分兩欄寫有二月至八月的月朔。第一欄存三行,分别書"二月壬辰朔"("壬辰",原釋文誤作"辛亥")、"三月辛酉朔"、"〔四〕月辛卯朔";第二欄完整,分四行書五到八月的月朔。據此七個月朔可以推定,此爲元鳳元年曆書。"二月壬辰朔"前殘缺一角,按文意原當有"正月壬戌朔"等字。該曆書木牘的下半部分,寫有候長和戍卒的得錢記録。據此推測,這方木牘選取一年中的特定數月,可能是專門用於配合得錢計算的,并非一般性的曆書。

花果山元壽二年十月至三年三月曆書木牘,與之前提到的花果山元壽二年十月月曆木牘同時出土,可以互證繫年。從摹本看,該曆朔木牘竪讀,上下皆空白,僅在中部分六行寫有六個月的朔日。根據整理者的釋文,六行文字從右至左分别是"十月〔辛〕卯朔""十一月〔庚〕申朔""十二月〔庚〕寅朔""正月己未""二月己丑""三月"。整理者對比《二十史朔閏表》,認爲與元壽二年十月至元始元年二月的曆朔相吻合。我同意這個定年。不過有一個疑問,漢末早已以正月爲歲首,爲何這塊木牘却從十月開始呢?這或許可以結合同出簡牘得到解答。同出的 1 號木牘是一則法律文書,記載了四次刀劍傷人事件,時間分别是"十月十四日甲辰""十月十七日丁未""十一月二日""十一月六日□丑"。據所記日期的干支推算,與元壽二年十月、十一月相符。由此推測,記載元壽二年十月至次年三月月朔的這方曆書木牘,很可能與 1 號木牘的法律文書有關,是爲處理發生在元壽二年十至十一月的持刀傷人案服務的。

綜上所述,可知出土所見記載數月曆朔的木牘都與一般性的曆書不同,是針對某一特定

---

① 《敦煌漢簡》(1413-1414)。《敦煌漢簡》(1415)書"四月辛卯朔小",以下空白,應亦屬此年,但不能綴合。

② 該木牘整理者編爲 7 號,僅有摹本及初步釋文,見李洪甫《江蘇連雲港市花果山出土的漢代簡牘》,《考古》1982 年第 5 期,476-480 頁。

需要定制的。這與曆日 B 型 Ⅰ 式曆書中的配合寢兵儀式的兩種月曆木牘有相似之處。

曆朔 C 型:多年型。此型曆書集合多年以上的曆朔編成,目前已發表的僅有湖北江陵張家山 M247 號墓出土的漢初朔閏編[①]一種。此外,張家山 M258 號墓也出土了一件曆書,年代在"文帝前元五年(前 175)或稍後"。整理者在概述中將之與 M247 號墓出土朔閏編合并介紹,未説明兩者是否有别,[②]或屬同類。[③]

張家山 M247 號墓漢初朔閏編現存竹簡 18 枚,記載漢高祖五年(前 202)至吕后二年(前 186)共十七年的各月朔日干支。以高祖六年爲例,格式如下:"六年:十月戊午,十一月丁亥,十二月丁巳,正月丙戌,二月丙辰,三月丙戌,四月乙卯,五月乙酉,六月甲寅,七月甲申,八月癸丑,九月癸未小。"如遇閏年,還會加上後九月的朔日和月大小。一般一年一簡,如正面寫滿則轉至背面書寫。

此朔閏表中有兩年還在全年月朔寫完之後,加注有使用者個人的大事。高祖五年後注:"……新降爲漢。九月……"[④]惠帝元年後注:"六月病免。"這兩件事是朔閏表主人仕宦生涯的重要節點,前者是爲漢臣的開始,後者是仕宦的結束。這類私人記事説明張家山朔閏表帶有較重的個人色彩,不能理解爲官方文書。

以上,本文將目前所知年代較爲確定的出土秦漢曆書共 83 件,分爲 2 類 5 型。現在列出下表,以便通覽。表中的曆書後都注明年代,希望借此體現出曆書發展的先後關係和時代特征。

---

① 張家山二四七號漢墓竹簡整理小組:《張家山漢墓竹簡(二四七號墓)》,北京:文物出版社,2001,圖版 3-4 頁,釋文 129-130 頁。

② 張家山漢墓竹簡整理小組:《江陵張家山漢簡概述》,《文物》1985 年第 1 期,14-15 頁。

③ 阜陽雙古堆漢簡中出土了約 200 片寫有干支的殘簡,胡平生認爲是《漢初朔閏表》,見其撰《阜陽雙古堆漢簡數術書簡論》,《出土文獻研究》第 4 輯,北京:中華書局,1998,28-29 頁。這批簡的圖版和編連釋文均未公布,僅能通過胡平生的介紹得知其中還包括了寫有月份的殘片。從部分録文看,多數殘片中相鄰兩干支的差數爲 29 或 30。但胡平生也指出,"有幾個碎片上的干支上下排次不足一月,有的僅十天,有的僅數天"。如果認爲這篇簡是朔閏表,則無法解釋這個現象。我懷疑,這批簡可能是某年質日,即曆日 A 型 Ⅰ 式,上下排次不足一月的干支殘片,應屬附在最後單獨編排的閏月簡。由於未見正式整理報告,還不能最終確定該書性質,故暫不收入本文。

④ "新降爲漢九月"六字寫在一枚殘簡上,整理者認爲屬漢高祖五年,張金光則以之屬高祖四年,見其撰《釋張家山漢簡〈曆譜〉錯簡——兼説"新降爲漢"》,《文史哲》2008 年第 3 期。他認爲,"新降爲漢"與"六月病免"不同,不是寫在全年月朔之後,而是繫於當月之下。因此,據下文九月可知"新降爲漢"當在八月。高祖四年八月,恰好簽訂鴻溝之約,中分天下。江陵在鴻溝之西,故正在此時"降爲漢"。這一觀點有待商榷。首先,推測"新降爲漢"繫於當月之下,與這組簡的文例不合。其次,鴻溝之約分天下,衹是劉邦和項羽之間劃分勢力範圍,不僅没有將臨江王統治的江陵地區直接劃歸漢國或漢朝統治,而且未必得到臨江王的認可。鴻溝之約後,臨江國與漢國仍彼此獨立。張家山漢簡主人降漢,應在高祖五年十二月(據《史記·秦楚之際月表》)擊破臨江王共歡前後,不會早至四年八月。當然,將此簡繫於高祖五年也有一個疑問。此殘簡文字書於正面,從圖版看,原來絶不可能與高祖五年四至九月的月朔寫在同一支簡上。這樣高祖五年就必須有兩支簡,與其他各年均爲一簡的情況不同。考慮到這一年是該朔閏編的首年,也是朔閏編主人"新降爲漢"之年,情況特殊,需要記録的事又較多,書寫在兩支簡上,尚可理解。基於上述原因,本文仍采用整理者的意見。

**表一:出土秦漢曆書分類一覽表**

| | | | |
|---|---|---|---|
| 曆日類 | A型<br>年曆型 | Ⅰ式<br>逐日干支六欄橫讀式 | 1.嶽麓秦始皇二十七年(前220)<br>2.北大秦始皇三十一年(前216)<br>3.北大秦始皇三十三年(前214)<br>4.周家臺秦始皇三十四年(前213)<br>5.嶽麓秦始皇三十四年(前213)<br>6.嶽麓秦始皇三十五年(前212)<br>7.張家山漢文帝前元七年(前173)<br>8-17.睡虎地漢文帝前元十年至後元七年(前170至前157)10種 |
| | | Ⅱ式<br>簡首干支六欄橫讀式 | 1.周家臺秦始皇三十六年、三十七年(前211、前210)<br>2.孔家坡漢景帝後元二年(前142) |
| 曆日類 | A型<br>年曆型 | Ⅲ式<br>簡首日序十二欄橫讀式 | 1.銀雀山元光元年(前134)<br>2.敦煌太始二年(前95)<br>3.肩水金關T21元鳳六年(前75)<br>4.肩水金關T26元鳳六年(前75)<br>5.肩水金關元平元年(前74)<br>6.肩水金關本始二年(前72)<br>7.居延本始四年(前70)<br>8.敦煌本始四年(前70)<br>9.敦煌地節元年(前69)<br>10.敦煌元康元年(前65)<br>11.肩水金關元康三年(前63)<br>12.敦煌元康三年(前63)<br>13.敦煌神爵三年(前59)<br>14.敦煌五鳳二年(前56)<br>15.肩水金關T23五鳳三年(前55)<br>16.肩水金關T30五鳳三年(前55)<br>17.肩水金關五鳳四年(前54)<br>18.敦煌甘露元年(前53)<br>19.肩水金關T23甘露二年(前52)<br>20.肩水金關T29甘露二年(前52)<br>21.肩水金關T6黄龍元年(前49)<br>22.肩水金關T26黄龍元年(前49)<br>23.肩水金關初元元年(前48)<br>24.肩水金關初元三年(前46)<br>25.肩水金關T10永光元年(前43)<br>26.肩水金關H1永光元年(前43)<br>27.居延建昭三年(前36)<br>29.居延建始元年(前32)<br>29.敦煌鴻嘉四年(前17)<br>30.居延元延元年(前12)<br>31.居延建平二年(前5)<br>32.額濟納元始元年(1)<br>33.肩水金關T9居攝元年(6)<br>34.肩水金關T23居攝元年(6)<br>35.居延居攝三年(8)<br>36.肩水金關T23居攝三年(8)<br>37.肩水金關T24居攝三年(8)<br>38.額濟納始建國三年(11)<br>39.肩水金關始建國天鳳五年<br>40.居延建武元年(25)<br>41.居延建武六年、七年(30、31)<br>42.居延永元十七年(105) |

續表

<table>
<tr><td rowspan="7">曆日類</td><td rowspan="4">A 型<br>年曆型</td><td>Ⅳ式<br>簡首日序六欄橫讀式</td><td>1.海曲武帝後元二年(前 87)<br>2.尹灣元延二年(前 11)</td></tr>
<tr><td>Ⅴ式<br>半年折分六欄橫讀式</td><td>1.敦煌五鳳元年(前 57)</td></tr>
<tr><td>Ⅵ式<br>數牘合編分欄橫讀式</td><td>1.居延天鳳六年(19)</td></tr>
<tr><td>Ⅶ式<br>分欄直讀式</td><td>1.額濟納建武八年(32)或永元十一年(99)<br>2.敦煌永元六年(94)</td></tr>
<tr><td rowspan="3">B 型<br>月曆型</td><td>Ⅰ式<br>橫讀式</td><td>1.居延本始二年十一月(前 72)<br>2.居延神爵元年五月(前 61)</td></tr>
<tr><td>Ⅱ式<br>縱讀式</td><td>1.尹灣元延三年五月(前 10)<br>2.連雲港花果山元壽二年十月(前 1)(9 號)<br>3.連雲港花果山元壽二年十月(前 1)(8 號)</td></tr>
<tr><td>Ⅲ式<br>多行木簡式</td><td>1.居延居攝元年六月(6)<br>2.建武二年三至五月(26)</td></tr>
<tr><td rowspan="4">曆朔類</td><td rowspan="2">A 型<br>單年型</td><td>Ⅰ式<br>月朔式</td><td>1.周家臺秦二世元年(前 209)<br>2.敦煌永光五年(前 39)</td></tr>
<tr><td>Ⅱ式<br>簡曆式</td><td>1.居延五鳳三年(前 55)<br>2.尹灣元延元年(前 12)<br>3.敦煌永始四年(前 14)</td></tr>
<tr><td>B 型<br>數月型</td><td></td><td>1.敦煌元鳳三年(前 78)<br>2.連雲港花果山元壽二年十月至三年三月(前 1-1)</td></tr>
<tr><td>C 型<br>多年型</td><td></td><td>1.張家山 M247 號墓漢初曆朔(前 202-前 186)<br>2.張家山 M258 號墓漢文帝曆朔(前 175 或稍後)</td></tr>
</table>

已出土秦漢簡牘數量很大,上面的曆書搜集一定存在遺漏、疏誤,應該隨着新資料的公布和研究的推進不斷更新,[①]甚至分類本身也可能有所調整。不過,現有的框架已經足以幫助我們瞭解秦漢曆書的大致情況,開始進一步的研究。

① 比如印臺漢簡、松柏漢簡中包含有曆書,有關介紹參看鄭忠華《印臺墓地出土大批西漢簡牘》、朱江松《罕見的松柏漢代木牘》,荆州博物館編著《荆州重要考古發現》,北京:文物出版社,2009,204-208、209-212 頁。其中松柏漢簡曆書,主要是漢武帝建元、元光年間的,見《湖北荆州紀南松柏漢墓發掘簡報》,《文物》2008 年第 4 期,24-32 頁。這些曆書尚未公布,形制不清,本文暫時無法將其列入討論。此外,西北漢簡中《肩水金關漢簡》第五册以及敦煌懸泉漢簡等未發表資料中,應該還有不少曆書。

## 二　秦漢曆書的功能、性質與演變

曆書的基本功能是查日子，此外，不同類型的曆書還各自具有一定的特殊功能，性質也未必相同。下面就在前文的分類研究基礎上，討論出土秦漢曆書的功能、性質及其演變。

秦漢曆書的功能可以大致分爲下列三項。[①]

第一，用於查日期和歲時節日。查日期是曆書最基本的功能，可以作爲判斷某種書或文書是否屬曆書的標準。不少曆書還標注有歲時、節日信息。如曆日類的銀雀山元光元年曆書，曆朔類的居延五鳳三年、尹灣元延元年、敦煌永光五年曆書等，都注明了二分、二至、四立這八個節氣所在的日期。這些曆書和孔家坡漢景帝後元二年曆書等，還加注了臘日、伏日，都是與當時日常生活和國家行政關係最密切的節日。

多數曆書的查日期和歲時節日功能是通用的，也有部分曆書具有特殊針對性。前文已經介紹，曆日 B 型Ⅰ式的居延本始二年十一月和神爵元年五月兩種月曆，分别是同年夏至寢兵詔書的附件，專爲寢兵儀式製作發布。連雲港花果山出土的元壽二年十月至三年三月曆書，很可能專門服務於元壽二年十至十一月持刀傷人案的處理。

第二，加注記事。曆日類曆書中的每日都在書中占據獨立的一格或一行，保留了加注的空間。加注内容有神煞，有記事。加注記事至少從秦代開始就已經是曆書的重要功能，在墓葬和邊塞屯戍遺址出土曆書中均有發現，[②]絶大多數見於曆日類年曆型曆書，尤其是自題名爲"質日"的一類。除年曆外，尹灣元延三年五月月曆木牘的部分日期干支下，也有用不同字體書寫的記事文字。屬曆朔類的張家山漢初朔閏編中，亦包含"新降爲漢"和"六月病免"這樣的記事文字。這些文字可能就是從曆日記事中移録的。

第三，配合日書占視吉凶。這項功能主要反映在加注神煞上，而這些神煞可以在秦漢時代流行的日書中查到對應的吉凶。曆書中神煞的字體通常與月名、干支一致，應是在製作過程中就寫上的，構成曆書原本的一部分。這説明，配合日書占視吉凶是這類曆書設計製作時已經預設的固有功能。

曆書標注神煞的方式，目前所見有三種。一種主要見於曆日類 A 型Ⅰ式和Ⅲ式曆書，加注在表示日子的干支下方。北大秦簡的兩件曆書，都有部分干支下加注建除，[③]是目前所知最早加注神煞的曆書。第二種加注法，是在曆書的開頭或末尾添加分欄書寫神煞的簡。簡册編連後，神煞與每月相應的干支位於同一横欄中，現存最完整的典型是屬於曆日類 A 型Ⅲ

① 蕭從禮《秦漢簡牘"質日"考》（復旦大學出土文獻與古文字研究中心網站，2011 年 3 月 8 日）一文，提出秦漢曆表簡册有查找時日、作爲出行宜忌指南和案頭記事三項基本功能，與本文觀點近似，可參看。

② 劉樂賢搜集過曆書干支下記事的例子，參看其著《簡帛數術文獻探論》，264-266 頁。

③ 參看拙文《北大秦簡中的方術書》，《文物》2012 年第 6 期，90-91 頁。

式的肩水金關居攝元年曆書。根據程少軒的研究,這部曆書除在干支簡中注建除外,末尾還用獨立的簡添加了血忌、月殺、土禁、九魁、刑德、小時、大時等神煞。[①] 第三種加注方式,見於曆日B型Ⅱ式的尹灣元延三年五月和連雲港花果山元壽二年十月(9號)兩種月曆,即在月曆木牘的上方,寫明本月的神煞所在日辰。用第一種方式加注的神煞,通常較爲簡略,一般衹有建除和反支。用第二、第三種方式標示的神煞則較複雜,除建日、反支外,還有血忌、八魁、復日、臽日、月殺、解衍、月省等。以前有學者將注有較多神煞的曆書認作日書,或視爲占家專用。事實上,加注神煞并没有改變曆書的性質,也不能替代日書的功能,這與唐宋的具注曆日是不同的。對此,後文還將論及。

秦漢曆書上述三項功能,不僅有主次之分,它們的演變也有各自不同的軌迹。查日期是曆書最基本的功能,查詢歲時節日、加注記事和配合日書占視吉凶是附屬功能。曆書的功能的發展變化,主要在後者。

曆書的加注記事功能在秦代已經形成。嶽麓書院藏秦簡的三件曆書、北大秦簡的兩件曆書以及周家臺秦始皇三十四年曆書,都有加注記事,數量有的二、三十條,有的多達五十餘條。時代較晚的尹灣元延二年曆書,記事數更有186條,超過一半的日期都有加注。[②] 上述曆書都出土於墓葬,比較私人化,有的還有自題"私質日"。正如蘇俊林所説,這類質日儘管有不少記事頗具行政色彩,但性質仍然是私人的記録,并非官文書。[③] 不過,"私質日"題名的存在也説明還有官方的質日,里耶秦簡中就發現了這樣的例子。秦代要求縣令史定期輪流至設在地方的宗廟巡視,稱爲"行廟"。里耶秦簡中的一份文書要求"行廟者必謹視中□,各自署廟所質日"。此處提到的"廟所質日",就是放在宗廟中的一件官文書。它的形式應與墓葬所見秦代質日相似,每日下有記事的空間。輪到行廟的令史,於其中簽署自己的名字,表示按時完成工作。該文書木牘的背面則書寫有秦始皇二十七年十一月至五月的行廟記録,格式爲"某月某日令史某行廟"。[④] 這些記録應該就是根據宗廟處的"質日"摘録而成的。"廟所質日"這類放在官方機構中爲官員所用的文書,還承擔了類似考勤的功能,與私人所用的質日很不相同,兩者所包含的記事在數量和性質上也有區别。西北邊境屯戍遺址中發現的漢代曆日,性質應更接近於這種"廟所質日",屬於官文書。這些官用曆日中很少見到記事,可能主要是用於查日期和占吉凶。

---

① 程少軒:《肩水金關漢簡"元始六年(居攝元年)曆日"復原》。

② 已發表曆書記事數量統計,參看蘇俊林《關於"質日"簡的名稱與性質》《湖南大學學報(社會科學版)》2010年第4期,表2、表3,20、21頁。

③ 參看蘇俊林《關於"質日"簡的名稱與性質》,《湖南大學學報(社會科學版)》2010年第4期,18、22頁。

④ 關於"令史行廟"文書的復原和介紹,見陳偉主編《里耶秦簡校釋(第一卷)》,武漢大學出版社,2012,78-80頁;又可參看魯家亮《里耶秦簡"令史行廟"文書再探》,《簡帛研究二〇一四》,桂林:廣西師範大學出版社,2014。

曆書中出現用於占視吉凶的神煞，最早見於北大秦簡秦始皇三十一年、秦始皇三十三年曆書，僅有建除一種。除此以外，已知的秦及漢武帝以前曆書均未注神煞。此後，曆書加注神煞的情況逐漸普遍，加注的種類也呈增長趨勢。相當於漢武帝元光元年的銀雀山漢簡《七年視日》，未注建除而有反支。敦煌漢塞所出宣帝本始四年曆書兼注建除和反支，連雲港海曲武帝後元二年曆書則注刑德，比較特殊。在西北邊塞遺址發現的西漢中期以後的曆日中，加注建除已成通行做法，如敦煌元康三年、居延建平二年、居延建武元年、居延建武六年七年曆日等等，皆是其例。西漢晚期，還出現了加注的神煞種類更爲豐富的曆書類型。形制較爲特殊的敦煌永元六年曆書木牘，包括建除、反支、八魁、血忌四種神煞。[①] 尹灣元延三年五月木牘在最上一行以"建日午""反支未""解衍丑""復丁癸""臽日乙""月省未""月殺丑""□□子"的叙述形式，説明了九種神煞在本月中所在的干支。前文述及的肩水金關居攝元年也注有八類神煞。

加注神煞的普遍化和神煞種類的增加，説明曆書配合占視吉凶的功能日益突出，反映出漢代社會知識和信仰氛圍的變化。選擇類數術經過戰國秦漢之際的大發展，進入漢代以後日益成熟，運用也更加廣泛，影響社會各個階層和不同領域。西北漢簡曆書中的神煞，表明選擇數術已經滲透到日常行政和軍事活動中來。這些曆書的來源，可以追溯到朝廷的頒曆，其中的神煞安排也很可能來自中央。

秦漢曆書加注神煞的變化趨勢，可以與後代"曆日"和"具注曆日"的發展聯繫起來。江曉原、鄧文寬先後研究過秦漢到唐宋曆書的變化及其原因。江曉原指出曆注中吉凶宜忌從無到有的變化，[②]鄧文寬將之稱爲從"曆日"到"具注曆日"的轉變。[③] 我要强調的是，這個變化是曆書占視吉凶功能自身發展的過程，而非外部因素導致的質變。從敦煌吐魯番的出土發現來看，曆書上的自題名"曆日"一直延續到唐武宗時期，自唐僖宗時期以後則使用"具注曆日"。[④] 也就是説，加有詳細曆注的"具注曆日"在很長一段時間裏仍然沿用"曆日"的名稱。這説明，是否注有複雜的曆忌内容，在當時使用者看來并不影響曆日的本質，而題名的變化也不代表形制和内容上的根本轉變。"具注曆日"仍然是"曆日"。

唐宋以後的具注曆日與秦漢曆書最大的差别，不是曆注的有無和繁簡，而是前者在曆注

① 此外，《居延新簡——甲渠候官》所載 EPT65・425 號疑似曆書的木牘，在干支日期下注有建除、五行、反支、復日、天李、八魁、血忌、往亡等神煞，或許也是曆書加注神煞的例子。

② 江曉原：《曆書起源考》，《中國文化》第 6 期，155 頁。

③ 鄧文寬：《從"曆日"到"具注曆日"的轉變——兼論"曆譜"與"曆書"的區别》，《鄧文寬敦煌天文曆法考索》，194-204 頁。

④ 陳昊：《"曆日"還是"具注曆日"——敦煌吐魯番曆書名稱與形制關係再討論》，《歷史研究》2007 年第 2 期，68 頁。

中直接説明具體事務在當天的宜忌,可以脱離日書直接占視吉凶。[①] 曆法和選擇兩種知識在曆日中日益結合起來。與此相應的另一個變化,是記事功能退出了具注曆日。正如劉樂賢所説,秦漢曆書中所見的記事性文字"在後來的具注曆日中是完全看不到的"。[②]

## 三 秦漢曆書的製作與使用

進一步發掘出土秦漢曆書作爲史料的意義,還需進入它作爲實用曆書存在的歷史時空中,研究它是如何被製作和使用的,特别關注其背後的人的活動。秦漢曆書的製作者和使用者是誰,所根據的曆朔來自哪裏?使用者如何獲得曆書,又怎樣使用它們?曆書的製作和使用反映了怎樣的時間秩序和社會狀況?這些問題都有待研究解答。

從已發表的材料來看,秦漢曆書的製作和使用情况較爲複雜。曆書製作者和使用者往往并不同一。比較同出於周家臺30號秦墓的秦始皇三十四年和三十六年曆書,不難發現前者的干支寫法總體上較爲拘謹,後者則寫得隨意些,出鋒的筆劃較多。典型的例子,如"子"字的寫法,三十六年曆書"子"字的鈎筆均有明顯出鋒,三十四年曆書則否。又如"寅"字,三十六年曆書"寅"字"宀"的竪點和鈎筆都向下拖長,幾乎包住下部,三十四年曆書"寅"字的這兩筆都較短(見表二)。據此可知,這兩件曆書不是出自同一書手。周家臺秦始皇三十六年曆書還上添加有三十七年的月朔,與原有干支一起組成了三十七年曆書。添加這些内容的應是該曆書的使用者,所用書體與三十六年曆書的原有文字也有差异。最明顯的是三十六年曆書月名中"二""三""五"等字的長横均不出鋒,而所補三十七年月名的相應文字,長横均出鋒(見表三)。這類書體差异,足以表明該曆書的製作者與使用者不是同一人。有助於進一步説明這一問題的是,兩年的曆書首尾不相連續。三十六年曆書九月辛巳小,則歲末爲己酉日;三十七年曆書稱十月辛亥小,歲首與己酉之間隔了一天庚戌。顯然,兩年的曆朔并非來自同一個源頭。

**表二:周家臺秦簡秦始皇三十四年、三十六年曆書書體比較表**

| | 周家臺秦始皇三十四年曆書 | 周家臺秦始皇三十六年曆書 |
|---|---|---|
| 子 |  |  |

① 唐宋曆日多在某日下明確注出嫁娶、出行、修宅等事項的吉凶宜忌。

② 劉樂賢:《秦漢曆日的内容及功用》,《古羅馬和秦漢中國——風馬牛不相及乎》,363頁。

續表

| | 周家臺秦始皇三十四年曆書 | 周家臺秦始皇三十六年曆書 |
|---|---|---|
| 寅 |  |  |

表三：周家臺秦簡秦始皇三十六年曆書三十六年、三十七年月名書體比較表

| | 三十六年月名 | 三十七年月名 |
|---|---|---|
| 二 |  | |
| 三 | | |
| 五 | | |

那麽，這些曆書來自什麽渠道，或者説它的製作者是誰？周家臺曆書亦可提供些許綫索。周家臺秦始皇三十六年曆書出土時與《日書》爲一組，兩者書體一致，很可能是同時製作、配合使用的。① 由於秦代《日書》不太可能通過官方渠道頒布，推測該曆書也應來源於非官方渠道。曆書的製作者可能是書商，也可能是兼營書籍的"日者"或其他。這樣的曆書製作者在當時應有多家并存。曆書在形制上存在差异，采用不同的神煞系統，很可能就是不同製作者的風格差异所致。總之，使用者可以通過多種渠道獲取曆書，自行製作的曆書中曆朔安排的來源也是多元的。這種多元性對理解曆書的史料價值十分重要。出土曆書中的所謂"抄誤"，即可由此出發來重新認識。

此前學者在使用曆書的曆朔數據時，往往會指出曆書的"抄寫錯誤"。認定"抄誤"的理由，主要有三種。一是曆書中的干支前後不相連貫，從該曆書本身即可判定抄寫有誤；二是曆書所載曆朔，與出土官文書或他件曆書所見曆朔不合；三是曆書所載曆朔，與學者復原的當時曆法推算所得的數據不合。後兩種認定抄誤的理由共同預設了一個前提，即當時全國的所有場合都使用曆朔一致的曆書。曆書來源的多元性，恰恰動摇了這一前提。

出土曆書抄誤是可能存在的，但抄誤的産生一般都有可追溯的原因，能够通過校勘的一般原則加以識别和解釋。比如周家臺秦始皇三十四年曆書的 26、27、28 號三支簡，把"辛酉"誤寫成"辛丑"。"酉""丑"古音同屬幽部，三支簡中的第一個抄誤應是音近致訛，後兩個則是涉上文而訛。這樣的抄誤是可以認定的。

① 參看夏德安《周家臺的數術簡》，《簡帛》第 2 輯，上海古籍出版社，2007。

然而,學者根據上述第二、第三兩種理由判斷的"抄誤",都是與所謂"正確"的干支相差一日。仍以周家臺秦始皇三十四年曆書爲例,研究秦漢曆法復原問題的學者,多認爲該曆書的三月乙丑朔、五月甲子朔、七月癸亥朔和後九月癸巳朔都抄寫有誤,需要移動一日,分別改爲三月丙寅、五月乙丑、七月甲子和後九月壬辰。[①] 新近公布的嶽麓秦簡正好也包括秦始皇三十四年曆書,它的曆朔安排與學者"校正"周家臺曆書後的結果完全一致。這似乎證明了學者對周家臺曆書"抄誤"的判斷。但這樣的"抄誤"在校勘學上無法解釋。很難想像抄寫者會將"丙寅"抄成"乙丑","乙丑"抄成"甲子",并且之後所有的干支都移動了一格而不自知。

周家臺和嶽麓秦簡兩種秦始皇三十四年曆書所載曆朔的差异,不宜認定成"抄誤",而應理解爲采用了不同的曆朔安排。劉信芳即持這種觀點。他還發現,曆書中九月的最後一日"壬""辰"二字分別被塗有一粗筆(第58簡第六欄),應是使用者的校改,因此曆書中九月的晦日衹能是辛卯,而後九月朔日則實際上已被使用者改正爲壬辰。如此,該曆書也就不存在"三個月連大"這樣不合平朔法的"硬傷"了。[②]

類似的情況,還見於嶽麓秦始皇二十七年曆書。該曆書載是年八月朔日爲癸酉,而里耶8-133號秦木牘記有"廿七年八月甲戌朔",[③]較嶽麓曆書晚一日。此里耶木牘屬官文書,所載曆朔固然可以認爲是當地官府所用,但并不能因此斷定嶽麓曆書必爲抄寫錯誤。事實上,這些被認爲是"抄誤"的曆朔歧异,恰恰是尤爲寶貴的資料。它們反映出不同地域、不同場合、不同個人之間的用曆差异,進而可以啓發我們討論當時曆書使用的實際狀況。

秦漢國家行頒朔之制,應有官方製作的曆書,舉國上下實際使用的曆法尚未完全統一。春秋戰國以來長期分治局面造成的各種地區差异,也包括用曆的差异。秦始皇當然做過曆法統一的努力,但效力僅限於政府機構,不同的曆法仍在民間廣泛流行。《史記·曆書》云:"幽、厲之後……疇人子弟分散,或在諸夏,或在夷狄,是以其禨祥廢而不統。其後戰國并産,在於强國禽敵,救急解紛而已,豈遑念斯哉……秦滅六國,兵戎極煩,又升至尊之日淺,未暇遑也。"這就是説,秦代未及改變戰國時期曆法不統一的狀況。這種狀況到漢代仍長期延續。

① 較早的代表性論述見張培瑜、彭錦華《周家臺三〇號秦墓曆譜竹簡與秦、漢初的曆法》,《關沮秦漢墓簡牘》附録三,231-232頁。

② 劉信芳:《周家臺秦簡曆譜校正》,《文物》2002年第10期,80-83頁。三月連大,是此前研究者認爲周家臺秦始皇三十四年曆書存在抄誤的最重要證據。此外,之前研究者所認爲的晦日錯誤,也已經劉信芳指出,爲復原本脱簡所致,并非曆書本身的抄誤。我同意劉氏的觀點,并贊同他復原出土曆書的方法。

③ 湖南省文物考古研究所編著:《里耶秦簡(壹)》,北京:文物出版社,2012,圖版30頁,釋文16頁。

漢初郡國并行,諸侯國官方所用曆朔就與漢朝不盡一致。[①] 民間更有多種曆法同時流行。漢武帝太初改曆時,曾"選治曆鄧平及長樂司馬可、酒泉候宜君、侍郎尊及與民間治曆者,凡二十餘人"共同參與。[②] 可見民間曆法修習者衆多。這些民間曆家分爲不同的流派,所治曆法各不相同。《漢書・律曆志上》云東周以降疇人子弟所記,"有《黄帝》《顓頊》《夏》《殷》《周》及《魯曆》"。此所謂"古六曆"又皆見於《漢書・藝文志》,其實就是漢代政府和民間傳習和行用的曆法。[③] 民間治曆者衆多,不同曆法廣泛傳習,秦漢時代的實用曆法當然也不可能完全統一。

參照唐宋時期的情况,秦及漢初實用曆法不統一是不難理解的。平岡武夫曾概述唐代因計算方法混亂和觀念影響,導致實際用曆不統一的情况。[④] 敦煌出土唐宋曆日的朔日,與同年中原曆往往有一二日之差,遇有閏年差别更大;與中原曆閏在同月者極少,往往有一月之差。[⑤] 即使在中原地區,民間小曆和私修曆書流行,也常與官方曆法不同。曆書出版發行渠道多元,官府無力禁止。[⑥] 流行印刷曆日的時代尚且如此,在衹有手抄本曆書的秦漢時期,曆書的多樣性就更不言而喻了。

從秦漢時代曆書的多樣性出發,至少有兩方面的問題值得進一步研究。

首先,時間的測度出於人爲,曆書事實上决定了使用者對時間的認知。在統一的標準不存在或不被接受時,曆書顯示的時日無論是否符合王朝的頒朔或今天的推算,對當時的使用者來説都是可信和準確的。由此,同一時刻在不同的人之間可能存在差异。比如秦始皇二十七年八月的甲戌日,對里耶木牘的書寫者而言是朔日,對嶽麓秦簡的使用者來説則是朔後一日。這一天之前的癸酉日,或爲八月朔日,或爲七月晦日,甚至不屬同一個月份。以今天的觀念,這將會造成不小的混亂。但古人以干支紀日,無論如何安排月份和朔日,任意一天在干支序列中的位置都是唯一而且確定的。因此,不同曆法安排曆朔的差异,不會構成嚴重的問題。現在人們習慣使用的序數紀日廣泛流行則是稍晚的事,目前最早見於鳳凰山 10 號

① 比如,據《春秋繁露・止雨》載,董仲舒爲江都相時教令,江都易王二十一年(即漢武帝元光元年)八月朔日爲甲申。然而,銀雀山元光元年曆書及據《漢書・五行志上之下》"七月癸未,先晦一日,日有食之"之記載推得的是年八月朔日,則均爲乙酉。由此可知,武帝初年江都國所用曆朔與漢朝不同。詳見拙文《〈春秋繁露・止雨〉二十一年八月朔日考》,《史原》復刊第 4 輯,2013。

② 《漢書》卷二一《律曆志上》,北京:中華書局,1962,975 頁。

③ 所謂"古六曆",西晋杜預已經認爲"未必時王之術",而是後人依托,南朝祖沖之進一步指出它們的創作時代都在周末漢初。此後學者,一般都公認"古六曆"的實際製作和行用年代在戰國秦漢之際。參看張培瑜等《中國古代曆法》上册,北京:中國科學技術出版社,2007,327-335 頁。

④ 參看平岡武夫《唐代的曆》"序説",上海古籍出版社,1990 年。

⑤ 鄧文寬:《敦煌吐魯番曆日略論》,《鄧文寬敦煌天文曆法考索》,98 頁。

⑥ 參看周榮寶《唐宋歲末的曆書出版》,《學術研究》2003 年第 6 期,102-104 頁。

漢墓中的F組記事文書簡,時在景帝前期。[①] 上文提到,曆書中出現數字序號即是這個過程的反映。

其次,曆朔制定和曆書製作,實際上是安排時間秩序的行爲。曆法的統一,或由國家頒布曆朔施行於天下,不僅是國家權力控制地方和社會的要求,也是儒家理想政治秩序的重要内容。司馬遷説:"天下有道,則不失紀序。無道,則正朔不行於諸侯。"[②]他把國家正朔是否頒行於天下,亦即曆法是否統一,視爲天下有道或無道的標準。參考秦漢曆書的實際使用狀況,司馬遷等人極力推動的改正朔運動,應可得到新的理解。[③]

## 結　語

本文研究出土秦漢曆書的類型,在此基礎上討論了它們的性質、功能與演變,最後推測曆書的製作和使用情況,嘗試發掘其中藴含的歷史信息。所得結論,可大致歸納爲以下三點。

一、出土秦漢曆書分爲"曆日類"和"曆朔類",兩類又可各分若干型和式。不同類型的曆書之間可能存在一定的發展繼承關係,其中古人稱爲"質日""視日"或"曆日"的年曆表數量衆多,是秦漢曆書的主體。此類曆書的發展演變,尤其能够反映秦漢時代時間觀念和時間體系的變化。

二、秦漢曆書主要有查日期和歲時節日、加注記事以及配合日書占視吉凶三種功能。其中,查日期是曆書最基本的功能。加注記事功能則是曆日類曆書所特有的。占視吉凶的功能往往内含於曆書之中,在秦漢時期以加注神煞的形式不斷發展,至唐宋時代,曆書已經可以脱離日書獨立實現此項功能。可見,"曆法"和"選擇"兩類知識在實際運用中往往緊密結合,共同包括在古人的時間觀念之内。

三、秦漢曆書可以是使用者自己製作,也可能來自多元化的公共性渠道。秦漢用曆呈現多樣性,官方曆書和不同流派的民間曆書共存,曆朔和曆日安排往往不盡統一。這種情況,爲思考當時人的時間觀念以及秦漢國家與社會的時間秩序的構成,提供了啓示。

2011 年 2 月 11 日初稿
2016 年 9 月 2 日改定

① 見湖北省文物考古研究所編《江陵鳳凰山西漢簡牘》中的圖版,釋文及裘錫圭先生的考證,北京:中華書局,2012,134-138、146-147 頁。

② 《史記》卷二六《曆書》,北京:中華書局,1959,1258 頁。

③ 參看陳侃理《秦漢的頒朔與改正朔》,載余欣主編《中古時代的禮儀、宗教與制度》,448-470 頁。

示意圖一:曆日類 A 型Ⅰ式

| | | | | | | |
|---|---|---|---|---|---|---|
| 壬戌 | …… | 乙未 | 十一月甲午小 | …… | 乙丑 | 十月甲子大 |
| 辛酉 | …… | 甲午 | 正月癸巳小 | …… | 甲子 | 十二月癸亥大 |
| 庚申 | …… | 癸巳 | 三月壬辰小 | …… | 癸亥 | 二月壬戌大 |
| 己未 | …… | 壬辰 | 五月辛卯小 | …… | 壬戌 | 四月辛酉大 |
| 戊午 | …… | 辛卯 | 七月庚寅小 | …… | 辛酉 | 六月庚申大 |
| 丁巳 | …… | 庚寅 | 九月己丑小 | …… | 庚申 | 八月己未大 |
| 簡 59 | 簡 33-58 | 簡 32 | 簡 31 | 簡 3-30 | 簡 2 | 簡 1 |

示意圖二:曆日類 A 型Ⅱ式

| 癸亥 | …… | 庚子 | 己亥 | 戊戌 | 丁酉 | 丙申 | 乙未 | 甲午 | …… | 庚午 | 己巳 | 戊辰 | 丁卯 | 丙寅 | 乙丑 | 甲子 |
|---|---|---|---|---|---|---|---|---|---|---|---|---|---|---|---|---|
| | | | 十一月小 | | | | | | | | 十月大 | | | | | |
| | | | | 正月小 | | | | | | | | 十二月大 | | | | |
| | | | | | 三月小 | | | | | | | | 二月大 | | | |
| | | | | | | 五月小 | | | | | | | | 四月大 | | |
| | | | | | | | 七月小 | | | | | | | | 六月大 | |
| | | | | | | | | 九月小 | | | | | | | | 八月大 |
| 簡 60 | 簡 38-59 | 簡 37 | 簡 36 | 簡 35 | 簡 34 | 簡 33 | 簡 32 | 簡 31 | 簡 8-30 | 簡 7 | 簡 6 | 簡 5 | 簡 4 | 簡 3 | 簡 2 | 簡 1 |

示意圖三:曆日類 A 型Ⅲ式

| 三十日 | 廿九日 | …… | 二日 | 一日 | |
|---|---|---|---|---|---|
| 癸巳 | 壬辰 | …… | 乙丑 | 甲子 | 正月大 |
| | 壬戌 | …… | 乙未 | 甲午 | 二月小 |
| 壬辰 | 辛卯 | …… | 甲子 | 癸亥 | 三月大 |
| | 辛酉 | …… | 甲午 | 癸巳 | 四月小 |
| 辛卯 | 庚寅 | …… | 癸亥 | 壬戌 | 五月大 |
| | 庚申 | …… | 癸巳 | 壬辰 | 六月小 |

續表

| 三十日 | 廿九日 | …… | 二日 | 一日 | |
|---|---|---|---|---|---|
| 庚寅 | 己丑 | …… | 壬戌 | 辛酉 | 七月大 |
| | 己未 | …… | 壬辰 | 辛卯 | 八月小 |
| 己丑 | 戊子 | …… | 辛酉 | 庚申 | 九月大 |
| | 戊午 | …… | 辛卯 | 庚寅 | 十月小 |
| 戊子 | 丁亥 | …… | 庚申 | 己未 | 十一月大 |
| | 丁巳 | …… | 庚寅 | 己丑 | 十二月小 |
| 簡 31 | 簡 30 | 簡 4-29 | 簡 3 | 簡 2 | 簡 1 |

# 秦守官、假官制度綜考

## ——以秦漢簡牘資料爲中心*

陝西師範大學文學院　王　偉

**内容提要**　"守官"與"離官"相對而言,是指長官在職但因外出、病休等不在署時指派的臨時居守者,是依據法律規定臨時指派符合某種條件(如秩級達到一定要求)的官吏駐守官署并代爲處理相關事務的一種便宜措施。"假官"與"真官"相對而言,是"真官"離職(職位空缺或無法行使職權)時的代理者,一般由官員自薦或上級(包括"真官")授權,使任"假官"者在約定時間内假借真官的職權行事,也可以離署辦事。

**關鍵詞**　秦　守官　假官　秦漢簡牘

"假官""守官"均見於文獻記載,是秦漢官制中一項特殊而重要的内容,舊有的注解和今人的研究結論均有較大分歧。[①] 隨着睡虎地秦簡、張家山漢簡、里耶秦簡和嶽麓秦簡資料的相繼刊布,其中有關官吏選拔和某守、假某的内容使"假官""守官"的問題有複雜化的傾向。

---

* 本文是國家社科基金項目"秦印集成暨新秦印文字編"(16BYY120)的階段性成果。

① 高敏:《從雲夢秦簡看秦的若干制度》,其著《雲夢秦簡初探》(增訂本),鄭州:河南人民出版社,1981,193-196頁;安作璋、熊鐵基:《秦漢官制史稿》,濟南:齊魯書社,1985,362-365頁;武普照:《秦漢守官制度考述》,《山東師大學報》(社科版)1988年第4期;[日]大庭脩著,林劍鳴等譯:《秦漢法制史研究》,上海人民出版社,1991,424-441頁;安作璋:《秦漢官吏法研究》,濟南:齊魯書社,1993,65-70頁;王剛:《秦漢假官、守官問題考辨》,《史林》2005年第2期。

# 一　秦漢守官、假官研究概述

## (一)先秦兩漢時期的"守官"

戰國時已有守官。《戰國策·秦策五》:"文信侯出走,與司空馬之趙,趙以爲守相。秦下甲攻趙,司馬空説趙王曰:'文信侯相秦,臣事之,爲尚書,習秦事。今大王使守小官,習趙事……臣少爲刀筆吏,以官長而守小官,未嘗爲兵首,請爲大王悉趙兵以遇。'"高誘注:"姚本:'守相,假也。'鮑本:'守,假官也,馬爲之。'"①戰國三晋兵器有"守相",如守相廉頗鈹和守相信平君鈹等。②

楚漢戰争和兩漢時期,守官逐漸普遍化、制度化。《史記·曹相國世家》:"得故齊王田廣相田光,其守相許章,及故齊膠東將軍田既。"《田儋列傳》:"齊王廣、相横怒,以酈生賣己,而烹酈生。齊王廣東走高密,相横走博陽,守相田光走城陽,將軍田既軍於膠東……漢將灌嬰追得齊守相田光。"又《靳歙傳》"從攻下邯鄲,别下平陽,身斬守相,所將卒斬兵守、郡守各一人,降鄴。"③

《漢書·百官公卿表》記有多種守官,如"水衡都尉守""光禄大夫公孫遺守少府""守衛尉不害""守衛尉遺""守京兆尹樊福""守京兆尹潁川太守黄霸,數月還故官""守大鴻臚"等。④ 又《漢書·賈捐之列傳》"……可試守京兆尹";《趙廣漢列傳》"遷京輔都尉,守京兆尹……從軍還,復用守京兆尹,滿歲爲真",《尹翁歸列傳》"以高弟入守右扶風,滿歲爲真",《王尊列傳》"征爲諫大夫,守京輔都尉,行京兆尹事。旬月間盗賊清。遷光禄大夫,守京兆尹,後爲真";《薛宣朱博列傳》"入守左馮翊,滿歲稱職爲真……以高弟入守左馮翊,滿歲爲真";《黄霸傳》"守丞相長史……征守京兆尹"。⑤

《漢官舊儀》和《漢舊儀》均記載:"丞相史物故,調御史少史守丞相史,若御史少史。監祠寢園廟,調御史少史屬守,不足,丞相少史屬爲倅,事已罷。"又《漢官典職儀式選用》載:"(侍御史)公法府椽屬高第補之,初稱守,滿歲拜真"。⑥

對於傳世文獻中的"守官"含義,歷來就有不同理解。建國後秦漢簡牘大量涌現,如睡虎地秦簡、張家山漢簡、里耶秦簡和嶽麓秦簡等,其中"縣名+守丞"和縣鄉級職官或官署名後加

① 范祥雍:《戰國策箋證》(上),上海古籍出版社,2006,465、468頁。

② 中國社會科學院考古研究所編:《殷周金文集成》(修訂增補本),北京:中華書局,2007,6419-6421、6428頁。

③ 上引分别見《史記》卷五四《曹相國世家》、卷九四《田儋列傳》、卷九八《靳歙傳》,北京:中華書局,1959,2027、2646-2647、2710頁。

④ 《漢書》卷一九《百官公卿表》,北京:中華書局,1962,745-857頁。

⑤ 上引分别見《漢書》卷六四《賈捐之列傳》,卷七六《趙廣漢列傳》《尹翁歸列傳》《王尊列傳》,卷八三《薛宣朱博列傳》,卷八九《黄霸傳》,2837,3199、3201,3208,3233,3387,3629、3631頁。

⑥ [清]孫星衍等輯,周天游點校:《漢官六種》,北京:中華書局,1990,40、72、207頁。

“守”兩類職官名稱的數量和種類迅速增多,但新資料的增加非但未能解決原有分歧,反而引起了更大爭論。除了早期因所據資料有限而做出的錯誤判斷如“遷陵守丞”是郡守丞外,[①]目前研究者對於以上資料中“守”含義的理解可歸納爲以下幾種:

第一,或認爲是指官員的試職、試守、試用,如趙翼《陔余叢考》卷二十六“假守”條:“其官吏試職者皆曰守……凡試職皆曰守,如今初任官有試俸之例也。”[②]高敏據睡虎地秦簡相關内容指出“(守)是一種試用的官吏”,并將《漢書·陳勝傳》“陳守令皆不在,獨守丞與戰譙門中”之“守令”和“守丞”解釋爲“試用之縣令”和“試用之縣丞”,還認爲《漢書·兩粵朝鮮傳》“(趙佗)稍以法誅秦所置吏,以其黨爲守、假”之“守”“是試用之意”。[③] 張家山漢簡《具律》:“縣道官守丞毋得斷獄及讞。相國、御史及兩千石官所置守、假吏,若丞缺,令一尉爲守丞,皆得斷獄、讞獄,皆令監臨卑官,而勿令坐官。”整理小組“守,試守”的觀點得到張傳漢、蔡萬進等學者支持。蔡萬進對此進一步解釋:“‘試守’未拜爲‘真’的縣、道丞無有斷獄及奏讞的權力,則縣道官府中具有斷獄和奏讞權力的官員衹有令、長、真丞”。[④] 此外,周家臺三十號秦墓出土秦始皇三十四年曆譜中的“守丞”,整理者認爲“守”是“試守”之意。[⑤] 王剛認爲:“守官爲試用官,可轉爲真官,屬於編制内的官員……有時守官與本官可以同置。”[⑥]劉正華在將“守”解釋爲“表示機構負責人”的同時,又認爲“守丞”之“守”爲“試守”。[⑦] 高天霞等認爲“在漢代官制體系中,官吏試掌某職可稱‘守’”。[⑧] 此外,藍野雖然認爲“守”是“除官試守”,但又將“守”義釋爲“求”,認爲“守某官”就是“求某官”,“試守某官”就是“試求某官”。[⑨]

第二,或認爲“守”爲“長官”之義。其中楊宗兵認爲,里耶秦簡中的守、丞和守丞均指“長官”,秦時縣一級的長官“守”“丞”或“守丞”即行“縣令、長”之實,却無“縣令、長”之名。[⑩] 李昭君認爲:“從里耶秦簡的情况看,縣級有守、丞等……郡、縣、鄉皆有守,似乎構成一規整之組織系列”。[⑪] 鄒水傑認爲:秦代縣行政主官稱謂有令、嗇夫和守三種,嗇夫也是縣主官的

---

① 范毓周:《關於湖南龍山里耶出土秦代簡牘郵書檢的幾個問題》,簡帛網,2002 年 8 月 15 日。

② [清]趙翼:《陔余叢考》,北京:商務印書館,1957 年,546-547 頁

③ 高敏:《雲夢秦簡初探》(增訂本),194-195 頁。

④ 張家山二四七號漢墓竹簡整理小組編:《張家山漢墓竹簡(二四七號墓)》,北京:文物出版社,2001,148 頁;張傳漢:《〈二年律令〉丞與守丞的職權區别》,《中國歷史文物》2006 年第 3 期;蔡萬進:《張家山漢簡〈奏讞書〉研究》,桂林:廣西師範大學出版社,2006,131 頁。

⑤ 湖北省荆州市周梁玉橋遺址博物館編:《關沮秦漢墓簡牘》,北京:中華書局 2001,97 頁。

⑥ 王剛:《秦漢假官、守官問題考辨》。

⑦ 劉正華:《再論里耶秦簡中的“守”和“守丞”》,《延安職業技術學院學報》2013 年第 1 期。

⑧ 高天霞、何茂活:《漢代“守令”“令史”“守令史”考辨——兼論〈肩水金關漢簡〉中的相關官稱》,《西華師範大學學報》(哲學社會科學版)2015 年第 5 期。

⑨ 藍野:《説〈史記·陳涉世家〉“守令”“守丞”》,《山東師大學報》(社會科學版)1986 年第 4 期。

⑩ 楊宗兵:《里耶秦簡縣“守”、“丞”、“守丞”同義説》,《北方論叢》2004 年第 6 期。按,縣令爲秦制無可辯駁,如里耶秦簡 8-1119 號:“書三封,令印,二守府、一成紀。”

⑪ 李昭君:《兩漢縣令、縣長制度探微》,《中國史研究》2004 年第 1 期。

一種稱謂;并認爲"守"應該不是"試守"或"代理"的意思,而是與嗇夫類似的官稱,同樣表示當時各官署的最高長官。[①] 後來鄒氏又表達了類似的看法:認爲秦代縣與縣下各級部門小吏之長官皆可稱"守",以表示"長官"之義;同時"令"和"嗇夫"是當時并存的行政長官稱號。就縣佐官而言,里耶秦簡中的"守丞"出現非常頻繁,似不能簡單以"試守"來解釋。"守丞"不是文獻記載中那些"試守"後即真的守丞。[②] 李斯認爲里耶秦簡中的"縣嗇夫"衹是一種非正式的泛稱,意爲縣的主官,可能指令,也可能指守。縣主官可能兼有守和令,即主管軍事的"守"和主管治民的縣令長。[③] 上引劉正華文認爲"守"與"嗇夫"相對應,是"嗇夫"的具體稱謂,表示機構負責人。此外,還有將"守"當做一種掌管、主管的泛稱,如陳松長認爲秦簡中反復出現的"守"字,除"郡守"之"守"是固定的官名外,其他如"司空守""少内守""田官守""都鄉守"等"守"字均是掌管、主管的意思。[④]

第三,或認爲是指(臨時)代理、兼攝,如《資治通鑒》卷七《秦二世元年》胡三省注引宋劉敞《漢書標注》云:"原父曰:……守,謂非正官,權守者耳。余按……原父以此守爲"權守"之守,良是。"[⑤]楊樹達《漢書窺管》卷四:"守丞,謂權守丞者。"[⑥]睡虎地秦簡《除吏律》:"有興,除守嗇夫、假佐居守者,上造以上不從令,貲二甲。"整理小組注"守、假,意均爲代理,居守,留守。"[⑦]日本學者大庭脩認爲:"所謂'守官',就是代理某官,即卑秩(或卑位次)的官兼任高秩(或高位次)之職……被置爲守官的官是在没有本官的情況下,守者既有自己的本職,同時又成爲守官,即一人兼任二官。"[⑧]李學勤認爲張家山漢簡《奏讞書》中的"蒼梧守竈""攸守""都是代理縣職的守令",而里耶秦簡中的"都鄉守"和"守丞"分别是"都鄉的代理負責人"和"代理縣丞"。[⑨] 陳治國等認爲里耶秦簡中縣的"守"和"守丞"是代理縣令、代理縣丞,并引睡虎地秦簡證明"任命代理官員臨時負責工作的做法是秦漢時期'守官'制度的重要内容……這些法律制度規定,政府機構的主要領導不在時,應任命臨時代理的官員'守'主持工作,説明秦時的守官制度已經非常完備。"[⑩]此後又重申"秦及西漢初期的'守官'應是臨時代理的

---

① 鄒水傑:《秦代縣行政主官稱謂考》,《湖南師範大學社會科學學報》2006 年第 2 期。

② 鄒水傑:《里耶簡牘所見秦代縣廷官吏設置》,《咸陽師範學院學報》2007 年第 3 期。按,此文還引用了何雙全、陳偉和李昭君等人類似的觀點,見該文注釋[13]、[14]、[15]。

③ 李斯:《里耶秦簡所見縣主官稱謂新考》,《内蒙古農業大學學報》(社會科學版)2009 年第 3 期。

④ 陳松長:《〈湘西里耶秦代簡牘選釋〉校讀(八則)》,西北師範大學文學院歷史系、甘肅省文物考古研究所編《簡牘學研究》第 4 輯,蘭州:甘肅人民出版社,2004。

⑤ 《資治通鑑》卷七"秦二世元年",北京:中華書局,1956,255 頁。

⑥ 楊樹達:《漢書窺管》,上海古籍出版社,1984,252 頁。陳增傑:《〈陳涉世家〉"守令""守丞"解》,《温州師院學報》(哲學社會科學版)1991 年第 1 期。

⑦ 睡虎地秦墓竹簡整理小組編:《睡虎地秦墓竹簡》,北京:文物出版社,1978,128 頁。

⑧ [日]大庭脩著,林劍鳴等譯:《秦漢法制史研究》,438 頁。

⑨ 李學勤:《〈奏讞書〉解説(下)》,《文物》1995 年第 3 期。李學勤:《初讀里耶秦簡》,《文物》2003 年第 1 期。

⑩ 陳治國:《里耶秦簡"守"和"守丞"釋義及其它》,《中國歷史文物》2006 年第 3 期。

官員,而無試守之意”。[1] 黄海烈認爲“里耶秦簡中守丞,或爲丞的另一别稱,或爲代理縣丞[2]。”陳松長據嶽麓書院藏秦簡相關資料指出:“將‘守’(按,此指《史記·陳涉世家》的“守令”“守丞”)解讀爲‘權攝’之義纔好理解……至於所謂的‘守吏’,應該都是臨時攝管某一部門官吏的泛稱”。[3] 孫聞博據里耶秦簡資料認爲,“秦代正式縣令或無‘守’這一稱謂。縣令、官嗇夫、鄉嗇夫所加‘守’字爲代理之義。秦及漢初,‘守丞’是縣丞在職,因故不在署時的一種權宜設置,丞歸即罷,不具有試守性質”。[4] 陸德富認爲“守”應是守官之意,指縣的負責人。[5]

此外,秦濤認爲里耶秦簡中的“守”主要是長官不在時由某官員代爲留守官署坐班之意;又説“至於‘試守’之意,則恐怕更是漢朝郎官制度成熟以後,緣於官吏實習需要而産生的後起義項”。[6]

第四,或認爲“守官”除了試守、試用、試署的含義外,在某些情況下還有兼攝、代理的意思,如安作璋、熊鐵基指出“守爲試署性質……稱職者即可爲真”,又説“守,除試守之意外,還有兼、攝之意。”[7]較早系統論述秦漢守官制度的是武普照《秦漢守官制度考述》,文中指出“秦漢守官制度,即官吏的試用制度……守官即試任某官的意思……秦律中所載守官,多爲原官不在時試署,兼含有代理、兼攝的意義。”文中又將漢代守官分爲“離職出守”“兼職出守”和“假代試守”等三種類型,其中“(假代試守)漢朝任官,遇有官缺,無適當人選補缺時,則擇取官吏代行其事,有時這種攝代含有試守的意義,攝代稱職便可轉爲真除。”[8]又前引王剛《秦漢假官、守官問題考辨》一文將“守官”區分爲“守缺”和“試守”兩類,并説“守缺是在官員出缺的情况下,代爲掌權,其適用範圍及先決條件是給定了的。而試守作爲對官吏的試用……”新出里耶秦簡整理者:“守丞”之“守”也不一定如我們理解的是“試”或“代理”之意。[9] 此外,張俊認爲:“漢代守官通常是指試用官吏。守官之“守”也有“兼攝”“代理”涵義。相對於正式官吏任職於某職事來説,試用守官、兼攝守官、代理守官,在守職期間都是試用。文獻所載守官基本上都具有試用、兼攝或代理這三個特征中的至少一種特征。”[10]

---

① 陳治國、農茜:《從出土文獻再釋秦漢守官》,《陝西師範大學學報》(哲社版)第36卷(專輯),2007年9月。

② 黄海烈:《里耶秦簡與秦地方官制》,《北方論叢》2005年第6期。

③ 陳松長:《嶽麓書院藏秦簡中的郡名考略》,《湖南大學學報》(社會科學版)2009年第2期。

④ 孫聞博:《里耶秦簡“守”、“守丞”新考——兼談秦漢的守官制度》,卜憲群、楊振紅主編《簡帛研究二〇一〇》,桂林:廣西師範大學出版社,2012。

⑤ 陸德富:《試説戰國至秦代的縣級職官名稱“守”》,《中國國家博物館館刊》2013年第1期。

⑥ 秦濤:《秦律中的“官”釋義——兼論里耶秦簡“守”的問題》,《西南政法大學學報》2014年第2期。

⑦ 安作璋、熊鐵基:《秦漢官制史稿》,362頁。

⑧ 武普照:《秦漢守官制度考述》,《山東師範大學學報》(人民社會科學版)1988年第4期。

⑨ 湖南省文物考古研究所等:《湘西里耶秦代簡牘選釋》,《中國歷史文物》2003年第1期。

⑩ 張俊:《漢代守官制度研究》,厦門大學人文學院博士學位論文,2011。

第五,"某守"是官方文書習語,表自謙。鄔文玲認爲:"'某守'在文書中也是一種相對固定的用語。多用於發文主官的自稱,帶有'自謙'的成分。"但作者又説"這一結論仍然有諸多不周延之處……因而不能排除'守丞'爲縣丞離署時暫時代理其職的居守之丞的可能性"。①

第六,未做定論。如里耶秦簡最初的整理者指出:秦時縣鄉吏員的設置較傳世文獻記載要複雜得多。"守丞"之"守"也不一定是"試"或"代理"之意。② 于振波認爲"即使里耶秦簡中的'守'……是長官的泛稱,也不能因此否定'縣令'確爲秦制這一事實……至於'守',有可能是上任之前的代理縣令,也可能另有含義,待考"。③ 王彦輝認爲"'××守'之'守'的含義,可以確定者有'試官''臨時代理'之義,其餘義項尚有待進一步分析"。④

綜上,可以看出研究者不僅搜羅了《史記》和《漢書》記載的秦末、楚漢戰争和兩漢時期有關"守官"的史料,還充分利用了睡虎地秦簡、張家山漢簡和新出里耶、嶽麓秦簡中"某守"和"某守丞"類資料。尤其隨着里耶秦簡資料的逐步公布,研究焦點集中在"縣名+守丞"和縣鄉級職官或官署名後加"守"等兩類職官名稱含義的探討上。諸家基於幾乎同樣的材料和古書注解,但結論却因對"守"的理解不同而導致諸多分歧。這説明面對豐富且龐雜的材料,研究者差异化的理解導致對"守官"的性質和秦漢時"守官"的設置、發展過程和任用條件等相關制度尚無清晰的認識。

**(二)先秦兩漢所見的"假官"**

戰國時期有"假相""假相國"。《史記·趙世家》:"(孝成王)十七年,假相大將武襄君攻燕,圍其國。"又《廉頗藺相如列傳》:"趙以尉文封廉頗爲信平君,爲假相國。"⑤

秦時郡有"假守",如《史記·秦始皇本紀》有"南陽假守騰",《漢書·項籍傳》"會稽假守通",注引張晏曰:"假守,兼守也。"⑥"假守"亦見於多件秦上郡戈。⑦

楚漢戰争期間有"假王""假上將軍""假左丞相"等名目,與這些假官職務相對應的是"真"。《史記·高祖本紀》"立景駒爲假王",《陳涉世家》"乃以吴叔爲假王,監諸將以西擊滎陽";《留侯世家》"景駒自立爲楚假王"(《漢書·張良傳》同);《淮陰侯列傳》"不爲假王以鎮之,其勢不定。願爲假王便……大丈夫定諸侯,即爲真王耳,何以假爲!"(《漢書·韓信

---

① 鄔文玲:《"守"、"主"稱謂與秦代官文書用語》,中國文化遺産研究院編《出土文獻研究》第12輯,上海:中西書局,2014,163頁。

② 張春龍、龍京沙:《湘西里耶秦代簡牘選釋》,《中國歷史文物》》2003年第1期。

③ 于振波:《説"縣令"確爲秦制——讀里耶秦簡札記》,《中國歷史文物》2006年第3期。

④ 王彦輝:《〈里耶秦簡(壹)〉所見秦代縣鄉機構設置問題蠡測》,《古代文明》2012年第4期。

⑤ 《史記》卷四三《趙世家》、卷八一《廉頗藺相如列傳》,1828、2448頁。

⑥ 《史記》卷六《秦始皇本紀》,232頁。《漢書》卷三一《陳勝項籍列傳》,1797頁。

⑦ 王輝、王偉:《秦出土文獻編年訂補》,西安:三秦出版社,2014,69、73、116頁。

傳》所記略同)；[①]又《漢書·高帝紀》:“韩信已破齐,使人言曰:‘齊邊楚,權輕,不爲假王,恐不能安齊。’漢王怒,欲攻之……春二月,遣張良操印,立韓信爲齊王……齊王信之立,非君王意,信亦不自堅。”顔師古曰:“因信自請爲假王,乃立之耳,故曰非君王意。”《漢書·陳勝傳》“乃以廣爲假王,監諸將以西擊滎陽”“乃相與立羽爲假上將軍”,顔師古注曰:“未得懷王之命,故且爲假。”《曹參傳》:“漢二年,拜爲假左丞相……漢王即皇帝位,韓信徙爲楚王。參歸相印焉。”[②]

兩漢時期又出現了秩級較低的“假吏”“假丞”“假佐”等,如《漢書·李廣蘇建傳》“武與副中郎將張勝及假吏常惠等募士斥候百餘人俱”,顔師古曰:“假吏,猶言兼吏也。時權爲使之吏,若今之差人充使典矣。”《陳湯傳》:“漢兵縱火,吏士争入,單于被創死。軍候假丞杜勳斬單于首,得漢節使二及谷吉等所齎帛書。”《王尊傳》:“司隸遣假佐放奉詔書白尊發吏捕人”,顔師古注引蘇林:“胡公《漢官》假佐,取内郡善史書佐給諸府也。”《漢書·王莽傳》載王莽居攝期間“群臣復白:‘劉崇等謀逆者,以莽權輕也。宜尊重以填海内。’五月甲辰,太后詔莽朝見太后稱‘假皇帝’”,又“贊曰‘假皇帝’,民臣謂之‘攝皇帝’”。後王莽“御王冠,即真天子位,定有天下之號曰新”。[③]《後漢書·光武帝紀》“宜且罷輕車、騎士、材官、樓船士及軍假吏”,顔師古注:“軍假吏,謂軍中權置吏也。”此外,《後漢書·百官志》載:“又有軍假司馬、假候,皆爲副貳。”[④]

上文所引諸家研究中,對“假”的解釋可歸納爲以下兩種看法:

第一,多數研究者認爲是兼攝、代理,如趙翼《陔余叢考》卷二十六“假守”條:“秦漢時官吏攝事者皆曰假,蓋言借也………凡此皆言攝也,非真假之假也。”[⑤]金少英《秦官考》説:“趙之‘假相’‘假相國’,其官稱應爲‘相’與‘相國’。《史記·項羽本紀》正義云:‘假,攝也。’南陽有假守騰、其後吴廣爲假王,項羽爲假上將軍,亦皆兼攝之義。”[⑥]安作璋、熊鐵基認爲“假有攝事之意,非真假之假……上至丞相,下至軍候丞,均有以假爲稱者,此皆爲攝事之官。”[⑦]王剛認爲“假官爲非正規的官員,暫時權代而已,事罷則撤,不可轉爲真官,屬於編制外的官員”。[⑧]

第二,也有學者認爲“假官”是試用,如高敏認爲:“假守是郡守的一種兼官、試職,與正式

① 《史記》卷八《高祖本紀》、卷四八《陳涉世家》、卷五五《留侯世家》、卷九二《淮陰侯列傳》,352、1953、2036、2621頁。
② 《漢書》卷一《高帝紀》、卷三一《陳勝傳》、卷三九《曹參傳》,46-50、1789、1803-1804、2016頁。
③ 《漢書》卷五四《李廣蘇建傳》、卷七〇《陳湯傳》、卷七六《王尊傳》、卷九九《王莽傳》,2460、3014、3233、4086頁。
④ 《後漢書》卷一《光武帝紀》、卷一一四《百官志》,北京:中華書局,1965,51、3564頁。
⑤ [清]趙翼:《陔余叢考》,546頁。
⑥ [清]孫楷撰、徐復訂補:《秦會要訂補·附録》,北京:中華書局,1956,463頁。
⑦ 安作璋、熊鐵基:《秦漢官制史稿》(第三編),364-365頁。
⑧ 王剛:《秦漢假官、守官問題考辨》。

的郡守不同",又據睡虎地秦簡相關内容指出:"(守)是一種試用的官吏""'假佐'的'假',則同'假守'的'假'相同,也是一種試用職務。"①

此外,文獻中"假守"連言而分表不同意義,如《史記·南越列傳》:"至二世時,南海尉任囂病且死,召龍川令趙佗……即被佗書,行南海尉事。囂死,佗……因稍以法誅秦所置長吏,以其黨爲假守。"《索隱》曰:"案謂佗立其所親黨爲郡縣之職或假守。"②此事亦見載於《漢書》,其《西南夷兩粵朝鮮傳》云"稍以法誅秦所置吏,以其黨爲守假。"顔師古注:"令爲郡縣之職,或守或假也。"③因顔注"假""守"分言,可見二者含義應有所區别。

**(三)小結**

由以上概述可以看出,"守官""假官"資料分布和研究狀况有如下特點:

第一,先秦兩漢文獻所見"守官""假官"的記載較爲豐富,但關於戰國和秦的相關資料較少。相比而言,楚漢戰争期間"假官"資料較爲集中④;兩漢時期,尤其是西漢中期以後的"守官"資料异常豐富。

第二,由於秦漢簡牘資料的引入而使得對"守官"的研究較爲集中和深入,成果較多但觀點有較大分歧;"假官"的研究成果較少,且理解上與"守官"有重合之處。我們認爲,導致這種情况的主要原因是研究者將文獻所見戰國秦漢間的"守官""假官"情况未做時間層次和秩級上的區别,即未對戰國至秦漢時期的相關資料做分段的共時分析,且將中央、郡和縣等層級混在一起討論。

第三,研究者對兩漢"守官"資料的闡釋較爲充分,如守官人選資格、程式化的術語表達、固定化的守官期限以及考核等方面的認識較爲一致;但對戰國和秦時"守官""假官"含義和性質的認識仍不清晰。主要原因在於直接反映先秦"守官""假官"的語境化史料欠缺,且當時所能利用的秦漢出土文獻資料較少。新出里耶秦簡中有异常豐富的"守官"資料,但因文義和語境問題使得此前的各種理解面臨新的挑戰,使問題有複雜化的傾向。

第四,此前的"守官""假官"研究多以"秦漢連言",實則是"以漢概秦",并呈現"漢詳而秦略"的特點,對秦時相關情况研究不够具體和深入;要麽僅限於新出秦簡資料,而較少顧及古書注疏的訓釋成果。此外,最主要的是很少有將"假官"和"守官"結合起來,在詳細瞭解二者的區别與聯繫的基礎上探討二者的性質、適用範圍以及各自發展和完善的過程等問題。

---

① 高敏:《雲夢秦簡初探》(增訂本),193-194頁。

② 《史記》卷一一三《南越列傳》,2967頁。

③ 《漢書》卷九五《西南夷兩粵朝鮮傳》,3847頁。

④ 前引王剛《秦漢假官、守官問題考辨》文也提到"假官的例子多集中於秦時及楚漢相争時期"。

## 二　秦漢簡牘所見守官、假官資料的初步研究

近數十年來,秦出土文獻資料與日俱增,其中包含着豐富的秦職官名稱使得進一步研究秦代守官和假官制度有了良好的基礎。此外,漢初的張家山漢簡《二年律令》中也有關於守官、假官的相關規定,對研究秦時守官、假官制度有重要的參考價值。

### (一)睡虎地秦簡中有關守官、假官的法律條文

睡虎地秦簡中有反映秦時官吏任免的法律條文,現將直接與守官、假官有關的3條簡文列舉如下:①

> (1)《秦律十八種·置吏律》:"官嗇夫節(即)不存,令君子毋(無)害者若令史守官,毋令官佐、史守。"

整理小組譯文:官府的嗇夫如果不在,叫辦事不出差錯的有爵的人或令史代理,不要叫官府的佐、史代理。此條簡文是秦官吏管理上存在代理制度的直接證據之一。簡文所謂的"不存"應該是指官員在職,但因公外出或病休等臨時不在官署或短時不能處理本職工作的情况,而不是指該職位無人擔任而空缺。這樣理解,除依據簡文含義之外,還有一個有力證據,即:

> 睡虎地秦簡《法律答問》:"賊入甲室,賊傷甲,甲號寇,其四鄰、典、老皆出不存,不聞號寇,問當論不當? 審不存,不當論;典、老雖不存,當論。"

整理小組譯文:"有賊進入甲家,將甲殺傷,甲呼喊有賊,其四鄰、里典、伍老都外出不在家,没有聽到甲呼喊有賊,問應否論處? 四鄰確不在家,不應論處;里典、伍老雖不在家,仍應論罪。"②可見"不存"不是指職位空缺。

> (2)《秦律十八种·内史杂》:"苑嗇夫不存,县为置守,如厩律。"

整理小組譯文:苑囿的嗇夫不在,由縣安排代理其職務的人員,依《廏律》行事。此處的"苑嗇夫不存"也應與上一條"官嗇夫節(即)不存"的情况一樣。衹是因爲苑嗇夫的職位較爲特殊(或屬中央的少府機構直轄),本需要上級機關任命,但在苑嗇夫因故短時内不在官署或不能履行職責時,所在縣有職責爲其臨時安排代爲處理相關事務的人員。

> (3)《秦律十八種·除吏律》:"有興,除守嗇夫、叚(假)佐居守者,上造以上不從令,

① 睡虎地秦墓竹簡整理小組編:《睡虎地秦墓竹簡》(八開精裝本),北京:文物出版社,1990,56-57、62-63、79-80頁。按,下文所引睡虎地秦簡簡文及譯文均出自此書,不贅注。

② 睡虎地秦墓竹簡整理小組編:《睡虎地秦墓竹簡》(八開精裝本),116頁。

貲二甲。”

整理小組注:“守、假,意均爲代理……居守,留守。”整理小組譯文:戰爭時征發軍隊,任命留守的代理嗇夫和佐,爵在上造以上的人不服從命令,罰二甲。

徐富昌對秦時官吏任免的形式和程式做了系統梳理,其中有“官吏必須經過正式任命”和“官吏調職不准帶走佐屬”的規定,如《置吏律》:“除吏、尉,已除之,乃令視事及遣之;所不當除而敢先見事,及相聽以遺之,以律論之。嗇夫之送見它官者,不得除其故官佐、吏以之新官。”該書又歸納了“每年定時任官”的規定,如:《置吏律》:“縣、都官、十二郡免除吏及佐、群官屬,以十二月朔日免除,盡三月而止之。其有死亡及故有夬(缺)者,爲補之,毋須時。”“在補缺未完成期間,縣必須要有指定其職務的代理人”,又據“苑嗇夫不存,縣爲置守”的規定指出:“以此來看,縣級佐屬或官嗇夫在補缺官員未到任之前,也會有職務代理人。”①

總之,睡虎地秦簡中有關官吏任免的規定似乎主要反映的是秦統一前夕縣級職官的情況。可以推測,秦時對郡縣官吏的任免應該有一系列嚴格而詳細的法律規定,對各級官吏因外出或病休等原因而不能正常處理公務所導致的官署機構主官事務需要臨時代爲處理等特殊情況,肯定有相關的應急處理措施,衹是因材料所限未完全反映出來而已。睡虎地秦簡中,縣級職官不能在曹署理事而需要其他官員臨時代理有明確的身份限制,某些代理官員的委任有明確的責任主體。另外,據“守嗇夫”和“叚(假)佐”的表述來看,“守”和“假”的含義應該存在區别。

### (二)嶽麓秦簡中有關守官、假官的法律條文

嶽麓書院藏秦簡中有反映秦時“守官”情況的一條簡文,即嶽麓秦簡0370號:“郡尉不存,以守行尉事,泰守不存,令尉爲叚(假)守,泰守、尉皆不存,令吏六百石以上及守吏風莫(模?)官……”②

前文所述諸家對秦漢時期“守官”“假官”研究中,此條簡文幾未見引用。從簡文中郡守寫作“泰守”的寫法來看,此條簡文是秦統一後有關郡級官吏守官、假官的法律條文。其中“郡尉不存”的情形與《秦律十八種・置吏律》“官嗇夫節(即)不存,令君子毋(無)害者若令史守官,毋令官佐、史守”的情況高度一致,即郡尉在職但因故臨時不能在官署理事時,郡守可“以守行尉事”,即以郡守的身份臨時代爲處理郡尉的相關事務;而郡守在職但因故臨時不能在官署理事時,“令尉爲叚守”,即郡守以命令的形式讓郡尉充當“假守”。之所以要“令

① 有關官吏任免的相關規定及詳細論述參徐富昌《睡虎地秦簡研究》,臺北:文史哲出版社,1993,445-448頁。

② 陳松長:《嶽麓書院藏秦簡中的郡名考略》,《湖南大學學報》(社會科學版)2009年第2期。此外,里耶秦簡8-657號:“琅邪叚【守】□敢告内史、屬邦、郡守主:琅邪尉徙治即【墨】☐”,簡文中的“琅邪叚守”所稟報的對象有内史、屬邦和郡守(秩級均高於郡尉),所述事項是琅邪尉遷徙治所至即墨,文書中用“敢告”説明是上行文書。以上種種迹象表明,簡文中的“琅邪叚守”很可能就是暫由琅邪尉兼任者,與嶽麓秦簡0370號中“令尉爲叚(假)守”的規定十分契合。

尉”,蓋因郡尉秩級較郡守低,本没有資格處理郡守事務,但特殊情況下允許秩級較高的郡守授權給秩級較低的郡尉,而郡尉是被臨時授權。總之,雖然二者都是一種臨時兼攝職務,即本官回歸之後所兼攝之事隨即交還本官,但二者本質區别在於,“以守行尉事”是高秩級臨時代理低秩級職務;而“令尉爲叚(假)守”是低秩級臨時代理高秩級職務,其前提是須由高秩級官員授權認可。

文獻所見兩漢時期官員“行……事”之例甚多,如《史記·高祖功臣侯者年表》“侯石坐爲太常,行太僕事”;《留侯世家》中張良此前未有職務,而劉邦在出征前使“留侯行少傅事”;《南越列傳》南海尉任囂臨死前讓時任龍川縣令的趙佗“行南海尉事”;《淮南衡山列傳》“行御史大夫事宗正臣(劉)逸”;《酷吏列傳》張湯爲御史大夫而“湯數行丞相事”;[①]又《漢書·匡衡傳》“少府忠行廷尉事”等。[②] 其中與嶽麓秦簡所述情況最爲接近的是《南越列傳》所記趙佗事。據《史記·南越列傳》載:[③]

> 至二世時,南海尉任囂病且死,召龍川令趙佗語曰:“聞陳勝等作亂……中國擾亂,未知所安,豪傑畔秦相立。南海僻遠,吾恐盜兵侵地至此,吾欲興兵絶新道,自備,待諸侯變,會病甚。且番禺負山險,阻南海,東西數千里,頗有中國人相輔,此亦一州之主也。可以立國。郡中長吏無足與言者,故召公告之。”即被佗書,行南海尉事。囂死,佗即移檄告横浦、陽山、湟谿關曰:“盜兵且至,急絶道聚兵自守!”因稍以法誅秦所置長吏,以其黨爲假守。

因南海尉任囂病重不能處理郡務的情況下的臨時委託,在任囂死之前,趙佗僅是以龍川縣令身份臨時代爲處理郡尉所管轄事務,若任囂病癒返回郡尉崗位,則趙佗仍是龍川縣令。文中趙佗以低秩級的縣令“行南海尉事”,不完全符合嶽麓秦簡所反映的秦律規定,但任囂明言“郡中長吏無足與言者,故召公告之”,可見以低秩級“行南海尉事”是不得已而爲之;且通過“即被佗書”的舉動説明南海尉任囂是在病中書面授權,讓趙佗代理自己處理郡尉事務。結合當時混亂局勢來看,任囂委託郡尉事務基本上是按照秦時律法規定來執行的,衹因局勢混亂,與上級聯繫中斷且郡中無人可用,故任囂衹能召趙佗委託郡務。

以上所列其他反映漢代官員“行……事”的例子,恐怕也與趙佗暫時兼攝南海尉的情況一樣,即原任官員因故暫時不能在曹署履職時,暫由另一有本職工作的官員臨時代爲處理相關事務,原官員一旦返回工作崗位,則代理關係立即解除,二人各司其原職。

---

① 上引分别見《史記》卷一八《高祖功臣侯者年表》、卷五五《留侯世家》、卷一一三《南越列傳》、卷一一八《淮南衡山列傳》、卷一二二《酷吏列傳》,961-962、2046、2967、2077、2143 頁。

② 《漢書》卷八一《匡衡傳》,3346 頁。

③ 《史記》卷一一三《南越列傳》,2967 頁。

因嶽麓秦簡反映的情況并不是職位空缺,而是郡守或郡尉“不存”,即本官在職但臨時因故不能在官署理事時的應急措施,故《秦漢官制史稿》中“‘行’,乃是官缺未補,暫由他官攝行之意”的説法不能涵蓋秦統一後的實際情況。[①] 至於高秩級和低秩級之間的相互臨時代理,以及所要兼攝的職位是官員因故臨時不能在官署履職,抑或是原官員調離、病故等而新官尚未到任而導致該職位短時空缺,秦代和兩漢時期的情況容許有一定的發展變化。

總之,從嶽麓秦簡和文獻所見秦漢官員“以某行某事”的情況來看,均是在有官員因故臨時不能在曹署履職,另一官員在原職務不卸任的基礎上臨時兼攝以保證該機構因主官暫時不能處理事務的情況下照常運轉,而且這種臨時代理的做法都得到了上級的委任或法律規定的許可。

最後需要考慮的是,因爲官員暫時不能在曹署理事的原因繁多,或因公外出,或因私病休等,也不排除像南海尉任囂那樣在任因病亡故,而新任命的官員因人員遴選、消息遲滯或路途遙遠等原因暫未到任所導致的“官缺未補”情況。雖然《秦律十八種・置吏律》規定“其有死亡及故有夬(缺)者,爲補之,毋須時”,即不必等到國家統一規定任免時間内即可進行官員的補缺,但在新舊官員交接的時間差内,一定是遵循和執行着嶽麓秦簡郡守和郡尉之間那種相互臨時代理的法定程式,以此保證官僚機構的正常運轉。

### (三)秦簡牘、兵器和封泥所見其他類型的守官、假官資料

除以上秦簡牘中有關守官、假官的法律規定外,秦出土文獻中還有一些守官和假官名稱及信息,主要可分爲以下四類:

第一類,中央級的守官和假官名稱,如“内史守”(里耶秦簡 8-228 號)和“叚御史”(里耶秦簡 8-528 號)。[②] 此外,紹興西施山遺址出土的二年屬邦守戈銘文“二年屬邦守蓐造,工室建,工後”,其中的“屬邦守”應是屬邦機構的守官。[③]

第二類,郡級職官中暫未見“守官”而僅見一些“假官”名稱,如“洞庭叚守”(里耶秦簡 8-759、8-2114 號,《新見里耶秦簡牘資料選校(二)》[④]9-712 號)、“琅邪叚【守】”(里耶秦簡 8

① 按,《秦漢官制史稿》第三編第二章“任用制度”第一節“任用方式”中對説:“所謂‘行’,乃是官缺未補,暫由他官攝行之意。兩漢時期有以低級官吏攝行高一級官吏職務者……有以同級官吏而相互攝行者……也間有以高級官吏攝行低級官吏之事者……有以文官行武官事者……也有以武官行文官事者……總之,攝行較爲普遍這是在遇有官缺,而一時無適當人選補缺採取的一種臨時措施。”參安作璋、熊鐵基《秦漢官制史稿・第三編》,369-370 頁。

② 以下所引里耶秦簡資料除特别注明外均出自陳偉主編《里耶秦簡牘校釋》(第一卷),武漢大學出版社,2012。

③ 郭永秉等指出:“‘屬邦守’是官名,‘蓐’是人名。根據‘屬邦之印’封泥,可知秦代‘屬邦’這一官署的長官稱‘屬邦’,但這應是‘屬邦守’的簡稱。”參見郭永秉等《紹興博物館西施山遺址出土二年屬邦蓐戈研究——附論所謂秦廿六年丞相戈》,收入其著《古文字與古文獻論集續編》,上海古籍出版社,2015,210 頁。今按,我們認爲秦時“屬邦”既是官署名稱又是職官名稱,“屬邦守”是因故臨時代理屬邦職務的守官名稱,“屬邦”不是“屬邦守”的簡稱。

④ 里耶秦簡牘校釋小組:《新見里耶秦簡牘資料選校(二)》,陳偉主編《簡帛》第 10 輯,上海古籍出版社,2015。

-657 號)、“廬江叚守”(《綜述》[①]0556 號)、“南郡叚守”(《綜述》0083、0163 號;《嶽麓書院藏秦簡(叁)》[②]025、040 號;里耶秦簡 8-974 號)、“清河叚守”(《綜述》0374 號)和“洞庭叚卒史”(里耶秦簡 8-78 號)等。

第三類,縣級守官和假官名稱。[③] 秦時縣級守官和假官資料種類繁多,其中“守官”類資料有“縣名+守”,[④]如“江陵守”(《嶽麓書院藏秦簡(叁)》061 號)、“沙羨守”(《嶽麓書院藏秦簡(叁)》003 號)、“州陵守”[⑤](《嶽麓書院藏秦簡(叁)》001、004、013、025、031、040 號)等。此外,還有“泰山守”(《綜述》1114 號),因暫不能確定秦時設有泰山郡,故“泰山守”亦可能是泰山縣令所置之守。

有“縣名+守丞+人名”或“守丞+人名”式,這種形式的數量最多;有“守××丞”(《新見里耶秦簡牘資料選校(一)》[⑥]11-34 號)。還有大量的“縣級職官名+守”,如畜官守、庫守、田官守、田守、倉守、發弩守、都府守、少内守、司空守、(縣)尉守、廐守等。

此外,新刊秦封泥還有“陽安之守”(圖一),[⑦]此封泥印面無界格,文字風格古拙,顯示其時代較早,時代或爲秦統一前。秦封泥另有“陽安”(圖二)和“陽安丞印”(圖三),[⑧]均有界格。《漢書・地理志》載陽安是汝南郡屬縣,在今河南省駐馬店市南。秦無汝南郡,陽安縣秦時屬淮陽郡或陳郡。目前所見秦縣職官和機構的封泥中,縣名與“守”同時出現的例子僅見“陽安之守”一種。因秦郡封泥中暫無“郡名+之守”式,且“陽安”秦時爲縣的可能性極大,故“陽安之守”封泥中“守”字的含義頗難索解。若將此“守”字理解爲秦簡牘資料所常見的縣級職官名稱中的“守”類職官用印,則僅憑“陽安之守”的孤例難以定論。按照我們的理解,“守”類職官是臨時代理的性質,没有專門的印信,日常處理公務仍是以縣令、丞等正式設立的職官和官署用印行事;秦郡級璽印封泥中也同樣也没有“叚”類,也是相同的道理。鑒於以

① 陳松長:《嶽麓書院所藏秦簡綜述》,《文物》2009 年第 3 期。按,以下簡稱《綜述》。

② 朱漢民,陳松長主編:《嶽麓書院藏秦簡(叁)》,上海辭書出版社,2013。

③ 按,本文内容暫不涉及鄉里級别的守官和假官。需要指出的是,秦時鄉里職官名稱中也有一些守官和假官的資料,如鄉守、都鄉守、叚校長。我們認爲,鄉里職官名稱中的“守”“假”與中央和郡縣級别的職官名稱中的“守”“假”的含義應該相同。

④ 秦兵器有廿二年臨汾守曋戈,見王輝、王偉編著《秦出土文獻編年訂補》,133 頁。銘文“臨汾守”有歧説,李學勤《〈奏讞書〉與秦漢銘文中的職官省稱》(收入其著《重寫學術史》,石家莊:河北教育出版社,2002,299-300 頁)認爲是“臨汾守令”的省稱。郭永秉等《紹興博物館西施山遺址出土二年屬邦蓐戈研究——附論所謂秦廿六年丞相戈》(222 頁)以爲“當從舊説理解爲河東郡守”。今按,“臨汾守”的銘文涉及秦郡縣長官的稱謂和“守”的含義問題,加之秦兵器題銘中像“縣名+守”所造兵器僅此一例,故此處暫不將廿二年臨汾守曋戈納入討論範圍。

⑤ 州陵爲秦縣而非秦郡,參王偉《嶽麓書院藏秦簡所見秦郡名稱補正》,《考古與文物》2010 年第 5 期。

⑥ 里耶秦簡牘校釋小組:《新見里耶秦簡牘資料選校(一)》,陳偉主編《簡帛》第 10 輯。

⑦ 楊廣泰:《新出陶文封泥選編》,文雅堂稿本,2015,115 頁。

⑧ “陽安”封泥見於楊廣泰《新出陶文封泥選編》,115 頁;“陽安丞印”封泥見於周曉陸、路東之《秦封泥集》,西安:三秦出版社,2000,306 頁。

上諸多未知因素,此"陽安之守"封泥暫闕而不論。

圖一

圖二

圖三

縣級"假官"類資料有"叚倉"(里耶秦簡 8-459、8-1559、8-2371)、"叚丞"(里耶秦簡 8-2)、"叚令史"(里耶秦簡 8-802)、"叚令佐"(里耶秦簡 8-1231)和"叚少内"(里耶秦簡 8-936、8-1771)等。

第四,里耶秦簡中有直接反映秦時縣吏假官的三條簡文,即里耶秦簡 8-919 號:"謂令佐唐叚爲畜官";里耶秦簡 8-1231 號:"倉吏見三人,其一叚令佐";《新見里耶秦簡牘資料選校(一)》11-34 號:"守遷陵丞六……"第一條簡文中的"令佐唐"與"(少内)沈"同簡出現兩次(里耶秦簡 8-886、8-888+8-936+8-2202),且"叚少内唐"亦出現兩次(里耶秦簡 8-888+8-936+8-2202、8-1771),此外,同層簡文還有"司空唐"(里耶秦簡 8-886)。據此推斷以上簡文中的"唐"可能是同一人。這些不同職務雖有可能非一時所任,但也能部分反映秦時縣吏守官和假官的實際情況。第二條簡文是説共有倉吏三人,其中一人"叚"爲令佐。第三條簡文殘斷,但"守××丞"格式尚屬首次出現,彌足珍貴。此簡文所透露的信息可使秦時縣級"守丞"是臨時委派的性質得一有力證據。也可以使里耶秦簡中守丞人選的頻繁更換得到合理的詮釋。

就以上所列各層級的守官、假官資料來看,秦時自中央至郡縣均有守官和假官現象存在。"守""假"大量并存,且在各層級均有分布的情況也説明其含義應該存在差异,但秦時各級官吏大量臨時代理其他官署或職官事務的情況,是否意味着當時已經形成像漢代那樣較爲完備的官吏試守和兼攝制度呢?對此,大庭脩認爲:"如果一個完備的官僚組織,在按照規定進行管理的官僚尚未齊備之前,實行官吏的兼任,那麽,這應該説是因方便行事的例外情況,它的本身不會形成制度。但是,另一方面,如果制度所規定的官吏没有缺員或没有意外情況,是不會存在官吏的兼任的。"[①]而據秦簡牘資料所見的守官和假官情況來看,均是"因方便行事的例外情況",故在"官吏没有缺員或没有意外情況,是不會存在官吏的兼任的",即秦時應該不存在像漢代那樣較爲制度化、規範化的官吏試守制度。睡虎地秦簡和嶽麓秦簡中關於守官和假官的法律條文應該僅是針對官員"方便行事的例外情況"所做的法律上的限定,目的是對官員的行爲做出限制,防止其違規指定代理人員而導致官署事務被延誤。總

① [日]大庭脩著、林劍鳴等譯:《秦漢法制史研究》,424 頁。

之，秦時應不存在常態化的一人兩職式的“官吏的兼任”制度。

### （四）張家山漢簡所見守官、假官資料

張家山漢簡《二年律令》時代爲吕后二年，所反映西漢初年情况對於秦律令有着較高參照價值。其中《具律》102－106 號簡文云：[①]

> 縣道官守丞毋得斷獄及讞。相國、御史及二千石官所置守、叚吏，若丞缺，令一尉爲守丞，皆得斷獄、讞獄，皆令監臨庳官，而勿令坐官。事當治論者，其令長、丞或行鄉官視它事，不存，及病，而非出縣道界也，及諸都官令長、丞行離官有它事，而皆其官之事也，及病，非之官在所縣道界也，其守丞及令長若真丞存者所獨斷治論有不當者，令真令長、丞不存及病者皆共坐之，如身斷治論及存者之罪。唯謁屬所二千石官者，乃勿令坐。

簡文規定了審理案件的官員級别、代理人員的辦案場所，以及特殊情况下審理案件人員資格認定及其出現失誤後的責任認定等信息，可詳析爲以下幾個方面：

第一，縣道的令長有斷獄和讞的權力，而縣道令長所授權的“守丞”没有。

第二，相國、御史以及二千石以上秩級的官吏所臨時授權的“守官”和“叚吏”有斷獄和讞的權力；在郡守之丞空缺的情况下，可讓郡尉臨時充當郡守之丞，這個臨時充當郡守丞的尉也有斷獄和讞的權力。

第三，以上本無斷獄和讞權力的官員在行使臨時代理職務之斷獄和讞的職能時，衹能“監臨庳官”而“勿令坐官”，即對這些代理官員審理案件的場所有嚴格限制。

第四，對於在職能範圍内應該處理的事務，縣道和都官的令、長、丞因外出公幹，或不在官署或生病等不能在官署履職，且行跡没有超出所管轄縣道邊界的情况下，其所委託的代行職責者（如守丞和令長的真丞）在官署履職時如果工作出現失誤，那些離署的官員（不論是出外辦公，還是生病）也要負連帶責任（與他們親自審理案件和在官署正常辦公期間出現差錯所需要負的責任一樣）。

第五，衹有這些離署的官員是去謁見“屬所二千石官”的上司，纔可以不用負連帶責任。

另外值得注意的是，簡文中“守（吏）”與“假吏”、“守丞”與“真丞”對舉，其含義當有區别。

## 三　秦守官、假官的性質與特征

通過上面對秦及漢初出土文獻所見守官、假官資料的初步分析，秦時守官、假官的面貌逐漸清晰。以下基於對秦及漢初出土文獻中守官、假官資料初步分析結果，吸收秦漢守官、

① 張家山二四七號漢墓竹簡整理小組：《張家山漢墓竹簡（二四七號墓）》（釋文修訂本），北京：文物出版社，2006，23 頁。

假官已有的研究成果,并結合戰國至楚漢戰争期間有關假官、守官的記載,對秦假官、守官的特征加以歸納,將二者在性質上予以區分。

### (一)守官、假官之"官"的意義

要區分守官、假官的性質,有必要首先對守官、假官中的"官"的含義做出合乎文意和語境的理解。以往研究守官、假官的論著,無論將"守"和"假"解作長官,或試職、試守、試用,或代理、兼攝,對"官"字似乎未做深究,全部理解做職官或職位。未對守官、假官中的"官"的含義進行落實,也是此前研究的結論産生諸多分歧的重要原因。

《説文·宀部》"官,吏事君也",但《説文》之訓應爲後起義。[①] 官之本義應爲房舍、館舍。《論語·子張》:"夫子之牆數仞,不得其門而入,不見宗廟之美,百官之富。"賈誼《新書·耳痺》:"百世名寶因閑官爲積。"引申義指官府、官署、曹署。《管子·權修》:"土地博大,野不可以無吏,百姓殷衆,官不可以無長。"《禮記·曲禮》"在官言官,在府言府,在庫言庫,在朝言朝。"鄭玄注:"官謂版圖文書之處也。"《玉藻》篇:"凡君召以三節,二節以走,一節以趨,在官不俟屨,在外不俟車。"鄭玄注:"官謂朝廷治事處也。"又《檀公》篇:"臣弑君,凡在官者,殺無赦;子弑父,凡在宫者殺無赦。"文中官、宫對舉,可見官應指官府、官署。

秦濤《秦律中的"官"釋義——兼論里耶秦簡"守"的問題》一文通過對目前面世的秦律的考察,認爲没有哪一個"官"字可以作爲官吏、即具體的人來解,而多數應當作職能部門解。該文還進一步指出,睡虎地秦律中的"官"與里耶秦簡中的"曹"應該是同實而异名。[②] 我們認可秦濤將秦簡資料中"官"字絕大多數情况下的含義確定爲職能的機構、部門,即官署、曹署的結論。此外,秦簡中的"官"字當做"官府"的例證還可以稍作補充。如嶽麓秦簡《爲吏治官及黔首》74/1590號有"官中多草",[③]顯然應理解爲官署中長滿了荒草;又《新見里耶秦簡資料選校》8-145+9-2294號"五人繕官",可與里耶秦簡8-244號"四人繕官"對讀,[④]"官"可以被修繕,可見"官"無疑應是官署、曹署。

總之,秦時"守官"之"官"應當做官署、官府來理解。

### (二)秦"守官"的性質與特征

所謂"守官",與"離官"相對而言,是指長官在職但因外出、病休等不在署時所指派的臨時居守者,是依據法律規定臨時指派符合某種條件(如秩級達到一定要求)的官吏代爲處理相關事務的一種便宜措施,守官一般需要居守在官署。見於《戰國策》和三晋兵器的職官名"守相"説明戰國時已有守官制度。

---

① 李學勤主編:《字源》(下册),天津古籍出版社,2012,1255頁。

② 秦濤:《秦律中的"官"釋義——兼論里耶秦簡"守"的問題》。

③ 朱漢民,陳松長主編:《嶽麓書院藏秦簡(壹)》,上海辭書出版社,2010,142頁。

④ 里耶秦簡牘校釋小組:《新見里耶秦簡牘資料選校(二)》,204頁;陳偉主編:《里耶秦簡牘校釋》(第一卷),121頁。

睡虎地秦簡中有“令君子毋害者若令史守官”(《置吏律》)和“縣爲置守”(《内史雜》)。其中的“守官”即指駐守官署,“縣爲置守”意即讓所在縣代爲指派駐守官署的人員。嶽麓秦簡0370號:“郡尉不存,以守行尉事,泰守不存,令尉爲叚(假)守,泰守、尉皆不存,令吏六百石以上及守吏風莫(模?)官……”其中的“守吏”,亦即留守在官署的官吏。

這種臨時指派官吏駐守在官署代爲處理相關事務,應源自文獻所稱的“居守”。《左傳》成公十六年:“韓厥將下軍,郤至佐新軍,荀罃居守。”又襄公二十六年《傳》:“孫嘉聘於齊,孫襄居守。”[①]《史記·留侯世家》:“於是上自將兵而東,群臣居守,皆送至灞上。”[②](《漢書·張良列傳》同。)《漢書·百官公卿表》:“邘侯李壽爲衛尉,坐居守擅出長安界使吏殺人下獄死。”《漢書·張耳陳餘列傳》:“……立以爲代王。(陳)餘爲趙王弱,國初定,留傅趙王,而使夏説以相國守代。”顔師古注:“爲代相國而居守。”又《爰盎晁錯列傳》:“上與錯議出軍事,錯欲令上自將兵,而身居守。”[③]《後漢書·李通傳》:“帝每征討四方,常令通居守京師,鎮撫百姓,修宫室,起學官。”[④]文獻所見“居守”即留守,留守之處多是國都、官署和職位。

“居守”亦見於秦簡。睡虎地秦簡《秦律十八種·除吏律》:“有興,守嗇夫、叚(假)佐居守者,上造以上不從令,貲二甲。”簡文的“居守”即留置於官署中代爲處理相關事務的官員。“居”與“行”的意義相對,官署機構的主官因故出行,故需要臨時指派人員“居守”,以便保證官署機構的正常運轉。

《説文·宀部》:“守,守官也……寺府之事也。”官爲官署、曹署義,則“守官”就是留守、居守於官署的代爲辦理相關事務的人員。“寺府”即“府寺”,是官舍或官員的府邸、官署,“寺府之事”即指官署的日常事務。

此前的研究中將“守”理解爲“長官”或“官方文書習語”的看法顯然太過籠統;理解爲試職、試守、試用也是“以漢律秦”,即用漢代已經發展的較爲成熟的官員試守制度來解釋秦時官員留守官署代理事務現象;理解爲臨時代理、兼攝,庶乎近於真相,但其表達的重點在於代理或兼攝具體的職務、職位,未側重“官”的官署、曹署意義。

總之,秦代“守官”的主要特征是長官在職不在署時的臨時居守者,一般需要居守在官署。其重點不是代理或兼攝職權,更没有漢代那種普遍化的“試守”之義。除此之外,秦時“守官”的特征還有:

第一,臨時性。“守官”官吏是官署主官臨時指派,主官返回官署後,這種臨時代爲處理官署事務的委託關係隨即結束。這樣的臨時性也能解釋爲什麽里耶秦簡中陽陵縣和遷陵縣

① 《十三經注疏·春秋左傳正義》卷二八、卷三七,北京:中華書局,1980,1917、1988-1989頁。
② 《史記》卷五五《留侯世家》,2046頁。
③ 《漢書》卷一九《百官公卿表》、卷三二《張耳陳餘列傳》、卷四九《爰盎晁錯列傳》,789、1839、2300-2301頁。
④ 《後漢書》卷一五《李通傳》,575頁。

的“守丞”人選變換頻繁,同一個人既可以臨時代理縣令,又可以臨時代理縣丞。

另外,這種臨時性或如大庭脩所言“是因方便行事的例外情況,它的本身不會形成制度”,但秦時緣法爲治,律令的規定或即定制,秦簡牘等資料中大量的“守官”現象和法律規定與漢代的“試守”制度之間或許并不是綫性的進化關係。

第二,“守官”官吏的秩級和表述方式。從秦簡資料所見情況來看,縣級有“若令史守官”,是令史受縣令指派駐守官署,屬低秩守高秩;“苑嗇夫不存,縣爲置守”是縣令長給地處於該縣的“苑嗇夫”指派官吏駐守官署,雙方秩級大概相當。據嶽麓秦簡“令尉爲假守”的情況看,見於睡虎地秦簡的“叚(假)佐居守者”似乎也是低秩“居守者”被稱爲“假”的例子;但秦簡似未見縣令代理其他縣吏職務的事例,詳情暫闕。

對於郡級職官,郡守代行低於自己的郡吏職權時似不用“守”字表述,而説成“以守行某事”;或因郡守的名稱本身就含有一個“守”字,再用“守”表述可能有歧義或重複,或因郡守本就是全權負責郡務,代理其他郡吏職務時不必駐守於郡尉、郡司馬等下屬的官署。由此反推秦縣令長代理縣尉、縣司空、縣司馬等吏員事務時也不必親自駐守其下屬官署理事。對於秩級低於郡守的郡吏臨時被指派代理郡守職務時,則需要郡守授權。其中郡尉代理郡守時被稱爲“假守”;其他郡吏代理郡守和郡尉職務時對代理者的秩級有一定要求,可能需要至少六百石以上的官吏。

因材料所限,秦時中央機構指派人員留守官署的情況不可確知,但從秦簡所見“内史守”“叚御史”和“屬邦守”等名稱來看,應該也存在與郡級官署類似的“守官”規定。綜合來看,低秩級官吏被臨時指派駐守高秩級官員的官署時多使用“假”來表述。

第三,本官和“守官”官吏職務的存廢。無論什麽原因導致本官離開官署,本官的職務仍在,僅是暫時不能親自處理事務,即衹是“離官(官署)”而未“離職”。對於被臨時指派來“守官”的官吏來説,僅是臨時代爲處理相關事務,其原先的職務亦不會免除,其處於臨時的身兼二職狀態,即既“兼官(官署)”又“兼職”;而前引王剛《秦漢假官、守官問題考辨》文所説“有時守官與本官可以同置”主要是漢代官員“試守”的情況,不能統括秦代。

需要注意的是,應該也會存在本官離開官署後陣亡或病故等特殊原因,而新任官員不能及時到任時,則“守官”的官吏便由“兼官+兼職”變成了“守官+守缺”。這種“守官+守缺”後來成爲漢代官員“試守”的一種類型。

第四,罪責連帶關係。據張家山漢簡所見律令的相關規定,本官指派駐守官署的人員如處理事務不當而導致的罪責,本官和“守官”的官吏都要問責。

此外,睡虎地秦簡《秦律十八種·除吏律》:“有興,除守嗇夫、叚(假)佐居守者,上造以上不從令,貲二甲。”簡文是戰時選拔“守官”官吏的規定,即在有軍事行動時,被指派留守官署的“守嗇夫”和“叚(假)佐居守者”要聽從高秩級官員的安排,否則要“貲二甲”。

### (三)秦"假官"的性質與特征

所謂"假官",是與"真官"相對而言,是指"真官"離職(職位空缺或無法行使職權)時的代理者,一般是由官員自薦或上級(包括"真官")授權,使任"假官"者在約定時間内擁有"真官"的職能和權威、假借真官的職權行事,也可以離署辦事。秦時"假官"也是一種臨時應急措施。

戰國時期三晋趙有"假相"和"假相國",如《史記·趙世家》:"(孝成王)十五年,以尉文封相國廉頗爲信平君……十七年,假相大將武襄君攻燕,圍其國。十八年,延陵鈞率師從相國信平君助魏攻燕。"又《廉頗藺相如列傳》:"趙以尉文封廉頗爲信平君,爲假相國。"①據這兩條史料所記,可知廉頗先因戰功封爵爲信平君,職務晋升爲"假相國",兩年後"假相(國)"人選變成了"大將武襄君",但從一年後"延陵鈞率師從相國信平君助魏攻燕"的記述來看,廉頗很可能在"大將武襄君"任"假相(國)"時即已升任"真相國"。綜合來看,《廉頗藺相如列傳》對廉頗職務晋升的記述較爲準確,而《趙世家》的記載可能有脱文或省略。

秦郡有"假守",除前引《秦始皇本紀》"南陽假守騰"和《漢書·項籍傳》"會稽假守通"外,還見於多件秦上郡戈。據前引嶽麓秦簡0370號簡文"泰守不存,令尉爲叚(假)守"的規定,秦時郡守可指派郡尉臨時代理其職權,稱爲"假守"。之所以稱爲"假守",就是因爲正式的郡守仍在職。郡尉在一定時間内可以行使郡守職權,但其本職仍是郡尉,且郡尉代理郡守期間没有"郡守"的正式名稱和秩俸等相關待遇。

據秦兵器銘文資料,可知秦時郡守有監造兵器的權力和職能。其中上郡假守監造的兵器有昭襄王卌八年上郡叚守鼂戈、莊襄王元年上郡叚守暨戈和兩件秦王政三年相邦吕不韋矛。② 由兵器題銘多三級監造,即紀年後有監造者+工師(丞)+工的格式來看,前兩件戈由假守監造,説明擔任"假守"者可行使"真守"的權力;而兩件三年相邦吕不韋矛却是"相邦吕不韋"與"上郡假守"共同監造,似乎表明秦王政時代"假守"雖仍可以有代理形式,但"假守"職權似乎受到一定限制,即製造兵器時需要與相邦共同監造。

"假官"較集中的時期是秦末的反秦義軍和楚漢戰争這樣的特殊時期。秦末至楚漢戰争期間的"假官"或是爲方便控制局勢的自封或是臨陣授予的名號,如吴廣爲假王、景駒自立爲楚假王、韓信自言"願爲假王便"、項羽爲假上將軍(顔師古注:"未得懷王之命,故且爲假")等。因時局混亂,各路反秦力量急需樹立權威以便控制局勢、積聚力量和籠絡人心,故多臨陣自創名號以方便統領,但又因没有公認的統一權威來授予,故暫以"假王""假上將軍"等名號來稱呼這種臨時代理某一職務的狀態。據韓信先協勢"願爲假王便",而後劉邦"遣張良

① 《史記》卷四三《趙世家》、卷八一《廉頗藺相如列傳》,1828–1829、2448頁。

② 吴鎮烽:《商周青銅器銘文暨圖像集成》(17291、17299、17683、17684號),上海古籍出版社,2012,32册370、380–381頁,33册119、120頁。

操印,立韓信爲齊王”的情況來看,“假官”可以轉爲“真官”,但必須得到權威的正式認可并被授予憑證(印綬)。又據漢初曹參在“漢二年,拜爲假左丞相”,而後來劉邦“即皇帝位”後“參歸相印”的記載來看,任“假官”期間可以使用“真官”的印信,但“假官”完成使命後若不被授命爲“真官”則需要交還印綬。王莽爲“假皇帝”期間的情況亦與此相類。

“叚”本義或是“借”,其分化字“假”與“真”相對,《説文·人部》:“假,非真也。”①睡虎地秦簡《法律答問》:“‘真臣邦君公有罪,致耐罪以上,令贖。’可(何)謂‘真’?臣邦父母産子及産它邦而是謂‘真’。”張家山漢簡有“叚大母”“叚母”“叚子”等。《説苑·正諫》中嫪毐自稱“吾乃皇帝之假父也”,漢唐人注疏中所引齊人茅焦進諫始皇説:“陛下車裂假父。”以上文例之“叚(假)”都與“真”相對,行爲主體與所任職務或身份的關係爲臨時的、合法的,但不是固定或真實的。如“假+親屬稱謂”就表示二者之間没有名稱上所標明的那種血緣關係,這種關係是可以變動的。

文獻有“假攝”連言,如《荀子·儒效》:“天子也者,不可以少當也,不可以假攝爲也。”《左傳》隱公元年:“不書即位,攝也。”杜預注:“假攝君政,不修即位之禮。”②又《史記·項羽本紀》記載“乃相與共立羽爲假上將軍”,而《高祖本紀》“懷王乃以宋義爲上將軍,項羽爲次將……及項羽殺宋義代爲上將軍……”③可見項羽矯命誅殺“真”上將軍宋義後,因未得到懷王授命和認可而衹能做“假上將軍”,即暫時以“次將”的身份代理“上將軍”行使職權。總之,“假官”之“假”與“真”相對,意爲代理職權。漢代王莽曾被太后稱爲“假皇帝”,後來王莽“即真天子位”,“假皇帝”即代理皇帝的職權,而不能理解爲“試着當皇帝”。

綜上所述,秦代“假官”的本質特征是“非真”,其内涵核心點是以低秩級代行高秩級(“真官”)的全部職權,即卑秩代行高職,同時“假官”没有“真官”的名位與秩俸,秦代“假官”的實質也是一種臨時應急措施。除此之外,秦時“假官”的特征還有:

第一,臨時性和合法性。“假官”與經過選拔和官方正式任命的“真官”相對,是在尚未設置“真官”的職官名目,或“真官”因故不能履職,或形勢危急時無法通過正常程式産生“真官”等特殊狀況下,由上級(包括“真官”本身)臨時授權或同僚推舉,抑或願意擔任“假官”的人員自薦而産生。

第二,設置“假官”的目的是使擔任“假官”的人員在擁有了“假官”名號後可以行使與“真官”同樣的職能和權威,以便於掌控局勢。

---

① 按,“叚”字的構形和本義尚無定論,《説文·又部》“叚,借也”亦闕釋字形;但“借”義與“非真”之義也有關聯。參李學勤主編《字源》,255、709頁。又按,里耶秦簡8-135:“前日言競陵薀陰狼假遷陵公船……司空自以二月叚狼船……”其中“假”“叚”同時出現且均爲“借”義,可見秦漢時期“叚”“假”二字或可互用。

② 《十三經注疏·春秋左傳正義》卷二,北京:中華書局,1980,1715頁。

③ 《史記》卷七《項羽本紀》、卷八《高祖本紀》,305,356、361頁。

第三,“假官”的秩級。任“假官”之前,其自身職務的秩級低於所對應“真官”的秩級,如嶽麓秦簡律文規定“令尉爲假守”;任“假官”之後,任職者不能享受“真官”的秩級和待遇,即低秩級官員被臨時徵調以行使更高級别的職權却并没有與之暫行的高職權對應的高秩俸。

第四,“假官”和“真官”職務的存廢。“假+職官名”是一個臨時名稱,而其中的“職官名”可分爲兩種情況:一是此前已産生的職官名稱,如相國、郡守、上將軍和皇帝;二是臨時確立或授予的名目,如反秦力量中的各種假王。“假官”就是基於“真官”的名目而加“假”字而來。

“假官”名稱一般衹會短時存在,事畢即撤銷,如曹參任“假左丞相”,事畢後便交還了相印。“假官”亦可能在代理“真官”職權期間與“真官”共存,但在原任“真官”返回或新任“真官”就職後,這種臨時代理亦會隨即結束。也有在“假官”代理行使“真官”職權一段時間後便轉任“真官”的情况,如韓信先爲“假齊王”,後劉邦封其爲“齊王”,王莽先爲“假皇帝”而後“即真天子位”。

此外,漢代“假司馬”和“軍假司馬”等軍職是“假+職官名”在漢代的發展,即“假”衍生出來副、貳的含義後與某些職官名稱固定而産生的,如《續漢書·百官志》所載之“有軍假司馬、假候,皆爲副貳”。

### (四)小結

經過對秦漢“守官”和“假官”資料的分析,在確定其各自性質的基礎上,對二者的性質和特征做了歸納,通過對比可以看出秦時“守官”和“假官”都是臨時代理,前者重在駐守官署而後者重在行使職權。秦時中央和地方各級行政機關普遍存在這種“守官”和“假官”的臨時代理現象,秦簡牘所見相關法律規範似可説明秦時各級官吏臨時代理的舉措已有實際的操作規範,而與漢代將試守或兼攝作爲職位晋升中的必要步驟的做法似有一定的區别。

附記:匿名審稿人對本文提出了專業而又富有建設性的修改意見,謹致謝忱!

# 論秦律的罪數處罰
## ——以“嶽麓書院藏秦簡”爲中心 *

湖南大學嶽麓書院　陳松長 温俊萍

**内容提要**　秦律中關於罪數的處罰一般適用“累論”與“相遝”兩種方式。累論即積累論罪,即每一行爲算一罪并且判一刑,然後积累論罪;“相遝”與“累論”相對,如果罪狀相及或者相關,數罪合并爲一罪,僅判一刑。但是在一般適用原則之外也有特殊情況,本無關聯的犯罪行爲以“相遝”論罪,或者相互關聯的行爲却明確規定“不當相遝”,其中當論者是否“端爲”對於案件的具體裁决有一定程度的影響。

**關鍵詞**　秦律　相遝　累論　端爲

罪數問題是指按一罪處罰還是數罪并罰的問題。關於罪數的處罰原則最早見於《二年律令・具律》中:“一人有數☐罪殹,以其重罪罪之。”①後來《唐律疏議・名例》也有“二罪從重”處罰原則的規定,采用的都是吸收原則,即重罪吸收輕罪。② 因而學術界對這一問題的考察也主要集中在漢唐律中。秦律中是否有罪數處罰原則,一直無史可證。

《嶽麓書院藏秦簡(叁)》中的“暨過誤失坐官案”提到了關於數罪處罰的兩種方法,即“累論”和“相遝”,第一次給我們提供了秦代實施數罪處罰的具體案例,爲方便討論,先將釋文逐録如下:

---

* 本文爲教育部哲學社會科學研究重大課題“嶽麓秦簡與秦代法律制度”(11JZD013)的階段性成果。

① 張家山二四七號漢墓竹簡整理小組:《張家山漢墓竹簡[二四七號墓]》(釋文修訂本),北京:文物出版社,2006,22頁。

② 南玉泉:《論漢唐律的罪數與處罰》,《理性與智慧:中國法律傳統再探討》,中國法律史學會 2007 年學術研討會文集 ,2007 年 11 月 12 日,234 頁。

·敢潚(讞)之:【丞】暨自言曰:邦尉下(?)□更(?)戍令,□誤(?)弗傳邦侯;女子蓄馬一匹,買(賣)。卿(鄉)遣……;[①]權;□谿卿(鄉)倉天窓(窗)容鳥;公士豕田橘將陽,未痞(斥)自出,當復田橘,官令戍,掾(录)弗得;走偃未當傅,官傅弗得;除銷史丹爲江陵史,【簿】未定與從事;廿一年庫計,劾繆(謬)弩百。凡八劾。以羸(累)論暨。此過誤失及坐官殹(也)。相遝,羸(累)論重。謁潚(讞)。

【視獄:廿一年】六(?)月(?)己未劾不傳(?)戍(?)令;其七月丁亥劾幹;其八月癸丑劾非(系);其辛未劾窓(窗);豕;其丁丑劾偃;迺十月己酉暨坐丹論一甲;其乙亥劾弩。言夬(决)相遝,不羸(累)。它如暨言。却曰:不當相遝。暨言如前。詰暨:

"羸(累)論有令,可(何)故曰羸(累)重?可(何)解?暨曰:"不幸過誤失,坐官弗得,非敢端犯灋(法)令,赴隧以成私殹(也)。此以曰羸(累)重。毋(無)它解。"

它如前。問如辤(辭)。●鞫之:"暨坐八劾:小犯令二,大誤一,坐官、小誤五。已(已)論一甲,餘未論,皆相遝。"審。疑暨不當羸(累)論。它縣論。敢潚(讞)之。吏議:"貲暨一甲,勿羸(累)。"[②]

暨是一位縣級屬官,他被控告有八項罪名,就是簡文中所説的"八劾",最初"言决相遝,不累",[③]後却曰:"不當相遝",也就是以"累論"論處。對此,暨不服,提出上訴。暨在上訴的過程中提出"不幸過誤失,坐官弗得,非敢端犯灋(法)令,赴隧以成私殹(也)",認爲處罰過重,請求上讞。

經郡部審理,認爲暨受到八次檢舉:"小犯令二,大誤一,坐官小誤五"。已經判處過貲一甲,其餘的没有判處,并且都相互關聯,確鑿有據。

郡署屬官(或都吏)最後裁决:處暨貲一甲,不用累計,不當累論。

暨坐八劾分别是:因疏忽,未能將邦尉下達□更戍令傳於邦候;有一女子有一匹馬,(違法犯令)將其賣了,鄉(嗇夫)派……;權;未覺察到糧倉的窗口有洞,鳥可以進去吃糧食;未及時核查豕的擅自離崗;未及時發覺偃不當傅籍;任命銷史丹爲江陵史,"丹"在未正式登記於江陵的簿籍之前便已經參與了江陵縣的政務;劾弩的時候被發現有一百張的誤差。

在這個案例中,暨不服"累論"的理由是這"八劾"之間相互關聯,如果以"累論"論處,判重了。最後的判决結果也是"勿羸(累)"。但是仔細分析這"八劾"的具體描述,實在難以看

① [德]史達:《嶽麓秦簡〈爲獄等狀四種〉新見的一枚漏簡與案例六的編聯》,湖南大學學報(社會科學版)2014年第4期,補充了J15一枚簡,將案例内容完善。

② 朱漢民、陳松長主編:《嶽麓書院藏秦簡(叁)》,上海辭書出版社,2013,145-149頁。今根據陶安所著《嶽麓秦簡復原研究》(上海古籍出版社,2016)對釋文進行了修訂。

③ "言决相遝,不累":整理者認爲是説判决相互關聯,不(應該)累論;黄傑認爲"言决"是一個固定用法,是説在向上級報告判罰時是采用"相遝"的判處方式,没有數罪并罰。詳見黄傑《〈嶽麓書院藏秦簡(叁)〉釋文注釋商補》,《簡帛》第10輯,上海古籍出版社,2015,119頁。

出個中的具體聯繫。勉强地説,唯一的關聯就是這八劾都是其在擔任官職期間的失職所造成的,如果依此判定"八劾"本身存在實質性的聯繫就顯得十分牽强。爲何最後的裁决結果也是相遝,勿累?其中原因還是值得做一簡要分析。[①]

該案件的判决,經歷了由"相遝"到"累論"再到"相遝"的曲折過程,可知秦律中關於罪數量刑的原則并非絶對明確,而是存在着一定程度的搖擺空間。那麽,究竟什麽因素在數罪俱發的處罰原則上起着影響作用?解决這個問題,還需要結合當時的具體司法適用來仔細探討。

《秦律十八種·效律》"爲都官及縣效律:其有贏、不備,物直(值)之,以其賈(價)多者罪之,勿贏(纍)"。[②] 也就是説都官和縣核驗物資財産時,如出現有超出或不足規定數額的情形,每種物品都應該單獨估價,然後按其中價值最高的來論罪,而不是把各種物品的價值累積在一起論罪。雖然這裏指的是物資的效核,與犯罪的性質有所不同,但也至少可以説明在當時確實存在着以"累論"論處這一司法適用規則。另外,也可以説明相關聯的犯罪行爲在論罪時,一般采用"相遝",數罪并一刑,取其中處罰較重的一刑作爲量刑依據。《法律答問》"士五(伍)甲盜一羊,羊頸有索,索直(值)一錢,問可(何)論?甲意所盜羊殹(也),而索係羊,甲即牽羊去,議不爲過羊"。[③] 士五(伍)甲盜竊了一只羊,但是羊的脖頸上有一根繩,繩價值一錢,對於甲的處罰應以不超過盜羊來議罪。其實在這一個案例中甲已經有兩種犯罪行爲,分别是盜羊和盜繩,但是甲的初衷是盜羊,盜繩是伴隨盜羊而發生的,二者相互關聯,再者盜羊和盜繩的罪名是相同的,也可以將此認爲是一罪,然後判處一刑,所以并没有把盜羊和盜繩的贜值進行累積,在論罪的時候也要求以不超過盜羊的贜值來議罪。《法律答問》"把其叚(假)以亡,得及自出,當爲盜不當?自出,以亡論。其得,坐臧(贜)爲盜;盜罪輕於亡,以亡論"。[④] 假設某人攜帶借用的官有器物逃亡,如果是自首,就按照《亡律》的相關規定論處;如果被官府捕得,那麽將會有兩種罪名,即"盜"和"亡","盜"的處罰如果輕於"亡",就以"亡律"的相關規定來論處。這樣看來,"盜"和"亡"是兩個不同的犯罪行爲,或是逃亡的時候無意攜帶了借用官府的器物,或是意欲將官府的器物據爲己有而逃亡,總之相互關聯。因而也没有"累論"論處,而是"相遝"并且以一重罪來處罰。

由此,秦律對罪數的認定規則應該是依據行爲所觸犯罪名的不同,而不考慮犯罪者的主觀意圖,也就是説形式上成立數罪即可。確定罪數以後,在具體的處罰過程中,纔會考慮行

① 張伯元認爲秦王政二十一年、二十二年兩年中,秦攻燕,魏亡,李信、王翦伐楚。戎馬倥傯、兵事不斷。在這種非常時期,糧倉、箭弩等都是十分重要的資源,因而當是屬於特殊時期的特殊關聯。詳見張伯元《"累論"與數罪并罰》,《中國古代法律文獻研究》第8輯,52頁。

② 陳偉主編:《秦簡牘合集釋文注釋修訂本(壹)》,武漢大學出版社,2016,143頁。

③ 陳偉主編:《秦簡牘合集釋文注釋修訂本(壹)》,194頁,改釋繫爲係。

④ 陳偉主編:《秦簡牘合集釋文注釋修訂本(壹)》,233頁。

爲之間的關聯性,也就是説不同的犯罪行爲俱發,且罪行之間相互關聯,一般是以“相遝”論處,然後取一重罪來處罰。這也從另一個角度説明後世一直適用的“數罪并罰”原則至少在秦已經開始孕育。那麽,犯罪行爲之間如果并無關聯,究竟該如何處罰呢?

《法律答問》“誣人盜直(值)廿,未斷,有(又)有它盜,直(值)百,乃後覺,當并臧(贓)以論,且行真辠(罪)、有(又)以誣人論?當貲二甲一盾”。[①] 如果最後的處罰是并贓以論,事實上當時并不存在“貲二甲一盾”之類的法定刑,[②]顯然是將其分爲兩種不同的犯罪行爲即“盜”和“誣”。《法律答問》“告人盜百一十,問盜百,告者可(何)論?當貲二甲。盜百,即端盜駕(加)十錢,問告者可(何)論?當貲一盾。貲一盾應律,雖然,廷行事以不審論,貲二甲。”[③]端盜駕(加)十錢,貲一盾應律,根據《盜律》[④]的相關規定,盜廿錢貲一盾,誣人反坐,故貲一盾是對“誣人盜直(值)廿”的處罰,“貲二甲”則是對盜直(值)百的處罰。所以,在這個案例中,將“盜”和“誣”兩種犯罪行爲“累論”論處。

還有《法律答問》“上造甲盜一羊,獄未斷,誣人曰盜一豬,論可(何)殹(也)?當完城旦”。[⑤] “六百六十到二百廿錢,完爲城旦春”可以看出其將“一羊”和“一豬”的贓值進行了“累論”,處罰爲“完爲城旦春”。

當然以上所述爲數罪俱發時的一般處罰規則,但是這種處罰原則并没有以法律的形式固定下來,因而在具體實行的過程中也會出現一些例外情況,比如本無關聯的行爲以“相遝”論罪,或者本該“相遝”的罪行却明確規定“不當相遝”,其中應當是有其他的因素影響裁决。

首先以“暨過誤失坐官案”爲例來分析:“暨坐八劾 :小犯令二,大誤一,坐官小誤五。已論一甲,餘未論,皆相遝。審。疑暨不當羸(累)論。它縣論,敢奏讞之。吏議:貲暨一甲,毋羸(累)。”如此,暨共有八劾,小犯令二、大誤一、因做官而連坐的小誤五。而且,他任命銷史丹爲江陵史,“丹”在未登記於江陵的簿籍之前便已經參與了江陵縣的政務,因此連坐被處以貲一甲的懲罰。

上文提到這“八劾”本身實在難以看出其中的具體聯繫,唯一可以確認的共同點就是皆爲其在擔任官職期間的失職所造成的“過誤失”。對此暨在上訴的供詞中提到“不幸過誤失,坐官弗得,非敢端犯灋(法)令,赴隧以成私殹(也)。此以曰羸(累)重。毋(無)它解”。對於何謂“過誤失”,嶽麓書院藏秦簡的整理小組云:過誤失,疑爲過失和誤失,分别與後文的“小犯令”和“大/小誤”相對應。“過”似指因不遵守法令即所謂“犯令”“廢令”[⑥]而造成的失

① 陳偉主編:《秦簡牘合集釋文注釋修訂本(壹)》,200頁。

② 堀毅:《秦漢法制史論考》,北京:法律出版社,1988,253頁。

③ 陳偉主編:《秦簡牘合集釋文注釋修訂本(壹)》,196頁。

④ 張家山二四七號漢墓竹簡整理小組:《張家山漢墓竹簡[二四七號墓]》(釋文修訂本),16頁。

⑤ 陳偉主編:《秦簡牘合集釋文注釋修訂本(壹)》,201頁。

⑥ 《睡虎地秦墓竹簡·法律答問》:“可(何)如爲‘犯令’‘法(廢)令’?律所謂者,令曰勿爲,而爲之,是謂‘犯令’;令曰爲之,弗爲,是謂‘法(廢)令’殹(也)。

當;"誤"則指寫錯、數錯等技術性錯誤,"誤"又以失當之輕重分爲"大誤""小誤"。《嶽麓秦簡·賊律》"爲券書,少多其實,人户、馬、牛[①]以上,羊、犬、彘二以上及諸誤而可直(值)者過六百六十錢,皆爲(1244)大誤;誤羊、犬、彘及直(值)不盈六百六十以下及爲書而誤、脱字爲小誤。小誤,貲一盾;大誤,貲一甲"(1246+1395)。[②] 如此"誤"爲寫錯這一技術性錯誤而造成的貲財損失,且"大誤"與"小誤"之分水嶺是直(值)是否過六百六十錢。綜上,不管是由"過"還是"誤"造成的失當結果,對於行爲的主體來説,他們肯定熟知失當結果所受的貲罰,必不會故意爲之,而都應是無意的行爲,或者是無奈選擇的結果。如《睡虎地秦墓竹簡》中"失期"[③]"失火"[④]等結果,斷然都不是故意而爲之的。

《法律答問》中記録:士五(伍)甲盗,以得時直(值)臧(贜),臧(贜)直(值)過六百六十,吏弗直(值),其獄鞫乃直(值)臧(贜),臧(贜)直(值)百一十,以論耐,問甲及吏可(何)論?甲當黥爲城旦;吏爲失刑罪,或端爲,爲不直。[⑤] 吏如果在捕獲甲時對其贜值進行估計,值過六百六十,但是其在審訊時才估算,值百一十,如此,吏爲失刑,也就是用刑不當;緊接着就强調,如果吏端爲,也就是故意如此的話,吏的罪名就是"不直",辦案不公。"失刑"與"不直"這兩個罪名之間的區别就是是否"端爲"。"甲告乙盗牛若賊傷人,今乙不盗牛、不傷人,問甲可(何)論?端爲,爲誣人;不端,爲告不審。"[⑥]同樣"端爲"在對於甲的裁决中也起到了關鍵作用。

那麽,在"暨過誤失坐官案"中,暨共有八劾,都也是"過誤失","非敢端犯法令",所以,最後對其的處罰也是毋累論;如果暨是"端爲",故意"犯令",等待他的可能就是"累論"。因而,是否是故意行爲所造成的失當結果,可能是"數罪問題"處罰所依據的一個重要標準。

再看《嶽麓書院藏秦簡》中的一條令文:

> 廿七年三月乙卯御史言:留書,數書同日偕留,皆犯令殹。其當論者,皆不當相遝,其駕(加)者亦不當相遝,及皆不當與它論相遝,及論獄失者,其同獄一鞫,有數人者,皆當人坐之。[⑦]

根據《秦律十八種》和《嶽麓書院藏秦簡》中的《行書律》[⑧]規定,行書不急者,都要求日畢,勿

---

① 此處或抄漏了"一"字。

② 陳松長主編:《嶽麓書院藏秦簡(肆)》,上海辭書出版社,2015,142頁

③ 《睡虎地秦墓竹簡·徭律》:"失期三日到五日,誶;六日到旬,貲一盾;過旬,貲一甲。"

④ 《睡虎地秦墓竹簡·内史雜》:"有不從令而亡、有敗、失火,官吏有重罪,大嗇夫、丞任之。"

⑤ 陳偉主編:《秦簡牘合集釋文注釋修訂本(壹)》,196頁。

⑥ 陳偉主編:《秦簡牘合集釋文注釋修訂本(壹)》,198頁。

⑦ 正在整理中的釋文,待刊布。

⑧ 《秦律十八種·行書律》:"行命書及書署急者,輒行之;不急者,日觱(畢),勿敢留。留者以律論之。"《嶽麓書院藏秦簡·行書律》:"行書律曰:傳行書,署急輒行,不輒行,貲二甲。不急者,日觱(畢)。留三日,貲一盾;四日【以】上,貲一甲。二千石官書不急者,毋以郵行。"

敢留,留書就要按律論罪。“數書同日偕留”當是屬於“留書”中比較嚴重的一種特殊情況,“皆犯令殹(也)”説明行書的過程中滯留其中的任何一件文書,都屬於犯令行爲。一日留一書或者留數書都屬於“留書”犯令行爲,依據當時一般的處罰原則,相關聯的犯罪行爲是可以“相遝”按一罪來論處的,但令文却明確規定不當“相遝”。

“其駕(加)者亦不當相遝,及皆不當與它論相遝”。《嶽麓書院藏秦簡·行書律》規定“留三日,貲一盾;四日【以】上,貲一甲”。[①]《興律》規定“其非乏事【殹(也),及書已具】☒留弗行,盈五日,貲一盾;五日到十日,貲一甲;過十日到廿日,貲二甲;後有盈十日,輒駕(加)一甲”。[②] 其駕(加)者當是指留書的日期滿足以上得任何一條,當駕(加)罪時也不能相遝;另外,和當論者的其他犯罪行爲也不能相遝,而是要累積論罪。

令文中還有一種情況也規定了不能相遝“論獄失者,其同獄一鞫,有數人者,皆當人坐之”,即吏在獄鞫同一案件的過程中有失刑,而此案件的當論者又不止一人,那麽論吏的罪時,也不當相遝,而應該“人坐之”;也就是説在判決過程中吏對一人有失刑就該論一罪,然後累積論罪。

以上所述,無論是“留書”還是“失刑”的相關事件,本該“相遝”論處,而令文却明確規定“不當相遝”。其中原因,除了所行文書的特殊性亦或説所鞫獄案件的特殊性之外,應還有其他原因。

根據秦《行書律》的相關規定,留書,本就是犯令;數書偕留,就屬於比較嚴重的犯令情況。一日留一書,可能是相關官吏的疏忽導致的失誤,那麽一日之内數書偕留呢?除了工作的疏忽之外,相關官吏的消極怠工或者擅離崗位等人爲因素也應該考慮,很可能就是“端爲”導致了這一比較嚴重的犯令行爲,因而本是該相遝的行爲,却規定“不當相遝”。再者,在吏鞫獄的過程中,同一案件,對數人的裁決“失刑”,除了工作疏忽,對相關法律規定不熟知等,是否還應考慮故意爲之的因素呢?也就是説很可能正是當論者的“端爲”導致了違法犯令行爲,才使得令文明確規定“不當相遝”。

這樣看來,秦律中關於罪數的處罰原則在嚴格的法律規制之外,存在着一定的闕漏。在這一類犯罪行爲的具體裁決過程中,主觀因素起着决定性地作用。發展到西漢,這種因素的影響越來越大,“諸獄疑,若雖文致於法而於人心不厭者,輒讞之”[③]就是最好的證明。

---

① 陳松長主編:《嶽麓書院藏秦簡(肆)》,131 頁。

② 陳松長主編:《嶽麓書院藏秦簡(肆)》,147 頁。

③ 《漢書》卷五《景帝紀》,北京:中華書局,1962,148 頁。

# 税田與取程:秦代田租征收方式蠡測*

湖南大學嶽麓書院
出土文獻與中國古代文明研究協同創新中心　王　勇

**内容提要**　通過對秦簡中"税田"的考察,結合秦代田租征收中采用了"取程"的形式判斷,在由勞役地租到分成租的變革中,秦的做法是從總農田中劃出部分税田做爲農田産量的采樣標本,根據税田産量確定"程",作爲計算同類作物産量的基本單位,以此爲標準對其餘農田征收田租。

**關鍵詞**　税田　程　田租征收

秦代征收的田地税包括田租與芻稾。其中芻稾的征收方法,睡虎地秦簡《田律》明確記載:"入頃芻稾,以其受田之數,無豤(墾)不豤(墾),頃入芻三石、稾二石。"但關於田租的征收,目前尚没有發現明確的法律條文。學界過去普遍認爲秦代田租與西漢一樣,是根據實際耕種畝積,結合政府估定的正常年份平均畝産量,按照法定的比率確定固定租額征收;或者認爲與芻稾的征收方式一樣,采用"以頃計征"。近年來彭浩先生提出一種新的看法,認爲秦代征收田租是從農户耕種的農田中劃出一部分做爲"税田",比例大致是總面積的十分之一,税田的全部收成就是田租。[①] 這一看法得到很多學者認同,被認爲是秦代征收田租的普遍做法,至少是法定的方式之一。[②] "税田"見於里耶秦簡、嶽麓秦簡《數》與張家山漢簡《算數書》

---

* 基金項目:教育部留學回國基金項目"出土文獻與秦漢農業研究"(教外司留 2015311 號)階段性成果。

① 彭浩:《談秦漢數書中的"輿田"及相關問題》,簡帛網,2010 年 8 月 6 日

② 于振波:《秦簡所見田租的征收》,《湖南大學學報》2012 年第 5 期;孫銘:《簡牘秦律中的田租征收事務》,《農業考古》2014 年第 6 期;臧知非:《説"税田"":秦漢田税征收方式的歷史考察》,《歷史研究》2015 年第 3 期。

等出土文獻,但筆者研讀後覺得,這些材料并不足以支持這種新的看法,故在此提出淺見,求教於方家。

## 一

"税田"在嶽麓秦簡《數》與張家山漢簡《算數書》的租税類算題中多次出現,與之相對應的概念是"輿田"。這些算題中輿田的田租都是按照總産量的一定比率計算,税田的田租則是按照總産量計算。嶽麓秦簡《數》中又有題曰:"租誤券。田多若少,耤令田十畝,税田二百卌步,三步一斗,租八石。·今誤券多五斗,欲益田,其述(術)曰:以八石五斗爲八百。"(簡0939)[①]十畝田中劃出税田二百四十步,税田與耕地的比例爲1:10,與戰國時期通行的十一之税也是一致的。數學算題的設計不可能完全虚構,而是會依據實際情况,這些算題似乎能够體現秦代田租征收中,存在按一定税率從總農田中劃出部分税田而取其全部産出的方式。

那麽,這會不會是秦代田租征收的普遍方式?這種可能性應該不大。我們可以來看嶽麓秦簡《數》中輿田田租的計算方法。按照學者理解,輿田是指登記在圖、册上的土地,也就是符合受田條件者得到的土地。[②] 輿田在《數》中分别出現於7例租税類算題和2例術文中。但是這些算題與術文中的輿田田租,衹有一例可能采用了先確定税田數量,然後計算税田産量的方式。即簡1653:"禾輿田十一畝,[兑](税)二百六十四步,五步半步一斗,租四石八斗,其述(術)曰:倍二[百六十四步爲]……"文中的"[兑](税)"字迹模糊,整理者是根據筆劃痕迹和算題内容判斷爲"兑"。而其餘諸例都是直接從農田總面積起算,然後按租率確定税額。這反映出秦代田租征收中,根據農田總産量與法定比率確定田租應該纔是最普遍的做法。當然,如果認爲《數》中的税田田租算題體現的是秦代田租征收中從總農田中劃出税田之後的步驟,則反映以税田所産全部做爲田租的算題還是有相當比例的。這就牽涉到對於税田的理解,這個問題稍後再論述。

如果不是普遍做法,秦代田租征收是不是可能存在兩種不同的征收方式?這同樣是有疑問的。嶽麓秦簡《數》和張家山漢簡《算數書》租税類算題中有部分租誤券的例子。除了上引簡0939外,還有:

> 禾兑(税)田卌步,五步一斗,租八斗,今誤券九斗,問幾可(何)步一斗?得曰:四步九分步四而一斗。述(術)曰:兑(税)田爲實,九斗(簡0982)爲法,除,實如法一步。(簡0945)《數》
>
> 租禾。税田廿四步,六步一斗,租四斗,今誤券五斗一升,欲耎☐(簡0817)☐[步

① 朱漢民、陳松長主編:《嶽麓書院藏秦簡(貳)》,上海辭書出版社,2011,4頁。下引嶽麓秦簡《數》簡文均出自該書。
② 彭浩:《談秦漢數書中的"輿田"及相關問題》。

數],幾可(何)步一斗? 曰:四步五十一分步卅六一斗,其(簡 1939)以所券租數爲法,即直(置)輿田步數,如法而一步,不盈步者,以法命之。(簡 0816)《數》

今枲兑(税)田十六步,大枲高五尺,五步一束,租五斤。今誤券一兩,欲耎步數,幾可(何)一束? 得曰:四步八十一分七十(簡 0788)六一束。欲復之,復置一束兩數以乘兑(税)田,而令以一爲八十一爲實,亦[令所耎步一爲八十一,不分者,從之以爲](簡 0775)法,實如法一步。(簡 0984)《數》

税田　税田廿四步,八步一斗,租三斗。今誤券三斗一升,問幾何步一斗。得曰:七步卅七〈一〉分步廿三而一斗。术(術)曰:三斗一升者爲法,(簡 68)十税田爲實。令如法一步。(簡 69)《算數書》

誤券租禾誤券者,术(術)曰:毋升者直(置)税田數以爲實,而以券斗爲一,以石爲十,并以爲法,如法得一步。其券有[斗]者,直(置)輿(與)(簡 93)田步數以爲實,而以券斗爲一,以石爲十,并以爲法,如法得一步。其券有升者,直(置)與田步數以爲實,而以(簡 94)券之升爲一,以斗爲十,并爲法,如·[法]得一步。(簡 95)《算數書》

租吴(誤)券　田一畝租之十步一斗,凡租二石四斗。今誤券二石五斗,欲益耎其步數,問益耎幾何。曰:九步五分步三而一斗。术(術)(簡 96)曰:以誤券爲法,以與田爲實。(簡 97)《算數書》

這些誤券所涉及的都是税田田租。[①] 税田田租是按照田畝總産量計算,相對於需要根據田畝總産量和一定比率共同計算的輿田田租,計算過程當然更爲簡單一些。如果算題設計依據實際情況,相對複雜而更容易出錯的輿田田租應該更可能出現誤券。這是讓人疑惑的地方。而更讓人疑惑的是算題所體現出來的對於税田租券出錯後的處理方式。租券有誤寫,不是修改錯誤,而是"欲益耎其步數",即增減征收標準,來求得應收田租與實際田租的吻合。如上引最後一例,征收標準本來是"十步一斗",一畝二百四十步,租應爲二百四十除以十乘以一,等於"二石四斗"。現在因爲誤寫成"二石五斗",於是將征收標準改爲"九步五分步三而一斗",那麽二百四十除以九又五分之三乘以一,等於"二石五斗"。這些誤券的例子中,衹有《數》簡 0939 算題不是通過"益耎步數"使應納田租額與誤券相一致,而是在"誤券多五斗"的情況下"欲益田"。《數》簡 0939 惜不完整,不過這裏的"益田"很可能衹是"益耎步數"的另一種表達方法。《數》有題:"爲積二千五百五十步,除田十畝,田多百五十步,其欲減田,耤令十三斗,今禾美,租輕田步,欲減田(簡 0813)令十一步一斗,即以十步乘十畝,租二石者,積二千二百步,田少二百步。(簡 0785)"可見,題中所謂"減田"事實上就是將田租征收標準從"十三步一斗"調整到了"十一步一斗",即征收一斗的農田減少二步。如果上

① 這些算題中衹有最後一例没有明確説是税田,但這裏"田一畝……凡租二石四斗","二石四斗"應該是"田一畝"的總産量。

述對誤券的理解正確,而且相信其反映社會現實,那就意味着在征收田租時可以任意提高或壓低征收標準,徇私舞弊、接受賄賂都不用擔心没有合理的藉口,提倡"以法治國"的秦朝統治者絶不可能允許這種不合理現象的存在。既然如此,以往對於稅田的認識可能有不全面的地方。

## 二

里耶秦簡 8-1519 是遷陵縣一份有關田租征收的文書,其中也提到了稅田:

> 遷陵卅五年貇(墾)田輿五十二頃九十五畝,稅田□頃□□
> 户百五十二,租六百七十七石,率之,畝一石五;
> 户嬰四石四斗五升,奇不率六斗。 (正)
> 啓田九頃十畝,租九十七石六斗。六百七十七石
> 都田十七頃五十一畝,租二百卌一石。
> 貳田廿六頃卅四畝,租三百卅九石三。
> 凡田七十頃卌二畝·租凡九百一十。 (背) 8-1519[①]

文書中的墾田輿是遷陵縣當年新開墾的農田,總數五十二頃九十五畝。稅田畝數不清,但如果稅田的全部收成即是田租,按照這部分新墾農田共計收租六百七十七石及"畝一石五"計算,稅田應爲四頃五十一畝。有學者識别出"稅田□頃□□"中"頃"前一字爲"四",與計算出來的數據一致,[②]反映出這種推算是合理的。簡文背面是遷陵各鄉的數據,啓陵墾田九頃十畝,都鄉墾田十七頃五十一畝,貳春墾田廿六頃卅四畝,合計五十二頃九十五畝,與正面第一行的墾田總數相等;啓陵田租九十七石六斗,都鄉田租二百卌一石,貳春田租三百卅九石三,合計六百七十七石九斗,與正面第二行的田租總數接近。但是,在遷陵三鄉各自的數據中并没有包括稅田數量。里耶簡 8-1519 是遷陵縣卅五年的田租統計,最重要的當然是全縣總數,而非各鄉明細。但是文書背面既然列出各鄉的輿田數與所得租量,這些數據肯定不會没有意義,這可能與方便上級部門對所征田租的核對有關。不管各鄉上報的統計文件中是否另有該鄉的稅田數及相關數據,這件文書中各鄉數據有"輿田數"而無"稅田數"的事實,已經能够説明輿田數與田租關係更爲直接。如果秦代征收田租是從農户耕種的農田中劃出一定數量的稅田,然後以稅田的産出作爲田租,那麼相對於農田總數,稅田數量與田租的關係應該更爲直接。然而有關部門在彙報各鄉田租征收情況時,却强調農田總數而完全

① 湖南省文物考古研究所編著:《里耶秦簡(壹)》,北京:文物出版社,2012,75 頁。
② 陳偉主編:《里耶秦簡牘校釋》(第一卷),武漢大學出版社,2012,345 頁。

不提及税田數量,似乎有點不合情理。

值得注意的是,這份文書在列出遷陵縣的墾田數、税田數、户數後,便是"租六百七十七石,率之,畝一石五"。這里的"畝一石五"顯然不是針對墾田,因爲數據不吻合,衹能是針對税田。而由"税田若干頃,租若干石,率之,畝若干"這一表述,筆者推測税田的主要作用可能在於估算單位面積的平均產量,用做該地區田租征收的產量依據。春秋戰國時期的地税變革,總的趨勢是廢除助耕公田的勞役地租,在把田地分配給耕者,發展一家一户爲單位的個體農業經營的基礎上,推行分成制的實物地租。然而,如果嚴格遵循統一的分成比例,勢必要逐一核實各户農田產量,從而形成浩繁的税收稽管負擔,這是任何政府機構都難以承受的。因此,從田租征收的現實需要出發,官府必須簡化征收的具體程式。例如漢代田租征收,《鹽鐵論·未通》記載"田雖三十,而以頃畝出税,樂歲粒米狼戾而寡取之,凶年饑饉而必求足",可見名義上是分成,實際采取的却是不分肥瘠不分豐歉的定額税率,至於當時税畝定額的確定,也是簡單取數年間的平均產量。税田的出現,同樣應該與簡化田租征收程式有關。

從龍崗秦簡的記載看,秦代田租的征收過程中采用了"取程"的形式,簡文中多次提到程、程租、虚租、敗程、遺程、匿田等内容。在嶽麓秦簡《數》與張家山漢簡《算數書》的租税類算題中,"程"是計算田租的基本單位,通常表述爲"若干步一斗",即收穫一斗糧穀所需要的步數。以程爲標準,可以將若干步的畝換算成若干程,程數與一斗之積即是該塊農田的田租。當然,這是針對税田而言,如果是輿田,則還要在此基礎上乘以征收比率。學者指出:"以'若干步一斗'的方式計算田租率有以下幾種方便之處:首先,一斗是一個整數,容易計算;其次,一斗所合土地的步數(程)較小,容易計算小塊土地的田租率。"[①]"取程"在一定程度上方便了田租征收,但"程"的確定也變得非常重要。睡虎地秦簡《倉律》規定"程禾、黍□□□□以書言年,别其數,以稟人",可見程要依據年成豐歉確定。《數》與《算數書》的算題顯示,秦代不同作物有不同的程,同一作物的不同品種有不同的程,同一作物品種的程也是有區别的,而且程的步數可以"益耎",也就是説并没有統一的標準。在實際田租征收中,"程"的確定很可能就是根據當地税田的產量。

嶽麓秦簡《數》有則計算枲田田租的術文:

> 爲枲生田,以一束兩數爲法,以一束步數乘十五,以兩數乘之爲實,實如法一步。耎枲步數之述(術),以税田乘(簡0952)一束兩數爲實,租兩數爲法,如法一步。(簡0758)

這里的"一束步數"即枲田的程。枲是大麻雄株,纖維用於織麻布。因爲用途不同,枲田

① 楊振紅:《從新出簡牘看秦漢時期的田租征收》,《簡帛》第3輯,上海古籍出版社,2008,331-342頁。

的程采用“若干步一束”,而不同於一般糧食作物的“若干步一斗”。術文前半部分是已知枲田的田租重量、一束步數(程)、一束重量,求枲田面積。之所以要“乘十五”,是因爲枲田按產量的十五分之一課稅。[①] 可見這是關於枲輿田的租稅計算公式。術文後半部分是已知稅田面積、一束重量、田租重量,求一束步數(程)的公式。值得注意的是,這里“耎枲步數之術”,根據術文所指,似乎要“耎”的是前半部分枲輿田的一束步數,而術文的計算,依據的却是枲稅田的產量數據。即便術文前後兩部分可能并没有直接關係,“耎枲步數之術”也明顯表現了枲田“程”的確定需要以稅田爲根據。這可能就是輿田與稅田在現實中的區分。

由於同一地區自然條件相同,儘管年成有豐歉,通常情況下,衹要付出的勞力相當,同種作物在相同年份的單位面積產量不會有大的差异。根據稅田產量來確定“程”,然後將之做爲標準用於同類作物的田租征收,而不是逐一核實農田產量,是官僚行政管理理性化追求的體現。

## 三

結合上述對於稅田的理解,對於秦代田租的征收方式可以得出進一步的認識。《商君書·墾令》稱“訾粟而稅,則上壹而民平”,説明秦代田租征收是與農户占有的田畝面積和畝產量直接相關的。農户占有的田畝面積相對固定,政府將之登記在簿籍上,每年衹需根據新墾農田與農田轉讓情況進行調整,并不十分繁瑣。而畝產量因爲土地、作物的不同,氣候條件的變化,年年都有區別,而且量非常大,每年逐一核對是不可能完成的任務。秦代的做法是從總農田中劃出部分稅田作爲農田產量的采樣標本,根據稅田產量確定“程”,作爲計算同類作物產量的基本單位,以此爲標準對其餘農田征收田租。於是對作爲田租征收基礎的農田產量的核對,就轉化爲了對部分稅田產量的掌握,工作量大大減少了。[②]

“程”是用來計算農田產量的,由於不同地區作物產量存在差异,程没有全國統一的標準。但程的適用範圍太窄,也會削弱作爲樣本的意義。秦代田租征收中,程最可能是以鄉爲單位。里耶秦簡 8-1519 遷陵縣田租征收文書中,啓陵、都鄉、貳春的畝均田租各不相同,各鄉農田產量不同可能是主要因素,文書的彙報内容反映出鄉在當時是相對獨立的納稅統計單位。影響農業產量的有天、地、人三方面的因素。一鄉之内由於地勢、肥瘠、灌溉等條件的不同,土地所產當然可能存在差别。但是對於“天時”,衹能主動順應,“地利”,包括地勢、肥

① 嶽麓秦簡《數》里的每一例“枲輿田”算題都是取十五分之一的租率。肖燦:《從〈數〉的“輿(與)田”、“稅田”算題看秦田地租稅制度》,《湖南大學學報》2010 年第 4 期。

② 由於對里耶簡所見民户籍簿理解不同,部分學者認爲秦始皇統治時期遷陵縣户口不超過 200 户,而且秦漢時期確實有部分偏遠地區的縣户口不多,在這種情況下,逐户確定產量并非不可能。但遷陵縣户口數量學界尚無一致意見,國家制度的設計也必須面向最普遍的情況,而非顧及個别特例。

瘠、灌溉等,却可以通過人工進行選擇與改變。因此一鄉範圍内以同一税率征收田租是可能的,事實上還能促使農民改良農田、提高産量,這應該也是秦統治者所希望的結果。龍崗秦簡中有枚關於程田的簡:"程田以爲臧(贓),與同灋(法)。田一町,盡□盈□希☑。"(簡 133)學者指出:這枚"程田"簡與龍崗簡中其他關於"程""程租""租"以及"匿田"的簡,"應是針對鄉部嗇夫、部佐等鄉官部吏征收田租制定的專門法律"。[①] 可見,確定程的工作可能由鄉官部吏組織進行,同樣税田的劃分也應該是他們的任務。由於程的適用範圍爲鄉,因此每個鄉都要有用於各自取樣的税田,而且本地種植的不同作物也都要分别劃分税田。嶽麓書院藏秦簡《爲吏治官及黔首》有"部佐行田,度稼得租"。[②] 部佐"度稼",在核查墾田數的同時,應該也包括登記農田種植的作物。這樣在"程"確定後,就可以在倉庫坐等農户前來繳納田租。

税田産量是確定程的標準,既關係到政府租税的實現,又關係到農户的田租負擔,應該會有一套嚴格的管理程式,至少其收穫與上繳的過程會有官府派人監管或組織人力統一收取,以防止農户隱瞞産量的情況。因此税田儘管非常普遍,數量却不能劃得太多,否則基層官吏税收稽管的任務還是會很繁重。里耶秦簡 8-1519 田租征收文書反映,遷陵縣卅五年新墾田五十二頃九十五畝,其中税田經計算,大致是四頃五十一畝,税田約占墾田總數的 8.52%。這個比重很可能是偏大的。因爲新開墾的農田産量是比較低的,不可能采用根據熟田産量確定的"程",這部分農田的産量必須單獨核算。一般而言,每個鄉當年新墾農田的數量所占比重不會太大,單獨取樣不見得是最便捷的做法,而且取樣的結果不具有延續性。筆者猜想,新墾農田可能根本就没有采用取程的方法,而是直接根據田租率劃出相應比例的農田做爲税田,將税田全部産出做爲田租。

一般熟田劃分税田時,出於節省税田所在農田田租征收步驟的考慮,同樣可能采用根據田租率的相同比例從農田中劃分税田的辦法。在這種情況下,税田的産量也就是其所在農田的田租,嶽麓秦簡《數》與張家山漢簡《算數書》算題中租的數字有時表示的其實就是産量。然而這種情況的存在,并不足以表明劃分税田而收取其全部産出構成了秦代田租征收的方式。税田的主要目的還是確定田租征收標準。秦代田租征收前,對於農田産量會根據常年收成有預先的判斷,這可能是爲了做好財政開支的預算,但最終會根據以税田爲代表的實際産量進行征收。上引嶽麓秦簡《數》算題"稓令十三斗,今禾美,租輕田步,欲減田令十一步一斗",即體現了這種實際情況。由於當年"禾美",農田産量高於往年,收穫一斗所需農田面積要低於預計的十三步,所以根據實際産量將"程"調整到了十一步一斗。這也就可以解釋前面提出的疑問了。嶽麓秦簡《數》和張家山漢簡《算數書》租税類誤券算題涉及的都是

① 楊振紅:《龍崗秦簡諸"田"、"租"簡釋義補正——結合張家山漢簡看名田宅制的土地管理和田租征收》,《簡帛研究二〇〇四》,桂林:廣西師範大學出版社,2006,79-98 頁。

② 朱漢民、陳松長主編:《嶽麓書院藏秦簡(壹)》,上海辭書出版社,2010,113 頁。

税田,而且是通過增減每程的步數使得田租標準與實際的征收數量相吻合,不是説明官吏在征收田租時可以任意提高或壓低征收標準,而是必須根據當年税田的實際産量來確定田租征收中要采用的標準,同時將之與預計標準進行比較,以提高來年預算的準確性。至於遷陵縣在彙報下屬各鄉田租征收情況時,衹彙報農田總數與田租數,而没有税田數量,原因也不言自喻了。

張家山漢簡《算數書》成書年代的下限是西漢吕后二年,但算題的形成年代并不一致,許多算題都是出自戰國時期的秦地。[①] 而在《算數書》之外,西漢文獻中并没有税田與程租的痕迹,反映出秦代與西漢在田租征收方式上存在很大差异。通過税田與取程,秦代對田租征收程序有所簡化,但在實際中仍然堅持了分成租,對不同地區的農田、種植不同作物的農田、不同豐歉年份的農田根據産量區别對待。西漢田租雖然原則上仍是分成租,實際却是根據常年産量確定田租額,采用統一定額租。這種做法當然進一步簡化了田租征收程式,而且看上去相當公平,却因爲忽視了百姓的支付能力,而容易導致《鹽鐵論·未通》中文學所批評的“樂歲粒米狼戾而寡取之,凶年饑饉而必求足”現象。

① 彭浩:《張家山漢簡算數書注釋》,北京:科學出版社,2001,4-5頁。

# 秦簡所見"巫咸"兩考*

吉林大學古籍研究所
出土文獻與中國古代文明研究協同創新中心　王　強

**内容提要**　巫咸是歷史上的重要人物,出土文獻中多見記載。本文認爲里耶秦簡與放馬灘秦簡中的"巫帝"所指可能爲巫咸。放馬灘秦簡中的"巫帝陰"應該連讀作"巫帝咸",是對巫咸的一種特殊稱謂。睡虎地秦簡《日書》中兩見"巫堪",很可能是巫咸的一種异寫。

**關鍵詞**　秦簡　巫咸　放馬灘　睡虎地

巫咸是歷史上的重要人物,在文獻記載中既是治國有方的良臣,又是通徹天地的神巫,還是出色的天文學家。關於其生活年代、形象演變乃至籍貫、性别等都不乏研究。在研讀出土簡帛的過程中,筆者發現有幾處鬼神名可能是巫咸的异稱或异寫,見於放馬灘秦簡和睡虎地秦簡。敬請專家批評指正。

## 一　放馬灘秦簡的"巫帝陰"

先將整理者釋讀的簡文抄録如下:

占病祟:除(餘)一天毆,公外;二〖地〗,社及立(位);三人鬼,大父及殤;四〖時〗,大過及北公;五音,巫帝、陰、雨公;六律,司命、天□;七星,死者;[放乙 350]八風,相、莨

* 本文是國家社會科學基金重大項目"簡帛學大辭典(項目批准號:14ZDB027)"的階段性成果,并得到"出土文獻與中國古代文明研究協同創新中心博士創新資助項目"資助。

者;九水,大水毆。[放乙 192]

據程少軒先生研究,這段内容是根據餘數占卜致人生病的作祟鬼神。[①] 古代先民長期將疾病災异的原因歸結爲神靈鬼怪作祟,如《論衡·辨祟篇》云:"世俗信禍祟,以爲人之疾病死亡,及更患被罪,戮辱歡笑,皆有所犯"。簡文正是這種思想的體現。簡文中出現的鬼神名,有的見於傳世古書,有的見於其他出土文獻,還有一部分則首次出現、含義不明,如"大遏""公外""相""莨者"以及我們下面要討論的"巫帝陰"等。

晏昌貴先生將五音之後的鬼神斷讀爲"巫帝、陰雨公"而無説。[②] 而在給程少軒先生的回信中則指出"'巫帝''雨公'皆可考",[③]但同樣没有作詳細考證説明。程先生後來對此作了補充論述,他説:

> "巫某"古書常見,"巫𢆶一帝?"可能也是一位神巫的名字。《三合卦占》"靈巫"凡兩見,恐與此"巫𢆶"有關。倘"𢆶"確是"帝",它也有可能是《山海經·大荒西經》的"巫抵":"大荒之中,有山名曰豐沮玉門,日月所入。有靈山,巫咸、巫即、巫朌、巫彭、巫姑、巫真、巫禮、巫抵、巫謝、巫暴十巫,從此升降,百藥爰在。"抵爲端母脂質部,帝爲端母支錫部,兩部古音相近。放馬灘簡有時稱"日失",睡虎地秦簡作"日虒",上博簡篇題"容成氏"即"容成氏","虒"與"失"、"氐"與"氏"皆是脂質部與支錫部相通之例。古書"氐""氏"又多混同,"抵"係"扺"之誤也不一定。群巫恰在"靈山"之上,與前舉"靈巫"合。當然"巫帝"也可能就是簡單指群巫之首。"雨公"當即"雨師",爲司雨之神。"陰",文獻中一時找不到可能對應之鬼神,但既名"陰",無非有"陰間之神""北方之神""月亮之神"等可能。而"陰"屬"五音",我們推測恐與"音""陰"諧音有關。[④]

"巫抵"即巫帝的觀點最早由丁山先生提出,但没有詳細討論。[⑤] 程先生認爲"陰"與"音"諧音有關的意見有一定的合理性,但也缺少具體的例證。因此這兩個觀點,至少在今天看來都很難讓人信服。不過程先生認爲"'巫帝'也可能就是簡單指群巫之首"則頗具卓識。《里耶秦簡(壹)》一書著録第八層第 461 號大木方,[⑥]内容爲秦統一後的更名記録,其中一條内容爲"毋敢謂巫帝曰巫",意思是從今以後禁止再用"巫帝"的稱呼,而要改稱"巫"。對此游逸飛先生認爲:

① 程少軒:《放馬灘簡式占古佚書研究》,復旦大學博士學位論文,2011,169 頁。

② 晏昌貴:《天水放馬灘秦簡乙種〈日書〉分篇釋文(稿)》,《簡帛》第 5 輯,上海古籍出版社,2010,38 頁。

③ 參見程少軒《放馬灘簡式占古佚書研究》,170 頁。

④ 程少軒:《放馬灘簡式占古佚書研究》,170-171 頁。

⑤ 此點蒙程少軒先生提示。丁説見其著《中國古代宗教與神話》,上海世紀出版集團,2013,196 頁。

⑥ 湖南省文物考古研究所編著:《里耶秦簡(壹)》,北京:文物出版社,2012,68 頁。

> “巫帝”一詞前所未見,當爲“巫中之帝”,指群巫之長,即“大巫”。《漢書·地理志》記載楚地“信巫鬼,重淫祀”,“巫帝”也許爲楚國所獨有。秦始皇自稱皇帝,又禁止巫者稱“帝”,無疑想獨占“帝”的名號。①

其説大致可從,衹是從放馬灘秦簡看,“巫帝”似并非楚國所獨有。② 但可以肯定的是,歷史上確實存在過“巫帝”的稱呼,後由於秦代改制纔弃而不用。

孫占宇先生據此將前文所論鬼神名斷讀作“巫帝、陰、雨公”。③ 新近出版的《秦簡牘合集》沿襲了這一意見。不過問題并未解决,“雨公”固然容易理解,可以不論,但是“巫帝”和“陰”的具體含義爲何,皆需進一步探討。後世文獻中有衆多巫者,學者對此有研究,④而有資格加尊號爲“巫帝”的,我們認爲可能性最大的應該就是巫咸。

其實巫咸稱巫帝,文獻中雖無明文記載,但還是有一些蛛絲馬迹可尋。《説文·巫部》云:“古者巫咸初作巫。”《史記·封禪書》云:“太戊修德,桑穀死。伊陟贊巫咸,巫咸⑤之興自此始。”又言“荊巫,祠堂下、巫先、司命、施糜之屬”,司馬貞《索隱》云:“巫先,謂古巫之先有靈者,蓋巫咸之類也”。《漢書·郊祀志》顔師古注:“巫先,巫之最先者也。”巫咸在這些文獻中都被視爲巫之始祖。其生時既爲群巫之首,不難想像死後很容易成爲生人心目中居於上天的巫神,⑥這在戰國以來的出土和傳世文獻中表現得特别明顯。清華簡《楚居》載:“麗不

① 游逸飛:《里耶秦簡 8-455 號木方選釋》,《簡帛》第 6 輯,上海古籍出版社,2011,92-93 頁。需要説明的是。“巫帝”字樣最早見於甲骨卜辭,過去曾被一些學者誤認爲一個名詞。現在我們知道,帝當讀作禘祭之禘,巫爲前置賓語。關於這一問題可參看常玉芝《商代宗教祭祀》,北京:中國社會科學出版社,2010,150-153 頁;楊逢彬:《試論“巫帝”刻辭的結構》,《武漢大學學報》1998 年第 5 期。

② 關於放馬灘秦簡的抄寫年代,過去一度認爲在戰國時期,相關討論可參看孫占宇《天水放馬灘秦簡集釋》“概述”,蘭州:甘肅文化出版社,2013,1-2 頁。日本學者海老根量介結合秦國所特有的“黔首”“殹”等字的使用情况,論定竹簡的抄寫年代當爲秦代,其説可從。據里耶更名方的規定,放馬灘秦簡似不應再有“巫帝”這一稱謂,其原因可能是竹簡抄寫於秦統一後不久,抄寫者失察,改而未盡。海老根氏在解釋放馬灘秦簡《日書》乙種兩處“也”字時談到:“根據程少軒先生的研究,該篇(筆者按:指《鐘律式占》)是《日書》中獨立的一篇文獻,與其他内容没有直接的、必然的聯繫。與六國文獻有關的字詞如此集中出現在《鐘律式占》中,這似乎暗示着《鐘律式占》篇是根據六國系統的鈔本而鈔寫的。因此我們推測《日書》乙種中的 2 例‘也’來自六國系統的鈔本,本來就是這樣寫的,後來秦人在鈔寫這個占法的時候,把大部分的‘也’都改爲‘殹’,但不小心忘記改换那兩個‘也’。”説見海老根量介《放馬灘秦簡抄寫年代蠡測》,《簡帛》第 7 輯,上海古籍出版社,2012,159-170 頁。不過“巫帝”的存在是否與底本來源有關有待研究。

③ 孫占宇:《天水放馬灘秦簡集釋》,219 頁。

④ 李零:《先秦兩漢文字史料中的“巫”》,收入其著《中國方術續考》,北京:東方出版社,2000,41-79 頁。林富士:《漢代的巫者》,臺北:稻鄉出版社,1999。

⑤ 日本學者瀧川資言考證云:“愚按下咸字疑衍。或云當作覡,或云當作祝。”説見《史記會注考證附校補》,上海古籍出版社,1986,728 頁。

⑥ 烏丙安認爲:“原始人類意識發展的依據是經驗,其中從人的死亡經驗和人做夢的經驗中派生出一個原始思維的觀念,即靈魂觀念。這種觀念認爲人死後肉體與靈魂分開了,靈魂不死。”(烏丙安:《中國民俗學》(新版),瀋陽:遼寧大學出版社,2004,295 頁。)晏昌貴引英國學者簡·艾倫·赫麗生的觀點認爲:“從巫師到神并不是隔着不可逾越和(筆者按:核對原書應作“的”)鴻溝。”(晏昌貴:《巫鬼與淫祀》,武漢大學出版社,2010,177 頁。)

從行,潰自脅出,妣列賓於天,巫戕(咸)賅其脅以楚,抵今曰楚人。"[1]妣列是楚先人鬻熊的妻子,簡文記載其子熊麗出生時脅生,妣列"賓於天"得到巫咸的救助。據此巫咸居於上天不言而喻,故《離騷》云:"巫咸將夕降兮,懷椒糈而要之"。王逸注:"巫咸,古神巫也,當殷中宗之世。降,下也。"[2]前引程少軒先生文所引《山海經·大荒西經》亦云群巫"升降"於天地之間,且在排列次序上巫咸亦居首位。秦詛楚文刻石之《告巫咸文》數以巫咸與皇天上帝相提并論,如"不畏皇天上帝及丕顯大神巫咸之光烈威神,而兼倍十八世之詛盟。"可見,其在秦人心目中也是居於上天的大神。此外《山海經·海外西經》還講到:"巫咸國在女丑北,右手操青蛇,左手操赤蛇,在登葆山,群巫所從上下也。"袁珂先生指出:"巫咸國者,乃一群巫師組織之國家也。"[3]由名稱看這一國家也當是以巫咸爲領袖。

古人崇信鬼神,魯迅曾談到:"中國本來信鬼神的,而鬼神與人乃是隔離的,因欲人與鬼神交通,於是乎就有巫出來"。[4] 因此巫在古人心目中一度占據非常重要的位置。《國語·楚語》記載楚昭王與觀射父的對話,觀射父説:"古者民神不雜。民之精爽不攜貳者,而又能齊肅衷正,其智能上下比義,其聖能光遠宣朗,其明能光照之,其聰能聽徹之,如是則明神降之,在男曰覡,在女曰巫。"結合以上這些材料可以推論,巫咸初爲現實社會中的人臣,因其職掌與巫卜有關,在後世作爲"古巫之先有靈者",被視作居於上天的大神,受到人們的頂禮膜拜,爲顯示其地位之尊崇,人們遂賦予其"巫帝"的稱號。需要注意的是,這裏的"帝"義爲天神而非人王,早期文獻皆如此,如《荀子·强國》云:"如是,百姓貴之如帝,高之如天,親之如父母,畏之如神明。"楊倞注:"帝,天神也。"顧頡剛、劉半農、魏建功等先生都已指出這一點。[5]劉半農先生在文中談到:

> 但若有什麼一個人王,生前有過相當的功業成威權,死後人民敬畏不止,也就可以把他尊稱爲"帝",而且替他造起許多神話來……社會上的事物漸漸進化了,後人不知道事物的起源,就有些好事的人造出一兩個假古人來,説某事某物是他造的,有如西洋人説亞當造人,中國人説蒼頡造字之類,世人不察從而信之,而且信仰有加(例如妄人向"四目蒼聖"像跪拜),比之於天神,尊之爲"帝"。[6]

---

① 釋文采用寬式隸定。"巫戕"讀作"巫咸",參復旦大學出土文獻與古文字研究中心研究生讀書會《清華簡〈楚居〉研讀札記》,復旦大學出土文獻與古文字研究中心網站,2011年1月5日。

② [宋]洪興祖:《楚辭補注》,北京:中華書局,1983,36頁。

③ 袁珂:《山海經校注》(最終修訂本),北京聯合出版公司,2014,200頁。

④ 魯迅:《中國小説的歷史變遷》,收入《魯迅全集》第8卷,北京:人民文學出版社,1958,319頁。

⑤ 劉復(半農):《"帝"與"天"》,《古史辨》第二册,上海古籍出版社,1982,20-27頁。魏建功:《讀〈帝與天〉》,《古史辨》第2册,上海古籍出版社,1982,27-32頁。

⑥ 劉復(半農):《"帝"與"天"》,22頁。

這些分析對於理解“巫帝”稱號的形成,無疑也是適用的。

假定我們對“巫帝”的解釋可信,那麽“陰”當如何理解呢？我們注意到,餘數一到九的鬼神名多是兩個,因此“巫帝陰雨公”似也當以解釋爲兩個鬼神名爲好。我們認爲可以斷讀作“巫帝陰、雨公”。陰、咸古音韻部相同,皆爲侵部,聲母一爲影母,一爲匣母,皆屬喉音,音近可通。在出土文獻中也能找到二者相通的例證,如馬王堆帛書《陰陽五行甲篇》中咸池的咸字寫作淦、淊兩種形體;今本《周易》“咸”卦,阜陽本《周易》作“咸”,馬王堆帛書本、上博本皆作“欽”。淊字從今得聲,淦、欽聲旁爲金,金亦從今得聲,陰字基本聲符也是今,自然也可以與咸相通。因此“巫帝陰”即“巫帝咸”,或是對巫咸的一種尊稱,這與前文論述“巫帝”指稱巫咸可以互證。

巫在出土文獻中有時以作祟致人生病的形象出現,如睡虎地秦簡《日書》乙種“十二支占卜篇”多有“巫爲眚”的記載眚義同祟。巫咸在甲骨文中已經出現,稱“咸戊”,有時省稱作“咸”。[①] 其中就有巫咸作祟的記載,可舉如下兩條卜辭爲例:

咸戊害王。

咸戊弗害王。[《合集》10902]

貞:咸允左王。

貞:咸弗左王。[②][《合集》248 正]

從格式上來説,巫帝咸與秦王政、趙簡鞅之類的表述類似,也并不奇怪。[③] 程少軒先生看過本文初稿後提示筆者:“是否存在這樣的可能:底本是‘巫帝’,後因禁用巫帝之稱,底本‘帝’下加注‘陰(咸)’,抄手不明所以,徑抄作‘巫帝陰(咸)’。這種現象楚簡頗常見。”[④]雖然目前尚無更多證據,但這顯然是非常值得重视的意見。丁山先生過去曾錯誤地認爲甲骨卜辭“巫帝”就是指巫咸,并據詛楚文稱巫咸爲“丕顯大神”,位次略低於“皇天上帝”,推測“疑至晚周之世,列國祭典,尚有尊巫咸爲‘巫帝’者”。[⑤] 現在看來,丁先生的出發點雖然有誤,但所得出的結論却是非常正確的。

---

① 陳夢家:《殷虚卜辭綜述》,北京:中華書局,1988,365 頁。傳世文獻也有省稱巫咸爲“咸”的例子,見於《楚辭》等,可參看顧頡剛《“彭咸”》,收入《史林雜識》(初編),北京:中華書局,1963,201-202 頁。

② 左爲不便、違戾之義,參趙鵬《談談殷墟甲骨文中的“左”、“中”、“右”》,《甲骨文與殷商史》新 4 輯,上海古籍出版社,2014。

③ “趙簡鞅”的稱呼見北京大學藏西漢竹書《周訓》篇,參北京大學出土文獻研究所編《北京大學藏西漢竹書(叁)》,上海古籍出版社,2015,140 頁。

④ 這是程先生 2015 年 7 月 7 日給筆者郵件的内容。

⑤ 丁山:《中國古代宗教與神話》,196 頁。

## 二 睡虎地秦簡中的“巫堪”

睡虎地秦簡的兩條材料分見《日書》甲種的“病”篇和乙種的“有疾”篇，簡文如下：

戊己有疾，巫堪行、王母爲祟，得之於黄色索魚、堇酉。壬癸病，甲有閒，［睡甲72正貳］乙酢。若不酢，煩居邦中，歲在西方，黄色死。［睡甲73正貳］

戊己有疾，巫堪、王父爲姓（眚），□□□索魚、堇□□□□閒，乙酢，不酢，□□邦中，中歲在西，人黄色死，土日。［睡乙184］

兩處簡文中的“巫堪行”與“巫堪”處於作祟、爲眚之前，顯然也是鬼神名。諸家觀點可以看王子今先生的總結：

劉樂賢按：“《日書》乙種作‘巫堪’。巫堪行三字不易解，據文意推測似是某巫作祟的意思，巫名不可考。”。吴小强《集釋》：“堪，巫的姓名，壞神名，見《莊子・大宗師》。”今按：吴説可能是據《莊子・大宗師》：“堪壞得之，以襲昆侖。”司馬彪注：“堪壞，神名，人面獸形。”成玄英疏：“昆侖山神名。襲，入也。”吴小强似將“堪壞，神名”讀作“堪，壞神名”，其説似未可從。《山海經・大荒西經》：“有靈山、巫咸、巫即、巫盼、巫彭、巫姑、巫真、巫禮、巫抵、巫謝、巫羅十巫，從此升降，百藥爰在。”所謂“巫堪”，疑心與《山海經》“巫真”有關。[①]

先説“巫堪行”，我們認爲應該斷讀作“巫堪、行”，指巫堪和行兩種神靈。[②] “行”指行神，爲“五祀”之一，習見於出土簡帛。[③] 天星觀楚簡中“巫”與“行”、新蔡楚簡中“靈君子”與“行”都有在同一條禱辭中并列出現的情況。[④]

“巫堪”之名，研習諸家多已指出“巫”表身份，“堪”是巫之名。諸家觀點中，吴小强先生之説不管是否如王子今先生分析的那樣是誤讀了司馬彪的注文，總之就《莊子・大宗師》原文來看，“堪壞”整體爲神名，與單名堪的“巫堪”恐怕不可等同。至於王子今先生讀堪爲真，雖可與《山海經》對應，但堪爲溪紐侵部字，真爲章紐真部字，侵、真二部古書相通的例子較少，尤其找不到甚、真二聲字相通的例證。而且，儘管《山海經》等古書記載有衆多巫者，但除巫咸外皆很少出現，比如巫真即僅見於《山海經》。因此要説巫堪即巫真恐需要更多的證據。

① 王子今：《睡虎地秦簡〈日書〉甲種〈病〉篇釋讀》，《秦文化論叢》，2003，154頁。

② 晏昌貴先生引用該條簡文時已斷讀作“巫堪、行”，説見其著《巫鬼與淫祀》，176頁。近出《秦簡牘合集》（武漢大學出版社，2014）没有斷讀。

③ 晏昌貴：《巫鬼與淫祀》，134－137頁。

④ 晏昌貴：《天星觀卜筮祭禱簡釋文輯校》，收入《簡帛術數與歷史地理論集》，北京：商務印書館，2010，143頁。宋華强：《新蔡葛陵楚簡初探》，武漢大學出版社，2010，375頁。關於“靈君子”與“巫”的關係，可參看宋華强《楚簡神靈名三釋》，武漢大學簡帛網，2006年12月17日。

我們認爲簡文"巫堪"可能也是巫咸的一種异寫,這可以從以下三個方面進行論證。

首先,巫咸常被認爲可以作祟致人生病,相關材料已見上文。

其次,堪和咸讀音更爲密切,堪爲溪紐侵部,咸爲匣紐侵部,韻部相同,聲紐均爲喉牙音。古書中從甚聲與今聲之字相通之例甚多,[①]又如前文已經談到的,從今與從咸得聲之字每可相通,故堪、咸存在通假的可能。不僅如此,堪與清華簡《楚居》中假借爲咸的𢦏讀音也很密切,如《周禮·考工記》"以朱湛丹秫",鄭玄注:"湛,讀如'漸車帷裳'之漸"。《漢書·晁錯傳》:"漸車之水",顔師古注:"漸讀曰瀸"。堪、湛并從甚得聲,瀸從𢦏得聲,可知堪、𢦏亦可通假。因此"巫堪"讀作"巫咸"從讀音上看較之讀作"巫真"更加合理。

最後,從用字現象看,巫咸在出土文獻中的寫法複雜多變,詳後文,最明顯的例子是馬王堆帛書《陰陽五行甲篇》"上朔"章兩處巫咸儘管處於相鄰的兩行,竟然也分别用"無鈛"和"無𢦏"表示。[②] 這種用字現象的成因,一方面可以解釋爲書手抄寫過程中用字無定,另一方面也可從選擇術數文獻的構成性質來考慮。這些實用性的選擇術數文獻皆具有雜抄性質,來源往往不一,用字也就難免出現不統一的現象。傳世文獻中巫的名字也存在异寫現象,如《山海經·海内西經》記載:"開明東有巫彭、巫抵、巫陽、巫履、巫凡、巫相,夾窫窳之尸,皆操不死之藥以距之。"郝懿行考證,巫履、巫凡、巫相三巫即《大荒西經》"十巫"之巫禮、巫盼、巫謝。[③] 從這一角度出發,睡虎地《日書》於"巫減"之外又用"巫堪"指稱巫咸就不足爲怪了。

巫咸在出土文獻中至今已出現多次,可總結如下:甲骨文寫作"咸戊",有時省稱作"咸";清華簡《楚居》寫作"巫𢦏";睡虎地秦簡《日書》此前公認的有兩例,寫作"巫減";馬王堆帛書《陰陽五行甲篇》(亦稱《式法》或《篆書陰陽五行》)寫作"無鈛""無𢦏";秦詛楚文刻石之《告巫咸文》、王家臺秦簡《歸藏》、岳山秦牘《日書》以及馬王堆帛書《陰陽五行乙篇》寫作今天的"巫咸"。倘本文的結論可信,則又添兩條新材料,尤其是第一條稱巫咸爲巫帝不見於傳世文獻,對於研究古史形成及神話傳説也有很重要的參考價值。

附記:本文初稿蒙程少軒先生審閲指正,審稿專家也指出本文存在的一些問題,謹此并志謝忱。

---

① 高亨:《古字通假會典》,"今字聲系"條,濟南:齊魯書社,1989,231頁。

② 讀"無鈛""無𢦏"爲"巫咸"分别是程少軒先生和王輝先生的意見,説見復旦大學出土文獻與古文字研究中心網站學術討論區帖子《據清華四説馬王堆〈式法〉的"巫咸"》及其下跟帖。又見裘錫圭主編《長沙馬王堆漢墓簡帛集成》,北京:中華書局,2014,73頁。

③ 范祥雍補校:《山海經箋疏補校》,上海古籍出版社,2013,361頁。

# 放馬灘秦簡中的標識符號及其功用初探*

蘭州城市學院簡牘研究所　孫占宇
蘭州城市學院信息工程學院　魏　芳

**内容提要**　放馬灘秦簡中的符號可按其形狀分爲六類,其中符號"·"及"■"一般作爲劃分欄、篇、章的標識;符號"="一般作爲重文或省寫標識;符號"L"及"—"常施於句中,起停頓作用;符號"I"常施於句末,起結尾作用。從這些符號的實際使用情况來看,"一號多用"及"异號同用"的情况皆比較普遍;標識性符號使用較多,而語氣性符號使用較少。

**關鍵詞**　放馬灘秦簡　漢語史　標點符號

關於簡帛文獻中的符號問題,王國維先生在其《流沙墜簡》中已有論及。其後,陳槃先生在《漢晋遺簡偶述》等文中也有過精彩論述。他們研究的材料,集中在早期發現的敦煌漢簡及居延漢簡。20世紀70年代以來,更大批量的簡帛材料相繼出土,其内容除各種行政文書外,還有大量文化典籍。隨着這些文獻的陸續刊布,關注其中非文字符號的研究者日益增多,迄今已發表論文近二十篇,基本厘清了先秦兩漢時期簡帛文獻中各種"標點符號"的使用情况及其發展脈絡,爲漢語史研究做出了重要貢獻。其中以李均明、林清源、程鵬萬、張顯成、蔣莉、劉信芳等人的成果最具代表性。[①]

* 基金項目:本文係國家社科基金一般項目"簡牘日書所見秦漢民衆生活研究"(批准號:12BZS020)及教育部哲學社會科學重大課題攻關項目"秦簡牘的綜合整理與研究"(批准號:08JZD0036)之階段性成果。

① 李均明:《簡牘符號考述》,清華大學國際漢學研究所等編《華學》第2輯,廣州:中山大學出版社,1996,93頁;蔣莉:《楚秦漢簡標點符號初探》,四川大學碩士學位論文,2004;林清源:《簡牘帛書標題格式研究》,臺北:藝文印書館,2006;程鵬萬:《簡牘帛書格式研究》,吉林大學博士學位論文,2006,106-139、167-169頁;張顯成:《簡帛標點符號初探》,《簡帛文獻論集》,成都:巴蜀書社,2008,514頁;劉信芳、王箐:《戰國簡牘帛書標點符號釋例》,《文獻》2012年第2期。

由於放馬灘秦簡的公布時間較晚,尚不見有人對其中符號問題做過系統研究。放馬灘秦簡大致成書於秦統一前後,其時正是始皇帝推行"書同文"政策的關鍵時期,因此這一課題對於漢語標點符號史的研究具有重要意义,應當引起學界重視。又,放馬灘秦簡中絕大部分内容屬於"日書",此類典籍的文本有其自身的獨特性。近年來"日書"出土較多,有些尚在整理之中。因此摸清放馬灘秦簡中各種符號的使用規律,對其他類似文本的整理也會有所助益。故本文不揣淺陋,試圖在全面梳理放馬灘秦簡各種非文字符號類型的基礎上,對其功用作一初步歸納,權作對前賢研究成果的一點補充。不妥之處,敬祈學界不吝賜教。

## 一　墨丁"·"

此類符號在簡文中十分常見,可大致辨識者有402處,皆以濃墨塗寫,形狀略呈圓形,較小,一般占據半個字位,多書於簡首、欄首及句中文字正上方。舉例如下表:

表1　墨丁"·"形狀

| 舉例 | | | | | | | | | |
|---|---|---|---|---|---|---|---|---|---|
| 簡號 | 甲1貳 | 甲4貳 | 乙2壹 | 乙118壹 | 乙317貳 | 乙159壹 | 乙204壹 | 乙204貳 | 乙167貳 |

其功用較爲複雜,以下試做分析:

### (一)作爲分欄標識

放馬灘秦簡的抄寫者十分注意簡册空間的充分利用。其抄寫格局,大體是先在簡册上部抄寫篇幅較大的内容,再"見縫插針",於下部空白處抄寫其他内容,形成兩欄或多欄版式。在這種情形下,又在下一欄文字的上端塗以符號"·",與上一欄内容形成分割。如:

·男日[子]、卯、寅、巳、酉、戌。·女日午、未、申、丑、亥、辰。(甲1貳)

·以女日病,以女日瘳,必女日復之。以女日(甲2貳)

·死,以女日葬,必復之。男日亦如是。(甲3貳)

·謂岡(剛)楺(柔)之日。(甲4貳)①

上例是甲種《剛柔日》篇全文,該篇抄寫在甲種《建除》下方,每行文字上端皆有符號"·",這四個墨丁位置相若,在視覺上形成一條直綫,與上欄文字形成明顯區分。

又如:

·倉門,是謂富[門],井居西南,囷居西北,廥必南鄉(向),(乙2貳)

① 本文所引簡文皆出自陳偉主編,孫占宇、晏昌貴撰著《秦簡牘合集(肆)》,武漢大學出版社,2014。限於體例,該書釋文中對部分符號作省略處理,本文據圖版補出。後文不注。

·毋絶縣肉。絶之,必有經焉。(乙3貳)

·南門,是謂將軍門,可聚邦、使客。八歲更。辟門,廿(乙4貳)

·歲更。主必富,使僕□□。大伍門,宜車馬,宗(乙5貳)

·族、弟兄、婦女吉,十二月更。則光門,其主必昌,(乙6貳)

·好歌舞(舞),必施卒〈衣〉常(裳),十六歲更。不毆,必爲巫。(乙7貳)

上例是《直室門》篇部分内容,該篇抄寫在乙種《建除》下方,每行文字上端多有符號"·",作爲兩篇的分界。

需要指出的是,不少塗寫於下欄的符號"·"除了起到分欄的作用外,大多數還兼有分條的功能(詳見後文)。但以上兩例中甲3貳、乙3貳、乙5貳、乙6貳、乙7貳所見"·"皆置於一句中間,明顯不是分條標識。

**(二)作爲開篇標識**

1.篇題標識

放馬灘秦簡中自署篇題的情況較爲少見,有篇題者又多與正文連貫抄寫,如果不仔細觀察,很難發現。檢索全部自署篇題,其前冠以符號"·"的情況較爲常見。如:

·黄鐘:平旦至日中投中黄鐘,鼠毆,兑(鋭)顔、兑(鋭)頤、赤黑、免(俛)僂,善病心、腸。(乙206)

·犬忌:癸未、酉、庚申、戌、己燔園中犬矢(屎),犬弗尼(昵)。(乙307)

·邦居軍:丙丁畾(雷),軍後徙。戊己畾(雷),軍敬(警)。庚辛畾(雷),軍前徙,爲雨不徙。壬癸纍(雷),戰。(乙346)

上例中符號"·"下之"黄鐘""犬忌""邦居軍"等文字皆很難與其下内容連讀。但細察這些文字,都是對後文總括性的描述,若將它們視作篇題,則非常合適,其下文意豁然開朗。

2.開篇標識

放馬灘秦簡中大多數成篇材料并無篇題,但在首簡文字前冠以符號"·",而其後各簡文字前則無此類符號,標識較爲明顯。如:

·占疾,投其病日、辰、時,以其所中之辰閒└,中其後爲巳閒└,中其前爲未閒└。得其月之剽,恐死。得其(乙338)□,瘁(瘧)。得其□,善└。得其閉,病中□□└。得其建,多餘病└。得除,恐死└。得其盈,駕(加)病└。得其吉,善。得(乙335)其臽,病久不……(乙358A)□,乃復病。(乙364B)

上例是《占疾》篇全文,共抄寫在四枚簡上,僅在首簡文字前冠以符號"·",十分醒目。

又如:

·角十二,[·八月]。(乙167壹)亢十二。(174壹)氐十七,·九月。(乙168+374壹)房七。(乙173壹)心十└、十二,·十月。(乙169壹)尾九。(乙176壹)箕十。(乙175壹)

上例是《星分度》篇部分内容,此篇講述二十八宿分度及逐月日躔所在星宿,共抄寫在十三枚簡上。全篇僅在星宿名“角”上冠以符號“·”,其他星宿名上皆無此符號,暗示此處乃本篇首句。核之以二十八宿的傳統排序,也是以“角”宿起始,次之以“亢”“氐”等宿。再看下欄内容,也可前後連讀貫通。附帶指出,此篇在各月份上也標以“·”似有强調之意,突出其上各宿乃是該月日躔所在。此種用法僅限於本篇,後文不贅。

**(三)作爲章節標識**

1.章節標識

放馬灘秦簡中有些成篇的材料内容較多,抄寫者往往根據其中内在邏輯細分爲若干章節,并在每個章節前標以符號“·”,較爲醒目,也使得全篇層次井然有序。如:

·旦至日中投中大吕,牛殹,廣顔,恆(亘)鼻、緣〈喙〉,大目,肩僂,恶,行微=[微微]殹,土,色白黑,善病風痹。(乙209)

日中至日入投中大吕,翏(兕)牛殹,廣顔,大鼻,大目,裹重,言閒=[閒閒](閑閑),恶,行僂=[僂僂],要,白色,善病要(腰)。(乙210)

日入至晨投中大吕,旄牛殹,免(俛)顔,大頸,長面,其行丘=[丘丘](瞿瞿)殹,蒼皙色,善病頸項。(乙211)

上例是《黄鐘》篇的部分内容,該篇將一日分爲“旦至日中”“日中至日入”及“日入至晨”三個時段,再以各個時段所“投中”的十二律來占卜病祟。抄寫者僅在“旦至日中”時段前施加符號“·”,其餘時段不加,簡文排列次序不言自明。

又如:

·黄鐘,音殹。貞在黄鐘,天下清明,以視陶陽(唐)。啻(帝)乃詐(作)之,分其短長。比於宫聲,以爲音尚。久乃處之,十月再周,復其故所。其祟上君、(乙260)先□。卜疾人三禺(遇)黄鐘死,卜事君吉。(乙261)

·大吕,音殹。貞在大吕,陰陽溥(薄)氣,翼凡三□,居引其心。牝牡相求,徐得其音。後相得殹,説(悦)於黔首心。其祟大(乙262)街、交原。卜疾人不死,取(娶)婦、嫁女吉。(乙267)

上例是《貞在黄鐘》篇的部分内容。該篇分爲十二節,各以十二律爲占。每條占辭都連續抄寫在兩枚簡上,抄寫者僅在首簡施加符號“·”,接續其下的第二枚簡上則無此符號。這一規律對我們復原其他類似篇目的編連次序有很大的幫助。

2.分條標識

放馬灘秦簡的内容大體上都屬於“日書”,這類典籍中程式化的表述較多,條理較爲明顯。乙種簡的抄寫者習慣於在一些分條(也可以視作“節”)叙述的文句前冠以符號“·”,顯得眉目分明。如:

·甲亡,盜在西方,一於(宇)中食者五口,疵在上,得,男子殹。(乙55壹)

·乙亡,盜青色,三人,其一人在室中,從東方入,行有遺殹,不得,女子殹。(乙56壹)

·丙亡,盜在西方,從西北入,折齒,得,男子殹,得。(乙57壹)

上例是乙種《十干占盜》篇部分内容,各條文字上端皆標以符號“·”,富於條理。

又如:

·甲子旬,辰巳虛,戌亥孤。失六,其虛在東南,孤在西北。若有死,各[六兇](凶),不出一歲。(乙115貳)

·甲戌旬,寅卯虛,申酉孤。失,虛在正東,孤在正西。若有死者,各四兇(凶),不出一月。(乙116貳)

·甲申旬,子丑虛,午未孤。失,虛在正北,孤在[正]南。若有死者,各一兇(凶),不出一歲。(乙117貳)

上例是《六甲孤虛》篇部分内容,各簡上端皆施加符號“·”,顯得條理清楚。同時,該篇抄寫在《土功(一)》篇下方空白處,這些符號也兼具分欄功能。

**(四)作爲句讀標識**

放馬灘秦簡中的符號“·”用在句中,還具有標識語氣停頓的功能,略如符號“ㄴ”的用法(詳見後文)。如:

·日分:甲以到戊,·己以到癸。·辰分:子以到巳,·午以到亥。(乙167叁)·時分:旦以到東中,·西中以到日入。(乙174叁)[·星分:角以]到東壁,·奎以到軫。(乙168+374叁)

上例是《日分》篇的部分内容。多見符號“·”,其中位於句中“己”“午”“西中”“奎”等字上的“·”所起作用主要是標識語氣停頓,應在其上斷讀。其他墨丁爲分條標識,也有斷句功能,位於簡首的還兼具分欄作用。

又如:

■凡占黄鐘,一左一右,壹行壹止,一……·生黄鐘,置一而自十二之,上三益一,下

三奪一。·占□(乙333)

上例是《占黄鐘》篇的部分内容,其中兩處符號“·”所起的作用也是斷句,兼具劃分段落的作用,經此符號標點後,全文層次更爲分明。

## 二　墨塊“■”

此類符號在簡文中較爲多見,可辨識者共49處。其形狀又可細分爲Ⅰ、Ⅱ兩式,寬度皆與簡寬等齊。Ⅰ式窄長或近於正方,以濃墨豎向塗寫於竹簡頂端,一般占據一至二個字位。Ⅱ式寬扁,以濃墨横向塗寫於竹簡中部,一般占據一個字位。舉例如下表:

表2　墨塊“■”形狀

| Ⅰ式 |  | | | |  |  |  | | 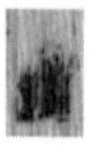 |
|---|---|---|---|---|---|---|---|---|---|
| 簡號 | 甲1壹 | 甲30A | 甲42壹 | 乙1壹 | 乙14壹 | 乙66貳 | 乙293 | 乙104 | 志1 |
| Ⅱ式 | | | | | 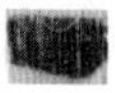 | | | | |
| 簡號 | 甲18貳 | 甲16貳 | 甲24貳 | 甲42貳 | 甲73貳 | 乙48貳 | 乙56貳 | 乙73貳 | 乙78貳 |

以上二式,雖形狀有异,但其功用基本一致,試分析如下:

### (一)作爲分欄標識

如前所述,放馬灘秦簡中一般用符號“·”作爲分欄標識,但偶爾也有以“■”分欄的情况,不多見。如:

■開日,逃亡,不得。可以言盜,盜必得。(甲18貳)

上例是甲種《建除》篇中的一條。該篇起先在上欄抄寫,從此條開始轉入下欄抄寫,故在此條上標以“■”,加以提示。這一點與乙種《建除》篇中位於“建日”上作爲章節符號的墨塊并不相同(詳見後文)。

### (二)作爲開篇標識

1.篇題標識

如前所述,放馬灘秦簡中的自署篇題前多冠以符號“·”。但也有冠以符號“■”的情况,不多見。如:

■禹須臾行不得擇日:出邑門,禹步三,鄉(向)北斗,質畫地。視〈祝〉之曰:“禹有直五横。今利行=[行,行]毋(無)咎。爲禹前除道。”(乙165)(甲66貳-67貳與此同)

上例中符號"■"下之"禹須臾行不得擇日"爲篇題,揭示後文所述是一種在無法選擇良辰吉日的情況下出行時所應當采用的一種厭禳術,也屬於"禹須臾"術。

放馬灘秦簡中的自署篇題多與正文連貫抄寫(如上例),但以下兩例篇題各用一枚簡單獨抄寫,其前又冠以符號"■",較爲少見。如:

■禹須臾行日(甲42壹)

■禹須臾所以見人日(甲42貳)(乙373貳與此同)

上例中符號"■"下之文字皆爲篇題,其後諸簡所述内容正是如何利用"禹須臾"術選擇出行或晋見貴人的良辰吉日,正與篇題呼應。

2. 開篇標識

放馬灘秦簡成篇材料中僅在篇首文字前冠以符號"■"的情形也較爲常見。如:

■宫之音弁,如[牛]處窨中。宫,腸殹,囷倉殹。宫音貴,其畜牛,其器弁□,其穜(種)重(穜),其事□,其事貴,其處安,其味(乙353)甘,其病中。徵之音下出。如負虎而□。□□□殹。徵音善,其畜虎,其器□,其穜(種)華,其事嗇夫,其處鏊□(乙352)

■八年八月己巳,邸丞赤敢謁御史:大梁人王里□徒曰丹,□今七年,丹刺傷人垣離里中,因自刺殹,□之於市三日,(志1)葬之垣離南門外。三年,丹而復生。丹所以得復生者,吾犀武舍人。犀武論其舍人尚命者,以丹(志2)

上例分别是乙種《五音(二)》及《丹》篇的部分内容,首句皆以"■"頂格起始,其下各句前一般不再出現此符號,十分醒目。

另外,放馬灘秦簡成篇材料中又多見在首簡冠以符號"■",其後各條文字前再冠以符號"·"的情形,層次分明。如:

■春三月甲乙不可伐大榆東方,父母死|。(乙129貳)·夏三月丙丁不可伐大棘南,長男死。(乙130貳)·戊己不可伐大桑中央,長女死之|。(乙131貳)

■……年,刑直(德)并在土。刑徙所勝直(德),直(德)徙所不勝刑,五歲而復并於土。(貳)(347)·直(德)之所在主歲。(乙308貳)

上例分别是《伐木忌(二)》及《刑德》篇全文,兩篇皆以符號"■"起始,其下條文之前再冠以符號"·",這些墨丁又兼具分欄功能。

**(三) 作爲章節標識**

前文已述以符號"·"作爲章節標識的情形。除此之外,放馬灘秦簡成篇材料中以符號"■"作爲章節標識的情況也較爲多見。如:

■正月,建寅,除卯,盈辰,平巳,定午,摯(執)未,彼(破)申,危酉,成戌,收亥,開

子,閉丑。(乙1壹)

·二月,建卯,除辰,盈巳,平午,定未,摯(執)申,彼(破)酉,危戌,成亥,收子,開丑,閉寅。(乙2壹)

■建日,良日殹。可爲嗇夫,可以祝祠,可以畜大生(牲),不可入黔首。(乙14壹)

·除日,逃亡不得,癉疾死。可以治嗇夫,可以𠐊(徹)言君子、除皋(罪)。(乙15壹)

上例是乙種《建除》篇部分内容。該篇内容可分爲“建除表”及“占辭”兩章,前者實爲建除神煞的“值日表”,後者所述爲不同神煞所主吉凶宜忌。兩章各以符號“■”起始,其下各條再冠以“·”,層次十分清楚。這種情況,亦見於後文所舉《剛柔日(二)》及《門户》全文,此處不贅。

## 三 雙墨點“=”

此類符號在簡文中較爲常見,現可辨識者共97處,符號由兩個墨點(有時作兩短横)組成,多書於一字右下方,較小。舉例如下表:

表4 雙墨點“=”形狀

| 舉例 | |  | 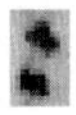 |  | | | 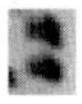 |  |  |
|---|---|---|---|---|---|---|---|---|---|
| 簡號 | 乙351 | 乙132壹 | 乙217 | 乙255 | 乙235 | 乙250 | 乙327B | 乙299 | 乙210 |

其功用主要有兩種:作爲重文標識或省寫標識,前一種情況較爲普遍。以下試做分析:

### (一)作爲重文標識

“=”作爲重文標識,在放馬灘秦簡中有多種用法。除了常見的對單字的重複之外,又見對多字的重複等新情況。

1.重複上文單字

這種情況最爲常見,如:

·旦至日中投中大(太)族,虎殹,戠(織)色,大口,長要(腰),其行延=[延延](延延)殹,色赤黑,虛=[虛虛],善病中。(乙212)

·荼(蕤)賓,□殹,別離、上事殹,外野某殹。貞在荼(蕤)賓,是謂始新,啻(帝)堯乃章九州。以政下黔首,斬伐冥=[冥冥],殺戮申=[申申]。(乙272)

上例分別是《黄鐘》及《貞在黄鐘》篇部分内容,其中“延”“虛”“冥”“申”等字下的符號“=”皆表示對前一字的重複。此兩篇中疊音詞很多,都用這種方式書寫,無一例外。

又如：

■寡門，不寡濡泥輿=[輿，輿]毋(無)所定，妻不吉，必參(三)寡。(乙1貳)

·入正月一日風=[風，風]道東北，禾黍將。從正東，卒者丈夫。從東南，手臬坐=[坐坐]。從正南，衣之必死……(乙162A+93A)兵，邦君必或死之。從正北，水潦來。(乙313)

上例分别是《直室門》及《候歲》篇部分内容，其中"輿""風"等字下的符號"="也表示對前字的重複，但兩者之間需要破讀。

2.重複上文多字

放馬灘秦簡中又見連續出現的多個符號"="重複多字，以及單個"="重複多字的現象，若按重複單字的常規方式釋讀，往往文意難通。在這種情形之下，需要做變通處理。如：

占盜：以亡辰爲式，投得其式爲有中，閒得其前五爲得、爲聞，得其後伍(五)爲不=得=[不得，不得]其前後之伍(五)爲復亡。(乙322)

·役居□若有所遠使，千里外顧復歸，不可以=壬=癸=到=□=[以壬癸到□。以壬癸到□]，必死l。(乙319)

上例分别是《占盜》及《歸行》等篇中部分内容，其中"不=得="等字，若機械地釋讀爲"不不得得"則不知所云，若析書作"不得，不得"則文意通暢。"以=壬=癸=到=□="等字，也應析書作"以壬癸到□。以壬癸到□"。

又如：

……墦(蕃)昌。小者以死，有(又)之少者。女〈母〉死，取長子=[長子。長子]死，取中子=[中子。中子]死，取少子。(乙108B壹)

以上是《五音日卜死》篇的部分内容。其中兩處"="，若將其讀作"子子"則文理不通。通讀全句，我們不難發現此兩處"="實際上是對其前"長子"或"中子"兩字的重複，應按其具體語境分别析書作"長子，長子"及"中子，中子"。

**(二)作爲省寫標識**

1.省去與前句語義重複的特定單字

放馬灘秦簡中多見程式化句式，其中某些字詞在前後文中反復出現。若後文再次出現這一字詞，抄寫者往往僅寫出前字，而省去後字，代之以符號"="。如：

■凡甲、丙、戊、庚、壬、子、寅、[卯、戌]、巳、酉，是胃(謂)岡(剛)日、陽[日]、牡日殹，女子之吉日殹。(乙113壹)

■凡乙、丁、己、辛、癸、丑、辰、午、未、申、亥,是=[是謂]柔日、陰日、牝日殹,男子之吉日殹。(乙114壹)

以上是《剛柔日(二)》全文。其中兩句内容相類,結構全同,句式一致。但前句作“是胃(謂)”之處,後句却寫作“是=”。可見,後句中“=”實際上是對前句中重複字“胃(謂)”的省寫。

2.作爲對某一特定單字的習慣性省寫的標識

放馬灘秦簡中還有多處“是=”句,如。

·寅、巳、申、亥、卯、午、酉、子、辰、未、戌、丑,凡是=[是謂]土禁,不可垣。垣一版,眥。三版,耐。成垣,父母死。(乙133壹)

·卯、丑、寅、午、辰、巳、酉、未、申、子、戌、亥,凡是=[是謂]地司空,不可操土攻(功),不死必亡。(乙134壹)

·毋(無)射、大(太)族、茤(蕤)賓之卦曰:是=[是謂]水火之貧=[貧貧]。(乙351)

·林鐘、癮(應)鐘、夾鐘之卦曰:是=[是謂]作(乍)居作(乍)行,左右可(何)望。日中爲期,剥此羭羊。(乙254)

上例是《土功(二)》及《自天降令》篇的部分内容。其中“是=”,前人多看作重文符,析書作“是是”,訓爲“此是”。其説雖大致可通,但在放馬灘秦簡的時代,“是”字是否已經演進爲判斷動詞,學界仍有疑問。若從上舉《剛柔日(二)》篇中“是=”用作“是謂”的實例來看,我們將以上四例中“是=”析書作“是謂”,即將“是=”看做“是謂”的習慣性省寫,可能更加妥當。

3.省去與前字構件相同的特定單字

我們也發現,若簡文中上下兩字具有某個共同的構件,抄寫者有時會承上省去後字,而代之以符號“=”,僅以下二例:

徙門,數實數=[數婁](寠),并黔首家。(乙18叁下)

營=[營宫]廿。·正月。(乙172壹)

前者見於《直室門》篇。其中“數實數=”句,睡虎地秦簡日書《直室門》篇作“數富數虚”,其中“數”可讀作“速”,指財富積累得快,虧空也快。據此,我們將此處“數=”析書作“數婁”。“婁”爲“數”字左部,故抄寫者承上省去。“婁”可讀作“寠”,《爾雅·釋言》:“寠,貧也。”《玉篇·宀部》:“寠,空也。”與“虚”義近。

後者見於《星分度》篇。其中“營=”,我們析書作“營宫”。“宫”爲“營”字下部,故抄寫者承上省去。營宫,二十八宿之一,傳世典籍皆作“營室”,但出土文獻多寫作“營=”,如睡虎地秦簡日書《星》及《取妻出女》、馬王堆漢墓帛書《五星占》及《刑德》、周家臺秦簡《繫行》、阜陽汝陰侯漢墓"二十八宿圓盤"中皆作此形。可見,將"營宮"寫作"營="，是秦漢時的一種書寫習慣。

## 四　墨勾"ㄴ"

此類符號在簡文中較爲常見,可大體辨識者約76處,多書於一字右下方,較小。舉例如下表：

表3　墨勾"ㄴ"形狀

| 舉例 | | | | | | |  | | |
|---|---|---|---|---|---|---|---|---|---|
| 簡號 | 甲57貳 | 乙37貳 | 乙326 | 乙40B貳 | 乙41貳 | 乙289B | 乙304 | 乙304 | 乙350 |

其功用較爲單一,一般在句中起停頓作用,略如現今標點符號中的頓號、逗號或句號,以下試做分析：

**(一)用在并列的名詞之間**

如：

·黄鐘ㄴ、大吕ㄴ、姑先(洗)ㄴ、中吕ㄴ、林鐘皆曰:請謁得,有爲成,取(娶)婦嫁女者吉,病者不死,毄(繫)囚者免。(乙257)

·大(太)族ㄴ、蒃(蕤)賓ㄴ、夷則ㄴ、南吕皆曰:請謁不得,有爲不成 ,取(娶)婦嫁女不吉,疾人死,毄(繫)囚者不免。(乙258A+371)

·夾鐘ㄴ、毋(無)射ㄴ、瘧(應)鐘皆曰:請謁難得,有爲難成,取(娶)婦嫁女可殹,疾人危,毄(繫)囚難出。(乙256)

上例是《十二律吉凶》篇的部分内容,其中在"黄鐘""大吕"等律名之間施加符號"ㄴ",表示并列關係,其功用略如現今之頓號。

**(二)用在并列的數詞之間**

如：

九與八ㄴ、七與六ㄴ、五與四,皆妻夫殹ㄴ。日爲夫,晨〈辰〉爲妻,星爲子。欲夫妻之和而中數殹,甚衆者盍,少者失。(乙344)

心十ㄴ、十二,·十月。(乙169壹)……胃十四ㄴ、十三,·三月。(乙168貳)

上例分别是《陰陽鐘》及《星分度》篇的部分内容,其中相連的兩個數字容易混淆,抄寫者在兩者之間施加符號"ㄴ",以作劃分,其功用略如現今之頓號。

**(三)用在句中,表示語氣停頓**

如:

·平旦生女ㄴ,日出生男ㄴ,夙食女,莫食男,日中女,日過中男,日則(側)女,日下則(側)男,日未入女,日入男,昏(昏)女ㄴ,夜莫(暮)(乙142)男ㄴ,夜未中女ㄴ,夜中男,夜過中女,雞鳴男。(乙143)

·春三月東首ㄴ,夏三月南首ㄴ,秋三月西首ㄴ,冬三月北首ㄴ,皆吉。(乙303A+304)

上例是乙種《生男女》及《四時首》篇全文,其中在各句之間施加符號"ㄴ",表示語氣停頓,其功用略如現今之逗號。又如:

·巳,旦不聽ㄴ。安(晏),聽ㄴ。晝,不聽ㄴ。夕,得後言。(乙40B貳)
·午,旦不聽ㄴ。安(晏),百事不聽ㄴ。晝,許ㄴ。夕,許。(乙41貳)
·未。旦有美言ㄴ。安(晏),後見之ㄴ。晝,得惡言ㄴ。夕,不聽。(乙42B貳)

上例是乙種《吏》篇部分内容,該篇分"旦""安(晏)""晝""夕"四個時段占測下級官吏求見長官的不同結果。抄寫者在各句之間施加符號"ㄴ",表示語氣停頓,其功用略如現今之句號。這種情況,亦可參看前文所舉《占疾》篇全文。

## 五　横墨綫"—"

此類符號在簡文中較爲常見,今可辨識者共2處,形狀爲横向墨綫,大體占據半個字位。舉例如下表:

表4　横墨綫"—"形狀

| 舉例 | | | | | | | | | |
|---|---|---|---|---|---|---|---|---|---|
| 簡號 | 乙77貳 | 乙77貳 | | | | | | | |

此種符號書於句中,其功用较爲單一,略如現今標點符號中的逗號,僅見於下例:

·土生木—,木生火—,火生土。(乙77貳)

這是《五行》篇最末一句,抄寫者在語氣停頓之處施以符號"—",將前後兩個相同之字隔開,與符號"ㄴ"的功用基本相似。

這一符號在簡帛文獻中非常少見。若按放馬灘秦簡的抄寫習慣,上下重複之字往往寫作"某=",此句應作"土生木=[木,木]生火=[火,火]生土"。但此句不但將重複字連續寫出,而且在它們之間施以符號"—",除了表示語氣停頓之外,似乎還有特别强調其中兩個重複字不可連讀之意。

## 六　豎墨綫"ㅣ"

此類符號在簡文中較爲常見,今可辨識者共52處,其形狀爲豎向墨綫,長短粗細略如正文中的豎畫,一般占據一個字位。舉例如下表:

表5　豎墨綫"ㅣ"形狀

| 舉例 | | | | | | | | | |
|---|---|---|---|---|---|---|---|---|---|
| 簡號 | 乙83貳 | 乙96貳 | 乙96叁 | 乙124壹 | 乙124貳 | 乙318 | 乙136壹 | 乙380 | 乙48貳 |

此種符號皆書於句末,其功用較爲單一,略如現今標點符號中的句號,以下試做分析:

■凡啓門,以七星、張、翼、亢、奎皆[吉]。門忌(乙133貳)乙、辛、戊、五丑ㅣ。(乙132貳)

■祠門良日:甲申、庚申、壬申ㅣ。(乙135貳)

■户忌丁及五丑,凶ㅣ。(乙134貳)

上例是《門户》全文,其中句首皆以墨塊起始,句末尾則施以符號"ㅣ",表示一句的終結。這一規律對此篇編連次序的復原具有重要作用。

又如:

夏三月啻(帝)爲室,杓(剽)午,殺未,四灋(癈)壬癸ㅣ。(乙96壹)

秋三月啻(帝)爲室巳,杓(剽)酉,殺,四灋(癈)甲乙ㅣ。(乙97壹)

冬三月啻(帝)爲室申,杓(剽)子,殺,四灋(癈)丙丁ㅣ。(乙98壹)

上例是《帝》篇部分内容,其中文句末尾皆施以符號"ㅣ",表示語氣的終結,層次井然。這種情況,亦可參看前文所舉《伐木忌(二)》全文。

## 小結

綜上所述,放馬灘秦簡中的六類符號各有其大致固定的作用,使用情況較爲複雜。若加以綜合考察,可見如下四個較爲顯著的特點:

第一,"一號多用"的情況較爲普遍,但其核心功用日趨突出。如符號"・"可分别作爲分欄、開篇、章節、句讀等方面的標識性符號,似乎比較複雜。但實際上,這四種功用的核心是一致的,即根據簡文的具體情况將其劃分爲不同層次。最初的層次是依據簡文的抄寫位置劃分出上下欄,其次是依據簡文内容的不同劃分出篇,再次是依據某篇内容的内在邏輯將其劃分爲若干章節(條目)乃至句。

第二,"异號同用"的情况亦爲多見,但已出現較爲明顯的分化。如符號"■"與"・"的基本功用大體上是重合的,但在"■"作爲開篇標識或章節標識的情况下,其下作爲段落或條目的標識一般都是"・"。説明在這種情况下,"■"是一個較高層級的標識,而"・"所標識的層級較低。又如,符號"└""|""・"及"—"都可以作爲語氣停頓的標識,但簡文中使用前兩種符號的情况較多,使用後兩種的情况不多見。此後,符號"・"及"—"作爲語氣停頓標識的功用逐漸滅失,我們在漢簡中就很難找到此類用例。

第三,標識性符號使用較多,而語氣性符號使用較少。符號"・"及"■"的主要功能是分欄、分篇及分章節,在簡文中使用十分廣泛。符號"="作爲重文或省寫標識,其使用頻率也較高。這三種符號主要是作爲某種"標識"使用的。相比之下,表示語氣停頓的符號"└""|"及"—"出現的次數就比較少。這一情况在睡虎地秦簡日書及周家臺秦簡日書中也普遍存在。反映出在秦代日書類典籍的抄寫過程中,抄寫者對篇、章、節等基本層次的劃分較爲重視,但對於其中語氣停頓等細緻層次的劃分還處於較爲初級的階段,"標點"符號的使用遠未達到成熟的地步。

第四,各種符號的施加具有較大隨意性。相比較而言,甲種簡中符號較少,而乙種簡中符號較多。如《吏》篇,甲種簡僅見一處"└",但在乙種簡多達二十餘處。又如《建除》《十二支占盜》等篇,甲種簡僅見開篇符號"■",但在乙種簡中還有章節符號"■",并在章節下各條前施加符號"・"。乙種簡中雖然較多地使用了各種符號,但隨意性仍然較大。如《衣》篇:"・入月十四日└、十七日、廿三日"(乙362壹),其中在"十四日"與"十七日"之間施加"└",但在其後的"十七日"與"廿三日"之間則缺失。又如《丹》篇:"・丹言:'祠者必謹騷(掃)除,毋以淘□祠所。'"(志7)其中在"丹言"上施加符號"・",依例,位於"志4"的另一處"丹言"前也應有此符號,但抄寫者却付諸闕如。

附記:本文刊發前,承蒙匿名評審專家提出寶貴意見,得以修改完善,謹致謝忱!

# 里耶"取鮫魚"簡與秦統一初期的文化建構 *

湘潭大學歷史系　李　斯
湘潭大學文學與新聞學院　李箏戎

**内容提要**　"取鮫魚"簡的内容較爲獨特,主要反映的行政過程是遷陵縣向其下轄鄉(啓陵鄉)征詢某類特殊水産品,以及啓陵鄉守對此事的回復。這樣一份看起來似乎并不十分緊急的官文書,却通過"郵人"的特殊方式予以傳遞,其原因可能與所"獻"之物是呈獻給皇帝的貢品有關。《里耶秦簡(壹)》中有多枚簡牘内容與地方"獻"物的制度及其實行情况有關,均出於第八層,且存在編號相鄰、文意密切相關的簡例,應非出於偶然。先秦至漢唐的文獻中多見"鮫"與"蛟"互通的文例。史籍所見秦皇漢武"射蛟"故事,不但是古代帝王"射蛟"風習的延續,而且暗含執政合法性宣傳的政治文化象征意義。

**關鍵詞**　里耶秦簡　鮫魚　秦統一　秦始皇　文化建構

近年公布的里耶秦簡中,有一枚公文簡的内容較爲獨特,或可稱爲"取鮫魚簡"。與一般官文書不同的是,該簡文主要反映的行政過程是遷陵縣向其下轄鄉(啓陵鄉)征詢某類特殊水産品,以及啓陵鄉守對此事的回復。迄今爲止,類似的文書在秦漢簡牘中似尚不多見,因而頗有探討的必要。這條珍貴的秦代行政記録,不僅反映出當時人們對某些特殊物種與水産品分類的認知程度,而且可能與秦王朝的重大政治事件有密切關係。對其相關問題進行探討,或許將有助於增進秦漢政治文化與秦漢水生物種分布的認識。

*　基金項目:本文係國家社科基金重大項目"秦統一及其歷史意義再研究"的階段性成果(項目批准號 14ZDB028)。

## 一　簡文内容及其所反映的問題

爲方便起見,我們先將此簡文迻録如下,再作解釋和論述。

> 卅五年八月丁巳朔己未啓陵鄉守狐敢言之廷下令書曰取鮫魚與┛
> 山今盧魚獻之問津吏徒莫智·問智此魚者具署┛
> 物外以書言·問之啓陵鄉吏黔首官徒莫智敢言之·户(正)
> 曹
> 八月□□□郵人□以來/□發　□手(背)(8-769)①

簡文分正、背兩面,主要内容都集中於正面。有的字原未釋出,陳偉、何有祖等先生在《里耶秦簡校釋》(下文簡稱《校釋》)中予以補釋,并作了標點和校釋。據此,簡文正面内容整理後標點如下:

> 卅五年八月丁巳朔己未,啓陵鄉守狐敢言之:廷下令書曰取鮫魚與山今盧(鱸)魚獻之,問津吏、徒莫智(知)。·問智(知)此魚者具署物色,以書言。·問之啓陵鄉吏、黔首、官徒,莫智。敢言之。户曹。②

其中"物色"原釋作"物外",當從《校釋》改釋作"物色"。簡文中的"物色",可以理解爲"鮫魚與山今廬魚"的具體形狀及其特殊表征。衆所周知,"敢言之"是秦漢行政運作中上行文書的慣用套語。實際上,該簡文應是啓陵鄉守"狐"對"廷下令書"的回復,而"廷下令書"的主要内容應即"取鮫魚與山今廬魚獻之",但因"問津吏、徒莫智",故上級官府進一步要求"問智此魚者具署物色",并以公文形式上報。

簡文背面字迹雖漫漶不清,但依稀可見"八月""郵人□以來""狐手"等字樣,由此透露出一個重要信息,這份公文是通過"郵人"這一特殊方式來傳送的。而根據相關律令規定,漢代"郵人"傳遞的一般是比較緊急而重要的官文書。如張家山漢簡《二年律令·行書律》:"令郵人行制書、急書,復,勿令爲它事……書不急,擅以郵行,罰金二兩……書不當以郵行者,爲送告縣道,以次傳行之……諸獄辟書五百里以上,及郡縣官相付受財物當校計者書,皆以郵行。"③所谓"制書",《史記·秦始皇本紀》載始皇二十六年群臣議"帝號"之言:"臣等昧死上尊號,王爲'泰皇'。命爲'制',令爲'詔',天子自稱曰'朕'"。注引蔡邕曰:"制書,帝

① 湖南省文物考古研究所編:《里耶秦簡(壹)》,北京:文物出版社,2012,50頁。

② 參見陳偉主編《里耶秦簡牘校釋》(第一卷),武漢大學出版社,2012,222頁。

③ 張家山二四七號漢墓竹簡整理小組:《張家山漢墓竹簡(二四七號墓)》(釋文修訂本),北京:文物出版社,2006,45-47頁。

者制度之命也,其文曰'制'"。[①]《漢書·高后紀》也提到漢惠帝崩,太后"臨朝稱制",顔師古注:"天子之言,一曰制書,二曰詔書。制書者,謂爲制度之命也。非皇后所得稱。今吕太后臨朝行天子事,斷决萬機,故稱制詔。"[②]由此可知,漢代"郵人"傳遞的官文書中,又以"制書"最爲尊貴,因其來源爲"天子之言"。故《二年律令·行書律》特别提出,承擔此類特殊任務的"郵人",可以享受相應優待。而對於"書不急"却"擅以郵行"的情况,也作出了明確的處罰規定。有學者通過對里耶秦簡相關"郵人"簡文的研究,推測秦代的情况也大概如此,并認爲"除一些緊急必須交郵人專辦的文書之外,多數文書是由下級吏員、一般民衆,甚至隸臣妾遞送的。"[③]對此,王子今先生也指出:"可見當時的郵傳制度,主要是爲傳遞緊急文書和重要信息服務的。"[④]從已經公布的里耶秦簡來看,以"郵人"傳遞的文書總數相對較少,可能與這一傳遞方式的特殊用途和重要程度有關。

那麽,這樣一份看起來似乎并不十分緊急的官文書,爲何會通過"郵人"的特殊方式予以傳遞?其原因可能與所"獻"之物是呈獻給皇帝的貢品有關。簡文開頭所署"卅五年",應即秦始皇三十五年,其時秦始皇已經完成統一大業,并已使用作爲最高統治者專屬稱謂的"皇帝"名號。《里耶秦簡》(壹)有數處關於地方"獻"物的簡文,其呈獻對象應爲秦始皇本人。例如,在排序上緊鄰"取鮫魚"簡,編號爲 8-768 的簡文提到"四時獻":

> 卅三年六月庚子朔丁未,遷陵守丞有敢言之:守府下四時獻者上
> 吏缺式曰:放(仿)式上。今牒書應書者一牒上。敢言之。(正)
> 六月乙巳旦,守府即行。　　履手。(8-768 背)[⑤]

從簡文内容推斷,所謂以"四時獻者上"當爲"守府"下達的行政命令,其最終的呈獻對象,當然也不可能僅止於"守府"。先秦時期就已存在以四時獻物供奉君王的制度,如《史記·蘇秦列傳》載蘇秦説楚威王之言:"臣聞治之其未亂也,爲之其未有也。患至而後憂之,則無及已。故願大王蚤孰計之。大王誠能聽臣,臣請令山東之國奉四時之獻,以承大王之明詔,委社稷,奉宗廟,練士厲兵,在大王之所用之。"[⑥]由此推知,能够令"山東之國奉四時之獻"的,衹可能是平息戰亂、完成統一的新帝王,而這一偉業,也確實在秦始皇執政期間得以實現。簡 8-768 與簡 8-769 不僅編號相近,而且文意相關,或許可以爲我們理解"四時獻者"與"取鮫魚與山今廬魚獻之"兩者之間的聯繫提供更多綫索。

---

① 《史記》卷六《秦始皇本紀》,北京:中華書局,1959,236-237 頁。
② 《漢書》卷三《高后紀》,北京:中華書局,1962,95 頁。
③ 參見于振波《里耶秦簡中的"除郵人"簡》,《湖南大學學報》2003 年第 3 期。
④ 參見王子今《郵傳萬里——驛站與郵遞》,長春出版社,2004,39 頁。
⑤ 湖南省文物考古研究所編:《里耶秦簡(壹)》,50 頁。句讀參照陳偉主編《里耶秦簡牘校釋》(第一卷),222 頁。
⑥ 《史記》卷六九《蘇秦列傳》,2260 頁。

與地方"獻"物有關的,還有同出於第八層的簡 8-1022,明確提到"獻冬瓜乾鮐魚"。[①] 值得注意的是,另有一處提到"獻鳥"的簡文:

> 廿八年七月戊戌朔乙巳,啓陵鄉趙敢言之:令令啓陵捕獻鳥,得明渠雌一。以鳥及書屬尉史文,令輸。文不肎(肯)受,即發鳥送書,削去其名,以予小史適。適弗敢受。即詈適。已有(又)道船中出操栮(楫)以走趙,奊訽謁詈趙。謁上獄治,當論論敢言之。令史上見其詈趙。(正)
>
> 七月乙卯啓陵鄉趙敢言之:恐前書不到,寫上。敢言之。丿貝手。
>
> 七月己未水下八刻,□□以來。丿敬半。　貝手。(8-1562 背)[②]

所謂"獻鳥",可能也有較爲悠久的傳統。《禮記·曲禮》:"獻鳥者佛其首,蓄鳥者則弗佛也"。依據注者的解釋,其中"佛"當作"拂",因鳥喙能傷人,故"獻鳥者"需"拂其首","蓄鳥者"則無此必要了。先秦時已存在諸侯向天子"貢獻"鳥獸的制度,且有專人負責管理進貢的鳥獸。例如,《周禮·夏官》有"射鳥氏",又有"羅氏",後者具體職掌爲:"掌羅烏鳥。蠟,則作羅襦。中春,羅春鳥,獻鳩以養國老,行羽物。"[③]此外還有"掌蓄",其具體職掌爲:"掌養鳥而阜蕃教擾之。祭祀,其卵鳥。歲時貢鳥物,共膳獻之鳥。"[④]而關於掌管鳥獸之"羅氏",《禮記·郊特牲》則作"大羅氏",述其職掌爲:"天子之掌鳥獸者也,諸侯貢屬焉。草笠而至,尊野服也。"對於"大羅氏"這一職官稱謂及其具體職掌,孔穎達《禮記正義》解釋説:"謂爲大羅者,鄭云'能以羅捕鳥獸者也'"。"'諸侯貢屬焉"'者,大羅氏既以羅爲名,能張羅得鳥獸,故四方諸侯有貢獻鳥獸於王者,皆入屬大羅氏也。""'草笠而至'者,草笠,以草爲笠也。此諸侯所使貢獻鳥獸之使者,著草笠而至王庭也。"[⑤]《周禮》中有關"羅氏"以"歲時貢鳥物"的具體職掌,或與前引簡文以"四時獻者"存在一定聯繫。而細察簡文可知,某些特殊水産與鳥類,應在"四時獻者"範圍之内。

耐人尋味的是,簡文所謂"捕獻鳥",雖是地方吏員奉上峰之命的行政行爲,但在具體執行過程中,却發生了在公文中將直接責任人"削去其名"的特殊情況,其背後的動機與深層原因還值得進一步研究。

此外,《里耶秦簡(壹)》還有一些與"獻"有關的簡文,例如:

> 下臨沅請定獻枳枸程,程,程　已(8-855)

---

① 湖南省文物考古研究所編:《里耶秦簡(壹)》,58 頁。
② 陳偉主編:《里耶秦簡牘校釋》(第一卷),360 頁。
③ [清]孫詒讓撰,王文錦、陳玉霞點校:《周禮正義》,北京:中華書局,1987,2448-2449 頁。
④ [清]孫詒讓撰,王文錦、陳玉霞點校:《周禮正義》,2452-2453 頁。
⑤ [清]孫希旦撰,王星賢、沈嘯寰點校:《禮記集解》,北京:中華書局,1989,697 頁。

錦繒一丈五尺八寸。　　卅五年九月丁……内守綄出以爲獻。(8-891+8-933+8-2204)

□縣所獻而不(8-954)

獻泰　　遷陵守丞陵□爲爲

爲爲爲(8-1438背)[①]

上述簡文除8-1438有較大可能是習字簡,其餘簡的内容應當也與地方“獻”物的制度及其實行情况有關。其中,《校釋》認爲簡8-933可與簡8-891和簡8-2204綴合,則所“獻”之物爲:“錦繒一丈五尺八寸”。[②] 從目前公布的《里耶秦簡(壹)》來看,所有關於“獻”的簡牘都出於第八層,且存在編號相鄰、文意密切相關的簡例,恐怕并不僅僅是偶然。

## 二 “鮫魚”與“蛟龍”

關於簡文中的“鮫魚”,早期文獻中存在一些不同解釋。而對相關内容的考察,又與“取鮫魚”簡的性質及文書具體意圖的判定直接相關。

東漢許慎《説文·魚部》明確指出“鮫”爲“海魚”。《説文解字》:“鮫:海魚,皮可飾刀口,從魚,交聲。”[③]段玉裁注:“今所謂沙魚,所謂沙魚皮也。許有魦字,云從沙省,蓋即此魚。”[④]段注提到《説文》另收有“魦”字,應與“鮫”同義,即後世通常所説的“沙魚”或“鯊魚”。因其皮質堅韌,可以用於武器裝備的製造。《史記·禮書》:“楚人鮫革犀兕,所以爲甲,堅如金石。”[⑤]除此之外,《史記·禮書》又提到“鮫魚皮”的裝飾功能:“天子大路越席,所以養體也……寢兕持虎,鮫韅彌龍,所以養威也。”《史記集解》引徐廣曰:“鮫魚皮可以飾服器,音交。韅者,當馬掖之革,音呼見反。”《史記索隱》也説:“鮫韅者,以鮫魚皮飾韅。韅,馬腹帶也。”[⑥]由“鮫魚皮”可用於天子乘輿的裝飾來看,可能在秦漢時期開始即被視爲較爲珍稀的魚種。據唐代《通典·食貨六》記載,當時臨海郡、永嘉郡、漳浦郡和潮陽郡均有鮫魚皮上貢,有學者據此指出,後世“鮫魚皮”的加工技術在東海和南海領域已較爲成熟。[⑦]

古代文獻中也記載了“鮫魚”在藥用等方面的價值。五代韓保升云:“鮫魚皮:‘主蠱氣,

---

① 湖南省文物考古研究所編:《里耶秦簡(壹)》,53、55、56、70頁。

② 陳偉主編:《里耶秦簡牘校釋》(第一卷),243頁。

③ [漢]許慎:《説文解字》,北京:中華書局,2013,244頁下欄。

④ [漢]許慎撰、[清]段玉裁注:《説文解字注》,上海古籍出版社,1988,580頁上欄。

⑤ 《史記》卷二三《禮書》,1164頁。

⑥ 《史記》卷二三《禮書》,1162-1163頁。

⑦ 洪緯:《中國古人對鯊魚認識的演變》,《中國農史》2014年第4期。

蠱疰方用之,即裝刀靶魚皮也'《唐本注》:'出南海,形似鱉,無脚而有尾。'《蜀本圖經》云:'鮫魚,圓廣尺餘,尾長尺許,惟無足,背皮粗錯。'"[①]而後世關於"鮫魚"食用價值的繼續開發,亦見於李時珍《本草綱目》:"有二種,皆不類鱉,南人通謂之沙魚,大而長喙如鋸者曰胡沙,性善而肉美。小而皮粗者曰白沙,肉强而有小毒,彼人皆鹽作修脯,其皮刮治去沙,剪作膾爲食,品美味,食益人,其皮可飾刀靶。"[②]《校釋》提到里耶秦簡8-1705有"乾鱸魚",《後漢書·左慈傳》記載了當時被視爲珍饈水産的"松江鱸魚",[③]這兩種"鱸魚"的共同點應當主要在於其食用價值。

由於尚未見到與"取鮫魚"内容相關的簡文,我們尚不能完全排除這樣一種可能性:即簡文所謂要求地方"取鮫魚與山今鱸魚獻之"的行政命令,可能包含有考察其食用價值及其他特殊用途的考慮。但細察簡文,有"問津吏、徒莫智(知)"等語。所謂"津吏",秦漢史籍或稱"津史",應是負責管理津渡的官員。從出土漢簡資料看,"津關"往往連稱,史籍亦多見。因此,王子今先生認爲"津吏"之職能似與"關吏"同,主要是檢查、控制出入經過津渡的人員,維護津渡通行秩序。[④] 由此推想,"津吏"因其職責所在,應當對其管轄範圍内的水産物種知識有一定的了解。如果簡文提到的"鮫魚"與"山今鱸魚"均屬一般的食用魚類,似乎很難理解爲何當地"津吏"會對此一無所知,甚至聞所未聞。

關於簡文中的"鮫魚",《校釋》稱爲"一種大魚",并引《史記·秦始皇本紀》所載方士徐市之言:"蓬萊藥可得,然常爲大鮫魚所苦,故不得至,願請善射與俱,見則以連弩射之。"《校釋》又引《淮南子·説山》高誘注:"魚二千斤爲鮫。"這確實很容易使人聯想到秦始皇最後一次"出游天下"時,親自入海射殺"巨魚"的歷史表演。其直接動機,竟是爲了尋求"不死"之"仙藥"。"取鮫魚"簡提到的"卅五年",應即始皇三十五年。當時已經完成統一大業的秦始皇,其興趣開始轉向求仙與長生。而大約在此時,一批以"富貴"爲主要人生追求的海上"方士"逐漸聚集在始皇身邊,慫恿其尋求"不死之藥",事見《史記·秦始皇本紀》:

> 三十七年十月癸丑,始皇出游……方士徐市等入海求神藥,數歲不得,費多,恐譴,乃詐曰:"蓬萊藥可得,然常爲大鮫魚所苦,故不得至,願請善射與俱,見則以連弩射之。"始皇夢與海神戰,如人狀。問占夢,博士曰:"水神不可見,以大魚蛟龍爲候。今上禱祠備謹,而有此惡神,當除去,而善神可致。"乃令入海者賫捕巨魚具,而自以連弩候大魚出射之。自琅邪北至榮成山,弗見。至之罘,見巨魚,射殺一魚。遂并海西。[⑤]

① [後蜀]韓保升撰,尚志鈞輯復:《蜀本草》,合肥:安徽科學技術出版社,2005,467頁。

② [明]李時珍撰,陳貴廷等點校:《本草綱目》,北京:中醫古籍出版社,1994,1034頁。

③ 《後漢書》卷八二《方術列傳》,北京:中華書局,1965,2747頁。

④ 王子今:《秦漢稱謂研究》,北京:中國社會科學出版社,2014,164-165頁。

⑤ 《史記》卷六《秦始皇本紀》,263頁。

在"方士"與"博士"的描述中,"大鮫魚"被稱爲阻礙求仙活動的海中"惡神",其中自有神秘主義的觀念影響。但細察上下文,方士徐市等人口中的"常爲大鮫魚所苦",在占夢博士的描述中却變成了"以大魚蛟龍爲候"。這似乎在提示我們,"鮫魚"與"蛟龍"之間,是否存在一定聯繫?

《説文》:"蛟,龍屬,無脚曰蛟。從蟲,交聲。池魚滿三千六百,蛟來爲之長,能率魚而飛。置笱水中,即蛟去。"有《説文》研究者認爲"按蛟或作鮫。然鮫者魚名,其字不相代也"。[①] 但據前引《史記·秦始皇本紀》可知,"鮫"與"蛟"當爲一物,或説至少是頗爲近似的物種。

在先秦兩漢文獻中,還可以找到不少"鮫"與"蛟"互通的例子。如《後漢書·鄭太傳》提到"孟賁之勇",李賢注引《説苑》曰:"孟賁水行不避鮫龍,陸行不避虎狼,發怒吐氣,聲響動天。"[②]此處提到"水行不避鮫龍",在更早的文獻中多作"水行不避蛟龍"。如《莊子·秋水》:"夫水行不避蛟龍者,漁父之勇也;陸行不避兕虎者,獵夫之勇也"。[③] 而傳世本《説苑》似無此句,但據《説苑佚文輯補》,此處則作"水行不避蛟龍"。[④] 由此可知,"鮫龍"即是"蛟龍"。

然而,歷代也有學者并不認同此説,并主張"蛟"與"鮫"判然有别。例如《漢書·司馬相如傳》:"其中則有神龜蛟鼉,毒冒鼈黿。"注引張揖曰:"蛟狀魚身而蛇尾,皮有珠。鼉似蜥蜴而大,身有甲,皮可作鼓。毒冒似觜蠵,甲有文。黿似鼈而大。"師古曰:"張説蛟者,乃是鮫魚,非蛟龍之蛟也。"[⑤]似乎在顔師古看來,此處"鮫魚"與"蛟龍"或係兩物。但在《漢書·司馬相如傳》提到"勇期賁育"時,顔師古又説:"孟賁,古之勇士也,水行不避蛟龍,陸行不避豺狼,發怒吐氣,聲響動天。"[⑥]是亦以"鮫龍"爲"蛟龍"之一名。相同的例證還見於《史記·司馬相如列傳》,張守節《史記正義》也作"水行不避蛟龍"。[⑦] 可見在唐人看來,"鮫"與"蛟"當爲一物,且兩字在行文中可互通,已是較爲普遍接受的觀點。故唐人著作中也明確提到:"鮫魚,今作蛟",[⑧]可視爲漢唐文獻中相關例證的典型代表。

一般來説,"蛟"在傳統文化中留存的多爲興風作浪、危害人間的妖物形象。有學者考察蛟的災害形象,指出其危害主要包括兩個方面:"其一是殘害人及家畜;其二是興風作浪,引發水災"。[⑨] 因此,爲避免蛟之爲害,古人多有"伐蛟"之舉。例如,《吕氏春秋》這樣解釋《禮

---

① [漢]許慎撰,黄勇譯:《説文解字》(全注全譯版),北京:中國戲劇出版社,2008,1873 頁

② 《後漢書》卷七〇《鄭太傳》,北京:中華書局,1965,2259 頁。

③ [清]王先謙撰,沈嘯寰點校:《莊子集解》,北京:中華書局,1987,146 頁。

④ [西漢]劉向撰,向宗魯校證:《説苑校證》,北京:中華書局,1987,542 頁。

⑤ 《漢書》卷五七上《司馬相如傳上》,2538 頁。

⑥ 《漢書》卷五七下《司馬相如傳下》,2590 頁。

⑦ 《史記》卷一一七《司馬相如列傳》,3054 頁。

⑧ [唐]玄應:《一切經音義三種校勘合刊》(修訂本),上海古籍出版社,2012,96 頁。

⑨ 陳桂權:《"伐蛟"弭災思想的歷史演變及實踐》,《中華文化論壇》2013 年第 2 期。

記·月令》"季夏,命漁師伐蛟"中的"伐蛟"二字:"蛟育鱗甲能害人,難得,故言伐也。"[①]魏晋時期在長江中下游流域廣泛流傳的"周處除三害"故事,也可視爲"伐蛟"傳統的延續,事見《晋書·周處傳》:

> 周處,字子隱,義興陽羡人也。父魴,吴鄱陽太守。處少孤,未弱冠,膂力絶人,好馳騁田獵,不修細行,縱情肆欲,州曲患之。處自知爲人所惡,乃慨然有改勵之志,謂父老曰:"今時和歲豐,何苦而不樂耶?"父老歎曰:"三害未除,何樂之有!"處曰:"何謂也?"答曰:"南山白額猛獸,長橋下蛟,并子爲三矣。"處曰:"若此爲患,吾能除之。"父老曰:"子若除之,則一郡之大慶,非徒去害而已。"處乃入山射殺猛獸,因投水搏蛟,蛟或沉或浮,行數十里,而處與之俱,經三日三夜,人謂死,皆相慶賀。[②]

《世説新語·自新》亦載此事。時人以周處與蛟、虎并稱爲"三害",不僅强調其危害之大,且更彰顯其"自新"之難能可貴。

先秦古籍又可見"射鮫"故事。如《公孫龍子·迹府》:"龍聞楚王張繁弱之弓,載忘歸之矢,以射蛟兕於雲夢之圃,而喪其弓。"[③]古代帝王的"射蛟"風習,至漢武帝時尚有留存。《漢書·武帝紀》:"(元封)五年冬,行南巡狩,至於盛唐,望祀虞舜於九嶷。登灊天柱山,自尋陽浮江,親射蛟江中,獲之。"[④]關於此處的"蛟",顔師古注:"許慎云'蛟,龍屬也'。郭璞説其狀云似蛇而四脚,細頸,頸有白嬰,大者數圍,卵生,子如一二斛瓮,能吞人也。"從"蛟"的生活習性與體貌特征來看,可能其原型即來源於在我國長江流域都有較廣泛分布的鱷魚。

由此推想,秦始皇與漢武帝射殺的"巨魚",實爲興風作浪的水中"惡神"——蛟。所謂"鮫魚",其實就是"蛟魚"。

## 三　秦皇漢武"射鮫"故事的文化象征

史籍所見秦皇漢武"射蛟"故事,不但是古代帝王"射蛟"風習的延續,而且暗含執政合法性宣傳的政治文化象征意義。前引漢武帝"射蛟"史事,是其在元封年間舉行封禪儀式的環節之一,這顯然并非出行途中臨時起意,而是有意安排的結果。所謂"封禪"的意義,《漢書·武帝紀》注引孟康説:"王者功成治定,告成功於天"。[⑤] 如果仔細考察漢武帝在位期間完

① 許維遹撰,梁運華整理:《吕氏春秋集釋》,北京:中華書局,2009,130頁。
② 《晋書》卷五八《周處傳》,北京:中華書局,1974,1569頁。
③ [戰國]公孫龍撰,譚業謙譯注:《公孫龍子譯注》,北京:中華書局,1997,55頁。
④ 《漢書》卷六《武帝紀》,196頁。
⑤ 《漢書》卷六《武帝紀》,191頁。

成的各項事業,可以發現絶大多數都完成於元封年間以前。因此,此时的漢武帝有理由認爲自己已經"功成治定",應當"告成功於天"了。正如田餘慶先生所説:"元封是一個具有特定意義的年號,它是以舉行封禪典禮而得名的"。[①] 這與秦始皇在完成統一大業後,多次"出游天下",并在途中"立石刻""頌秦德""明得意"等一系列行爲頗有相似之處。[②]

然而,儘管漢武帝在元封年間已經基本完成了歷史賦予他的使命,但也應當看到,元封年間已經出現了較大的社會險象。如《漢書·石慶傳》:"元封四年,關東流民二百萬口,無名數者四十萬,公卿議欲請徙流民於邊以適之。"[③]因此,漢武帝在元封年間的"射蛟"與"封禪"等一系列政治表演,還不能簡單等同於統治初期的執政合法性宣傳,而更是出於"轉變政策"等現實需要而作出的穩固統治之舉。

王子今先生指出,秦始皇基於大一統初期的帝國文化建構考慮,爲其執政合法性宣傳作出過一系列努力。[④] 如果從所謂"受命"之説來考察秦漢政治文化,或許還可以找到一些例證。例如,《史記·秦始皇本紀》所記"欲求周鼎泗水"之事:"始皇還,過彭城,齋戒禱祠,欲出周鼎泗水。使千人没水求之弗得。乃西南渡淮水,之衡山、逢大風,幾不得渡。上問博士曰:'湘君何神?'博士對曰:'聞之,堯女,舜之妻,而葬此。'於是始皇大怒,使刑徒三千人皆伐湘山樹,赭其山。"[⑤]作爲正統皇權象徵意義的"周鼎",其對於秦始皇的政治吸引力是不言而喻的。而從秦始皇在巡游途中求鼎不得,隨即便前往湘江流域的出游路綫來看,似乎也存在繼續尋找所謂"受命"證據的可能性。"取鮫魚"簡所留存的秦代行政記録,可能也與秦始皇的相關政治實踐有一定聯繫。

關於"取鮫魚"簡提到的"山今盧魚",《校釋》認爲"應是鱸魚的一種",但我們由此仍無法對兩者之間的聯繫進行更爲透徹的説明。值得注意的是,秦漢文獻中曾有湘江流域出現"大魚"的記載。賈誼《新書·修政語上》曾提及黄帝"入江内取録圖",注引《藝文類聚》卷十一引《河圖挺佐輔》:"黄帝乃祓齋七日,至於翠嬀之川,大鱸魚折溜而至,乃與天老迎之。五色畢具。魚泛白圖,蘭葉朱文,以授黄帝,名曰録圖。"而注釋者以爲賈文之"江"即嬀水,"其源在今湖南寧鄉縣,注入湘江。"[⑥]緯書中多見黄帝受"大鱸魚"所獻"録圖"的傳説,自有其神秘主義色彩。而在後世一些文獻中,"大鱸魚"也作"大鱸"或"大魚"。儘管緯書相關記載的年代要稍晚於秦,但也有學者認爲,類似的説法可能在秦漢時期或更早就已經出現。如《易圖明辨》卷一:"按《隋志》云'濟南伏生之傳,唯劉向父子所著《五行傳》是其本法。'歆以《洛

① 田餘慶:《論輪台詔》,其著《秦漢魏晋史探微》(重訂本),北京:中華書局,2004,32頁。
② 《史記》卷六《秦始皇本紀》,248頁。
③ 《漢書》卷四六《石慶傳》,2197頁。
④ 王子今:《秦始皇議定"帝號"與執政合法性宣傳》,《人文雜誌》2016年第2期。
⑤ 《史記》卷六《秦始皇本紀》,263頁。
⑥ [漢]陸賈撰,閻振益等校注:《新書校注》,北京:中華書局,2000,363頁。

書》爲文字,蓋亦本伏生。伏生嘗爲秦博士,習聞古訓,《洛書》即九疇,必三代以來相傳之學,非臆説也。"[①]類似的記載可能都有着更早的史料來源。

關於漢武帝"射蛟"的具體地點,可能也與湘江流域的水産分布有關。《漢書・武帝紀》載武帝元封五年冬"行南巡狩,至於盛唐,望祀虞舜於九嶷"。文穎曰:"案《地理志》不得,疑當在廬江左右,縣名也。"韋昭曰:"在南郡。"師古曰:"韋説是也。"九嶷即在今湖南零陵境内。而《武帝紀》又説"登灊天柱山,自尋陽浮江,親射蛟江中,獲之。"應劭曰:"灊,音若潛。南岳霍山在灊。灊,縣名,屬廬江。"文穎曰:"天柱山在灊縣南,有祠。音岑。"師古曰:"灊,音與潛同。應説是。"關於秦皇漢武"射蛟"處的地望,年代稍晚的《水經注・湘水》又有這樣的説法:"湖中有君山、編山,君山有石穴,潛通吴之包山,郭景純所謂巴陵地道者也。是山,湘君之所游處,故曰君山矣。昔秦始皇遭風於此,而問其故博士。曰:湘君出入則多風。秦王乃赭其山。漢武帝亦登之,射蛟於是山"。[②] 秦皇漢武"射蛟"具體地點及其巡游路綫的一致性,值得相關研究者留意。而"射蛟"等歷史表演與執政合法性宣傳,可能存在較爲密切的内在聯繫。

如果再考慮到秦尚"水德"的政治含義,似乎不應忽視所謂"大鱸魚"授命黄帝傳説與"射蛟"記載的政治文化象征意義。

附記:本文寫作過程中,曾蒙中國人民大學王子今教授、中國社會科學院楊振紅研究員與匿名評審專家提供寶貴意見。此外,中興大學游逸飛博士、湖南大學周海鋒博士、李洪財博士、歐揚博士與長沙市文物考古研究所羅小華博士對本文修改亦多有啓示,謹此一并致謝。

① [清]胡謂撰,鄭萬耕點校:《易圖明辨》,北京:中華書局,1985,23頁。

② [北魏]酈道元撰,陳橋驛校證:《水經注校證》,北京:中華書局,2007,896頁。

# 里耶秦簡所見券類文書的幾個問題

清華大學出土文獻研究與保護中心　張　馳

**内容提要**　里耶秦簡所見券書將"某手"署於文書正面是區别於其他文書最大的格式特征。相同"某手"的券書筆迹并不一致,相同"某手"的券書不一定由同一人書寫。里耶秦簡所見券書可以進一步深化對"參辨券"制度的認識。大部分券書應是縣廷保存的中辨券。券書刻齒位置與券書功能存在對應關係,書手依此規制對中辨券進行謄寫。可能存在兩種中辨券的寫録方式。

**關鍵詞**　里耶秦簡　券　參辨券　刻齒

券類文書是里耶秦簡中常見的文書種類。《文物》2015 年第 3 期刊登了張春龍、大川俊隆、籾山明等先生撰作的《里耶秦簡刻齒簡研究——兼論嶽麓秦簡〈數〉中的未解讀簡》一文(以下簡稱《刻齒簡研究》)。《刻齒簡研究》對里耶秦簡券類文書的刻齒以及券書相關的若干問題進行了深入討論,并公布了第八層 116 件券書的形制信息。這些研究成果及新信息爲進一步探討里耶秦簡券書制度打下了良好的基礎,本文擬對里耶券書有關的幾個問題再作探討。

## 一　券類文書中的"某手"

里耶秦簡中的"某手"一直是學界所關注的問題,關於它的解釋學界大抵有"簽署人"

"抄手"("書手")與"經手人"等觀點。[①]至於券類文書,《刻齒簡研究》認爲"某手"的"某"即出稟文書中出現的官佐某、史某,應負責"校券的書寫與製作"。[②]在本節中,我們將就券書"某手"的一些基本特征進行討論。

首先是券書"某手"的格式特征。券書中的"某手"都署於文書的正面,其位置在正文的下方,正文與"某手"間一般無"/"符號區隔。如:

> 徑廥粟米一石九斗五升六分升五。　　卅一年正月甲寅朔丁巳,司空守增、佐得出以食舂、小城旦渭等卌七人,積卌七日,日四升六分升一。Ⅰ
> 令史□視平。　　得手。Ⅱ　8-212+8-426+8-1632　(平坦;左)
> 粟米五斗。　　卅一年五月癸酉,倉是、史感、稟人堂出稟隸妾嬰兒揄。Ⅰ
> 令史尚視平。　　感手。Ⅱ　8-1540　(平坦;左)[③]

券書中"某手"都署於文書的正面這一特征是與所謂的"群往來書"在格式上最大的區别。普通的往來書,以及計簿類和傳食等文書中,與原生文書相關的"某手"一般都寫於簡背左下方;與回覆文相關的"某手"則以"/"加"某手"的格式書於回覆文後。[④]如此,券書與"群往來書"格式上的區别還可以爲判斷哪些殘簡屬於券類文書提供依據。

券書"某手"的這一位置特征應當和它的製作流程的特殊性相關。左、右券書是一根木材的一體兩面,由於券書的書寫是在券書分離前完成的,券書的背面并未暴露因而無法書

---

① 李學勤先生以爲"某手"即某人簽署,文書中簽寫"某手"的人是具體負責寫抄、收發文書等事的吏員。馬怡先生以爲"手"爲手迹、經手之意。《里耶秦簡牘校釋》(以下簡稱《校釋》)則以爲"手"指"書手"。邢義田先生認爲"手"可以理解爲"書寫者","書寫者意義較寬,可將抄手以外的書寫者都包括在内"。以上觀點分别見於李學勤《初讀里耶秦簡》,《文物》2003年第1期,139-140頁;馬怡《里耶秦簡選校》,中國社會科學院歷史研究所學刊編委會編輯《中國社會科學院歷史研究所學刊》第4集,北京:商務印書館,2007,137頁;陳偉主編《里耶秦簡牘校釋》(第一卷),武漢大學出版社,2012,5頁;邢義田《"手、半"、"曰啎曰荆"與"遷陵公"》,簡帛網,2012年5月7日。理解爲"經手人"的則有胡平生《讀里耶秦簡札記》,《簡牘學研究》第4輯,蘭州:甘肅人民出版社,2004,7-20頁;林進忠《里耶秦簡"貲贖文書"的書手探析》,《湖南大學學報》(社會科學版)2010年第4期,28-35頁。

② 張春龍、[日]大川俊隆、[日]籾山明:《里耶秦簡刻齒簡研究——兼論嶽麓秦簡〈數〉中的未解讀簡》,《文物》2015年第3期,58頁。

③ 本文釋文除特殊説明外,一般都引自《校釋》。券類文書釋文編號後,本文根據《刻齒簡研究》附表一將其形態、刻齒位置一并注出。

④ 這裏對文書構成的分析使用的是陳偉先生的"原生文書""次生文書"的概念。原生文書指最初提出問題,引起其他文件的生成的文書層次;次生文書指由原生文書引起,解決問題的文書層次。見陳偉《包山楚司法簡131—139號考析》,《江漢考古》1994年第4期,71頁;《包山竹簡所見楚國的文書制度》,《中華文史論叢》1995年第4期,62頁。多個機構間往來文書的起始正文與簡背左下角"某手"爲一人所書的觀點,請參見邢義田《湖南龍山里耶J1(8)157和J1(9)1-12號秦牘的文書構成、筆迹和原檔存放形式》,簡帛網,2005年11月14日,後收入其著《治國安邦——法制、行政與軍事》,北京:中華書局,2011。

寫,因此券書的内容(包括"某手")一般都書寫於券書的暴露面。中辨券爲了保持與左、右券格式的一致,也會將"某手"寫於券書正面,具體過程請見本文第四節。

其次是券書"某手"的筆迹特征。券書筆迹與券書書手問題直接相關。如果"某手"的"某"是券類文書的書手,那麽同署爲"某手"的文書筆迹應當一致。

茲以出稟券中出現次數最多的"感手"券書爲例進行分析。本文首先以倉字爲例對其筆迹嘗試分析:

**表 1 "感手"的"倉"字筆迹分組**

| A 組 | B 組 |
|---|---|
| 8-184 8-762 8-1239 8-1540 | 8-45 8-211 8-217 8-270 8-448 8-606 8-763 8-766 |
| 8-1580 8-1794 8-2245 | 8-800 8-1063 8-1081 8-1690 8-2249 |

資料來源:《里耶秦簡》(壹)

我們可以嘗試區分出 A 組與 B 組兩種筆迹。B 組筆迹内部雖有差别,但其與 A 組筆迹有着更爲顯著的區分。A 組字形主要有兩個特征:① 户形撇筆 a 較短,不超過下方口形;② 右上的捺筆 b 微呈弧形而下垂;③字形整體呈右上-左下傾斜(見圖 1)。[①] B 組筆迹都在這兩點上與 A 組筆迹有所差别。

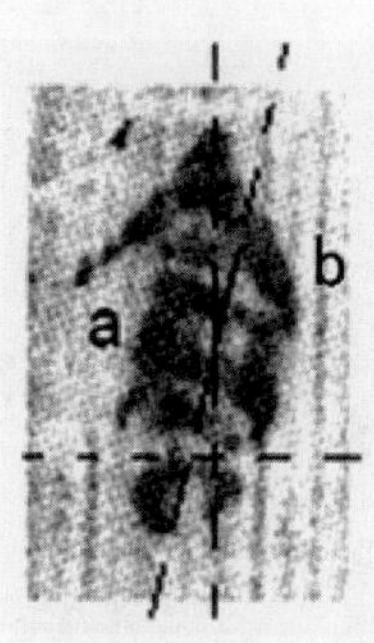


圖 1　A 組倉字字形特征示意圖

① A 組"感"形第二特征由匿名審稿專家指出,謹致謝忱。

"倉"字筆迹的分組也適用於"感"字:

表 2 "感手"的"感"字筆迹分組

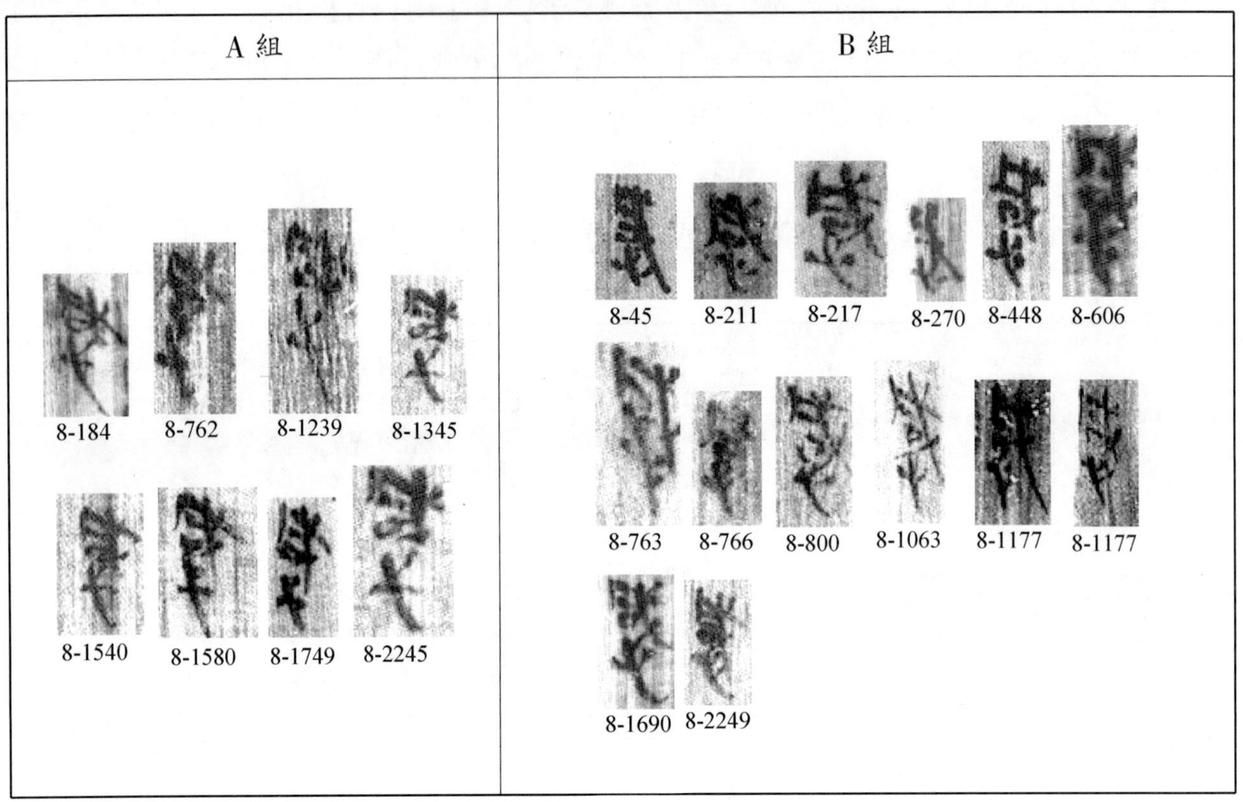

| A組 | B組 |
|---|---|
| 8-184 8-762 8-1239 8-1345 8-1540 8-1580 8-1749 8-2245 | 8-45 8-211 8-217 8-270 8-448 8-606 8-763 8-766 8-800 8-1063 8-1177 8-1177 8-1690 8-2249 |

資料來源:《里耶秦簡(壹)》

A 組感字筆迹依舊典型,除 8-1794 略特殊外,A 組感字筆迹的主要特征是:①橫筆 a 長於或等長於戈鉤 b;②心形左側一點與右側下方一點作一橫筆 c(見圖 2)。[①] B 組筆迹或與這兩個特征中的一個有所差异,或完全不同。

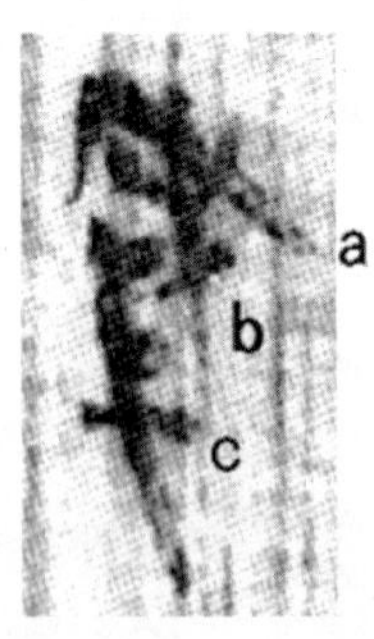


圖 2 A 組感字字形特征示意圖

① A 組"感"形第二特征由謝坤先生指出,謹致謝忱。

可見,同署爲"感手"的A組與B組券書筆迹存在差异。絕大部分署"感手"的券書上所記録的出稟時間都在秦始皇三十一年,A組的具體日期則有十二月甲申(8-1239+8-1334)、十二月戊戌(8-762)、正月戊午(8-1580)、五月乙卯(8-1345+8-2245)、五月癸酉(8-1540)、七月乙丑(8-1794)。A組券書跨越了八個月份,顯然A組字形的這些特征并不是某書手在某特定場合内的短時書寫行爲中産生的,而應當是某書手固定的書寫習慣。除A組字形外,三十一年的"感手"券書中還存在着大量與A組字形有差别的B組字形,我們可以據此推測今見里耶秦簡中署爲"感手"的券書可能并不是同一人書寫的。

署爲相同"某手"的券書不一定是同一人書寫的,也就是説券書的書手不一定就是"某手"的"某"。但我們是否就可以判定"某手"僅僅是指"經手人"而與"書寫者"無關呢?恐怕還不可以。《校釋》認爲:"稟食文書中參與出稟的史、佐與某'手'爲同一人。可見'手'當指書手。"這一意見應當是正確的。通過本文下節的討論可知,這些由倉上交的出稟券書是中辨券而非右券。我們不能排除在出稟現場製作完成的出稟券確實由"某手"的"某"書寫,而謄録上交縣廷的中辨券則由他人代寫的可能性。據里耶秦簡可知,遷陵縣下轄各官除官佐外還有史、冗佐、史冗等職守。[①]中辨券的謄録者可能就是這些官佐以外的吏。[②]具体情形还有待討論。

綜上,券書將"某手"署於文書正面是區别於其他文書最大的格式特征。相同"某手"的券書筆迹并不一致,相同"某手"的券書不一定由同一人書寫。

## 二　參辨券

"參辨券"是分爲左、中、右三份的券書。近年出土的秦與漢初律法中有若干條與券書制度有關,其中幾條涉及到了"參辨券"這一制度,現羅列如下:

> 縣、都官坐效、計以負賞(償)者,已論,嗇夫即以其直(值)錢分負其官長及冗吏,而人與參辨券,以效少内,少内以80收責之。其入贏者,亦官與辨券,入之。其責(債)毋敢隃(逾)歲,隃(逾)歲而弗入及不如令者,皆以律論之。金布81[③](《睡虎地秦簡·秦律十八種·金布律》)

① 如簡8-1555的"冗佐上造臨漢都里曰援"、8-1275的"史冗公士旬陽陋陵竭"。

② 今見里耶秦簡券書所署的"某手",一般都是各官官佐。與尉相關的券書則署尉史之名。由各官史署名的僅見秦始皇三十一年的史感和史逢(8-2239+8-1830+8-1815),綴合見何有祖《里耶秦簡牘綴合(六)》,簡帛網,2012年6月4日。

③ 睡虎地秦墓竹簡整理小組:《睡虎地秦墓竹簡》,北京:文物出版社,釋文注釋39頁。

《金布律》曰:官府、爲作務市受錢,及受齎、租、質、它稍入錢,皆官爲缿,謹爲缿空,婺(務)毋令錢1411能出,以令若丞印封缿,而人與入錢者參辨券之,輒入錢缿中,令入錢者見其入。月壹輸1399缿錢及上券中辨其縣廷;月未盡而缿盈者,輒輸之。不如律,貲一甲。1403(《嶽麓書院藏秦簡》)

官、爲作務市及受租、質錢,皆爲缿,封以令、丞印,而人與參辨券之,輒入錢缿中,上中辨其廷。429[①](《張家山漢簡·二年律令·金布律》)

民宅園户籍、年細籍、田比地籍、田合籍、田租籍,謹副上縣廷331……民欲先令相分田宅、奴婢、財物,鄉部嗇夫身聽其令,皆參辨券書之,輒上334如户籍。有㢊者,以券書從事;毋券書,勿聽。335[②](《張家山漢簡·二年律令·户律》)

以上是今見秦與漢初律法中參辨券制度的相關規定。[③]除當事雙方所持券書外,還需另外寫録一份券書以起到備份、存檔券類文書的功用。[④]里耶秦簡中所見若干關於參辨券的文書有助於加深對這一制度的認識。

里耶秦簡8-1452:

【廿六】年十二月癸丑朔己卯,倉守敬敢言之:出西廥稻五十Ⅰ□石六斗少半斗輸;粢粟二石以稟乘城卒夷陵士五(伍)陽□Ⅱ□□□。今上出中辨券廿九。敢言之。□手。Ⅲ　8-1452

□申水十一刻刻下三,令走屈行。　操手。　8-1452背

又簡8-500、8-776、8-1201:

卅七年,廷Ⅰ倉曹當計Ⅱ出券□一。Ⅲ　8-500

卅年四月盡九月,Ⅰ倉曹當計禾Ⅱ稼出入券。Ⅲ已計及縣Ⅳ相付受Ⅴ廷。　第甲。Ⅵ　8-776

倉曹Ⅰ廿九年Ⅱ當計出入Ⅲ券甲Ⅳ笥。[圖案]Ⅴ　8-1201

---

① 嶽麓書院藏秦簡及張家山漢簡《金布律》釋文引自陳偉《關於秦與漢初"入錢缿中"律的幾個問題》,《考古》2012年第8期,70頁。

② 彭浩、陳偉、[日]工藤元男主編:《二年律令與奏讞書:張家山二四七號漢墓出土法律文獻釋讀》,上海古籍出版社,2007,222頁。

③ 除以上各條律文外,參辨券亦見於龍崗秦簡"☐于禁苑中者,吏與參辨券☐"(簡11)。由於原簡殘斷,本文并未將其羅列於上。

④ 嶽麓書院藏秦簡明確提到中辨券需要上交縣廷,張家山漢簡《户律》則未明言上交縣廷的是左右券,還是中辨券。睡虎地秦簡《金布律》中中辨券的去向律文并未明述,此類中辨券或與其他中辨券類似而上交縣廷,抑或移交少内,尚需探索。

根據以上文書的内容,可以得到兩點認識。首先由簡 8-1452 可知,倉要上交出券的中辨券給縣廷。這有助於理解爲何以遷陵縣廷存檔文書爲主的里耶秦簡中會有大量由倉經辦的出稟券,也就是説里耶秦簡中大部分的出稟券書應該都是由縣廷保管的中辨券。除出稟券外,簡 8-1452 簡文也顯示西廥出輸券的中辨券也須上交中辨券於縣廷。

那麽其他類别的出券是否也應該上交中辨券給縣廷呢?

簡 8-890+8-158:

> 卅年九月庚申,少内守增出錢六千七百廿,環(還)令佐朝、義、佐盍貲各一甲,史犴二甲。Ⅰ
>
> 九月丙辰朔庚申,少内守增敢言之:上出券一。敢言之。/欣手。九月庚申日中時,佐欣行。Ⅱ　8-890+8-1583　(屋脊;右)

這是一份少内出錢券。根據券書中"欣手"和發文記録"佐欣行"可知,這本應是一件存檔於少内的右券。[①]券書中提到"上出券一"於縣廷,那麽該券書還要上交一份給遷陵縣廷。券書既要保存於少内一份,又要由少内上交一份給縣廷,應上交給縣廷的自然是券書的中辨券。據此還可以推測,與出稟券類似的出食券、出貸券等,都應由相關各官上交中辨券於縣廷。而據簡 8-500"禾稼出入券"、8-1201"當計出入券"可推測,入券也同出券一樣,在分别交付給付受方券書外,各官也應上交中辨券於縣廷。

其次,通過簡 8-1452、8-500、8-776、8-1201 等笥牌可知,中辨券是遷陵縣廷計類文書使用的原始資料。[②]

如上文所述,出券應當上交中辨券給縣廷。除出券外,里耶秦簡中還有相當數量的付受券,這類券書是否也應該製作并上交中辨券呢?里耶秦簡中并没有直接的證據,但簡 6-8 可以爲我們的討論提供綫索:

> ☑□年四月己未朔丙子,成都受遷☑　6-8　(平坦;右)

據此簡朔日可知,這是一份秦始皇三十五年製作的券書。三十五年四月丙子,遷陵縣某官交付成都某物,簡 6-8 是這一付受活動中的受券文書。這封文書出現在里耶秦簡中,説明這是

---

① 根據里耶秦簡其他文書的收發記録可知,收發記録除個别相報文書和收發錯誤的文書外,都由文書的存檔機構書寫。參見趙炳清《秦代地方行政文書運作形態之考察——以里耶秦簡爲中心》,《史學月刊》2015 年第 4 期, 13 頁。根據此份文書的屋脊形外觀也可以推測出這是一份右券文書,詳見下節。

② 沈剛先生於此曾有討論,他認爲券是計的具體内容或計的編制基礎。沈剛:《〈里耶秦簡〉【壹】中的"課"與"計"——兼談戰國秦漢時期考績制度的流變》,《魯東大學學報》(哲學社會科學版)2013 年第 1 期,65 頁。

一份遷陵縣廷或遷陵縣某官的存檔文書。但是,既然是遷陵縣廷(或某官)的存檔文書,遷陵縣廷(或某官)自然應當保存這份文書的付券,即内容爲"某物　卅五年四月己未朔丙子遷陵某官(守)某付成都　某手"的券書。[①]而這份文書的受券則應當爲成都所保管。因此,這份保存於遷陵縣廷(或某官)的受券應是由遷陵縣某官上交給縣廷的"受中辨券"。但是爲何上交的中辨券不謄録本官保存的付券内容,而將受券内容抄寫其上呢?本文第四節將有討論。

至於遷陵縣廷下轄各官之間的付受券,雖然它們在以遷陵縣廷爲主的里耶秦簡中被發現,這些付受券中也存在着同署"某手"而筆迹不同的文書,還有些券書又有明顯的寫録錯誤,這些現象或許反映了各官間的付受活動也需上交中辨券於縣廷,以便縣廷掌握下轄各官間的物資流動,但是今見里耶秦簡中并未有直接的證據顯示各官也需謄録中辨券并上交縣廷的規制,本文於此做闕疑處理。[②]

綜上,根據近年出土秦與漢初律法可知,參辨券是當時官方常用的一種券書類别。上交中辨券的制度起到了備份、存檔券類文書的功用。里耶秦簡則顯示遷陵縣各官的出入行爲及與他縣間的付受行爲都應上交中辨券於縣廷。這些券書既是計類文書的原始資料,又可以使縣廷掌握本縣官系統與外界間的物資流動。

## 三　刻齒位置與券書功能的對應關係

籾山明先生曾根據漢簡的自名確定了券類文書的左右券劃分。"左""右"以刻齒正對觀察者面前爲準,左邊的券爲左券,右邊的券爲右券。如此,左券刻齒在書寫面之右,而右券刻齒在書寫面之左。[③]

刻齒位置是否與券書的功能有關,前輩學者根據出土的漢晋簡牘已多有討論,觀點大概如下:①傳世文獻中關於左券與右券的功能表述不同,無法通過傳世文獻確定二者的功能;②西北出土的正背剖分的漢簡其刻齒位置與券書性質應無關聯;③魏晋時代左右剖分的出

① 由本文下節討論可知,付券與受券本是一份木材一體兩面的文書,兩份文書分别由物資的支付方與收受方保管。

② 如8-898+8-972與8-1771同署爲"胥手"的兩份券書筆迹迥异。各官付受券中明顯的寫録錯誤如簡8-824+8-1974"☑半斗。　卅五年八月丁巳朔丙戌,倉兹司空守俱。☑",其刻齒位置據圖版在券書右側(注釋在左側),據本文第三節可知,此券書内容本應是"倉兹受司空守俱",此處遺漏了"受"字。

③ [日]籾山明著,胡平生譯:《刻齒簡牘初探——漢簡形態論》,中國社科院簡帛研究中心編著《簡帛研究譯叢》第2輯,長沙:湖南人民出版社,1998,152頁。

入"合同"券書左右功能有别,出物一方持右券,入物一方持左券。[①]至於里耶秦簡,《刻齒簡研究》認爲如同傳世文獻記載,并没有發現區分里耶秦簡左右券功能的理由。[②]

但是睡虎地秦簡《法律答問》中的一條簡文却顯示出秦人在法律實踐中對左右券的功能實則有所區分:

可(何)謂"亡券而害"? ·亡校券右爲害。 179[③]

這條簡文規定"亡券而害"具體指的是丢失校券右券而造成損失。可見在秦法實踐中秦人對左右券的功能是有區分的。

那麼左右券具體的功能區别又是什麼呢?要回答這個問題應當首先找到里耶秦簡中的左右券。里耶秦簡主要以遷陵縣廷的存檔文書爲主,保存的券書自然也以各官上交縣廷的中辨券爲主。[④]但如同里耶秦簡中存在着少量遷陵下轄各官的存檔文書一樣,里耶秦簡中也應有少量各官保存的左右券。

《刻齒簡研究》指出了參辨券的製作方法:

> "參辨券"的製作方式首先將木材加工成可以切割成三片的、具有足够厚度的木條,然後將其切割爲正面、中間、反面三片,但下端不切割到底,正面和背面的記録完成後刻入刻齒,再將剩餘部分切割到底。中間的一片一面削平,謄寫好簡文即可完成。這大概就是"三辨券"的製作方法。[⑤]

我們認同這一製作流程。據此,可以對左、中、右三券的形態做出如下推論,從而找出里耶秦簡中的左右券:

①屋脊形的券書一定是左券或右券。

②平坦形的券書有可能是左、中、右三券中的任意一種。

據此,可以用屋脊形券書作爲依據來判定左右券的功能。將屋脊型券類文書刻齒位置及其行爲之間的對應關係對應起來,可得表3:

---

① 胡平生:《木簡出入取予券書制度考》,《文史》第36輯,北京:中華書局,1992;[日]籾山明著,胡平生譯:《刻齒簡牘初探——漢簡形態論》;胡平生:《木簡券書破别形式述略》,《簡牘學研究》第2輯,蘭州:甘肅人民出版社,1998。

② 張春龍、[日]大川俊隆、[日]籾山明:《里耶秦簡刻齒簡研究——兼論嶽麓秦簡〈數〉中的未解讀簡》,54頁。

③ 睡虎地秦墓竹簡整理小組:《睡虎地秦墓竹簡》,北京:文物出版社,2001,釋文注釋39頁。

④ 除極個别例外,里耶秦簡各類券書的受付主體都是遷陵縣下轄各官,縣廷一般不直接參與物資的付受活動。因此遷陵縣廷保管的文書一般都是中辨券。

⑤ 張春龍、[日]大川俊隆、[日]籾山明:《里耶秦簡刻齒簡研究——兼論嶽麓秦簡〈數〉中的未解讀簡》,56頁。

表 3《里耶秦簡》(壹)屋脊形券書與付受行爲對應表

| 簡號 | 位置 | 行爲 |
|---|---|---|
| 8-888+8-936+8-2202 | 右 | 受 |
| 8-1783+8-1852 | 右 | 入 |
| 8-561 | 左 | 付 |
| 8-761 | 左 | 出貸 |
| 8-1055+8-1579 | 左 | 出賣 |
| 8-1135 | 左 | 出食 |
| 8-1660+8-1827 | 左 | 出貸 |

資料來源:《刻齒簡研究》

可以看到,屋脊形券類文書的刻齒位置與券書上的付受行爲有着明顯的關聯。刻齒在右者(左券)對應的行爲是"受""入"等物資的收受行爲;刻齒在左者(右券)對應的是"出""付"等物資的支付行爲。如此,則左、右券實際應當承擔着不同功能:左券應當是物資收受憑證,而右券應當是物資支付憑證。

對於上述推論,還可以用其他券書(第八層其他券書和第六層券書)進行驗證,其對應關係如表 4:

表 4《里耶秦簡(壹)》平坦形券書與付受行爲對應表

| 簡號 | 位置 | 行爲 |
|---|---|---|
| 6-8 | 右 | 受 |
| 8-1352 | 右 | 受 |
| 8-2247 | 右 | 出稟 |
| 6-23 | 左 | 出 |
| 8-1686 | 左 | 出 |
| 8-800 | 左 | 出☑ |
| 8-1239+8-1334 | 左 | 出稟 |
| 8-1540 | 左 | 出稟 |
| 8-1545 | 左 | 出稟 |
| 8-1550 | 左 | 出稟 |
| 8-1551 | 左 | 出稟 |
| 8-1557 | 左 | 出稟 |
| 8-1574+8-1787 | 左 | 出稟 |
| 8-1590+8-1839① | 左 | 出稟 |
| 8-211 | 左 | 出稟 |

① 姚磊:《里耶秦簡牘綴合札記(二)》,簡帛網,2015 年 6 月 7 日。

續表

| 簡號 | 位置 | 行爲 |
| --- | --- | --- |
| 8-217 | 左 | 出稟 |
| 8-2246 | 左 | 出稟 |
| 8-2249 | 左 | 出稟 |
| 8-45+8-270① | 左 | 出稟 |
| 8-56 | 左 | 出稟 |
| 8-760 | 左 | 出稟 |
| 8-762 | 左 | 出稟 |
| 8-763 | 左 | 出稟 |
| 8-764 | 左 | 出稟 |
| 簡號 | 位置 | 行爲 |
| 8-766 | 左 | 出稟 |
| 8-821+8-1584② | 左 | 出稟 |
| 8-925+8-2195 | 左 | 出稟 |
| 8-811+8-1572 | 左 | 出購 |
| 8-1549 | 左 | 出買 |
| 8-1002+8-1091 | 左 | 出賣 |
| 8-1162+8-1289+8-1709③ | 左 | 出賣 |
| 8-845 | 左 | 出賣 |
| 8-907+8-923+8-1422 | 左 | 出賣 |
| 8-993 | 左 | 出賣 |
| 8-1115+8-1335④ | 左 | 出食 |
| 8-1576 | 左 | 出食 |
| 8-474+8-2075 | 左 | 出以□ |
| 8-781+8-1102 | 左 | 出貸 |
| 8-1751+8-2207 | 左 | 出以爲獻 |
| 8-891+8-933+8-2204 | 左 | 出以爲獻 |
| 8-843+8-1240⑤ | 左 | 付 |
| 8-1233+8-1512 | 左 | 付 |
| 8-1544 | 左 | 付 |

① 何有祖:《里耶秦簡牘綴合(七則)》,簡帛網,2012年5月1日。

② 何有祖:《里耶秦簡牘綴合(七則)》。

③ 雷海龍:《里耶秦簡試綴五則》,簡帛網,2014年3月15日,後收入武漢大學研究中心主辦《簡帛》第9輯,上海古籍出版社,2014。

④ 何有祖:《里耶秦簡牘綴合(四)》,簡帛網,2012年5月21日,後收入武漢大學研究中心主辦《簡帛》第9輯。

⑤ 雷海龍:《里耶秦簡試綴五則》。

續表

| 簡號 | 位置 | 行爲 |
|---|---|---|
| *6-3* | *左* | *受* |

資料來源:《刻齒簡研究》

如上表所示,刻齒位置與行爲的對應關係基本如同之前的推論,左、右僅各有一例與前述推論不合(8-2247、6-3,表中以斜體表示)。這兩份券書的錯誤既有可能是製作、寫録時發生的,也有可能是在謄抄中辨券的過程中出現的。由於平坦形券書中應有大量的中辨券,因此我們還可以由上表得知,上交縣廷的中辨券也須依左右券的功能劃分在中辨券相應的書寫面進行謄録。

這一推論還可以從以下幾個方面獲得驗證:

首先,前引睡虎地秦簡《法律答問》中的"亡校券右爲害"可據此得到合理的解釋。"校券右"即右券。根據上述推論,右券是物資支付方所持的券書。右券丢失即丢失了物資支付的憑證,顯然會造成更大危害。

其次,里耶秦簡 8-435:

> 不智(知)器及左券在所未　8-435

該簡文顯示的信息是某"器"與"左券"一同丢失。我們知道,在物資支付後,物資應在收受方手中。所以,這裏丢失"器"的主體應該就是收受方,左券就是收受方所持的憑證。

再次,鄔文玲先生曾指出簡 8-96、8-447、8-889 幾支關於"繭六兩"的券書應該與繭的征收有關。"繭六兩"正與簡 8-518 提到每户當出的户賦相當,因此鄔文玲先生推斷這種刻齒在右的券書應當是"少内留存的收受憑證"。[①]根據前述推論,鄔文玲先生推斷這些券書是收受憑證應當是正確的,但這些券書是否是由少内存檔的左券尚不能確定。

綜上,刻齒位置與券書性質密切相關。右券(刻齒在左的券書)是物資的支付方所持的憑證,其對應的付受行爲是"付""出";左券(刻齒在右的券書)是物資收受方所持的憑證,其對應的付受行爲是"受""入"。上交縣廷的中辨券在謄録時也須遵守這一規制。

魏晋時期左右剖分的出入錢糧物品的券書,一般以"出"字冠右券,"入"字冠左券。胡平生先生曾論述"大約在漢代以後,出物執右券,入物執左券,這一制度才確定下來"。[②]今據里耶秦簡可知,這種左右券功能的劃分在秦時可能已然成爲官方的定制。至於西北漢簡中爲何出現了這種對應關係的混亂,還有待討論。

① 鄔文玲:《里耶秦簡所見"户賦"及相關問題瑣議》,武漢大學研究中心主辦《簡帛》第 8 輯,上海古籍出版社,2013,217-219 頁。

② 胡平生:《木簡出入取予券書制度考》,153 頁。

## 四　中辨券的寫録

《刻齒簡研究》一文指出了校券的製作流程，根據本文上節的討論，還可以進一步深化對券書製作流程的認識。

根據上節刻齒位置與券書性質關係的推論，可知不同的刻齒位置對應不同功能的券書。因此，我們可以很容易地推導出在同一付受活動中，付受雙方所持憑證的内容應是相對的，而不是相同的。即支付方所持的憑證上書寫的付受行爲是"出""付"，而收受方所持的憑證則書寫的是"入""受"。如此，才能保持刻齒位置與券書性質的對應關係，如果雙方所持的券書内容相同則必然導致上述對應關係的混亂。

這種正背剖分、内容相對的券書也見於漢簡。如籾山明先生曾指出敦煌漢簡 1601、1709 兩份券書應是一對。[①]兩份券書一份是布袍賣券，一份是布袍買券，内容相對。胡平生先生又舉出居延漢簡 8.5 和敦煌漢簡中的一枚未完成的券書兩個實例，以説明漢簡中正背剖分是常見的券書破别方式。[②]而這兩例也是正背分别寫着"出""入"二字。可見，漢代依舊沿用里耶秦簡這種正背剖分、内容相對的券書規制。

那麽中辨券又是如何製作寫録的呢？根據里耶秦簡的現存資料，中辨券的寫録方式應該有兩種。

第一種是在參辨券中的左券（或右券）與另外兩券分離後，直接對中辨券的暴露面修治并在其上書寫。書寫的内容則應與保留的右券（或左券）内容成相對關係。然後再將中辨券與右券（或左券）分離。如前揭簡 6-8：

〼□年四月己未朔丙子，成都受遷〼 6-8　　（平坦；右）

這是一份由遷陵縣廷保留的中辨券。如前文所述，遷陵縣某官應保留此份文書的付券，但是其上交遷陵縣廷的中辨券内容却是受券。爲何其上交的中辨券不按照本機構保留的付券謄録？比較合理的解釋是書寫者在中辨券未與右券分離時，根據背面付券的内容，或根據已分離的受券内容，直接在中辨券的暴露面上書寫或抄録與付券相對的内容。示意圖如圖 3。

第二種方式是在三券各自分離後，由其中一方根據己方保留的券書，在中辨券相應的書寫面上謄録相同的内容。這樣的製作方式多見於官方與個人間的付受活動中，如出稟、出食、出貸等等；以及前揭少内征收繭時少内應上交的中辨券也應如此製作。這些付受活動都在官方與個人間展開，上交的中辨券内容自然須以官方爲主體。因此這些需上交的中辨券内容應與各官保存的券書内容相同。示意圖如圖 4。

---

① ［日］籾山明著，胡平生譯：《刻齒簡牘初探——漢簡形態論》，166 頁。

② 胡平生：《木簡券書破别形式述略》，54-55 頁。

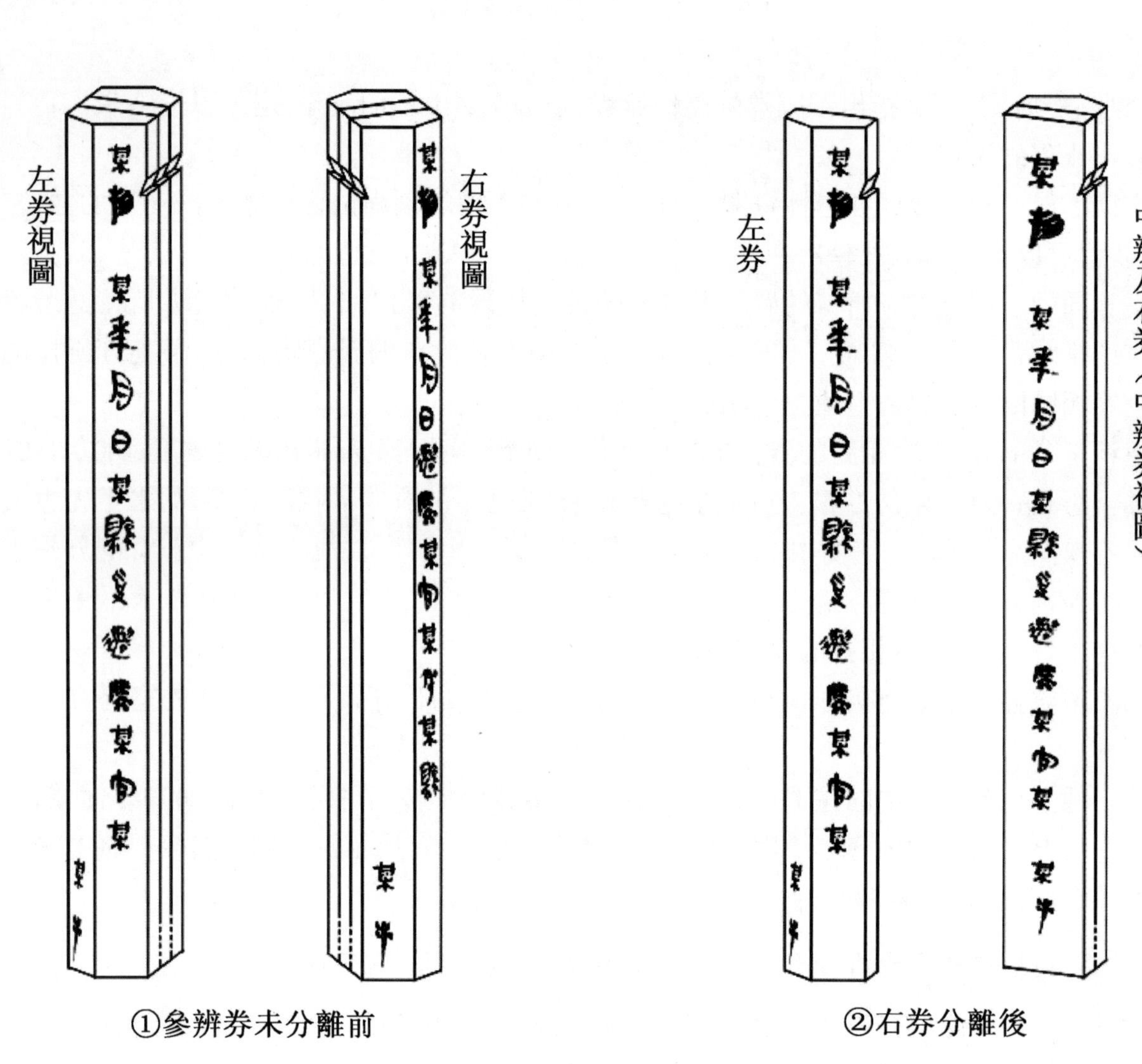


圖 3　參辨券製作方式一示意圖

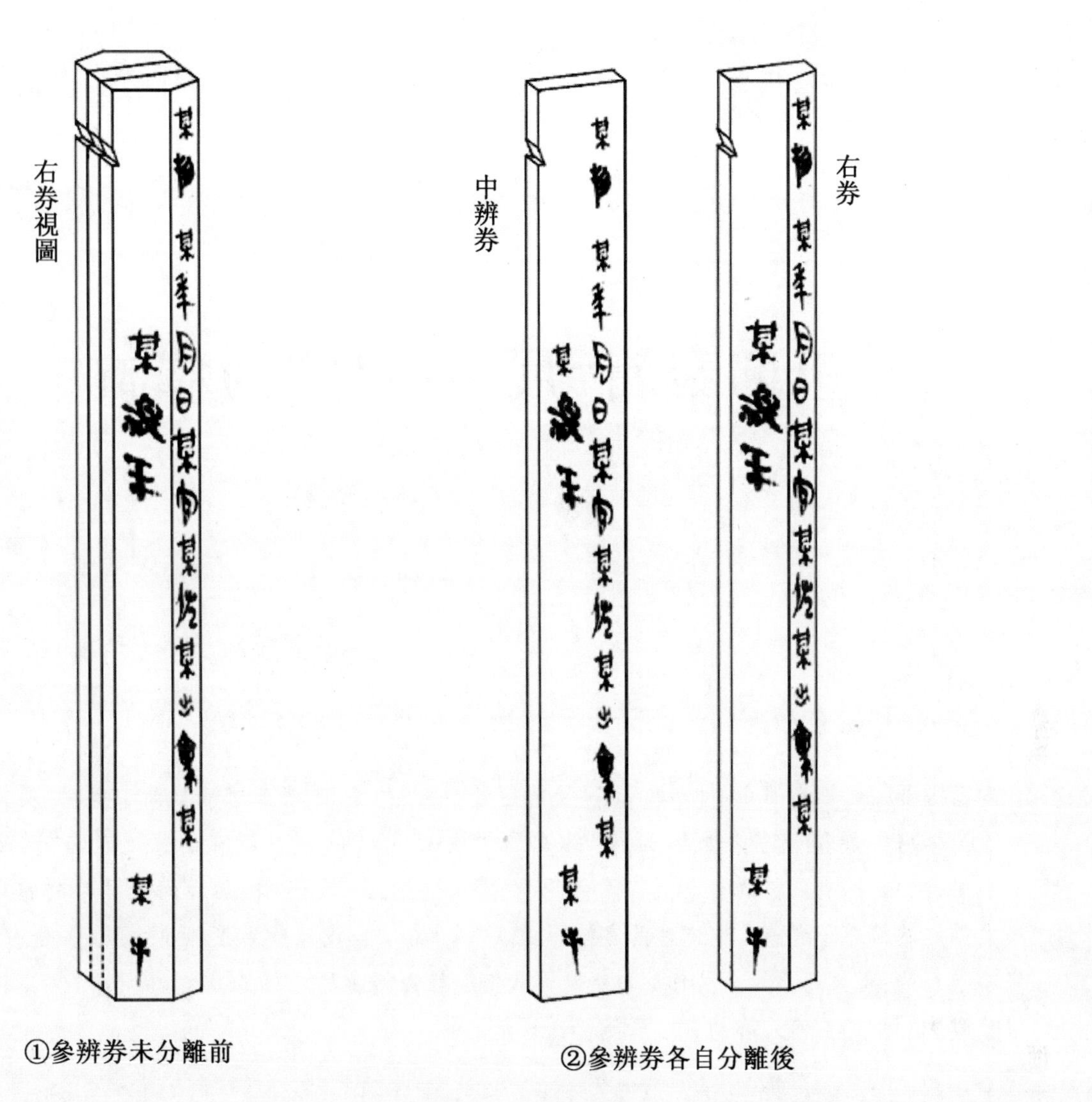


①參辨券未分離前　②參辨券各自分離後

圖 4　參辨券製作方式二示意圖

附記:本文承碩士導師陳偉老師審閱指正。魯家亮老師、姚磊師兄、謝坤師兄亦提出很多寶貴意見。投稿後又蒙匿名審稿專家指正,受益良多,謹致謝忱! 惟文中疏誤,由本人負責。

# 里耶秦簡"展……日"的釋讀*

中國石油大學(華東)文學院 伊 强

**内容提要** 里耶秦簡中有"展約日""展簿留日"一類的文句,嶽麓書院秦簡中也有"展其日"的話。綜合來看,這幾例"展"字都是"推遲、延後"的意思,"展……日"相當於現在的寬泛説法"延期"。秦漢律令對文書傳遞的時間有嚴格的要求,但"簿留"大概與之有别,雖有不少關於簿籍上呈時間的規定或要求,但却未檢得有關簿籍留遲該如何處理的直接證據。"簿"常以人或錢物數量值爲主項,多是由下級單位編寫呈報給上級的,從情理上説上呈日期有所延遲大概是難以避免的。

**關鍵詞** 里耶秦簡 展約日 展簿留日 延期

里耶秦簡中有如下一枚文書牘:

(1)廿八年七月戊戌朔癸卯,尉守竊敢【言】之:洞庭尉遣巫居貣公卒安成徐署遷陵。今徐以壬寅事,謁令倉貣食,移尉以展約日。敢言之。A

七月癸卯,遷陵守丞膻之告倉主,以律令從事。/逐守。即徐□入□。B(里耶秦簡8-1563)

癸卯,朐忍宜利錡以來。/敞半。齮手。C(里耶秦簡8-1563背)[①]

該文書從内容及用語看可分爲三部分,開頭至"敢言之"即A是"尉守竊"的發文,B是遷陵

* 本文寫作得到2013年度教育部人文社會科學研究青年基金項目"出土秦漢簡帛用字及書寫習慣研究"(項目批準號:13YJCZH229)的支持。

① 陳偉主編,何有祖、魯家亮、凡國棟撰著:《里耶秦簡牘校釋》(第一卷),武漢大學出版社,2012,361頁。本文所引里耶秦簡釋文注釋皆出自該書,不另注。

縣的批文,C 則是收文及抄寫的記録。但具體文意仍有些不易解釋清楚的地方。先來看頗爲關鍵的“展”字,《里耶秦簡牘校釋(第一卷)》注釋説:“展,記録,校録。《周禮·夏官·祭僕》:‘凡祭祀致福者,展而受之。’鄭玄注:‘展,謂録視其牲體數。’《儀禮·聘禮》:‘史讀書展幣。’鄭玄注:‘展,猶校録也。’”并解釋“約日”爲“疑指署遷陵的日期”。作爲此書撰著者之一的何有祖先生後來又解釋説:“‘展約日’似指‘展約’之日,即校録‘約’的日期。”[①]“展約”則見於如下簡:

(2) 吏貣當展約☒(里耶秦簡 8-2037)

十五分日二四斗者六錢。Ⅰ

二斗九十分日五十一。Ⅱ(里耶秦簡 8-498+8-2037 背)[②]

從圖版看,8-2037“約”下尚有可容一字的空白,而這一空白遠遠大於“吏貣當展約”的字間距。再者,何有祖先生已將 8-2037 背面與 8-498 綴合,但《里耶秦簡(壹)》并未刊布 8-498 另一面的照片,也就是可與“吏貣當展約”綴合連讀一面的照片,可能這一面并無文字,故而才未收録其照片。這樣的話,“吏貣當展約”之下空白就更大,因此,(2)的“展約”之後當無補一“日”字的可能。由於簡文信息有限,“展約”具體該如何理解尚不清楚。需要説明的是,此簡形制特别,簡首塗黑,當是標題簡。

“約日”,當即約定的日期之意,古書有與之意義接近的“約期”,如《逸周書·武寤》:“約期於牧,案用師旅;商不足滅,分禱上下。”《後漢書·馮异傳》:“與賊約期會戰。”[③]衹是在傳世文獻裏,“約日”的用例都比較晚,如《宋書·何尚之傳》:“望眷有積,約日無誤。”[④]《宋史·宗室傳·信王榛傳》:“願委臣總大事,與諸砦鄉兵,約日大舉,决見成功。”[⑤]又《李綱傳》:“上深以爲然,約日舉事。”[⑥]至於(1)的“約日”具體所指爲何,需根據前後文提供的信息來分析。平曉婧、蔡萬進二位先生已指出(1)是一件“令倉貣食的官文書”,[⑦]但無清晰論説。從前後文看,與理解“約日”可能直接相關的信息,一是“巫居貣公卒安成徐署遷陵”,《里耶秦簡牘校釋(第一卷)》注釋説:“居貸,疑與居貲贖債類似。”黄浩波先生則指出,“貸”可能是債務之一種。[⑧] 張伯元先生則認爲:“‘貣(貸)’還并不一定限於貸款、放債,也可以放貸其他物資,

① 何有祖:《里耶秦簡牘綴合(七)》。

② 兩簡的綴合,見何有祖《里耶秦簡牘綴合(七)》,簡帛網,2012 年 6 月 25 日。

③ 《後漢書》卷一七,646 頁。

④ 《宋書》卷六六,1736 頁。

⑤ 《宋史》卷二六五,8728 頁

⑥ 《宋史》卷三五八,11244 頁。

⑦ 平曉婧、蔡萬進:《里耶秦簡所見秦的出糧方式》,《魯東大學學報》(哲學社會科學版)2015 年第 4 期。

⑧ 黄浩波:《〈里耶秦簡(壹)〉所見廪食記録》,武漢大學簡帛研究中心主辦《簡帛》第 11 輯,上海古籍出版社,2015,124 頁。

如糧食、衣物等。”[①]這句話大意是説,“徐”因爲“居貣”的關係而署遷陵。其次是“謁令倉貣食”一句,與之相關,在里耶秦簡中有不少“出貸”的記録,[②]如以下兩例:

(3)☑□出貣居貲士五(伍)巫南就路五月乙亥以盡辛巳七日食。

☑　　缺手。(里耶秦簡8-1014)

(4)☑巳朔朔日,啓陵鄉守狐出貣適戍□☑(里耶秦簡8-1029)

以上兩簡,當是官方的“出貣”記録。“謁令倉貣食”的“貣食”當與這類記録有關聯。聯繫“今徐以壬寅事,謁令倉貣食”的文意看,“約日”更似與“居貸”有關,衹是簡文“壬寅事”具體所指無從考索而已。與之可參照的,在西北漢代簡牘中有一類“責券簿”,[③]如以下内容較爲完整的例子:

(5)七月十日鄣卒張中功貰買皂布章單(禪)衣一領,直三百五十,三堠史張君長所,錢約至十二月盡畢已,旁人臨桐史解子房知券□☑(居延漢簡262.29)[④]

(6)元康二年十一月丙申朔壬寅,居延臨仁里耐長卿貰買上黨潞縣直里常壽字長孫青復絝一兩,直五百五十,約至春錢畢已,姚子方☑(居延新簡EPT57:72)[⑤]

(7)元平元年七月庚子,禽(擒)寇卒馮時買槖絡六枚楊卿所,約至八月十日與時小麥七石六斗,過月十五日以日斗計,蓋卿任。(敦煌漢簡1449A)[⑥]

以上三簡中的“約某時”都是償還債務的日期。因此,簡文中的“約日”可能是償還債務的日期,即“徐”償還“貸”的日期。

言歸正傳,再來看“展約日”的解釋問題。從詞語結構上説,何有祖先生所説的“‘展約日’似指‘展約’之日,即校録‘約’的日期”,不够確切,從語法上看當是一個動賓結構,同下文的“展簿留日”。在里耶秦簡中有與(1)、(2)辭例結構一致的“展簿留日”,共兩例,如下:

(8)癰(應)令及書所問且弗癰(應),弗癰(應)而云當坐之狀何如?其謹桉(案)致,更上奏夬(决)展薄(簿)留日,[⑦]毋騰却它(里耶秦簡8-1564)

(9)爲奏,傳所以論之律令,言展薄(簿)留日。·令(里耶秦簡8-869+8-1617)[⑧]

---

① 張伯元:《嶽麓秦簡(三)字詞考釋三則》,中國文化遺産研究院編《出土文獻研究》第14輯,上海:中西書局,2015,50頁。

② 詳參平曉婧、蔡萬進《里耶秦簡所見秦的出糧方式》。

③ 詳參李天虹《居延漢簡簿籍分類研究》,北京:科學出版社,2003,140-142頁。

④ 謝桂華、李均明、朱國炤:《居延漢簡釋文合校》,北京:文物出版社,1987,436頁。

⑤ 馬怡、張榮强主編:《居延新簡釋校(下)》,天津古籍出版社,2013,539頁。

⑥ 甘肅省文物考古研究所編:《敦煌漢簡》,北京:中華書局,1991,釋文247頁。

⑦ “夬”,《里耶秦簡牘校釋(第一卷)》原釋作“史”,今從陳偉師改釋,見陳偉《里耶秦簡中的“夬”》,簡帛網,2003年9月26日。

⑧ 兩簡的綴合,見何有祖《里耶秦簡牘綴合(六則)》,簡帛網,2012年12月24日。

里耶秦簡中也有"簿留日"的用例:

(10)馬以傳食入券及留不行日,移索(索),索(索)集報參川都水薄(簿)留日(里耶秦簡14-638)①

因此,"展簿留日"當是動賓結構,即"展/簿留日"。里耶秦簡中又有"留簿"或"簿留"的用例:

(11)……Ⅰ
丞主移【真】☐Ⅱ
告主。/緩手。☐Ⅲ
言勿留薄(簿)☐Ⅳ(里耶秦簡8-611)
(12)☐□封薄(簿)留二封☐(里耶秦簡8-1129)
(13)☐留薄(簿)牒上,敢言之。☐(里耶秦簡8-551)

(11)的"留簿"前有否定副詞"勿",因此不能將其理解爲一個句法成分,也就是不能將其看作一個名詞性詞語。(12)(13)兩例由於簡文殘缺比較厲害,一時難以作語法分析。因此(11)-(13)中的"簿留""留簿",對於"展簿留日"的埋解難以有直接的幫助。

上文所討論的"展約日""展簿留日"結構一致,且都是"展……日"的意思,因此其中的"展"字詞義當一致。(1)注釋所舉《周禮》"展而受之"的"展"應該是"展示、陳列"的意思。而《儀禮》"史讀書展幣"的"展",鄭玄注所云"校録"則含有"校""録"兩層意思。如將秦簡中的"展約日"之"展"理解爲"校録",從前後文看也不太通順。嶽麓書院秦簡中恰有一例相同用法的"展"字,可以幫助我們理解上文所論里耶簡中的"展"字。

(14)【諸】給日及諸從事縣官、作縣官及當戍故徼而老病居縣、作姤入舂,篤貧不能自食皆食縣官而益展其日以當食,如居貲責(債)。(《嶽麓書院藏秦簡(肆)》簡292-293)

《嶽麓書院藏秦簡(肆)》注釋説:"益展,同義複詞,延長也。"②上文討論的"展……日"與此例"益展其日"辭例一致,也當是延長之意。《方言》卷十七:"展,信也。"錢繹箋疏:"信,伸,古字通用。此信字兼屈伸、誠信二義……是展又爲屈伸之伸也。"《漢書·酷吏傳·王溫舒》:"令冬月益展一月,卒吾事矣。"顔師古注:"展,伸也。""展約日"大概就是"延期"之意。從情理上說,期限就執行方來説,難免有推遲、延後的情況,自有相應的應對之法,所以(1)的B部

① 里耶秦簡牘校釋小組:《新見里耶秦簡牘資料選校(三)》,簡帛網,2015年8月7日。
② 陳松長主編:《嶽麓書院藏秦簡(肆)》,上海辭書出版社,2015,225頁。

分,即遷陵縣的批文中説“以律令從事”。與“展約日”的意義相近且結構一致的詞語,古書中還有“展期”“展日”,衹是所檢索到的書證皆是宋代及以後的用例,時代過晚,此不贅引。在秦漢時代的文獻裏,與“展期”“展日”意思相近的,有“延期”:

《漢書·王莽傳》:“予前在大麓,至於攝假,深惟漢氏三七之阸,赤德氣盡,思索廣求,所以輔劉延期之術,靡所不用。”

長沙五一廣場東漢簡牘還有“假期”一詞:

(15)南山鄉言民馬忠自言
不能趣會假期書　　八月廿八日發(CWJ1③:325-1-63)[①]

(16)兼左部賊捕掾馮言逐捕殺
人賊黄康未能得假期解書　　十二月廿八日開(CWJ1③:261-8)

(17)恐力未盡,且皆復假期(CWJ1③:291)

《長沙五一廣場東漢簡牘選釋》注釋(17)云:“假期,假延時日。晋陸雲《請吾王引師友文學觀書問道啓》:‘孔子假期玩年,至於韋編三絶。’簡文指原來辦案期限已到,此時又予延期。”這三例“假期”的例子,(15)(16)是對“假期”的彙報説明,衹是具體原因尚不得而知。由此看來,出於各種原因,有時候“延期”是難以避免的,衹是要做出相應的彙報説明。與此相關,秦簡中對文書的傳遞都有明確的時間規定,如:

(18)行傳書、受書,必書其起及到日月夙莫(暮),以輒相報殹(也)。書有亡者,亟告官。隸臣妾老弱及不可誠仁者勿令。書廷辟有曰報,宜到不來者,追之。　行書。(睡虎地秦簡《秦律十八種》184-185)[②]

對文書的滯留、拖延一般都要做出解釋,如下面的例子:

(19)卅一年七月辛亥朔甲子,司空守□敢言之:今以初爲縣卒瘳死及傳槥書案致,毋應(應)此人名者。上真書。書癸亥到,甲子起,留一日。案致問治而留。敢言之。(里耶秦簡8-648)

章手。(里耶秦簡8-648背)

(20)書廿八年四月庚辰到,壬午起,留二日,譴求☐(里耶秦簡8-944+8-1646)

---

① 長沙市文物考古研究所等:《長沙五一廣場東漢簡牘選釋》,上海:中西書局,2015,199頁。本文所引長沙五一廣場東漢簡牘釋文及相關解釋皆出自該書,不另注。

② 陳偉主編,彭浩、劉樂賢等撰著:《秦簡牘合集釋文注釋修訂本(壹)》,武漢大學出版社,2016,134頁。本文所引睡虎地秦簡釋文皆出自該書,不另注。簡文中“誠仁”的解釋,可參歐揚《嶽麓秦簡〈亡律〉“亡不仁邑里、官者”條探析》,楊振紅、鄔文玲主編《簡帛研究二〇一六(春夏卷)》,桂林:廣西師範大學出版社,2016。

(20)簡文有缺，文書的性質尚難以判斷。《急就篇》卷四："乏興猥逮詞譺求"，顔師古注："譺，隱語也。謂偵伺官府利害，有所追求也。"[①]《説文·夊部》："夐，營求也。从夐，从人在穴上。商書曰：高宗夢得説，使百工夐求，得之傅巖。巖，穴也。"上文已云對執行方來説，期限難免有推後、延遲的情况，并且這樣的情况似并非不允許，如(19)即是對"留一日"的相關解釋。以上討論的是文書傳遞的情况，但"簿留"大概不能簡單與之等同。秦漢時期"簿"與"籍"的區别，一般來説"簿"常以人或錢物數量值爲主項，"籍"大多以人或物自身爲主項；且二者多是由下級單位編寫呈報給上級的。[②] 在傳世文獻及出土秦漢簡牘中，有不少簿籍類文書上呈時間的規定或要求。黄浩波先生曾就里耶秦簡中的"作徒簿"與"徒計"的形成總結説：

> 里耶秦簡牘所見，凡是使用刑徒勞作的部門，包括刑徒的管理部門在内，每日均製作"日作徒簿"，而且呈報縣廷，縣廷以笥按月分部門存放；縣廷會在當月月底對各部門所呈報的作徒簿進行清點查驗，若有缺漏，便會下文追繳。每月晦日，各部門要將當月每日的"日作徒簿"及由每日"日作徒簿"彙編而成的"月作徒簿"(或曰"月作徒簿冣")上呈縣廷，縣廷以笥按年度分别保存各部門的"月作徒簿冣"，再根據各部門之間相互對應的記録，對月作徒簿進行核校。年末，各部門在月作徒簿或日作徒簿的基礎之上再編制部門的"徒計"，呈送倉和司空。"徒計"上呈縣廷，乃至縣廷上呈郡之後，仍可能有對"計"文書的核驗。[③]

黄先生僅是就"作徒簿""徒計"做的總結，而從秦漢簡牘資料及古書記載看，簿籍上呈時間的問題可能要複雜得多，如以下簡文：

> (21)縣上食者籍及它費大(太)倉，與計偕。都官以計時讎食者籍。(睡虎地秦簡《秦律十八種》簡37)
>
> (22)都官歲上出器求補者數，上會九月内史。(睡虎地秦簡《秦律十八種》簡187)
>
> (23)卅二年三月丁丑朔朔日，遷陵丞昌敢言之：令曰上葆繕牛車薄(簿)，恒會四月朔日泰(太)守府。·問之遷陵毋當令者，敢言之。(里耶秦簡8-62)
>
> (24)卅三年二月壬寅朔朔日，遷陵守丞都敢言之：令曰恒以朔日上所買徒隸數。·問之，毋當令者，敢言之。(里耶秦簡8-154)

---

① [漢]史游撰：《急就篇》，長沙：嶽麓書社，1989，312頁。

② 詳參李均明《秦漢簡牘文書分類輯解》，北京：文物出版社，2009，247頁。

③ 黄浩波：《里耶秦簡牘所見"計"文書及相關問題研究》，楊振紅、鄔文玲主編《簡帛研究二〇一六(春夏卷)》，119頁。

(25)縣、道已豤(墾)田,上其數二千石官,以户數嬰之,毋出五月望。(張家山漢簡《二年律令》243)[①]

以上是出土文獻中幾條有關簿籍上呈時間的材料,在古書中也有類似的記載,如:

《續漢書·百官志三》"宗正"本注:"郡國歲因計上宗室名籍。"又"大司農"本注:"郡國四時上月旦見錢穀簿,其逋未畢,各具别之。"

《續漢書·百官志五》"州郡"本注"(縣、邑、道)秋冬集課,上計於所屬郡國。"李賢注引胡廣:"秋冬歲盡,各計縣户口墾田,錢穀出入,盜賊多少,上其計簿。"

由於簿籍具體名稱與内容性質的複雜性,以及所呈達的政府機構層級不同,對上呈時間的要求也有差别,(23)、(24)要求的日期是朔日,(25)是望日,(21)與上引《續漢書·百官志》的例子則主要跟歲時上計有關。以上雖舉了出土文獻及古書中有不少與簿籍上呈時間的一些律令或文書材料,但却未檢得對簿籍類文書留遲情况該如何處理或懲罰的直接文字資料。

綜上而言,里耶秦簡中的"展……日"的"展"當是推遲、延後之義。"展簿留日"應該是對簿籍的上呈日期有所延遲,而這種延遲從情理上講是難以避免的。秦漢簡牘及古書中有不少與簿籍上呈時間的規定或要求相關的資料,但對"簿留"及相關的延遲問題,該如何處理,如(1)所云"以律令從事",到底是什麽樣的律令或是其他相關規定,目前尚未檢得這方面的直接資料,衹能闕疑不論。

附記:本文稿成後,承匿名審稿專家指出疏失之處并提出寶貴修改意見,謹致謝忱。

① 張家山二四七號漢墓竹簡整理小組:《張家山漢墓竹簡[二四七號墓]》(釋文修訂本),北京:文物出版社,2006,42頁。

# 嶽麓秦簡《猩、敞知盗分贓案》與楚墓早期盗掘

荆州博物館　蔣魯敬

**内容提要**　《嶽麓書院藏秦簡(叁)》中《猩、敞知盗分贓案》簡文内容涉及古墓盗掘問題,本文結合典籍記載、出土秦漢簡牘資料以及楚故都紀南城周邊大中型楚墓考古發現,認爲大中型楚墓的早期盗掘可能類似於殷墟王陵早期被盗毁,"早期盗掘者不僅要攫取墓中隨葬的寶器,而且是帶着充滿敵意的報復心理將包括尸骸在内的墓室所有毁壞殆盡"。秦在拔郢後,可能也效仿周人毁滅殷商大墓,在對楚"焚宗廟""燒先王墓"的同時,或伴隨有盗掘墓冢的行爲發生。

**關鍵詞**　嶽麓秦簡　紀南城　楚墓　早期盗掘

《猩、敞知盗分贓案》是《嶽麓書院藏秦簡(叁)》的第三篇奏讞類文書,簡文内容主要記述"上造敞、士伍猩知人盗埱冢,分贓,贓過六百六十錢,敞當耐鬼薪,猩黥城旦",後來適逢"戊午赦,江陵守感、丞暨、史同論赦猩、敞爲庶人"之事。簡文涉及古墓盗掘問題,本文結合典籍記載、出土秦漢簡牘資料以及楚墓考古發現,嘗試對楚故都紀南城周邊大中型楚墓的早期盗掘問題作初步研究。

## 一　簡文《猩、敞知盗分贓案》中盗掘墓冢的記載

爲討論方便,先將《猩、敞知盗分贓案》簡文内容移録於下:

廿三年四月,江陵丞文敢讞之:廿二年九月庚子,令下,劾:録江陵獄:上造敞、士伍【44】猩知人盗埱冢,分贓,得。敞當耐鬼薪,猩黥城旦。遝戊午赦,爲庶人。鞫【45】審,

讞。【46】●今視故獄:廿一年五月丁未,獄史窣詣士伍去疾、號曰:載銅。●去疾、號曰:號乘軺【47】之醴陽,與去疾買銅錫冗募樂一男子所,載欲賣。得。它如窣。【48】●執一男子。男子士伍,定名猩。【49】●猩曰:□□□□□樂,爲傭,取銅草中。得。它如號等。【50】●孱陵獄史民詣士伍達。與猩同獄,將從猩。●達曰:亡,與猩等獵漁。不利,負債。【51】冗募上造祿等從達等漁,謂達:祿等亡居夷道界中,有廬舍,欲驅從祿。達【52】等從祿。猩獨居舍爲養,達與僕徒蒔等謀埱冢。不告猩,冢已徹,分器,乃告【53】猩。蒔等不分猩,達獨分猩。它如猩。●猩曰:達等埱冢,不與猩謀。分器,蒔等不分【54】猩,達獨私分猩。猩爲樂等傭,取銅草中。它如達及前。●醴陽丞悝曰:冗募上造敞【55】……埱冢者錫。到舍,達已分錫。達謂敞:已到前,不得錫。今冢中尚有器,器已出,賣敞所。蒔【56】告達,請與敞出餘器,分敞。達曰:發冢一歲矣!今徹,敞乃來,不可與敞。達等相將之水旁,【57】有頃,來告敞曰:與敞。敞來後,前者爲二面,敞爲一面。敞曰:諾。皆行,到冢,得錫。敞買及受分。覺,【58】亡。得。它如達等。●達言如敞。〔問〕:達等埱冢,不與猩、敞謀,得衣器告;猩、敞受分,贓過六百六十錢。【59】它如辭。●鞫之:達等埱冢,不與猩、敞謀,得衣器告;猩、敞受分,贓過六百六十錢。得。猩當黥【60】城旦,敞耐鬼薪,遝戊午赦。審。江陵守感、丞暨、史同論赦猩、敞爲庶人。達等令别論。敢讞之。[①]【61】

爲便於理解簡文,根據整理者注釋和語譯,[②]對簡文所記案件大致情形梳理如下:

冗募上造祿等隨士伍達、猩打獵捕魚,不順利,負債。祿驅使達、猩等逃亡藏在夷道境内。士伍達與僕人蒔等一起謀劃盜墓,未告知猩,猩獨自一人留在屋裏做飯。蒔等挖通墓冢,分完贓物後,衹有達私自分給猩。上造敞也在蒔等分完贓物後趕來,由於墓内還有器物,經達等商議,按照敞擔當一面,先來的(達、蒔等人)擔當兩面的分贓原則,由蒔與敞一起拿出墓内餘下的器物。秦王政二十一年五月丁未,士伍猩作爲冗募樂的傭工在醴陽把盜墓分贓所獲銅賣給士伍號和弃疾。號和弃疾因非法運銅被捕。隨之,盜墓事件敗露。通過審理,達等盜墓没有與士伍猩、上造敞商量,但是猩、敞二人因分贓超過六百六十錢,猩應處以黥刑并貶爲城旦,敞處以耐刑并貶爲鬼薪,趕上戊午赦,免猩、敞爲庶人。

簡 44"埱冢",整理者注,挖墓。[③]

簡 57"發冢一歲矣",大概與《二年律令·盜律》中"盜發冢"相關。張家山漢簡《二年律令·盜律》簡 65-66:

---

① 釋文參看朱漢民、陳松長主編《嶽麓書院藏秦簡(叁)》,上海辭書出版社,2013,119-124 頁。

② 參看朱漢民、陳松長主編《嶽麓書院藏秦簡(叁)》,125-128 頁、287-289 頁。

③ 朱漢民、陳松長主編:《嶽麓書院藏秦簡(叁)》,125 頁。

群盗及亡從群盗，毆折人肢，胅體，及令跛蹇，若縛守、將人而强盗之，及投書、懸人書，恐猲人以求錢財，盗殺傷人，盗發冢，略賣人若已略未賣，矯相以爲吏、自以爲吏以盗，皆磔。

整理小組注：盗發冢，盗墓。[①]

睡虎地秦簡《法律答問》簡 28"何謂'盗埱厓'？王室祠。貍其具，是謂'厓'"。"盗埱厓"是指盗挖葬在地下的王室祭祀用品的犯罪行爲。[②] 可見，秦漢時不僅有盗掘墓葬的行爲，盗掘祭祀用品也時有發生。

據睡虎地秦簡記載，挖洞行盗的方式不僅存在於盗掘墓冢，還被應用到了入室行竊。《封診式・穴盗》簡 74"人已穴房内，徹内中"，簡 76"其所以埱者類旁鑿"。穴盗，整理者注，挖洞行竊。"其所以埱者類旁鑿"指洞是用挖掘類工具從旁鑿出來的。[③]

簡 53"猩獨居舍爲養"，"猩"爲"達與僕徒蒔等"專司炊事。待"冢已徹，分器，乃告猩"，據簡 57 在"發冢一歲矣，今徹"即盗掘長達一年的時間裏，猩都不知"達與僕徒蒔等"盗墓冢之事。對於没有直接參與"盗埱冢"的猩，"蒔等不分猩，達獨私分猩"。在墓冢盗掘"已徹"後到來的敞衹能"前者爲二面，敞爲一面"。[④]這些簡文内容大致反映了盗墓的私密性與分贓問題。

簡文中有四個地名，即江陵（簡 44）、醴陽（簡 48）、孱陵（簡 51）和夷道（簡 52）。其中醴陽不見於《漢書・地理志》，其餘三個地名均見於《漢書・地理志》。江陵、夷道屬南郡，孱陵屬武陵郡。夷道，治今湖北枝城市西。孱陵，據里耶秦簡 J11652 離江陵縣百一十里，治今湖北公安縣西南。[⑤] 據簡文記載，達與僕徒蒔等在夷道盗墓，大概在醴陽完成盗墓所得銅錫的買賣交易。松柏漢墓 M1 出土 35 號木牘，[⑥]記載南郡屬縣排列順序是"先沿南郡外圍邊界一周，由西向東：巫、秭歸、夷道、夷陵、醴陽、孱陵……最後以中心的江陵結尾"，[⑦]可知，西漢初期夷道、夷陵均在江陵以西的區域。

嶽麓秦簡《猩、敞知盗分贓案》折射了秦時江陵（今荆州）地區的盗墓之事，後世的玩賞之風大概也助長了此區域的盗墓行爲。如《梁書・劉之遴傳》記載："之遴好古愛奇，在荆州聚古器數百十種。"[⑧]

---

① 張家山二四七號漢墓竹簡整理小組：《張家山漢墓竹簡［二四七號墓］》（釋文修訂本），北京：文物出版社，2006，18 頁。

② 參看方勇、侯娜《秦漢簡札記四則》，《古籍整理研究學刊》2009 年第 4 期；陳偉主編《秦簡牘合集（壹）上》，武漢大學出版社，2014，207 頁。

③ 參看方勇、侯娜《秦漢簡札記四則》；陳偉主編《秦簡牘合集（壹）上》，207、312 頁。

④ 簡文"二面、一面"與五年琱生簋（《集成》4292）"公宕其三，汝則宕其二；公宕其二，汝則宕其一"，五年琱生尊（《文物》2007 年第 8 期）"余宕其三，汝宕其二"相似，數字大概都是表示分配的比例。參看寶雞市考古研究所、扶風縣博物館《陝西扶風五郡西村西周青銅器窖藏發掘簡報》，《文物》2007 年第 8 期；李學勤《琱生諸器銘文聯讀研究》，《文物》2007 年第 8 期。

⑤ 參看朱漢民、陳松長主編《嶽麓書院藏秦簡（叁）》，125-127 頁。

⑥ 荆州博物館：《湖北荆州紀南松柏漢墓發掘簡報》，《文物》2008 年第 4 期。

⑦ 劉瑞：《武帝早期的南郡政區》，《中國歷史地理論叢》第 1 輯，2009，33 頁。

⑧ 《梁書》卷四〇，573 頁。

## 二　考古發現紀南城周邊大中型楚墓早期盗掘舉例

荆州是楚國强盛時期的都城所在地,以面積達 16 平方公里的楚故都紀南城遺址爲中心,分布着八嶺山、紀山、馬山、川店、天星觀等楚國貴族墓葬群,以及熊家冢、馮家冢、平頭冢、周家冢等特大型楚國王公貴族墓地。[①] 隨着大中型楚墓發掘數量的增多,發現早期被盗的現象也較普遍。

1978 年發掘的湖北江陵天星觀一號楚墓,西距紀南城約 30 公里,是一座有封土、有墓道的長方形豎穴土坑木槨墓。墓道位於墓室之南。坑口南北殘長 30.4、東西殘寬 33.2 米(原坑口長 41.2、寬 37.2 米),坑壁設 15 級生土臺階,坑口至坑底深 12.2 米。葬具一槨三棺,槨分七室。根據出土竹簡内容記載墓主爲邸陽君番勳。在墓口平面、封土青灰泥堆積底部,露出規整的盗洞口,形狀橢圓。盗洞底部(槨蓋板以上)盗墓者用六層圓木壘砌四方形井架寬 1.34、長 1.5 米。洞内填土爲青灰泥(垮塌的封土,雨水長期淤積而成),含竹木等雜物較多,并出土了一批鐵質盗墓工具和陶器,槨蓋板上的盗洞爲長方形,長 1.5、寬 1.2 米(圖一)。盗洞出土的各類鐵器形制較早,陶鬲爲秦式陶鬲,因此推測該墓爲秦人所盗,被盗時間大約在戰國晚期至秦。[②]

1986—1987 年,爲配合荆沙鐵路建設,湖北省荆沙鐵路考古隊在南距楚故都紀南城约 16 公里的荆門市十里鋪鎮王場村的崗地上發掘包山 M1 和 M2,也均有盗洞。M1 封土堆東北部(距封土堆東部底邊 5.6 米、北部底邊 4.6 米)有一盗洞(圖二),順着墓道與墓坑交界處而下,打穿東室槨蓋板、分板,將東室和南室東部隨葬遺物盗擾。[③]

包山 M2 有封土,東向墓道,長方形土坑,有十四級臺階。坑口東西長 34.4、南北寬 31.9、坑深 12.45 米。葬具爲二槨三棺,槨分五室。根據竹簡内容記載,墓主爲左尹卲𢓰。在封土堆西北部(距墓坑西邊 7.4 米處)耕土層下有一盗洞(圖三),順北壁臺階而下,至第七級臺階處,往東南呈斜坡狀轉移,在槨東室蓋板之上 1.5 米消失。盗洞全部崩塌。推測盗洞没有下掘成功的原因,可能與槨内有機物腐爛後産生的甲烷氣體有關。[④]

2000 年 2 月,發掘的天星觀 M2 發現有兩個盗洞。墓坑中部的一個爲早期盗洞,平面近圓形,直徑 1.6 米,盗洞直通内槨室和棺室。[⑤]

2014 年發掘的荆州望山橋一號楚墓,被盗嚴重,發現兩處早期盗洞。一處位於墓坑中部

---

① 參看王明欽《荆州地區楚墓出土玉器概論》,荆州博物館編著《荆州楚玉》,北京:文物出版社,2012,9 頁。

② 湖北省荆州地區博物館:《江陵天星觀一號楚墓》,《考古學報》1982 年第 1 期。

③ 湖北省荆沙鐵路考古隊:《包山楚墓》,北京:文物出版社,1991,8 頁。

④ 湖北省荆沙鐵路考古隊:《包山楚墓》,45 頁。

⑤ 湖北省荆州博物館:《荆州天星觀二號楚墓》,北京:文物出版社,2003,4 頁。

偏東,垂直向下;另一處從墓道上方斜向下,在頭廂處兩盗洞匯合進入槨室(圖四)。發現的盗墓工具有鐵臿、鐵斧、陶汲水罐等,盗掘年代爲秦漢時期。①

通過對紀南城周邊大中型楚墓考古發現的早期盗洞的觀察,可知盗洞大多是直達東室(頭廂),盗掘位置與盗掘方法的一致性似乎暗示了此類盗掘行爲的時代特征,尤其是研究者對盗洞殘存的盗墓工具及遺物的分析,推測其被盗年代大約在秦漢之際。此外,2009—2010年發掘的荆門嚴倉墓群獾子冢(M1),發現有三個盗洞打穿了槨蓋板,墓内隨葬品多被盗。②三個盗洞中不知是否有屬於早期的盗洞。

## 三 早期盗墓研究

《晋書·束皙傳》:"汲郡人不準盗發魏襄王墓,或言安釐王冢,得竹書數十車。"此次盗墓事件因爲涉及竹簡,竹簡内容包含《竹書紀年》《穆天子傳》等,成爲簡牘研究史的一個重要事件,③也成爲了古代較著名的盗墓事例。

近年來,隨着對殷墟西北岡大墓上所謂"早期盗掘坑(或稱古代盗坑)"發生年代研究的深入,關於殷墟王陵早期被盗毁的年代、原因及背景等問題取得了長足進展。④ 以西北岡王陵區爲中心的殷墟帶墓道大墓早在西周早期就被周人洗劫一空。周人大肆盗掘殷商大墓的行爲很可能與周公東征平定武庚叛亂的史實有關。表面上看來是對武庚叛亂的懲罰,更深的目的則是要"以絶殷祀"。⑤

天星觀 M1 内棺蓋被推置一側,骨骼無存(可能被盗墓者拖至南室,在南室盗洞底部發現一個人頭骨),棺内僅存幾顆殘牙和幾根頭髮,⑥大概是對楚人尸骨毁滅性打擊的一個表現。這種現象可能與殷墟王陵早期被盗毁有相同之目的,"早期盗掘者不僅要攫取墓中隨葬的寶器,而且是帶着充滿敵意的報復心理將包括尸骸在内的墓室所有毁壞殆盡"。⑦

《史記·楚世家》:"(楚襄王)二十一年,秦將白起遂拔我郢,燒先王墓夷陵。楚襄王兵散,遂不復戰,東北保於陳城。"⑧

《戰國策·中山策》:"楚地方五千里,持戟百萬,君前率數萬之衆人入楚,拔鄢、郢,焚其

---

① 賈漢清:《湖北荆州楚墓的重大發現——望山橋墓地一號墓》,《中國文物報》2015 年 2 月 27 日第 8 版。

② 宋有志:《湖北荆門嚴倉墓群 M1 發掘情况》,《江漢考古》2010 年第 1 期。

③ 參看林劍鳴《簡牘概述》,西安:陝西人民出版社,1984,4 頁。

④ 井中偉:《殷墟王陵區早期盗掘坑的發生年代與背景》,《考古》2010 年第 2 期。何毓灵:《殷墟王陵早期被盗年代研究》,《考古》2014 年第 6 期。

⑤ 井中偉:《殷墟王陵區早期盗掘坑的發生年代與背景》,87-88 頁。

⑥ 湖北省荆州地區博物館:《江陵天星觀一號楚墓》,80 頁。

⑦ 井中偉:《殷墟王陵區早期盗掘坑的發生年代與背景》,83 頁。

⑧ 《史記》卷四〇,1735 頁。

廟,東至竟陵,楚人震恐,東徙而不敢西向。”①

雖然學術界對夷陵是否爲楚王陵還有不同的認識,但燒先王之墓,以辱没“先人”應是事實。② 根據《史記》《戰國策》的記載,秦在拔郢後,可能也效仿周人毁滅殷商大墓,在“焚宗廟”“燒先王墓”的同時,或伴隨有盗掘墓冢的行爲發生。從上文所引松柏漢墓 M1 出土木牘所載夷陵位於江陵以西,也與《史記·楚世家》“東北保於陳城”、《戰國策·中山策》“東徙而不敢西向”所記秦從西面攻楚相合。楚郢都紀南城以西的先王墓夷陵在遭遇秦火後,位於紀南城近郊的楚貴族墓大概也在劫難逃,這正與考古發掘所獲知的紀南城周邊大中型楚墓早期盗洞的時代被推定爲秦漢之際相符。

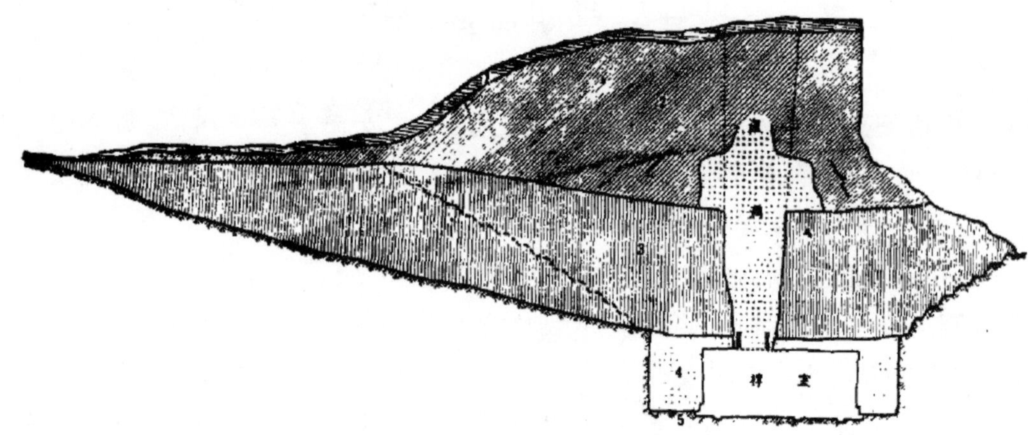


圖一:天星觀 M1 墓坑剖面圖③

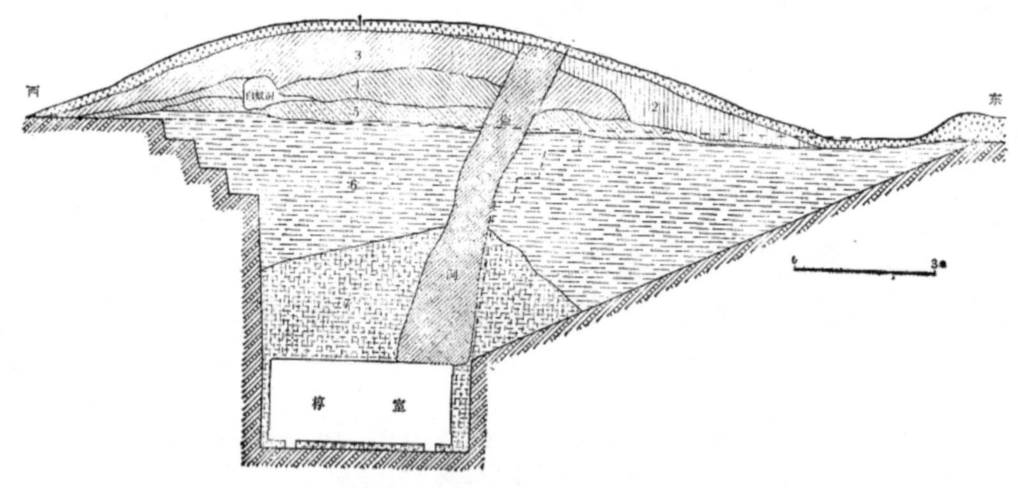


圖二:包山 M1 縱剖面圖④

① [東漢]高誘注:《戰國策》,上海:世界書局,1937,306 頁。
② 何毓灵:《殷墟王陵早期被盗年代研究》,98 頁。
③ 湖北省荆州地區博物館:《江陵天星觀一號楚墓》。
④ 湖北省荆沙鐵路考古隊:《包山楚墓》,10 頁圖四。

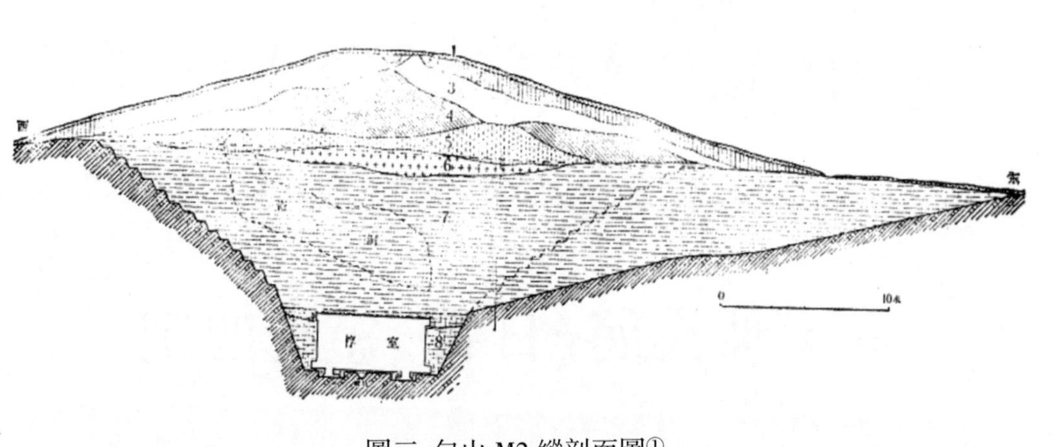

圖三:包山 M2 縱剖面圖①

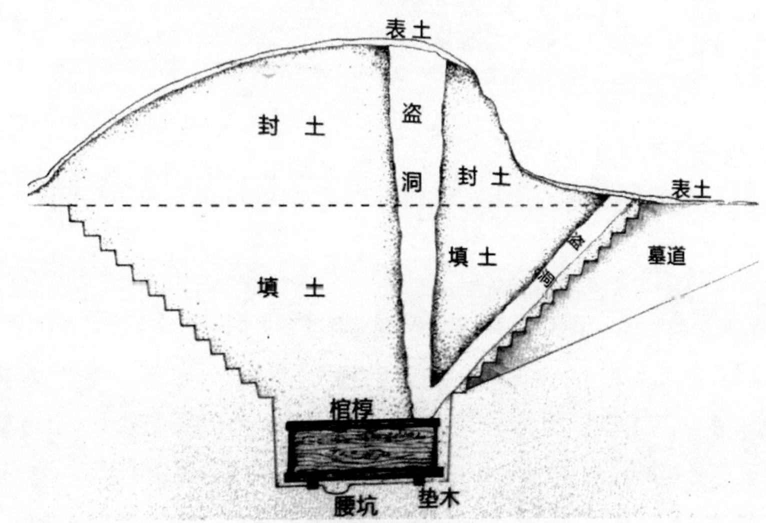


圖四:望山橋 M1 盜洞示意圖②

① 湖北省荆沙鐵路考古隊:《包山楚墓》,46 頁圖二九。

② 荆州博物館:《楚越吴神奇碰撞的新探索——望山橋考古特展》展覽圖版,2015。

# 孔家坡漢簡《日書》短札四則

復旦大學出土文獻與古文字研究中心
出土文獻與中國古代文明研究協同創新中心　鄔可晶

**内容提要**　孔家坡漢簡《日書·盗日》、睡虎地秦簡《日書》甲種《盗者》中的"剛履",當讀爲"剛戾";一般釋讀爲"剛復(愎)"是缺乏根據的。《司歲》篇中南方帝名之字,似當釋爲"叡",讀爲"赤"或"赫"都有可能。跟孔家坡漢簡《日書·死咎》中的"畜産"對應,睡虎地秦簡《日書》甲種《十二支占死咎》中的"生子不牷",當時人也許已把它理解爲指牲畜所生幼子體不完具。放馬灘秦簡《日書》乙種"婦人必宜疾"的"宜疾(嫉)",與孔家坡漢簡《日書·直室門》中的"媧"字相當,前者的"宜"可能表示"怨""違"之意。

**關鍵詞**　孔家坡漢簡　睡虎地秦簡　放馬灘秦簡　《日書》

湖北隨州孔家坡發掘的西漢前期(景帝時)8號墓所出竹簡中,有《日書》抄本。經過學者們的不斷探索,《日書》釋讀的不少問題已得到很好的解決。本文打算再提出幾條簡短的意見,供大家參考。

孔家坡漢簡《日書》的抄寫年代,據研究,當不晚於漢高祖十二年(前195)。[①] 由於實用書籍具有傳承性强的特點,在時代跟孔家坡漢簡《日書》相近的睡虎地、放馬灘等秦墓所出《日書》中,可以看到不少彼此相同或類似的内容。討論睡虎地、放馬灘秦簡《日書》的有關文義時,應該充分利用孔家坡漢簡《日書》的綫索。本文也將涉及這方面的内容。

① 陳炫煒:《孔家坡漢簡日書研究》(修訂本),臺灣清華大學歷史研究所碩士論文(指導教師:張永堂、劉增貴教授),2008,265-269頁。

爲了節省篇幅，以下分别稱孔家坡漢簡、睡虎地秦簡、放馬灘秦簡爲“孔簡”“睡簡”“放簡”。

## 一

孔簡《盗日》篇“戌，老火也”條有如下之語：

> 盗者赤色，短頸，其爲人也剛履。（簡377）[①]

睡簡《日書》甲種《盗者》篇，亦有“戌，老羊也”條，相應之文作：

> 盗者赤色，其爲人也剛履，疵在頰。（簡79背）[②]

劉樂賢先生讀睡簡的“剛履”爲“剛復”，“剛復”即“剛愎”。[③] 李學勤先生疑“履”爲“愎”字之誤。[④] 孔簡整理者也在“剛履”之“履”後，括注“愎”。[⑤] 此説實不可從。

“履”“愎/復”聲韻皆异，無由相通。《説文·八下·履部》分析“履”字“从尸、从彳、从夊，舟象履形”。從古文字看，所謂“舟象履形”者，實是象人形的“頁”（秦漢文字“頁”的頭部或訛作“囟”形）。所謂“从彳”者，是本象人所踐履的“履”形變爲“舟”形後，移至“頁”旁之左，逐漸簡化而成的。如上引孔簡的“履”作，左下爲“舟”還比較明顯（“舟”與“尸”有共用筆畫）；睡簡那一例“履”作，所从亦非“彳”。所謂“从尸”者，則是在“履”上加注的聲符“眉”的訛變。[⑥] 所以就字形來説，隸變後的“履”中雖含有“復”，但“履”與“復”本來是毫無關係的。如果認爲兩種《日書》的“履”字都是“復”的誤寫，不但字形并不相近，而且未免太過湊巧了些。

我們認爲簡文的“剛履”當讀爲“剛戾”。上古音“履”屬來母脂部，“戾”屬來母質部，二者聲母相同，韻部陰入對轉（雖然中古“履”爲開口三等字，“戾”爲開口四等字，但與“履”屢通的“禮”，[⑦]中古也是開口四等字）。《周易》井卦“九五”爻辭“井洌寒泉食”，馬王堆帛書本

---

① 湖北省文物考古研究所、隨州市考古隊：《隨州孔家坡漢墓簡牘》，北京：文物出版社，2006，102、175頁。

② 睡虎地秦墓竹簡整理小組：《睡虎地秦墓竹簡》，北京：文物出版社，1990，圖版109頁、釋文注釋220頁。

③ 劉樂賢：《睡虎地秦簡日書研究》，臺北：文津出版社，1994，272頁。參見王志平《簡帛叢札二則》，《簡帛研究》第3輯，南寧：廣西教育出版社，1998，132－133頁。

④ 李學勤：《〈日書〉盗者章研究》，收入其著《簡帛佚籍與學術史》，南昌：江西教育出版社，2001，155頁。

⑤ 湖北省文物考古研究所、隨州市考古隊：《隨州孔家坡漢墓簡牘》，175頁。

⑥ 裘錫圭：《西周銅器銘文中的“履”》《應侯視工簋補釋》，《裘錫圭學術文集·金文及其他古文字卷》，上海：復旦大學出版社，2012，27－32、142頁。季旭昇：《説文新證》，臺北：藝文印書館，2014，682頁。

⑦ 參見高亨、董治安《古字通假會典》，濟南：齊魯書社，1989，544頁。

“洌”作“戾”;《春秋・隱公二年》“紀裂繻來逆女”,《公羊》《穀梁》“裂繻”并作“履緰”,[①]是“履”“戾”間接相通之例。《史記・秦始皇本紀》載方士侯生、盧生“相與謀曰:‘始皇爲人,天性剛戾自用……’”,同書《伍子胥列傳》載伍奢評價其二子伍尚、伍員“尚爲人仁……員爲人剛戾忍詢……”,皆言“爲人剛戾”,與《日書》“其爲人也剛履(戾)”文例極似。“剛戾”不但有剛愎自用的意思,而且“戾”字突出其人暴戾、酷虐,更符合盜者爲人的特性。

銀雀山漢簡“論政論兵之類”《五名五共》所謂“兵有五名”,與“一曰威强,二曰軒驕”對舉者,有“三曰剛至”(簡1164),整理者疑“至”當讀爲“恎”。[②] 其説可信。《廣雅・釋詁三》“恎……很也”,王念孫《疏證》:“言很戾也。”《玉篇・心部》:“恎,惡性也。”較晚的古書裏又有“剛鷙”一詞,與“剛恎”音義皆近。屭羌鐘有“武侄寺力”之語(《集成》00157—00161),曾伯霥瑚有“元武孔黹”之語(《集成》04631、04632),攻敔王光劍銘自稱“允至”(《集成》11666),前人多讀“侄”“黹”“至”爲“鷙”。[③] 其實讀爲剛恎之“恎”似亦無不可。“恎”“鷙”與“戾”音亦不遠,“剛戾”“剛恎”“剛鷙”,應是關係十分密切的同族詞。

## 二

孔簡整理者所定《司歲》篇中,申朔、酉朔、戌朔三條有關於東、南、西以及中央帝的記載。現録整理者所作釋文如下:

【申】朔,奄(閹)戊(茂)司歲,有年,中央,黄啻(帝)。(簡435壹)

【酉朔】……□□,東方旲,南方叔倍。(簡436壹)

【戌朔】……兵西方耑王内。(簡437)[④]

從内容看,這部分簡文與“司歲”并無明顯聯繫,有些學者認爲不當歸於《司歲》篇。[⑤]

上引第一條簡文,自“朔”至“央”字僅存右半,原釋文外加“□”,此已略去。劉樂賢先生指出,整理者的釋文有一些問題,如第二條“倍”實是“啻(帝)”字;第三條“王”當釋“玉”,“耑玉”讀爲“顓頊”,“内”爲“白”之誤釋。劉先生又懷疑第二條“東方旲”“可能是‘東方大旲’之脱”。[⑥] 所説皆正確可從。

---

① 高亨、董治安:《古字通假會典》,537、544頁。

② 銀雀山漢墓竹簡整理小組:《銀雀山漢墓竹簡(貳)》,北京:文物出版社,2010,26、153頁。

③ 參見李家浩《攻敔王光劍銘考釋》,《著名中年語言學家自選集・李家浩卷》,合肥:安徽教育出版社,2002,57頁。

④ 湖北省文物考古研究所、隨州市考古隊:《隨州孔家坡漢墓簡牘》,181頁。

⑤ 參見王强《孔家坡漢墓簡牘校釋》,吉林大學碩士學位論文(指導教師:吴振武教授),2014,154頁。

⑥ 劉樂賢:《孔家坡漢簡〈日書〉“司歲”篇初探》,收入其著《戰國秦漢簡帛叢考》,北京:文物出版社,2010,109-110頁。

第二條“南方叔啻(帝)”的“叔”,劉樂賢先生根據同批簡其他“叔”的寫法與此不類,指出并非“叔”字,“應當釋爲何字,尚待進一步研究”。[①] 按此字原作如下之形:

跟出土漢初文字資料中的“叡”字比較一下,可知亦當釋“叡”:

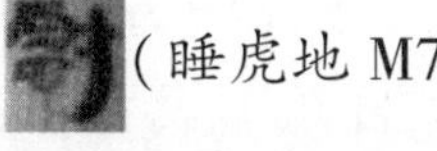(睡虎地 M77 漢墓所出《葬律》,《江漢考古》2008 年第 4 期彩版一四)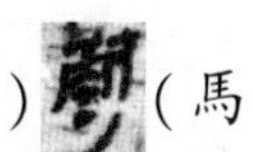(馬王堆帛書《戰國縱横家書》192 行)

“叡”字本从“𣦼”,但上舉二例省去“𣦻”中横畫,變爲从“容”。《説文·二上·口部》以爲“古文㕣”的“容”,前人指出即同書《十一下·谷部》所收“濬”之正篆“睿”,情況與此相同。[②] 孔簡的這個“叡”,“丷”下比上舉二例多了一短横,似應看作“𣦻”之譌寫;[③]也可能所加短横僅是贅畫(受漢代“敬”“叔”等字左上作“亠”的影響),其字仍从“容”。

劉樂賢先生説“簡文的‘南方□啻(帝)’,可能是指‘南方炎帝’或‘南方赤帝’”。[④] 上引《葬律》和《戰國縱横家書》二例“叡”,皆用爲溝壑之“壑”(“壑”从“叡”聲)。馬王堆漢墓帛書《五行》“經”文中,“赫赫在上”之“赫”寫作“壑”(28/197 行),“説”文則寫作“赤”(107/276、108/277 行)。[⑤] “南方叡帝”讀爲“南方赤帝”,指炎帝而言,似乎是順理成章的。不過,相鄰的簡 438 亥朔條有“赤奮”之“赤”字;《日書》的《主歲》篇所載關於五色帝的内容,簡 429 貳“丙丁朔”條已有“赤啻(帝)”。“叡帝”能否也讀爲“赤帝”,尚須研究。

又疑“叡帝”當讀爲“赫帝”(《北京大學藏西漢竹書(伍)》所收《節》,簡 37、40 的“㶛”字,整理者已指出即“壑”之异體[⑥])。《説文·十下·赤部》:“赫,火赤皃。”《詩·邶風·簡兮》“赫如渥赭”,毛傳:“赫,赤貌。”[⑦]炎帝既稱“赤帝”,自然也可以稱爲“赫帝”。

① 劉樂賢:《孔家坡漢簡〈日書〉“司歲”篇初探》,110 頁。又可參見陳炫煒《孔家坡漢簡日書研究》(修訂本),308 頁;王强《孔家坡漢墓簡牘校釋》,155 頁。

② 參見拙文《説金文“賫”及相關之字》,《出土文獻與古文字研究》第 5 輯,上海古籍出版社,2013,219 頁注⑥。

③ 北京大學藏西漢竹書《周馴》簡 198“壑”作(北京大學出土文獻研究所:《北京大學藏西漢竹書(叁)》上册,上海古籍出版社,2015,99 頁),如“谷”上的横畫與右邊的豎筆相連,其上横畫與右豎斷開(現在其“𣦻”旁上部的寫法大概受到“走”的類化),就很容易變成孔簡“叡”的樣子。同篇簡 70“壑”作(《北京大學藏西漢竹書(叁)》,上册,56 頁。此“壑”字所从“又”變爲“大”,不知“大”有没有可能實是“廾”),其所从“𣦼”,除去上端作“ᗑ”而不作“丷”外(上舉睡虎地漢簡《葬律》的“叡”即从“ᗑ”),“𣦻”旁的寫法已與孔簡“叡”一致。

④ 劉樂賢:《孔家坡漢簡〈日書〉“司歲”篇初探》,收入其著《戰國秦漢簡帛叢考》,110 頁。

⑤ 裘錫圭主編:《長沙馬王堆漢墓簡帛集成》第 1 册,北京:中華書局,2014,104、107 頁;第 4 册,59、83、84 頁。

⑥ 北京大學出土文獻研究所:《北京大學藏西漢竹書(伍)》,43 頁。

⑦ 馬端辰:《毛詩傳箋通釋》,北京:中華書局,1989,145 頁。

在緯書中,炎帝另有“赤熛怒”的稱號,《春秋緯》之三《春秋文耀鈎》:“太微宫有五帝坐星,蒼帝曰靈威仰,赤帝曰赤熛怒,黄帝曰含樞紐,白帝曰白招拒,黑帝曰汁光紀。”[①]“赤熛怒”之“赤”,當承其赤帝之號而來,故炎帝又可稱“熛怒”,《史記·天官書》“氣以處熒惑”句《索隱》引《春秋文耀鈎》:“赤帝熛怒之神,爲熒惑,位在南方,禮失則罰出。”[②]炎帝所以有“熛怒”之號,古人以爲其火性主怒。《玉燭寶典》卷四(《古逸叢書》影印日本鈔卷子本)引《詩含神務(霧)》:“其南赤帝坐,神名熛怒。”宋均曰:“熛怒者,取火性蜚楊成怒以自名也。”[③]《周禮·春官·大師》“大師,執同律以聽軍聲,而詔吉凶”,賈公彦疏解釋鄭注所引《兵書》“徵則將急數怒、軍士勞”句説:“南方火,火主熛怒,故將急數怒。”[④]此所言無關炎帝,但也把“熛怒”與“南方火”聯繫在一起。“赫”古有“怒”“盛怒之皃”義(字後亦作“嚇”)。[⑤] 炎帝有“叡(赫)帝”的别稱,也可能與緯書所見其“熛怒”之號有關。

《莊子·馬蹄》“夫赫胥氏之時”,成玄英疏:“赫胥,上古帝王也。亦言有赫然之德,使民胥附,故曰赫胥,蓋炎帝也。”[⑥](《路史·前紀七》“赫蘇氏”條言“赫蘇氏,是爲赫胥……又以爲即炎帝,妄矣”。)前人已據《胠篋》篇赫胥氏、神農氏并見,斥成説爲非。上海博物館藏戰國楚竹書《容成氏》1號簡所記上古帝王名中,既有“荎(赫)疋(胥)是(氏)”,又有“訢(神)戎(農)是(氏)”,[⑦]亦可爲證。成玄英之流所以誤把赫胥氏當作炎帝,不知是否由於歷史上炎帝曾有過“赫帝”之號的緣故。

## 三

孔簡整理者所擬定的《死咎》篇,其内容與睡簡《日書》甲種《十二支占死咎》頗近,“兩者當有淵源”。[⑧]《死咎》篇有如下一條:

> 申死,其咎在二室,畜産。(簡308)[⑨]

整理者注:“畜産,指幼畜。”[⑩]陳炫煒先生指出整理者的説法“不確”,他引《史記·韓長孺列

① 《禮記·郊特牲》《左傳·桓公五年》正義等引。[清]趙在翰:《七緯》下册,北京:中華書局,2012,451頁。
② [清]趙在翰:《七緯》下册,452頁。
③ 參見[清]趙在翰《七緯》上册,255頁按語。
④ 李學勤主編:《十三經注疏·周禮注疏》,北京大學出版社,2000,721頁。
⑤ 宗福邦等:《故訓匯纂》,北京:商務印書館,2003,2200頁。
⑥ [清]郭慶藩:《莊子集釋》,北京:中華書局,1961,341頁。
⑦ 馬承源主編:《上海博物館藏戰國楚竹書(二)》,上海古籍出版社,2002,圖版93頁、釋文考釋250頁。
⑧ 陳炫煒:《孔家坡漢簡日書研究》(修訂本),181-182頁。睡簡此篇本無篇題,此暫取有的研究者所擬。
⑨ 湖北省文物考古研究所、隨州市考古隊:《隨州孔家坡漢墓簡牘》,95、167頁。
⑩ 湖北省文物考古研究所、隨州市考古隊:《隨州孔家坡漢墓簡牘》,168頁。

傳》"匈奴虜略千餘人及畜産而去",謂"畜産指飼養的禽畜"。[①]

孔簡《日書》數見"畜産",如《建除》稱"收日","可以入人、馬牛、畜産、禾稼"(簡 22);《辰》稱"秀日","利見人及入畜産"(簡 31);同篇"陰日","利以……見人、畜産"(簡 44)等。其他秦漢簡中亦多有,不具引。古書裏的"畜産",又見於《墨子·號令》:"小城不自守通者,盡葆(保)其老弱、粟米、畜産。"[②]還有單説"産"的,如《左傳·僖公十五年》"古者大事,必乘其産"。可畜養、存活、繁殖的禽獸,即爲"畜産",其得名與"畜生"同例。[③] 後來就爲此種意思的"産"造了一個本字"犍"。《説文·二上·牛部》"犍,畜牲也"(大徐本牲譌作牲,此據徐鍇《繫傳》改);"畜生"的"生"後作"牲",情况亦同。孔簡整理者根據"孔家坡簡多處將馬牛和畜産并列"的現象,認爲"畜産并不包括牛馬"。[④] 這是有道理的。不過,在不與"馬牛"對舉時,"畜産"應該可以包括牛馬而言,相當於古人所謂"六畜"。孔簡《日書·建除》簡 15"盈日""可以……入六畜",睡簡《日書》甲種《秦除》簡 16 正貳則作"盈日……可以産",或謂"産"上脱一"入"字。[⑤] "産"即"畜産",可證"畜産"與"六畜"同意。

順便提一下,出土秦漢文字資料中"産"的意思跟"生"差不多,有些用法(如表"存活""生鮮"等義)似爲傳世典籍所罕見。有鑒於此,有人認爲這些"産"實際上代表的是語言裏"生"這個詞。已有學者指出這種懷疑是没有必要的。[⑥] 上舉孔簡《日書》的《辰》篇中,既有"畜産",又有"畜生",如簡 38-39"不可以取(娶)妻、嫁女、出入畜生",簡 46"不可見人、取(娶)妻、嫁女、出入人、畜生";《離日》篇稱"離日不可取(娶)妻、嫁女及入人、畜生、貨"(簡 143 叁-144 叁);《臨日》篇稱凡逢"臨日","不可……畜生,凡百事皆凶"(簡 109),這裏的"畜生"似當指"入畜生"。《星官》篇稱"三月胃""不可食六畜生"(簡 66),"五月東井……以死,必五人;殺産,必五産"(簡 70)。殺五産之"産"應即畜産之"産"。總之,孔簡《日書》"畜産""畜生"并見,也對"産"用爲"生"的看法不利。

睡簡《日書》甲種《十二支占死咎》,與孔簡《死咎》"申死"條相應者爲:

> 申,石也。其咎在二室,生子不牷。(簡 91 背壹)[⑦]

---

① 陳炫煒:《孔家坡漢簡日書研究》(修訂本),180 頁。

② [清]孫詒讓:《墨子間詁》,北京:中華書局,2001,613 頁。

③ 參見趙岩《簡帛文獻詞語歷時演變專題研究》,北京:中國社會科學出版社,2013,104-107 頁。

④ 湖北省文物考古研究所、隨州市考古隊:《隨州孔家坡漢墓簡牘》,130 頁。

⑤ 施謝捷:《簡帛文字考釋札記》,《簡帛研究》第 3 輯,173 頁;湖北省文物考古研究所、隨州市考古隊:《隨州孔家坡漢墓簡牘》,130 頁。

⑥ 參見張顯成《簡帛所見"産"有"生、活、鮮"義——淺談詞義的感染》,收入其著《簡帛文獻論集》,成都:巴蜀書社,2008,85-88 頁。

⑦ 睡虎地秦墓竹簡整理小組:《睡虎地秦墓竹簡》,圖版 110 頁、釋文注釋 221 頁。

整理者在“牷”後括注“全”,加注説“生子不全,亦見《法律答問》”。[①] 按《法律答問》有“其子新生而有怪物其身及不全而殺之,勿罪”“今生子,子身全殹(也),毋(無)怪物”等語(簡69),整理者謂“不全”指新生兒“有先天畸形”“肢體不全”。[②] 所以各家多把“生子不牷(全)”理解爲“生孩子,孩子身體有殘缺”。[③] 單獨地看,這種解釋當然很有道理;但跟孔簡此條的“畜産”却無法統一。

比較睡簡《十二支占死咎》和孔簡《死咎》可以知道,後者行文往往較前者簡略,有時甚至省去主要動詞不説,導致文義曖昧不明。例如:睡簡的“戌,就也”條,説“其咎在室,馬牛豕也,日中死,兇(凶)”(簡93背壹);孔簡“戌死”條僅説“其咎在室,六畜”,讀過睡簡的那條簡文,方知當指六畜“日中死”一類事。[④] 孔簡“未死”條云“其咎在里,寡夫若寡婦”(簡307),文雖較繁,但不如睡簡作“其室寡”(簡90背壹),義更顯豁。孔簡此條的“畜産”之咎,按例當與睡簡所説“生子不牷”有關。

古代“子”可指動物所生之幼子,如《論語·雍也》:“犁牛之子,騂且角。”[⑤]例多不煩舉。如果把“生子不牷”與“畜産”對應起來考慮,這裏的“生子”似指牲畜生幼子。不過,從《日書》語言通例看,單言“生子”,幾乎都指人生子。所以我們認爲,此條在最初應該也是説人生孩子的,但孔簡(也許還可以包括睡簡)此篇的寫定者以及當時使用“日書”的有些人,很可能已有意無意地把它誤解成了“畜産生子”。祭祀所用之“牷”,一般認爲指毛色純一者。但是,《周禮·地官·牧人》“牧人掌牧六牲而阜藩其物,以共祭祀之牲牷”,鄭玄謂“牷,體完具”。僞古文《尚書·微子》“今殷民乃攘竊神祇之犧牷牲”,僞孔傳:“色純曰犧,體完曰牷,牛羊豕曰牲。”[⑥]大概當時確實有“體完曰牷”的用法,所以鄭注、僞孔傳纔會對牲牷之“牷”作出這樣的解釋。指牲畜肢體齊全的“牷”,應該是由完全之“全”分化出來的一個專字。睡簡“生子不牷”的“牷”,正是指牲畜“體完具”的例證,無需破讀爲一般的“全”。

可以注意的是,睡簡中指人體貌不全的“全”,除了上舉《法律答問》之外,還見於《日書》甲種《盜者》“面有黑焉,不全於身”(簡71背)、“其身不全”(簡75背)、“其面不全”(簡80

---

① 睡虎地秦墓竹簡整理小組:《睡虎地秦墓竹簡》,釋文注釋221、222頁。

② 睡虎地秦墓竹簡整理小組:《睡虎地秦墓竹簡》,釋文注釋109-110頁。參見王子今《睡虎地秦簡〈日書〉甲種疏證》,武漢:湖北教育出版社,2003,463頁。按“有怪物其身及不全”猶言“有怪物其身、不全其身”,“不全”也是針對“其身”説的,下云“子身全”可證。大概爲了避免句子成分太長,故將“及不全”挪到“其身”之後。

③ 吴小强:《秦簡日書集釋》,長沙:嶽麓書社,2000,154頁。

④ 孔簡“亥死”條亦云“其咎在室,六畜”(簡311)。據睡簡“亥”條言“死必三人,其咎在三室”(簡94背壹),可知孔簡此條係誤抄了“戌死”條的内容。

⑤ [宋]朱熹:《四書章句集注·論語集注》,北京:中華書局,1983,85頁。

⑥ 孔安國傳,孔穎達疏:《尚書正義》,[清]阮元校刻《十三經注疏》,北京:中華書局,1980,178頁。

背)等,無一例外均用“全”。[①]《十二支占死咎》“生子不牷”用“牷”而不用“全”,似即暗示了此條所説生子肢體不全之事,實指“畜産”而非人。[②]

## 四

孔簡《日書》中的《直室門》篇,又見於放簡《日書》乙種,不少學者作過研究。我們要討論的是關於“屈門”的一條。現將二本相關文句録出:

屈門:必昌以富。婦女媢族人婦女,是胃(謂)鬼責門。三歲弗更,必爲巫。(孔簡281貳)[③]

屈門:其主必昌富,婦人必宜疾,是=(是謂)鬼夾之{之}門。三歲更。(放簡乙8貳—乙9+13貳)[④]

上引放簡“夾”,陳昭容先生指出當是“朿”字之譌,“責”从“朿”聲,“鬼夾〈朿〉之門”可讀爲“鬼責之門”,與孔簡的“鬼責門”是一回事。[⑤] 其説甚是。

孔簡“婦女媢族人婦女”的“媢”,整理者引《廣韻·遇韻》“媢,媢妬也。女子妬男子”,訓爲“嫉妒”。[⑥] 放簡“婦人必宜疾”的“宜疾”,其義與“媢”相當。“疾”有“怨”義(《管子·君臣上》:“有過者不宿其罰,故民不疾其威。”尹知章注:“疾,怨也。”《左傳·昭公十三年》:“若憚之以威,懼之以怒,民疾而叛。”),又有“妬”義(《戰國策·秦策五》“文信侯出走”章“其爲人疾賢妬功臣”。後寫作“嫉”),“嫉妒”與“怨恨”,義本相因,在這裏當然取“妬”義爲妥。

“婦人必宜疾”與“其主必昌富”處於對文位置,“昌”與“富”、“宜”與“疾”,皆義近連用。劉增貴先生在其所寫定的此篇釋文裏,爲“宜”字括注“媢”,[⑦]也是由於看到了這一點。不過

---

① 簡71背、75背、80背之“全”,原寫作“金”。放簡《日書》甲、乙種《盜者》篇均作“拴”(見簡38、74)。孔簡《日書·盜日》,與“不全於身”相當者作“不金於中”(簡369)。所以有學者質疑過去“不全”之釋(以上所説,據王强《孔家坡漢墓簡牘校釋》,136頁)。不過,秦漢文字中“全”“金”二字有混譌之例(參見劉玉環《秦漢簡帛訛字研究》,北京:中國書籍出版社,2012,69頁)。究竟釋“全”抑“金”,主要得看文義能否講通。上述諸例改釋爲“金”後,很難找到一個合適的詞來通讀簡文。而孔簡《盜日》篇373號簡上“其身不全”的“全”,却明白無疑是寫作“全”的。所以結合文義來看,上述“金”字還是視爲“全”之誤書較妥(秦漢文字“全”“金”譌混,本來就以“全”譌作“金”爲常)。馬王堆漢墓所出帛書《老子》甲本,現存的兩個“全”字,全都錯寫成了“金”(見136、138行);上舉睡簡、放簡、孔簡的“全”多誤作“金”,并不奇怪。

② 也有可能是睡簡此篇所從出的底本或睡簡的抄寫者,偶爾用“牷”爲“全”。使用或傳抄日書的人,遂按字面意思,把人生子不全誤讀爲畜産生子不牷了。

③ 湖北省文物考古研究所、隨州市考古隊:《隨州孔家坡漢墓簡牘》,93、165頁。

④ 孫占宇:《天水放馬灘秦簡集釋》,蘭州:甘肅文化出版社,2013,15-16、104頁。

⑤ 劉增貴:《放馬灘秦簡〈日書·直室門〉及門户宜忌簡試釋》,武漢大學簡帛研究中心主辦《簡帛》第6輯,上海古籍出版社,2011,53-54頁引。

⑥ 湖北省文物考古研究所、隨州市考古隊:《隨州孔家坡漢墓簡牘》,166頁。

⑦ 劉增貴:《放馬灘秦簡〈日書·直室門〉及門户宜忌簡試釋》,44、45頁。

"宜""媀"韻部遠隔,顯然不能相通。

我們曾在《説上博簡〈容成氏〉"民乃宜怨"的"宜"及古書中的相關字詞》一文中,通過文義和辭例比勘,推測《上博(二)·容成氏》簡36"民乃宜怨,虐疾始生"、《墨子·備城門》"此十四者具,則民亦不宜上矣,然後城可守"、河北定州西漢中山懷王劉脩墓所出竹簡本《論語》簡530"今之□也忿誼(今本作'戾')"之"宜""誼",有"怨""違"一類意思;《管子·九變》與《墨子·備城門》同源之文中的"此民之所以守戰至死而不德其上者也"之"德",《大戴禮記·哀公問五義》《荀子·哀公》中與《孔子家語·五儀解》"言必忠信而心不怨"有同源或承襲關係的"躬行忠信其〈而〉心不置""言忠信而心不德"之"置""德",可能都是"宜"的誤字,這些"宜"也當訓"怨""違"。[①] "宜"所以有此義的理據,現在尚不清楚,但西漢後期(約漢宣帝五鳳三年)下葬之墓所出《論語》抄本,仍在使用這個詞,説明戰國秦漢時人對此種"宜/誼"字大概不會感到陌生。《管子》《大戴禮記》《荀子》等書的"宜"譌作"悳"或"置"之本,排擠掉正確的本子,流傳下來,應該是"宜"的這種用法已不復通行之後發生的事情。

放簡"婦人必宜疾"的"宜"似即"民乃宜怨""忿誼"之"宜""誼"。"其主必昌富"之"昌"指地位顯盛,"富"指資産富庶;此句"宜"指怨恨,"疾"指嫉妒,從文例看也是合適的。《荀子·不苟》:"小人……不能則妬嫉怨誹以傾覆人。"[②]《管子·版法解》謂君子"惡不忠而怨妬"。"妬嫉怨誹""怨妬"猶此所言"宜疾"。

孔簡"高門"條,云"宜冡,五歲弗更,其主爲巫,有夭"(簡298壹)。[③] 此條放簡作"宜冡,五歲更。弗更,必爲巫,有宜央(殃)"(乙簡91下叁)。[④] "有宜殃"與"有夭"相當。"宜殃"如非誤抄,疑指適當、相稱之災殃(古訓"宜"爲"當""稱"),這個"宜"似與"婦人必宜疾"之"宜"無關。

2015年11月15日寫畢

附識:王强先生賜告,湖北隨州周家寨8號漢墓所出《日書》,其内容與孔簡《日書》相近,也出現了本文第二則所論"叡帝",值得關注。又,本文曾於2015年12月5日在中國社會科學院簡帛研究中心、歷史研究所戰國秦漢史研究室主辦的"'文字·文本·文明'出土文獻研究青年論壇"上宣讀,蒙單育辰先生點評指正。謹向王、單二位致謝。

① 中國文化遺産研究院編:《出土文獻研究》第12輯,上海:中西書局,2013,58-68頁。

② [清]王先謙:《荀子集解》,北京:中華書局,1988,40頁。

③ 湖北省文物考古研究所、隨州市考古隊:《隨州孔家坡漢墓簡牘》,94、165頁。

④ 孫占宇:《天水放馬灘秦簡集釋》,17、103、107頁。

# 《長沙馬王堆漢墓簡帛集成》遣册校讀札記四則*

中山大學外國語學院
出土文獻與中國古代文明研究協同創新中心
范常喜

**内容提要** 本文就《長沙馬王堆漢墓簡帛集成》所刊三號墓遣册的釋讀、書寫分類提出四則校訂意見：第一，三號墓遣册中的"遷蓋"不當讀作"僊蓋"，應照本字解之，即遷徙移動之蓋；第二，三號墓簽牌"柴一笥"即枇杷一笥，與出土實物相對應；第三，簡6和簡7部分字迹與前後簡文有异，當爲校讀者補寫；第四，結合字迹和内容兩個方面，22—25號簡當改歸入兵器一類。

**關鍵詞** 馬王堆漢墓 遣册 簡帛文字

《長沙馬王堆漢墓簡帛集成》[①]刊布了長沙馬王堆漢墓出土的全部簡帛材料，整理者做了精到的注釋與考校，爲研究者提供了極大的便利。我們集中對其中所收的三號墓遣册做了研讀，研讀後發現尚有個别問題可稍作補充，故草此小文，略作補苴。

## 一 遷蓋

《三號墓竹簡遣册》7："禺(偶)人二人，其一人操䙴(遷)蓋，一人操矛。"

《三號墓竹簡遣册》8："遷蓋一。"

整理者注："二、三號墓報告：'遷'與'僊'通。鄭曙斌(2005)：從同墓隨葬的《車馬儀仗圖》和T形帛畫墓主人及侍從操遷蓋緊承其後的形象來看，遷蓋是墓主人所用之物，偶人操

* 項目來源：國家社會科學基金項目"出土文獻中上古漢語方言語料匯考"(15BYY111)。

① 裘錫圭主編：《長沙馬王堆漢墓簡帛集成》，北京：中華書局，2014。

遷蓋與矛可能是模仿墓主人生前生活狀態而出現的。今按:'僊'即下簡 8 之'遷','遷''僊'相通之例,見《天下至道談》:'將欲治之,必害其言,踵(踵)以玉閉,可以壹遷(僊)。'然'僊蓋'似未見於其他文獻,此處存疑。"①

按:三號墓出土 T 形帛畫中有出行場面,墓主人身後隨侍二人,其中一人持蓋,一人操矛,這一情景正與 7 號簡所記契合。此外,同墓所出《車馬儀仗圖》中也有侍者持蓋圖像,而且所持之蓋與 T 形帛畫中的相同。具體如圖 1、圖 2 所示。② 由此看來,整理者所引鄭曙斌先生的觀點可從,簡文中的"遷蓋"當與帛畫中所繪侍者執持之圓形傘蓋相類似。

圖 1:T 形帛畫出行場面中侍者持遷蓋部分及摹本

圖 2:《車馬儀仗圖》出行場面中侍者持遷蓋摹本

研究者將"遷蓋"釋作"僊蓋",主要是因爲將圖 1 所示 T 形帛畫中所繪出行場面視作了墓主人安步升天的畫面。③ 其實僅據該部分圖像來看,也并不能確定是墓主人"升天"的出行。④ 圖 2 所附《車馬儀仗圖》所繪内容則可以明確僅爲一般的出行場面,⑤其中侍者所持遷蓋定不會與升仙有關,自然不宜將其視作"僊蓋"。

我們認爲,"遷"可如字解之,即遷徙、移動之義。《爾雅·釋詁下》:"遷,徙也。"《廣雅·釋詁》:"遷,移也。"《禮記·曲禮》:"先生書策琴瑟在前,坐而遷之。"鄭玄注:"諸物當前,跪而遷移之。"《風俗通·正失·王陽能鑄黄金》:"王陽雖儒生,自寒賤,然好車馬衣服,極爲鮮好,而無金銀文繡之物,及遷徙去處,所載不過囊衣。"此外,包山楚簡遣册 259—264 號簡所記皆爲外出攜帶之物,包括服裝、卧具、梳妝具、几杖、扇子、燈具、武器等,⑥簡文起首將這些

---

① 裘錫圭主編:《長沙馬王堆漢墓簡帛集成》第六册,《三號墓竹簡遣册》(郑曙斌、蒋文撰稿),228 頁。

② 湖南省博物館、湖南省文物考古研究所編:《長沙馬王堆二、三號漢墓》第一卷《田野考古發掘報告》,北京:文物出版社,2004,106 頁、110 頁,彩版二一·2、彩版二六。

③ 陳松長:《馬王堆三號漢墓車馬儀仗圖帛畫試説》,湖南省博物館編《湖南博物館文集》,長沙:嶽麓書社,1991,86 頁。

④ 關於該部分圖像的詳細描述,參見湖南省博物館、湖南省文物考古研究所編《長沙馬王堆二、三號漢墓》第一卷《田野考古發掘報告》,106 頁。

⑤ 關於該部分圖像的詳細描述,參見湖南省博物館、湖南省文物考古研究所編《長沙馬王堆二、三號漢墓》第一卷《田野考古發掘報告》,110 頁。

⑥ 參見林澐《讀包山楚簡札記七則》,《林澐學術文集》,北京:中國大百科全書出版社,1998,19 頁。

物品記作"相徙之器所以行"。馬王堆三號漢墓帛畫所繪出行場面中,侍從所持"傘蓋"應該也屬於"相徙之器",遣册中記作"遷蓋"概因於此。[①] 此外,漢代將在行動中持以照明的燈具稱作"行燈",亦可與"遷蓋"之命名合觀。[②]

另有研究者將此處的"遷蓋"直接讀作"繖蓋",[③]因缺乏直接相通假的例證,故并不可信。此外还有研究者認爲,簡 7 中的"禺(偶)人二人"即二、三号墓墓道中的跽坐木俑,[④]亦不足取。馬王堆二、三號墓墓道兩側都有壁龕,并各置頭插鹿角的跽坐偶人一個,發掘報告對二號墓的這一情況描述到:"東邊偶人高 109 厘米,左手平伸,右手略彎曲,并持八方形的木質武器一柄,可能爲矛,通長 54 厘米,長 10、斷徑面 2.1 厘米。矛身作八方形,前小後大";"西邊偶人通高 105 厘米,右手平伸,左手似握一物,拳孔向上"。發掘報告還據此推測,這種"偶人"可能即三號墓遣册簡 7 所記"禺(偶)人二人"。[⑤] 我們認爲,這一推測并不合理。這兩件偶人頭插鹿角,形體碩大,置於墓道兩側,顯然是起鎮守墓室的作用。相似的偶人還見於湖南長沙望城坡西漢漁陽墓,據介紹,墓道中有一對偶人"跽坐於竹薦之上, 兩臂平伸作攔阻狀。"[⑥]亦可證此處的偶人是起鎮守墓室之用。[⑦] 因此偶人手中所持之物當爲守禦所用的武器之類,不可能是儀仗所用的傘蓋。而且偶人周圍亦未見任何傘骨架的痕迹,亦可以説明偶人手中所持之物當非傘蓋。[⑧]

此外,在馬王堆三號墓中還出土了六枚小結木牘,其中 42 號木牘云:"右方男子明童,凡六百七十六人。其十五人吏,九人宦者,二人偶人,四人擊鼓、鐃、鐸,百九十六人從,三百人卒,百五十人奴。"本牘文中所提到的"二人偶人",顯然指的即簡 7 所記的"禺(偶)人二人"。而從牘文開頭可知,牘文中的"二人偶人"屬於"右方男子明童,凡六百七十六人"。其中的"明童"在戰國楚遣册簡中又記作"亡童"或"䏊僮",均是指墓中所出土的小型葬俑,[⑨]而非置於墓道中起守墓作用的大俑人。由此看來,簡 7 中的"禺(偶)人二人"當是指墓室棺槨中的小型葬俑,不能與墓道中出土的大型跽坐守墓俑相牽合。

---

① 由於其他傘蓋或置車上,或置室内,都相對固定,因此也不排除"遷蓋"是因可持之四處移動而得名的可能。

② 孫機:《漢代物質文化資料圖説》,北京:文物出版社,1991,352 頁。

③ 尹遜:《"遷蓋"小考》,簡帛網,2006 年 7 月 19 日。

④ 傅舉有:《考古資料中所見的漢代奴婢》,《湖南考古輯刊》第 4 輯,長沙:嶽麓書社,1987,137-147 頁。

⑤ 湖南省博物館、湖南省文物考古研究所編:《長沙馬王堆二、三號漢墓》第一卷《田野考古發掘報告》,9 頁。

⑥ 長沙市文物考古研究所、長沙簡牘博物館:《湖南長沙望城坡西漢漁陽墓發掘簡報》,《文物》2010 年第 4 期。

⑦ 關於此處偶人用途的討論可參見邱東聯《長沙西漢"漁陽"王后墓"偶人"及相關問題》,湖南省博物館主編《湖南省博物館四十周年紀念論文集》,長沙:湖南教育出版社,1996,152-155 頁;鄭曙斌《楚墓帛畫、鎮墓獸的魂魄觀念》,《江漢考古》1996 年第 1 期;劉斌《漢代"偶人"及相關問題初探》,《南京博物院集刊》12,北京:文物出版社,2011,240-243 頁。

⑧ 鄭曙斌先生也指出:"如果説偶人是指守墓俑則不必操遷蓋。"參見鄭曙斌《馬王堆三號漢墓遣策之"明童"問題研究》,《考古與文物》2005 年第 1 期。

⑨ 參見湖北省文物考古研究所、北京大學中文系《望山楚簡》,北京:中華書局,1995,127 頁;鄭曙斌《馬王堆三號漢墓遣策之"明童"問題研究》,《考古與文物》2005 年第 1 期;李明曉《試談戰國、西漢遣策中的"亡童"與"明童"》,簡帛網,2010 年 2 月 19 日。

## 二　柰一笥

《三號墓竹簡遣册》162/181:“柰(枇)一笥。”

整理者注:“二、三號墓報告:即枇杷。但隨葬物中未見枇杷。”①

按:實際上三號墓有殘留枇杷的竹笥出土。二、三號墓報告在介紹三號墓出土竹笥簽牌時云:“枇梨笥(西 49)長 7.2、寬 4.5、厚 0.17 厘米。出土時在西 42 笥附近。簡一八一‘柰一笥’、簡一八二‘梨一笥’當即指此(圖九五,8;圖版九〇,1)。”②具體如圖 3 所示。從該簽牌黑白照片來看,“枇”“梨”之間有一墨釘句讀,當是説明本笥中裝有“枇”“梨”兩種物品。該笥物品出土後經過檢驗,其中所殘留的正是枇杷和梨核。③ 由此可知,簡文“柰(枇)一笥”所記“枇杷”即西 42 號“枇梨笥”中所盛“枇杷”。

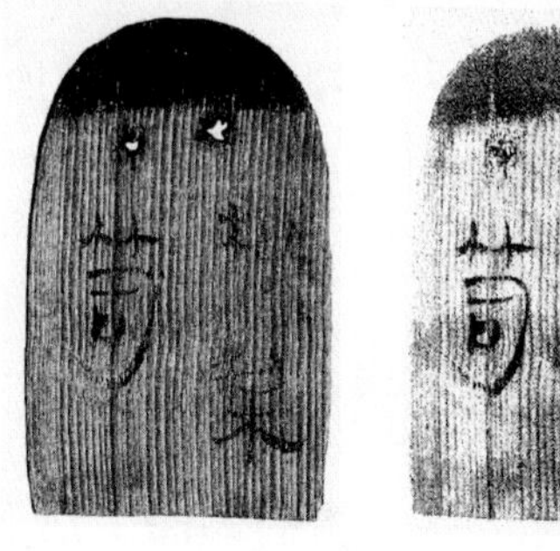

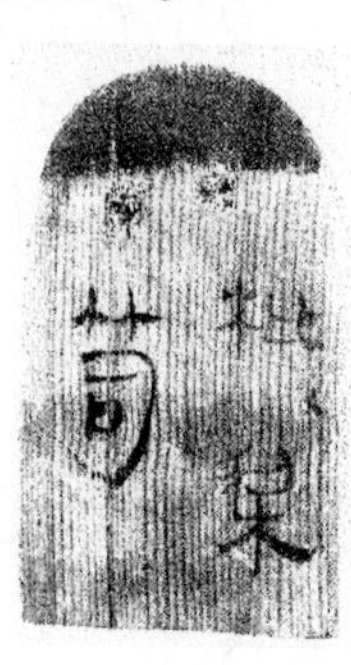

圖 3:枇梨笥(西 49)簽牌照片與摹本

## 三　關於 6、7 號簡的字迹問題

《三號墓竹簡遣册》5:“宦者九人,其四人服羊車。”

《三號墓竹簡遣册》6:“羊車,宦者四人服。”

《三號墓竹簡遣册》7:“偶(偶)人二人,其一人操䙴(遷)蓋,一人操矛。”

《三號墓竹簡遣册》8:“遷蓋一。”

整理者將 6、7 兩簡排在“男子明童”俑類,但簡 6 與簡 5“宦者九人,其四人服羊車”所記内容有重合之處,而且字迹有别。伊强先生已經注意到了這一點,并認爲:“大概簡 5 强調的

① 裘錫圭主編:《長沙馬王堆漢墓簡帛集成》第六册,《三號墓竹簡遣册》(郑曙斌、蒋文撰稿),243 頁。

② 湖南省博物館、湖南省文物考古研究所編:《長沙馬王堆二、三號漢墓》第一卷《田野考古發掘報告》,195-196 頁,圖版九〇·1。

③ 湖南省博物館、湖南省文物考古研究所編:《長沙馬王堆二、三號漢墓》第一卷《田野考古發掘報告》,202 頁。

是'宦者',簡 6 强調的是'羊車'。因此,這兩簡的編排,一仍《三號漢墓》之舊。"[①]值得注意的是,簡 7 前段"禺(偶)人二人"與後段"其一人操䙴(遷)蓋,一人操矛"字迹也明顯不同。前段與簡 5、簡 8 同,後段與簡 6 同,如圖 4 所示。[②] 經過比對可知,簡 6 和簡 7 後段字迹與 21 號小結簡相同,具體如表 1 所示。據此可知,簡 6 和簡 7 後段文字皆爲負責撰寫小結簡的人所爲。之所以會出現如此奇怪的字迹雜糅現象,估計是因爲寫小結簡的人同時負責遣册的校對,當校到簡 5 的時候發現該簡所記"宦者九人,其四人服羊車",衹突出了"宦者"而漏記了"羊車",遂補寫了簡 6"羊車,宦者四人服。"當校對到簡 7 時發現衹寫了"禺(偶)人二人",對照實物後發現原記録不够詳細,因此在其後又補寫了"其一人操䙴(遷)蓋,一人操矛"的内容。由此可見,將 6、7 兩簡與 5、8 兩簡編在一起當無問題。

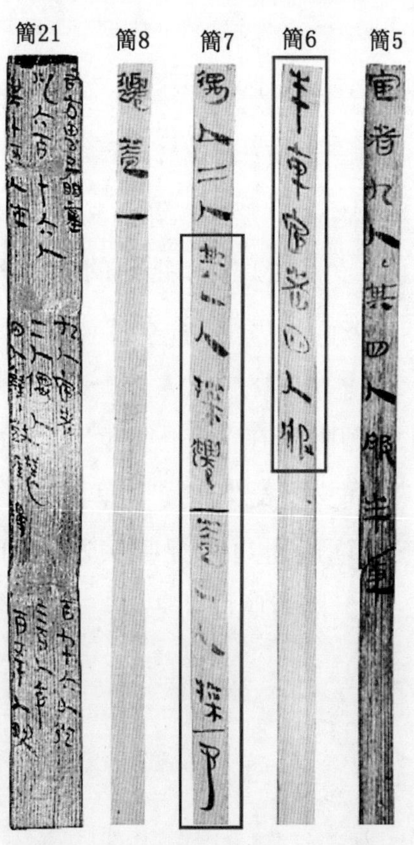


圖 4:簡 5—8 及簡 21 字迹對比

**表 1　簡 6、簡 7 後段與簡 21 相同字筆迹對照表**

① 伊强:《談〈長沙馬王堆二、三號漢墓〉遣策釋文和注釋中存在的問題》,北京大學碩士學位論文,2005,54 頁,指導教師:李家浩教授。

② 裘錫圭主編:《長沙馬王堆漢墓簡帛集成》第二册,258、259 頁。

| | 其 | 官 | 者 | 四 | 人 | 人 | 人 | 一/二 |
|---|---|---|---|---|---|---|---|---|
| 簡6、簡7(後半) | | | | | | | | |
| 21號小結簡 | | | | | | | | |

## 四　關於遣册22—25號簡的歸類問題

《三號墓竹簡遣册》22:"大鼓一,卑(鞞)二。"

《三號墓竹簡遣册》23:"鼓者二人。"

《三號墓竹簡遣册》24:"屯(錞)于鐃鐸各一。"

《三號墓竹簡遣册》25:"擊屯(錞)于鐃鐸各一人。"

《集成》整理者將以上四簡與"馬豎""美人"等俑類簡歸在一起,但從字迹來看,此四簡與前後簡文均不同,如圖5所示。[①] 另從21號小結簡的統計數字來看,也存在前後物品數量不一致的現象,具體如表2所示。從表2可知,若不含簡22-25中的人數,21號小結簡中所記"四人击鼓、鐃、鐸",則正好與簡9、簡10所記人數一致。伊强先生也已指出這一點,但因未能找到合適的歸處,故仍將此四簡附列在"男子明童"俑類之末。[②] 我們認爲,這四支簡當歸入兵器一類。因爲從内容來看,簡文所記"大鼓""卑(鞞)""屯(錞)于""鐃""鐸"皆爲軍用樂器,理應歸入兵器之列。三號墓遣册專門記載兵器的内容主要集中在231—241十枚簡,如圖6所示。[③] 將之與簡22—25相對照即可發現,二者字迹也相同。由此可知,記載軍樂器的這四支簡應改歸到兵器一類。

① 裘錫圭主編:《長沙馬王堆漢墓簡帛集成》第二册,259-260頁。

② 伊强:《談〈長沙馬王堆二、三號漢墓〉遣策釋文和注釋中存在的問題》,北京大學碩士學位論文,2005,54頁,指導教師:李家浩教授。

③ 裘錫圭主編:《長沙馬王堆漢墓簡帛集成》第二册,278-279頁。

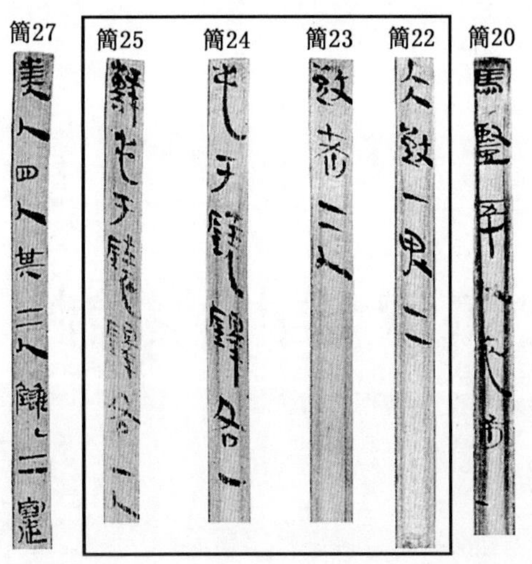


圖5:簡22—25與前後簡文字迹對比

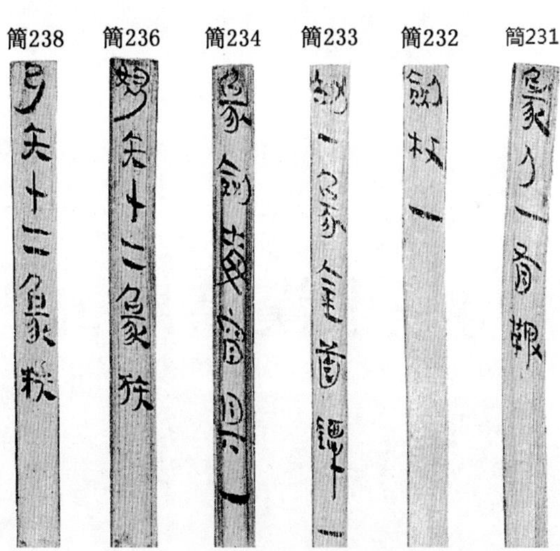


圖6:231—238號兵器簡字迹

**表2　簡9—10與簡22—25同21號小結簡相應内容對照表**

<table>
<tr><td rowspan="2">簡9:建鼓一,羽旌餝(飾),卑(鞞)二;鼓者二人,操抱(枹)。</td><td>簡22:大鼓一,卑(鞞)二。</td><td rowspan="4">簡21:右方男子明童,凡六百七十六人。其十五人吏,九人宦者,二人偶人,四人擊鼓、鐃、鐸,百九十六人從,三百人卒,百五十人奴。</td></tr>
<tr><td>簡23:鼓者二人。</td></tr>
<tr><td rowspan="2">簡10:鐃、鐸各一,擊者二人。</td><td>簡24:屯(錞)于、鐃、鐸各一。</td></tr>
<tr><td>簡25:擊屯(錞)于、鐃、鐸各一人。</td></tr>
</table>

附記:本文原爲"《長沙馬王堆漢墓簡帛集成》修訂國際研討會"(2015年6月27—28日·復旦大學)論文中的四則札記,會上蒙諸位先生賜正,在此謹致謝忱。本文初稿曾蒙陳偉武師審閲,在此一并深謝。

# 馬王堆漢墓帛書《天文氣象雜占》零識

北京師範大學珠海分校文學院　洪德榮

**内容提要**　《馬王堆漢墓帛書》中的《天文氣象雜占》涉及古代陰陽家占驗天象雲氣的記録,其中亦有屬於兵陰陽的思想,本文舉出五則考釋,認爲“戰方者勝”圖像指“以鋭擊方陣”;“寇至,從䓍來,不出三月”圖像爲“敵寇從險要之處來”;“不出五日,大雨”的圖像應爲龍形,見龍形之雲氣則有大雨;“出軍,先者欲講,癄(應)之。合,且講;不合,講”意爲觀察月暈的變化再做出是否講合的决定;“亡地。北宫;亡地。任氏”指同樣占例但北宫與任氏所出圖像不同的例子。

**關鍵詞**　兵陰陽　望軍氣　天文氣象雜占

## 引言

1974年初,《天文氣象雜占》出土於湖南長沙馬王堆,然而專門整理馬王堆相關文獻的《馬王堆漢墓帛書》(壹)(叁)(肆)輯,因故并未收入《天文氣象雜占》,與其有關的圖版及研究論文散見於多種期刊及書籍中。[①] 迄今最完整的整理成果爲《長沙馬王堆漢墓簡帛集成》第壹輯中收録的圖版及同書第肆輯中收録的釋文注釋。[②]《天文氣象雜占》出土時碎裂成多片,經整理小組復原爲寬約150厘米,高48厘米的横幅。

① 帛畫及釋文最早刊載於《西漢帛書〈天文氣象雜占〉釋文》,《中國文物》1979年第1期,26-29頁。基本的情況介紹參顧鐵符《馬王堆帛書〈天文氣象雜占〉内容簡述》,《文物》1978年第2期,1-4、98-99頁;研究的概況可參王樹金《馬王堆漢墓帛書〈天文氣象雜占〉研究三十年》,《湖南省博物館館刊》第4輯,2007,31-41頁。

② 參湖南省博物館、復旦大學出土文獻與古文字研究中心編纂、裘錫圭主編《長沙馬王堆漢墓簡帛集成(壹)》,北京:中華書局,2014,202-209頁;同《集成》第肆輯,245-288頁。

從形式上看,帛書可分爲前後兩部分,前一部分圖文并茂,占帛書絶大部分的篇幅。此部分從上到下分爲六列,每列從右往左分爲若干行;每條先出圖像,次以名稱、解釋及占文;每列多者有五十幾條,少者殘存二十幾條,全幅約保留占文三百條。後一部分有文而無圖,墨筆書寫,居於帛書後半幅末尾。此部分自上而下分爲四列,第一列殘存占文約十二條;第二列存約十條;第三列存約十八條;第四列存約二十七條,合計約六十七條。

董珊認爲有圖無文的部分最後有"此書不在其圖下者,各已從其等矣"是對這部分轉抄體例做個説明,古人將簡本古書編次或轉抄爲帛本時,有時會就某些體例作出交代。編者或抄手似乎是將這兩部分當作一書看待的,它們可能是同一書的上、下兩篇。而以内容看,《天文氣象雜占》是一部根據雲、氣、暈、虹和月、星、彗星等占驗吉凶的古書。[①]

至於帛書抄寫的年代,顧鐵符、劉樂賢都指出帛書開篇的十四國雲將"楚雲"列在第一位,其中有占文提到吴楚柏舉之戰,口氣類楚人,很可能出於戰國時楚人之手。帛書字體雖爲隸書,但篆書的意味還相當濃厚。書中稱"邦""邦君",不避漢高祖劉邦之諱,可見其抄寫年代至遲不晚於西漢初期的幾年。[②]

根據《天文氣象雜占》抄寫的内容,有部分圖像和占文與古代兵學中的"兵陰陽"有密切關係,"兵陰陽"是《漢書·藝文志》對兵學四種分類中的一類,其定義爲:"陰陽者,順時而發,推刑德,隨斗擊,因五勝,假鬼神而爲助者也。"雖然就目前所見的傳世與出土文獻資料,要理解其定義并不困難,但研究上較大的困難是相關文獻的大量散佚,《漢書·藝文志·兵書略》中《小序》言"右陰陽十六家,二百四十九篇,圖十卷。"其中著録的圖書共有:

太壹兵法一篇。

天一兵法三十五篇。

神農兵法一篇。

黄帝十六篇。圖三卷。

封胡五篇。黄帝臣,依托也。

風后十三篇。圖二卷。黄帝臣,依托也。

力牧十五篇。黄帝臣,依托也。

鵊冶子一篇。圖一卷。

鬼容區三篇。圖一卷。黄帝臣,依托。

---

① 湖南省博物館、復旦大學出土文獻與古文字研究中心編纂、裘錫圭主編《長沙馬王堆漢墓簡帛集成(壹)》,245頁。董珊的意見參《談馬王堆帛書〈天文氣象雜占〉的形成》,收入其著《簡帛文獻考釋論叢》,上海古籍出版社,2014,227頁。

② 見顧鐵符《馬王堆帛書〈天文氣象雜占〉内容簡述》,《文物》1978年第2期,1-2頁;又收入湖南省博物館編《馬王堆漢墓研究文集》,長沙:湖南人民出版社,1981,194-197頁;後又收入其著《夕陽芻稿》,北京:紫禁城出版社,1988,197-198頁。劉樂賢《馬王堆天文書考釋》,廣州:中山大學出版社,2004,17-22頁。

地典六篇。

孟子一篇。

東父三十一篇。

師曠八篇。晋平公臣。

萇弘十五篇。周史。

别成子望軍氣六篇。圖三卷。

辟兵威勝方七十篇。

統計上述的圖書著録,《小序》的家數無誤,但總計篇數應爲二百二十七篇,《小序》統計多二十二篇;圖總計爲十卷無誤。然而上述圖書幾乎都已亡佚,僅有《地典》六篇見於《銀雀山漢墓竹簡》。[①]

上述的十六家圖書又能分爲幾個類型,1.托太一之名:《太壹兵法》一篇、《天一兵法》三十五篇;2.托名古帝王及黄帝臣:《神農兵法》一篇、《黄帝》十六篇(圖三卷)、《封胡》五篇、《風后》十三篇(圖二卷)、《力牧》十五篇、《鬼容區》三篇(圖一卷)、《地典》六篇;3.托名歷史人物:《師曠》八篇、《萇弘》十五篇;4.與望氣有關:《别成子望軍氣》六篇(圖三卷);5.以物質避兵之術:《辟兵威勝方》七十篇;6.爲托名但其人不詳:《鵊冶子》一篇(圖一卷)、《孟子》一篇、《東父》三十一篇。

綜上所論,值得注意的是"望氣"一類,如上述的《别成子望軍氣》六篇(圖三卷),今已亡佚不傳,别成子其人不詳,據鄧名世《古今姓氏書辨證・十七 薛》"别成"條言:"别成氏,《漢書・藝文志》有《别成子望軍氣》六篇,今詳别成乃著書人也。"[②]王先謙、姚振宗也認爲"别成子"之"别"爲姓。[③]《隋書・經籍志》兵家有《别成子雜匈奴占》一卷。在傳世文獻中,與望氣有關的記載并不少見,而出土文獻也有豐富的記載,但要特别説明的是所謂的"雲氣"跟"軍氣"看似接近但仍有區别,對雲氣的占驗可能包括吉凶,但不一定和軍事有關,而軍氣則專指以雲氣或氣流占驗與行軍作戰有關的成敗吉凶。而本文所討論的《天文氣象雜占》則主要指對雲氣的占驗。

以下吸收前輩學人的研究成果,對《天文氣象雜占》中還能再論的部分摘録五則考釋。

① 關於《地典》六篇的内容與疏證筆者另有專文論之。

② [宋]鄧名世:《古今姓氏書辨證》卷三九,收入《百部叢書集成》第五二部第十五函(守山閣叢書),臺北:藝文印書館,1967,4頁。

③ [漢]班固撰,[清]王先謙補注:《漢書補注》,上海古籍出版社,2008,3034頁;[清]姚振宗撰,項永琴整理:《漢書藝文志條理》,北京:清華大學出版社,2011,364頁。

## 一　戰方者勝(第一列,26)

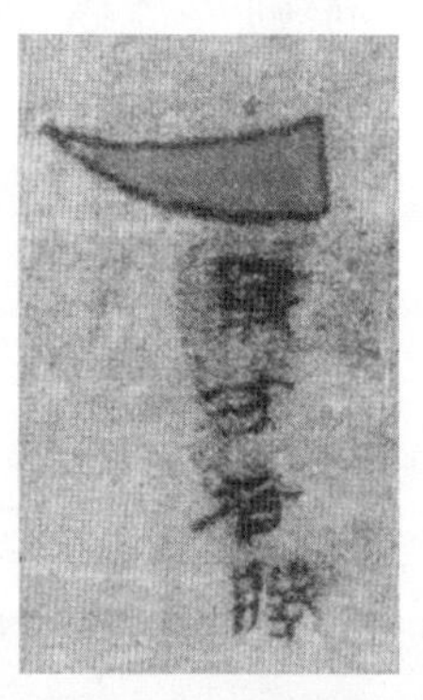

顧鐵符注云:“方,方位。此言戰得方者勝,原脱一得字。”劉樂賢認爲:“方者勝,可能是‘得方者勝’之脱。‘得方者勝’於下文多見,可參看。”又於“□出,小邦有兵,得方者勝”條下云:“方,指雲氣所在的方位。‘得方者勝’也可以讀爲‘得柄者勝’。得方(柄)者勝,指柄所在的一方將獲勝。但古人是否認爲雲氣有柄,無從斷定。”[①]顧鐵符與劉樂賢都認爲應將本句讀爲“戰,方者勝”,而“方”上脱漏“得”字,劉樂賢又認爲可將“方”讀爲“柄”。

謹按:在討論本文句前,首先來看帛書中提到“得方者勝”的例子:[②]

> □出,小邦有兵。得方者勝。(第一列,48)
> 云(雲)如此,戰,得方者勝。(第二列,3)
> 云(雲)如此,戰,得方者勝。(第二列,5)
> 云(雲)在幕前,得方者勝,講。(第二列,6)

由上引的例子可以發現,在“得方者勝”前都會有一句叙述語,指雲氣的圖形,由此看來“得方者勝”之“方”應指方位爲是,若如劉樂賢説將“方”讀爲“柄”,在文獻中無從斷定是否指星辰的柄,也難確認在雲氣中是否也有此名稱。若説本句有脱字,對照其他相似的文例確有其理,但從本句和其他條文的句子行文有比較大的差异,以及上舉各條文句所對應的雲氣并無相仿之處來看,除了有文字脱漏的可能之外,或許還有不同的解釋空間。

對於“戰方者勝”的釋讀,筆者認爲本句若無誤脱,或可直接讀作“戰方者勝”,“方”指陣法中的“方陣”,方陣爲陣法中常用的陣式,《銀雀山漢墓竹簡》中的《十陣》與《十問》都提到了關於方陣的布陣與應對之法,如《十陣》言:

> 枋(方)陳(陣)者,所以剸也。一五三二

① 顧鐵符:《馬王堆帛書〈天文氣象雜占〉》,收入其著《夕陽芻稿》,北京:紫禁城出版社,1988,214頁;劉樂賢:《馬王堆天文書考釋》,廣州:中山大學出版社,2004,104、107頁。

② 下文所標注的帛書中文句編號及文字隸定,概以湖南省博物館、復旦大學出土文獻與古文字研究中心編纂、裘錫圭主編《長沙馬王堆漢墓簡帛集成(肆)·天文氣象雜占》,245-288頁爲準。其中引用此書的意見簡稱爲“復旦《集成》整理小組”。

原整理者也指出《説文・首部》:“𩠐,截也。”或體作剸。《廣雅・釋詁一》:“𩠐、剸,斷也。”《周書・大明武》:“方陣并功(攻),云何能御?”此處簡文云:“方陣者,所以剸也”,都説明方陣是主攻的。[①] 又另一段簡文:

> 枋(方)陳(陣)之法,必鶇(薄)中厚方,居陳(陣)在後。中之鶇(薄)也,將以吳也。重□其□,將以剸也。居陳(陣)在後,所以□一五三五……

於此説明了方陣具有的特性,大抵而言其特點在“必鶇(薄)中厚方,居陳(陣)在後”,原整理者也指出薄中厚旁,謂中間人少,旁邊人多。《武經總要》前集卷八《裴子法》云:“方陣正而厚。”又云:“方陣行重而厚。佚居者衆,用力者寡。”[②]至於《十問》也提到如何對付方陣:

> 交和而舍,適(敵)富我貧,適(敵)衆我少,適(敵)强我弱,其來有方,毄(擊)之奈何?曰:毄(擊)此者,或陳(陣)而支之,規而離一五五九之,合而詳(佯)北,殺將其後,勿令知之。此毄(擊)方之道也。一五六〇

簡文中叙述的作戰情況是敵强我弱,敵方并采取方陣對戰的情況應如何面對。

總而言之,應對方陣要針對其特點,因方陣四方的士卒人數較多,以作爲攻擊的主力,且方陣行動較爲厚重,將帥居陣之後指揮以行進作戰,我軍自後方襲擊敵方,殺其將帥,而不被敵方發覺。

《天文氣象雜占》全篇載録的内容多是與軍事有關的占驗之辭與雲氣圖像,因此若此條占驗的雲氣表示在古陣法中常見且主攻的方陣,自有其可能。且雲氣之形一端爲鋭角,[③]也象徵以鋭擊方陣,故見此雲可勝。

## 二 寇至,從蓍來,不出三月(第一列,27)

① 銀雀山漢墓竹簡整理小組編:《銀雀山漢墓竹簡》(貳),北京:文物出版社,2010,190頁。

② 銀雀山漢墓竹簡整理小組編:《銀雀山漢墓竹簡》(貳),191頁。

③ 劉樂賢云所繪圖像含義不明,可能是植物狀雲氣。參其著《馬王堆天文書考釋》,105頁。

顧鐵符注云:"署,疑讀爲闍。《爾雅·釋宫》'闍謂之臺。'《説文》'闉闍,城曲重門也。'《晋書·天文志》'南夷氣如闍台。'(或謂'署'即奢,'寇至從署來',意思是周敬王十四年吴侵楚,是楚平王殺伍奢所引起的。與第四列第十六條'一歲吴人襲郢'是一回事。)"①

謹按:顧鐵符言"署"可讀"闍",即臺或城曲重門,都指場地;或説"署"指伍子胥。此兩説就本條文意與雲氣圖像而言,似無法應對。"從署來"就文意言應釋爲"由(自)署而來","從"爲介詞,"署"則爲某個地點。若以顧鐵符説,"臺"應是高而平,可供眺望四方的建築物,雲氣圖像與臺或城曲重門也不相類。

筆者認爲"署"爲從"者"得聲之字,"者"章母魚部,或可通讀爲"阻",阻從"且"得聲,清母魚部,與"者"聲近韻同。"阻"意爲險要之地,如《説文·𨸏部》:"阻,險也。"此外也有"障礙"之意,故帛書此句"從署來"即"從阻來",意指敵寇從險要之處來。其文句之上所繪製的雲氣似三座山峰,以示險阻之意。

## 三　不出五日,大雨(第一列,34)

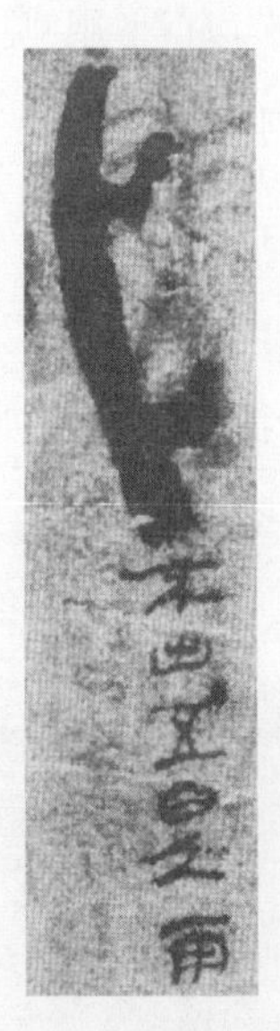

劉樂賢云:"此條所繪的圖像可能是船。《開元占經》卷九十二'天鏡占'説:'黑雲氣如浮船,雨。'所載或與帛書此條相類。"②

謹按:在帛書中還有另一條也指"大雨"的材料(第一列,17),其圖像作:

① 顧鐵符:《馬王堆帛書〈天文氣象雜占〉》,收入其著《夕陽芻稿》,214頁。

② 劉樂賢:《馬王堆天文書考釋》,106頁。

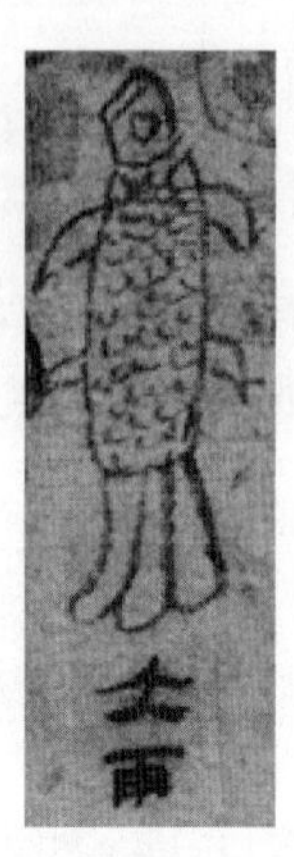


劉樂賢云:“此條所繪圖像爲魚。占文是説,若雲氣如魚,則將有大雨。以魚狀雲氣爲大雨之兆,在傳世文獻中多有記載。”[①]筆者認爲此條所繪確實爲魚,劉樂賢也引用《開元占經》卷九四《風雲氣》、《太平御覽》卷八引黄子發《相雨書》、《武備志》卷一六一“氣之風雨”都有雲氣如雨則有大雨的説法。

筆者認爲本條“不出五日,大雨”所繪圖像的右側有類似獸足的模樣,圖像應非船形,而可能是類似龍的生物,龍在文獻記載中具有呼風喚雨的能力,如《開元占經》卷九四《風雲氣》:“日上下有黑雲氣,如蛟龍者,必有風雨”。《武備志》卷一六一“氣之風雨”:“雲如龍形,其國大水,人流亡。”《乙巳占・吉凶氣象占》:“有雲狀如龍行,國大水流亡。”[②]在占驗雲氣的理論中,龍除了象征有大雨,也象征帝王之氣,《開元占經》卷九四《帝王氣》:“敵上氣如龍馬,雜色鬱鬱沖天者,帝王之氣,不可擊;若在吾軍,必得天助。”又象征猛將之氣,如《開元占經》卷九七《猛將氣》:“凡氣,如龍如虎,或如火煙之形,或如火光之狀,或如山林,或如塵埃,頭尖而卑,或氣黑如門上樓,皆猛將氣也。”對於相似的占驗結果而有不同的理解,大概是隨着情境與占家的不同,而出現不同的解釋。

① 劉樂賢:《馬王堆天文書考釋》,103 頁。

② [唐]瞿曇悉達:《開元占經》,北京:九州出版社,2011,951 頁;[明]茅元儀:《武備志》,收入《續修四庫全書・子部・兵家類》,965 册,上海古籍出版社,1995,9a 頁,總 169 頁。[唐]李淳風:《乙巳占・吉凶氣象占》,收入嚴一萍主編《百部叢書集成》(十萬卷樓叢書)第 76 函,26 册,臺北:藝文印書館,1971,16b 頁。

## 四　出軍,先者欲講,癃(應)之。合,且講;不合,講(第一列,45)

此條顧鐵符句讀爲"出軍,先者欲講,應之。合且講,不合講。"又注云:"講,《説文》'和解也'。此言和解不鬪。"劉樂賢句讀爲"出軍,先者欲講,應之。合,且講;不合,講。"并疏證云:"此條可能是根據月暈的合與不合占測用兵吉凶。"復旦《集成》整理小組采用劉樂賢的句讀,認爲其疏證可備一説。[①]

謹按:顧鐵符將"講"依《説文》釋爲"和解",甚確。《戰國策·秦策四》有:"三國之兵深矣,寡人欲割河東而講。""講"有商議、和解之意。而劉樂賢認爲"此條可能是根據月暈的合與不合占測用兵吉凶",可從。但在本句的句讀上,還有再論的空間,此條所述的是在出軍之前,觀察月暈的情況,決定是否與敵方講和。因此筆者認爲此條的句讀可作:

出軍先者:欲講,癃(應)之。合,且講;不合,講。

在出軍作戰之時,優先要做的是觀察月暈,"先者"有優先、先行之意,如《禮記·大傳》:"聖人南面而聽天下,所且先者五,民不與焉。一曰治親……"《説苑·君道》:"史請卜之湯廟,太戊從之,卜者曰:'吾聞之,祥者福之先者也,見祥而爲不善,則福不生。'"因而在此條中,"先者"指的是出軍前先做的行動。"欲講,癃(應)之"即若要與敵方講和的話,需跟月暈之象相互對應,"合,且講;不合,講"句的意思應是若與月暈之像合,則對我方較有利,因此可暫時與敵方議和,"且"有暫時之意,《史記》卷六六《伍子胥傳》:"民勞,未可,且待之。"而若不

① 顧鐵符:《馬王堆帛書〈天文氣象雜占〉》,收入其著《夕陽芻稿》,214頁;劉樂賢:《馬王堆天文書考釋》,107頁;湖南省博物館、復旦大學出土文獻與古文字研究中心編纂、裘錫圭主編:《長沙馬王堆漢墓簡帛集成(肆)·天文氣象雜占》,251頁。

合於月暈之象,則對我方不利,因此與敵方講和,停止戰事。

## 五　亡地。北宮。(第3列,13)亡地。任氏(第3列,14)

劉樂賢疏證云:"以上兩條圖像不易辨識,是否與月亮有關,亦無從斷定。"復旦《集成》整理小組云:"此條圖像完整,但不知象何物","此圖像左上有殘損,不知象何物。"①

謹按:此兩條圖像確實如上引所言,所指爲何不易理解,帛書自第三列起都是關於月亮天象的占驗,但此兩圖與其他占驗月亮且皆有弦月的圖像差异甚大,反較近似雲氣,"第3列,13"似雲氣從地面上升,同占文的"第3列,14"圖像左側殘損較多,不詳爲何物,但其殘畫仍無月亮之形。若此爲雲氣,傳世文獻中有數則與圖像相關的記載,如《乙巳占・軍敗氣象占》:"赤氣如火光從天來,流下入軍,軍亂將死。"《武備志・氣之戰陣》:"赤氣屈盤停住者,其下有兵流血。"②近似"第3列,13"的圖像。

至於此兩條爲何抄録在占驗月亮的類别之中,筆者認爲除書手誤抄,也可能爲了集中抄寫"北宫"與"任氏"所出圖像不同,但有同樣占例的例子,故抄録於此。從考察"北宫"和"任氏"有同樣占驗之語但圖像不同的例子,可知先秦的占驗之術中不同家派發展出相异的占驗結論,也顯示了當時對占家不同占驗結果的重視與記録。

---

① 劉樂賢:《馬王堆天文書考釋》,118頁;湖南省博物館、復旦大學出土文獻與古文字研究中心編纂、裘錫圭主編:《長沙馬王堆漢墓簡帛集成(肆)・天文氣象雜占》,260頁。

② [唐]李淳風:《乙巳占・吉凶氣象占》,收入嚴一萍主編:《百部叢書集成》(十萬卷樓叢書)第76函,26册,6b頁。;[明]茅元儀:《武備志》,收入《續修四庫全書・子部・兵家類》,965册,9a頁,總172頁。

## 結語

《天文氣象雜占》爲記録我國古代陰陽家學與占卜技術的重要材料,雖然對雲氣占驗的記載在傳世文獻中并不罕見,但透過對出土文獻的考察,更可探究此一理論技術的流傳歷史與内容。帛書中圖像和文字相互結合的表現方式,需要在理解圖像與釋讀文字間取得契合,始能較爲完整地理解占驗的意義,本文即以此爲基礎,對"戰方者勝"、"寇至,從著來,不出三月"、"不出五日,大雨"、"出軍,先者欲講,痽(應)之。合,且講;不合,講"、"亡地。北宫;亡地。任氏"等五則條文進行討論,可窺知占驗雲氣跟軍事思想間有着密切的關係,在觀察環境的經驗法則上,雲氣的變化反映天氣,也具有一定的科學基礎,但被運用在解釋軍事行動的吉凶禍福上,則成爲具有神秘色彩的占驗之學,可歸屬於兵陰陽的一部分,值得考察《天文氣象雜占》的學者們重視。

附記:抽文從草成至定稿的過程中得到本師許學仁先生及劉釗、徐在國、陳偉武、董珊、郭永秉諸位先生的指點與鼓勵,匿名審查人的意見讓抽文更加充實完整,於此特申謝忱。文中可能的不足與失誤概由本人自負文責。

# 張家山漢簡《二年律令》編聯小議

吉林大學古籍研究所
出土文獻與中國古代文明研究協同創新中心　韓厚明

**内容提要**　依據竹簡出土位置及相關釋文,張家山漢簡《二年律令》中《具律》《賜律》《興律》一些簡文的歸屬需作調整:《具律》簡 100 應屬於《亡律》;《賜律》簡 282-285、簡 286-290 應屬於《金布律》;《金布律》律文内容屬於官府出納範疇;《興律》簡 396-397 應歸入《二年律令》不見篇題的《囚律》。

**關鍵詞**　《二年律令》　編聯　《具律》　《亡律》　《囚律》

張家山漢墓竹簡《二年律令》竹卷由於在墓葬中受到擠壓,斷爲兩部分,此外竹簡還有不同程度的移動和殘損情況,這給整理者的編聯工作造成了較大困難,自 2001 年 11 月《張家山漢墓竹簡(二四七號墓)》由文物出版社出版後,學者對《二年律令》的編聯已經開展不少研究工作,取得了豐富的成果,[①]但某些竹簡的編聯與歸屬仍然存在可探討的空間,本文擬在諸家研究成果的基礎上,結合竹簡出土位置與釋文,對一些簡文的歸屬問題提出新的見解。

① 關於《二年律令》編聯研究主要有以下論文:楊建:《張家山漢簡〈二年律令・津關令〉簡釋》,丁四新主編《楚地出土簡帛文獻思想研究(一)》,武漢:湖北教育出版社,2002,316-341 頁;李均明:《〈二年律令・具律〉中應分出〈囚律〉條款》,《鄭州大學學報》(哲學社會科學版)2002 年第 3 期;陳偉:《張家山漢簡〈津關令〉涉馬諸令研究》,《考古學報》2003 年第 1 期;李力:《關於〈二年律令〉簡 93-98 之歸屬問題的補充意見》,中國文化遺産研究院編《出土文獻研究》第 6 輯,上海古籍出版社,2004,111-116 頁;彭浩:《談〈二年律令〉中幾種律的分類與編連》,中國文化遺産研究院編《出土文獻研究》第 6 輯,上海古籍出版社,2004,61-69 頁;張建國:《張家山漢簡〈具律〉121 簡排序辨正——兼析相關各條律文》,《法學研究》2004 年第 6 期;張家山漢簡研讀班:《張家山漢簡〈二年律令〉校讀記》,李學勤、謝桂華主編《簡帛研究二〇〇二、二〇〇三》,桂林:廣西師範大學出版社,2005,177-195 頁;王偉:《張家山漢簡編聯初探》,武漢大學簡帛研究中心主辦《簡帛》第 1 輯,上海古籍出版社,2006,353-367 頁;陳劍:《讀秦漢簡札記三篇》,復旦大學出土文獻與古文字研究中心編《出土文獻與古文字研究》第 4 輯,上海古籍出版社,2011,358-380 頁。

## 一

張家山漢簡《二年律令》簡 100 上部殘損,整理小組原將其歸入《具律》,張家山漢簡研讀班將其抽出歸入《囚律》,王偉和彭浩仍歸入《具律》,但彭浩表示有疑問。[①] 簡 100 釋文如下:

> □□□□□,以其罪論之。完城旦舂罪,黥之。鬼薪白粲罪,黥以爲城旦舂。其自出者,死罪,黥爲城旦舂;它罪,完爲城旦舂。【100】

簡 100 爲單條律文,前後無明確簡文與之銜接,竹簡上部殘斷,比照現存釋文長度,上部所缺約 5 字左右,整理者將其歸入《具律》并没有確鑿的證據,簡 100 位置也與《具律》竹簡有些距離。[②] 彭浩先生據簡 122-124 認爲此簡内容是“其以亡爲罪當完城旦舂、鬼薪白粲的處罰規定”,[③]簡 122-124 釋文如下:

> 有罪當完爲城旦舂、鬼新(薪)白粲以上而亡,以其罪命之;耐隸臣妾罪以下,論令出會之。其以亡爲罪,當完城旦舂、鬼新(薪)白粲以上不得者,亦以其罪論命之。【122-124】

這種理解存在矛盾,如果罪犯因逃亡而犯罪,被判處完城旦舂、鬼薪白粲,又怎麽會被加重處罰而施加“黥城旦舂”之刑呢? 因爲逃亡本身就是他的罪刑,又因逃亡而加重判罰不符合邏輯。從内容看殘缺部分當與“有罪當完爲城旦舂、鬼新(薪)白粲以上而亡”有關,簡 100 是説犯有完城旦舂、鬼薪白粲以上罪刑的人逃亡,將被加重處罰:完城旦舂、鬼薪白粲罪,施加黥刑;自首者,[④]犯有死罪的,黥爲城旦舂,其他罪刑,判處完城旦舂。簡 100 所缺字數不足容納其所缺的内容,因此簡 100 前仍當有簡文。

有理由認爲簡 100 不當屬於《具律》而應屬於《亡律》。首先,從竹簡位置上看,據《張家山漢墓竹簡[二四七號墓]》書後所附《竹簡出土位置示意圖》,[⑤]簡 100 在 C 區由上至下第五層,明確屬於《具律》的竹簡如簡 82-92、119、120、122-124、《具律》篇題簡 125 都位於《二年

---

① 參見前引諸家論文。

② 整理者列出的《具律》内容包含不少《囚律》簡文,詳見前引李均明、彭浩、張家山漢簡研讀班、王偉論文。

③ 彭浩:《談二年律令中“鬼薪白粲”加罪的兩條律文》,武漢大學簡帛研究中心主辦《簡帛》第 2 輯,上海古籍出版社,2007,435 頁。

④ 簡文“自出”即“自首”之意,也見於睡虎地秦簡《法律答問》:“把其叚(假)以亡,得及自出,當爲盗不當?”整理者譯爲“自首”。睡虎地秦墓竹簡整理小組編:《睡虎地秦墓竹簡》,北京:中華書局,1990,124 頁。

⑤ 張家山二四七號漢墓竹簡整理小組:《張家山漢墓竹簡[二四七號墓]》,北京:文物出版社,2001,附録二,322 頁。

律令》竹卷C區第2層上部及右下部,[①]簡100與《具律》其他竹簡層位和間隔都較遠。

其次,雖然簡100與《具律》簡122-124內容相似,但二者實際律文目的不同,簡100是對"有罪當完爲城旦舂、鬼新(薪)白粲以上而亡"這些逃亡者的加重處罰規定及自出的減免措施,簡122-124是對城旦舂、鬼薪白粲以上與隸臣妾罪以下不同等級刑徒逃亡者的罪名確定原則,并無實際處罰内容,而有關對逃亡者處罰的簡文,都在《亡律》之中,如《亡律》以下簡文:

> 吏民亡,盈卒歲,耐;不盈卒歲,毄(繫)城旦舂;公士、公士妻以上作官府,皆償亡日。其自出殹(也),笞五十。【157】

上述簡文是對吏民及有爵者逃亡的處罰規定,將逃亡罪分爲"盈卒歲""不盈卒歲"兩種程度,還提及逃亡者自出的減刑規定,與簡100的内容邏輯是一致的。此外值得注意的是在《二年律令》簡文中涉及到"自出"的,基本都在《亡律》之中,所謂"自出"即相對於逃亡而言。[②] 如簡164-165:

> 城旦舂亡,黥,復城旦舂。鬼薪白[粲亡,黥爲城旦舂。][③]【164】
>
> 隸臣妾、收人亡,盈卒歲,毄(繫)城旦舂六歲;不盈卒歲,毄(繫)三歲。自出殹(也),笞百。其去毄(繫)三歲亡,毄(繫)六歲;去毄(繫)六歲亡,完爲城旦舂。【165】
>
> 諸亡自出,減之;毋名者,皆減其罪一等。【166】

除了上面的簡文,《亡律》簡157、159、167都是關於"自出"的内容。簡100當與上引簡文有關。簡100與簡164律文内容有聯繫,簡164是對城旦舂和鬼薪白粲這類刑徒逃亡的處罰,簡100則是對因判有城旦舂和鬼薪白粲以上罪刑而逃亡的處罰,兩簡律文具有互補關係,而簡100涉及的罪刑更重,同時還包含自首者的減免情況。從簡165看,《亡律》也有按罪犯不同程度加重處罰的規定,與簡100相似,這也説明并非所有加減刑罰的律文都與《具律》有關。

其三,《嶽麓書院藏秦簡(肆)》收録了秦代《亡律》竹簡一百餘枚,有一支簡文與《二年律

---

① 相關簡文歸屬可參考張家山漢簡研讀班《張家山漢簡〈二年律令〉校讀記》,《簡帛研究二〇〇二、二〇〇三》,183頁;彭浩《談〈二年律令〉中幾種律的分類與編連》,《出土文獻研究》第6輯,65頁;王偉《張家山漢簡編聯初探》,《簡帛》第1輯,361頁。

② 魯家亮:《張家山漢簡〈具律〉中所見影響"減刑"的幾個因素》,《社會科學》2008年第3期;宋國華、王芳:《秦漢"自出"非"自告"説》,《南都學壇》2012年第4期;萬榮:《秦漢簡牘"自告"、"自出"再辨析——兼論"自詣"、"自首"》,《江漢論壇》2013年第8期,75-81頁。

③ 簡164爲兩簡綴合而成,整理者原釋文爲:"城旦舂亡,黥,復城旦舂。鬼薪白粲也,皆笞百。"彭浩認爲此簡連接不當,據簡120、122-124其釋文當補爲"城旦舂亡,黥,復城旦舂。鬼薪白[粲亡,黥爲城旦舂。]"彭浩所補釋文可從。見彭浩《談〈二年律令〉中"鬼薪白粲"加罪的兩條律文》,《簡帛》第2輯,433-440頁。

令·亡律》簡 100 十分相似,釋文如下:[①]

佐弋之罪,命而得,以其罪罪之。自出殹(也),黥爲城旦舂。它罪,命而得,黥爲城旦舂,其有大辟罪【51】罪之。自出殹(也),完爲城旦舂。【52】

比較嶽麓書院藏秦簡《亡律》簡 51-52 與簡 100 便可發現,兩組簡文雖然内容有所不同,但對逃亡者的處罰原則是相近的,簡 51-52"以其罪罪之""大辟"就是簡 100"以其罪論之""死罪",因此可判定簡 100 這類内容是屬於《亡律》的。

最後,從竹簡出土位置上看,《亡律》雖然分布散亂,已經失去原簡順序,但據《張家山漢墓竹簡(二四七號墓)》書後所附《竹簡出土位置示意圖》可知,[②]《亡律》大體在《二年律令》C、F 區上部,有不少簡如簡 166、167、168、170、172 都位於 C 區上 4-5 層,與簡 100 層數相近,因此簡 100 應該屬於《亡律》,據簡 100 所處位置,其編聯位置應在簡 164-166 附近。

## 二

《二年律令·賜律》整理者給出的簡文從 282-304 號,雖然整體簡文順序已不連貫,但不同區域簡文可以連讀,整理者的釋文順序與竹簡順序不符。[③] 簡 282-285 處於 C 區内側,與其他《賜律》簡文位置明顯不同,釋文如下:

賜衣者六丈四尺、緣五尺、絮三斤,襦二丈二尺、緣丈、絮二斤,絝(袴)二丈一尺、絮一斤半,衾五丈二尺、緣二丈六尺、絮十一斤。五大夫以上【282】錦表,公乘以上縵表,皆帛裏;司寇以下布表、裏。二月盡八月賜衣、襦,勿予裏、絮。二千石吏不起病者,賜衣襦、棺及官衣常(裳)。【283】郡尉,賜衣、棺及官常(裳)。千石至六百石吏死官者,居縣賜棺及官衣。五百石以下至丞、尉死官者,居縣賜棺。【284】

官衣一,用縵六丈四尺,帛裏,毋絮;常(裳)一,用縵二丈。【285】

王偉先生認爲以上簡文或可析出。[④] 按王偉先生説是,衹是未指出當歸屬何律,實際上有理由認爲以上簡文當歸屬《金布律》。簡 282-290 處於 C 區中心位置,《金布律》C 區簡文與之相近,而位於 C 區的其他《賜律》竹簡則處於 C 區中心之外,與簡 282-290 有不小的間隔。其次《金布律》是官府出納金錢布帛等財物的規定,如簡 418-420 釋文如下:

① 陳松長主編:《嶽麓書院藏秦簡(肆)》,上海辭書出版社,2015,55-56 頁。
② 張家山二四七號漢墓竹簡整理小組:《張家山漢墓竹簡[二四七號墓]》,附録二,322 頁。
③ 詳見王偉《張家山漢簡編聯初探》,《簡帛》第 1 輯,365 頁。
④ 王偉:《張家山漢簡編聯初探》,《簡帛》第 1 輯,365 頁。

> 諸冗作縣官及徒隸,大男,冬稟布袍表裏七丈,絡絮四斤,絝(袴)二丈、絮二斤;大女及使小男,冬袍五丈六尺、絮三斤,絝(袴)丈八尺,絮【418】二斤;未使小男及使小女,冬袍二丈八尺,絮一斤半斤;未使小女,冬袍二丈,絮一斤。夏皆稟襌,各半其丈數而勿稟絝(袴)。夏以四月盡六月,冬【419】以九月盡十一月稟之。布皆八稯、七稯。以裘、皮絝(袴)當袍、絝(袴),可。【420】

通過對比我們便可發現,兩組簡文内容相似,都與官府授予衣物有關。簡418-420是關於爲官府勞作的人與刑徒的廩衣規定,簡282-284是對被賜衣者及有爵者的賜衣標準。兩組竹簡位置也相近,簡418-420中的簡420處於簡282-284上方,據其位置可將簡282-285置於簡418-420之後。此外睡虎地秦簡《秦律十八種·金布律》簡90-93也包含廩授衣物的規定,内容與以上兩組簡文大體相似。《金布律》之"布"就是官府出納的"布帛"之意,官府廩賜衣物,當是"布帛"出納最大的一部分。簡282-284後半部分還提及賜官吏中"不起病者"衣物與棺槨,這些内容在漢代屬《金布令》,《漢書·高帝紀》:"令士卒從軍死者爲槥,歸其縣,縣給衣衾棺葬具。"顔師古注引如淳曰:"《金布令》曰'不幸死,死所爲櫝,傳歸所居縣,賜以衣棺。'"由以上分析可知簡282-284應屬於《金布律》。

《二年律令·賜律》除簡282-285外,其他竹簡按其所處位置順序可分爲以下幾組:簡286-290位於F區中心之上;簡297-301、291-295位於C區中心外側,[①]呈右環形;簡302-304位於F區中心之下。各部分釋文按其順序排列如下:

簡286-290:

> 吏各循行其部中,有疾病、㔨[②]者收食,寒者叚(假)衣,傳詣其縣。【286】
>
> ☐室毋以相鄉(饗)者,賜米二石、一豚、酒一石。【287】
>
> 一室二肂在堂,縣官給一棺;三肂在當(堂),給二棺。【288】
>
> 賜棺享(椁)而欲受齎者,卿以上予棺錢級千、享(椁)級六百;五大夫以下棺錢級六百、享(椁)級三百;毋爵者棺錢三百。【289】
>
> 諸當賜,官毋其物者,以平賈(價)予錢。【290】

簡297-301、291-295:

> 賜吏酒食,衛(率)秩百石而肉十二斤、酒一斗;斗食令史肉十斤,佐史八斤,酒各一斗。【297】
>
> 二千石吏食糳〈鑿〉、粲、穤(糯)各一盛,醯、醬各二升,介(芥)一升。【298】

---

① 簡296殘損,具體位置不清,其釋文"御史比六百石,相☐"與簡291-295有關。

② 原不識,郭永秉釋"㔨",郭永秉:《張家山漢簡〈二年律令〉和〈奏讞書〉釋文校讀記》,復旦大學漢語言文字學科《語言研究集刊》編委會編《語言研究集刊》第6輯,上海辭書出版社,2009,263-264頁。

千石吏至六百石，食二盛，醯、醬各一升。【299】

五百石以下，食一盛，醬半升。【300】

食一盛用米九升。【301】

賜不爲吏及宦皇帝者，關内侯以上比二千石，卿比千石，五大夫比八百石，公乘比六百石，公大夫、官大夫比五百【291】石，大夫比三百石，不更比有秩，簪褭比斗食，上造、公士比佐史。毋爵者，飯一斗、肉五斤、酒大半斗、醬少半升。【292】司寇、徒隸，飯一斗，肉三斤，酒少半斗，鹽廿分升一。【293】

吏官庳（卑）而爵高，以宦皇帝者爵比賜之。【294】

賜公主比二千石。【295】

簡 302-304：

賜吏六百石以上以上尊，五百石以下以下尊，毋爵以和酒。【302】

賜酒者勿予食。【303】

■賜律【304】

首先看簡 297-301、291-295 與簡 302-304 這兩部分，官府所賞賜之物都是酒食，賞賜的對象主要分爲官吏和非官吏，非官吏包括有爵者和無爵者兩種，簡文内容相對規整，層次分明。而簡 286-290 内容則包括官府對貧困者的賑濟如簡 286-287，還包括官府賜予棺槨及錢財，賜予棺槨的内容還與上文提及的簡 282-285 有關。值得注意的是簡 289、290 提及官府没有賞賜之物時可以賜錢，受賜棺槨之人也可以直接賜錢，這樣簡 286-290 的内容實際就是官府出納錢物，而睡虎地秦簡《秦律十八種・金布律》與《二年律令・金布律》都與官府出納錢財物有關，簡 286-290 的内容正與之相合。因此簡 286-290 也應歸入《金布律》。這部分竹簡位置上也與《金布律》相近，《金布律》簡 436-439 正處於簡 286-290 附近。

這樣看來《二年律令・賜律》的主要内容如同王偉先生所説，僅限於賜酒、食之事。[①]《賜律》的主要内容賞賜酒食，可以理解爲政府的恩賜，且這些酒食是不可以被折換爲錢的，而《金布律》涉及的賜衣物與棺槨之事屬於官府出納範疇，這也許就是《賜律》與《金布律》的最大區别。

## 三

《二年律令・興律》是關於征發百姓徭役、戍守及守衛烽燧的規定。但簡 396-397 與《興

① 王偉：《張家山漢簡編聯初探》，《簡帛》第 1 輯，365 頁。

律》内容不相符,釋文如下:

> 縣道官所治死罪及過失、戲而殺人,獄已具,毋庸論,上獄屬所二千石官。二千石官令毋害都吏復案,問(聞)二千石官,二千石官【396】丞謹掾,當論,乃告縣道官以從事。徹侯邑上在所郡守。【397】

從上面的釋文可以看出,簡 396-397 與治獄之事有關,不應歸入《興律》,整理小組認爲當屬於《具律》,[①]但在出版釋文修訂本時删除此注釋。[②] 張家山漢簡研讀班認爲:"《晋書・刑法志》述魏定《新律》前的法律體系時云'是時承用秦漢舊律……《興律》有上獄之文',可與該律文互證,故不當入《具律》。"[③]諸家對此似無异議。

按張家山漢簡研讀班所引《晋書・刑法志》省略的一段文句如下:

> 世有增損,率皆集類爲篇,結事爲章。一章之中或事過數十,事類雖同,輕重乖异。而通條連句,上下相蒙,雖大體异篇,實相采入。[④]

從《晋書・刑法志》的敘述中可知,之所以造成"《興律》有上獄之文"當爲後世增損律文所致,而《二年律令》爲漢初法律,其條目歸屬不應該出現魏晋時律文雜糅的情况。目前出土秦漢簡牘也未見到《興律》包含有"上獄"的内容,沈家本《歷代刑法考・漢律摭遺》在《興律》條目"上獄"條云:"'上獄'疑爲罪人在獄之法,無事可徵,姑列此二事於此。"[⑤]可見哪些屬於《興律》的"上獄"律文,目前并不清楚。此外《歷代刑法考・漢律摭遺》在漢《興律》"考事報讞"條目下所列之事,多與遣使覆案、發卒抓捕有關,沈家本云:"尋常考事不得在《興律》,此必遣使赴郡國考事。"[⑥]但這些内容都與簡 396-397 不類。

相反,與簡 396-397 内容相關的簡文都歸屬《囚律》,如《二年律令・囚律》有類似的規定:

> 气(乞)鞫者各辭在所縣道,縣道官令、長、丞謹聽,書其气(乞)鞫,上獄屬所二千石官,二千石官令都吏覆之。都吏所覆治,廷【116】及郡各移旁近郡,御史、丞相所覆治移

---

① 張家山二四七號漢墓竹簡整理小組:《張家山漢墓竹簡[二四七號墓]》,186 頁。

② 張家山二四七號漢墓竹簡整理小組:《張家山漢墓竹簡[二四七號墓]》(釋文修訂本),北京:文物出版社,2006,62 頁。

③ 張家山漢簡研讀班:《張家山漢簡〈二年律令〉校讀記》,《簡帛研究二〇〇二、二〇〇三》,191 頁。

④ 《晋書》卷三〇《刑法志》,北京:中華書局,1974,923 頁。

⑤ [清]沈家本撰,鄧經元、駢宇騫點校:《歷代刑法考・漢律摭遺》,北京:中華書局,1985,1589 頁。

⑥ [清]沈家本撰,鄧經元、駢宇騫點校:《歷代刑法考・漢律摭遺》,1590 頁。

廷。【117】[①]

西北漢簡也見告劾鞫獄之事上報二千石：

□獄屬所二千石　126・31[②]

囚律：告劾毋輕重，皆關屬所二千石官。　EPT10・2A[③]

又如《漢書・刑法志》高祖七年詔：

自今以來，縣道官獄疑者，各讞所屬二千石官。[④]

《晋書・刑法志》云："囚律有繫囚、鞫獄、斷獄之法。"沈家本《歷代刑法考・漢律摭遺》所列漢代《囚律》"斷獄"條目下收有"二千石受其獄"，[⑤]沈家本認爲"二千石受其獄者，謂郡守受在下之爰書也"。[⑥] 現據出土漢簡律文，特别是《居延新簡》EPT10・2A 明確表明，漢律中"告劾"之事上奏二千石官的内容應屬於《囚律》，因此比"告劾"更嚴重的死罪、殺人等情况上奏二千石官的内容也當屬《囚律》。

最後，從竹簡出土位置上看，簡 396–397 與《囚律》的簡 116–117 也相近。因此將簡 396–397 歸入《囚律》并無任何障礙。

---

① 整理者原歸屬《具律》，實應爲《囚律》簡文，參見張家山漢簡研讀班《張家山漢簡〈二年律令〉校讀記》，《簡帛研究二〇〇二、二〇〇三》，184 頁；王偉《張家山漢簡編聯初探》，《簡帛》第 1 輯，361 頁；彭浩《談〈二年律令〉中幾種律的分類與編連》，《出土文獻研究》第 6 輯，65 頁。

② 中國簡牘集成編輯委員會編：《中國簡牘集成》第 6 册，蘭州：敦煌文藝出版社，2001，51 頁。

③ 中國簡牘集成編輯委員會編：《中國簡牘集成》第 9 册，129 頁。

④ 《漢書》卷二三《刑法志》，北京：中華書局，1964，1106 頁。

⑤ [清]沈家本撰，鄧經元、駢宇騫點校：《歷代刑法考・漢律摭遺》，1496–1497 頁。

⑥ 這部分内容承蒙匿名審稿專家提供建議，在此謹對審稿專家表示誠摯的謝意。

# 北京大學藏秦水陸里程簡册釋地五則*

復旦大學歷史學系　馬孟龍

**内容提要**　本文對北京大學藏秦代水陸里程簡册所見五個地名進行考釋。指出陽新鄉、陽平鄉爲新野縣所轄的兩個鄉,而非陽縣所轄之新鄉、平鄉;櫟陵即《漢書・地理志》南陽郡樂成侯國,約在今河南省唐河縣大河屯鎮境内;馗渠與西漢煇渠侯國有關,約在今河南省魯山縣熊背鄉境内;簡文"輪民"應爲"輪氏"之誤釋;女陽與漢代周承休侯國存在承繼關係,約在今河南省汝州市紙坊鄉境内。

**關鍵詞**　北大秦簡　水路里程簡册　秦漢政區　侯國

近年出土的秦漢簡牘文獻中,有一類稱作"道里簿"的文書十分特殊。這種文書的基本内容爲交通沿綫地點間的里程記録,載録的地點以亭燧、傳置、縣邑爲主。① 由於記載了聚落之間的相對里程,"道里簿"對於秦漢交通地理以及秦漢城邑定位具有十分重要的研究價值。目前,學界利用此類文書已取得豐碩研究成果,其中不乏精彩的研究範例。②

2010年,北京大學獲贈一批秦代簡牘。據介紹,這批簡牘包括一類記録江漢地區水陸交

* 本文爲2014年教育部人文社會科學青年基金項目"張家山二四七號漢墓《二年律令・秩律》與漢初政區地理"(ZWH3154002A)以及2014年全國優秀博士學位論文作者專項資金項目"漢代歷史地圖集"階段性成果。

① 李天虹:《居延漢簡簿籍分類研究》,北京:科學出版社,2003,168頁;李均明:《秦漢簡牘文書分類輯解》,北京:文物出版社,2009,341頁。

② 以往在額濟納河流域漢代烽燧遺址、甘肅省敦煌懸泉置遺址、湖南省龍山縣里耶遺址都曾發現過此類文書。相關研究可參閲李并成《河西走廊歷史地理研究》,蘭州:甘肅人民出版社,1995;郝樹聲《敦煌懸泉里程簡地理考述》,《敦煌研究》2000年第3期;郝樹聲《敦煌懸泉里程簡地理考述(續)》,《敦煌研究》2005年第6期;初師賓《漢簡長安至河西的驛道》,《簡帛研究二〇〇五》,桂林:廣西師範大學出版社,2008,88-115頁;張春龍、龍京沙《里耶秦簡三枚地名里程木牘略析》,《簡帛》第1輯,上海古籍出版社,2006,265-274頁。

通路綫和里程的文書,整理者暫定名爲"道里書"。[1] 顯然,北京大學入藏的"道里書"也屬於簡牘文獻中的"道里簿"範疇。2013 年,辛德勇先生先後發表《北京大學藏秦水陸里程簡册的性質和擬名問題》、《北京大學藏秦水陸里程簡册初步研究》(以下簡稱《初步研究》),公布了部分"道里書"的竹簡釋文。[2] 就簡文内容來看,北京大學藏水陸里程簡册(以下簡稱"里程簡册")主要記録了以江陵爲中心的南郡、南陽郡道路里程,涉及的地名包括秦代南郡、南陽郡、三川郡的縣邑、鄉里、津關、亭郵,地名信息極爲豐富,是研究秦漢南郡、南陽郡政區地理和交通路綫不可多得的寶貴資料。《初步研究》已利用這批資料闡發了荆楚地理和秦漢政區地理相關問題,取得了令人矚目的研究成績。

筆者在閱讀里程簡册時,發現其中某些地名可以與傳世文獻對讀。結合傳世文獻和簡牘文獻的相關記載,可以進一步闡發這批簡牘文書所藴含的學術價值,也可附帶解決一些秦漢政區地理問題。現不揣淺陋,對里程簡册涉及的五個地名進行討論,以求教於學界同仁。

## 一　陽新鄉

在目前所見里程簡册簡文中,有一支簡涉及"陽新鄉"。該簡内容爲"西陵水道到陽新鄉百卌八里"(04-075)[3],記載了從西陵縣經由水路行至陽新鄉共計一百四十八里的里程信息。里程簡册多處提到由西陵出發經由水路北上其他地點的里程。《初步研究》已經指出,里程簡册提到的"西陵水道到某地"主要是指從西陵出發,溯比水(今唐河)而上的水路交通。根據里程推算,陽新鄉應在西陵東北的比水沿岸,約在今湖北省襄陽縣朱集鎮境内。[4]

《初步研究》將這支簡中的"陽新鄉"理解爲陽縣之新鄉,這種解讀方式可能存在問題。[5] 據《初步研究》考訂,秦代的陽縣約在今河南省方城縣南,而簡文提到的陽新鄉位於今湖北省襄陽縣北,兩地相距十分遥遠,跨越了今天社旗、唐河兩縣(參見圖一)。陽縣轄域如此遼闊,

① 北京大學出土文獻研究所:《北京大學藏秦簡牘概述》,《文物》2012 年第 6 期。

② 兩文分别刊載於《簡帛》第 8 輯,上海古籍出版社,2013,17-28 頁;《出土文獻》第 4 輯,上海:中西書局,2013,176-278 頁。兩文俱收入作者文集《石室賸言》,北京:中華書局,2014。

③ 以下引用里程簡册簡文編號及釋文,俱出自《初步研究》,不再一一注明。

④ 里程簡册簡 04-231 記載:"淯口到西陵十二里"。淯口即淯水(今白河)與漢水的交匯處,故陽新鄉在淯口上游一百六十里,約在今湖北省襄陽縣朱集鎮。

⑤ 同樣的解讀亦見作者《北京大學藏秦水陸里程簡册與戰國以迄秦末的陽暨陽城問題》,《北京大學學報》2015 年第 2 期。後收入作者文集《舊史輿地文編》,上海:中西書局,2015。

令人難以想像。[①] 在里程簡册記載的陽新鄉北部不遠,即是漢代新都侯國遺址。[②] 漢代新都侯國原是新野縣鄉聚。《漢書·王莽傳》曰:“永始元年,封莽爲新都侯,國南陽新野之都鄉,千五百户。”[③]《續漢書·郡國志》南陽郡新野縣自注:“有東鄉,故新都”。可見新都侯國設置之前、廢除之後都在新野縣境内。新野縣戰國時期便已設置,[④]而新近公布的嶽麓書院藏秦簡也出現了新野縣。[⑤] 秦漢時代的縣域轄境較爲穩定,因此今河南省新野縣王莊鎮唐河沿岸應當隸屬秦代新野縣管轄,故陽縣不可能跨越新野、胡陽二縣去管轄比水下游的陽新鄉。

就陽新鄉所處方位而言,其在秦代應隸屬於新野縣。我們在史籍中能找到一條稍晚的證據。西漢建平四年(前3年),哀帝分封鄭業爲陽新侯。(《漢書·哀帝紀》《漢書·外戚傳》記爲“陽信侯”,古書新、信二字通用)《漢書·外戚恩澤侯表》“陽信侯鄭業”條下注“新野”。[⑥]根據《漢書》“侯表”下注縣名體例,陽新侯國地處漢代新野縣境内。[⑦] 漢武帝以後,多以鄉聚分封侯國,鄭業受封之侯國,前身當即新野縣陽新鄉。漢代的陽新鄉明確隸屬新野縣管轄,秦代的陽新鄉也應隸屬於新野縣。

里程簡册中的陽新鄉乃是新野縣轄鄉,并非陽縣之新鄉,《初步研究》的理解方式并不準確。同樣,在里程簡册中還載録有“西陵水道新鄉百五十一里”(04-076)。[⑧] 因《初步研究》將“陽新鄉”解讀爲“陽縣之新鄉”,所以認爲簡04-076中的“新鄉”就是簡04-075中的“陽新鄉”,并結合兩支簡連續排列的現象,推測簡04-076是對簡04-075的修正。這種説法存在一定缺陷。如果簡04-075所記里程有誤,抄手應將錯誤信息削去或勾掉,而不應不做任何處理,又補抄正確信息。而現已知陽新鄉不同於新鄉,則《初步研究》的推論失去了依據。這兩支簡連續排列,應是指從西陵溯比水而上,一百四十八里爲陽新鄉,一百五十一里爲新鄉。《初步研究》稱:“從西陵到‘陽新鄉’或‘新鄉’兩地的里至十分接近,僅僅相差三里,且又都是同樣行走水路,這又實在不大可能會是兩個不同的地點”。《初步研究》的説法過於絶對。實際上,常有聚落夾河相對的現象,如夾漢水而立的襄陽與樊城、夾長江而立的武昌與

---

① 《初步研究》也注意到了這個問題,於是説:“秦陽縣轄境是沿比水亦即今唐河谷地向西南方向大幅度延展……愈可見陽縣之南北地域,相當遼闊。”見《石室賸言》,182頁。

② 國家文物局主編:《中國文物地圖集·河南分册》,北京:中國地圖出版社,1991,224頁。

③ 《漢書》卷九九,北京:中華書局,1962,4040頁。

④ 后曉榮:《秦代政區地理》,北京:社會科學文獻出版社,2009,274-275頁。

⑤ 嶽麓書院藏秦簡《爲獄等狀四種》載録的秦王政二十二年發生的“學爲僞書案”多次提及新野縣。見朱漢民、陳松長主編《嶽麓書院藏秦簡(叁)》,上海辭書出版社,2013,65-69頁。

⑥ 《漢書》卷一八,713頁。

⑦ 參見拙著《西漢侯國地理》上編第一章第一節《〈漢表〉下注縣名體例考》,上海古籍出版社,2013,33-42頁。

⑧ 結合水陆里程簡册簡文格式,此簡釋文應爲“西陵水道到新鄉百五十一里”。整理者釋文或遺漏“到”字。此處承蒙林志鵬先生提示。

漢陽,所以相距僅三里的陽新鄉與新鄉應當是分立於比水兩岸的兩個鄉級聚落。[①] 從比水沿岸的陽新鄉、都鄉(西漢新都侯國)皆隸屬新野縣來看,兩鄉之間的新鄉也應隸屬新野縣管轄。

建平三年(前 4),哀帝封丞相王嘉爲新甫侯,封户一千六十八,與陽新侯封户一千相當。《漢書·外戚恩澤侯表》"新甫侯王嘉"條下亦注"新野",[②]則此新甫當同爲新野縣屬鄉。此新野縣新甫鄉或與里程簡册記録的新野縣新鄉有關。

里程簡册還記録有"西陵水道到陽平鄉五十九里"(04-199)。《初步研究》同樣將此"陽平鄉"理解爲陽縣之平鄉。現已知陽平鄉上游九十里的陽新鄉隸屬新野縣,則陽平鄉肯定也與陽縣無關。根據其里程,陽平鄉約在今湖北省襄陽縣雙溝鎮,在秦代應隸屬附近的鄧縣或西陵縣管轄(參見圖一)。

## 二 櫟陵

里程簡册還有一條與比水航路相關的記載爲"比口到櫟陵四百卌一里"(04-208)。簡文中的比口即比水與淯水(今唐河與白河)的交匯處,以此爲起點溯比水四百餘里,相當於今唐河縣大河屯鎮境内。

《初步研究》注意到,《水經注》記載有一條叫作"濼(藻)水"的比水支流[③],并已指出櫟陵即位於濼水沿岸。至於"濼水"究竟是今天的哪一條河流,《初步研究》并未指明。由於櫟陵的定位與濼水緊密相關,因此有必要對濼水作一考訂。先來看《水經·比水注》的記載:

> 比水又西,澳水注之。水北出茈丘山,東流,屈而南轉,又南入於比水。按《山海經》云:"澳水又北入視",不注比水。余按吕忱《字林》及《難字》《爾雅》并言藻水在比陽,脈其川流所會,診其水土津注,宜是藻水,音藥。[④]

濼水發源於茈丘山,亦即歷代地志所載之慈丘山,乃今河南省泌陽縣官莊鄉北之大寨子山,又稱三山。[⑤] 清代地志均將發源於慈丘山的梁河比定爲濼水。《大清一統志》曰:"澳水,

---

① 此處承蒙凌文超兄提示,謹志感謝。

② 《漢書》卷一八,712 頁。

③ 《水經注》記作"藻"水。兩漢魏晋南北朝,常爲文字添加"艸"頭(參見辛德勇《北齊〈大安樂寺碑〉與長生久視之命名習慣》,收入作者文集《石室賸言》,302-325 頁),故此水亦可寫作"濼"水。

④ [清]楊守敬、熊會貞疏,段熙仲點校,陳橋驛復校:《水經注疏》卷二九,南京:江蘇古籍出版社,1989,2479-2480 頁。原文標點有誤,引文已作修改。

⑤ [清]倪明進修,栗郢纂:《泌陽縣志》卷二,清道光八年刻本。

在泌陽縣西北,俗名涼河。"[①]《泌陽縣志》曰:"瀼水,源出虎頭山,《水經》謂之澳水……今訛爲涼河。"[②]楊守敬編繪《水經注圖》亦根據清代地志把瀙水標注在梁河。[③] 不過,清代地志的説法并不準確。《水經注》記載瀙水源出慈丘山後,"東流,屈而南轉,又南入於比水",而今天的梁河河道呈西南流向,并無東流的趨勢。另外,《水經注》明確記載,比水先與蔡水交匯,再與瀙水匯合。《水經·比水注》曰:"蔡水南出磐石山,故亦曰磐石川,西北流注於比。"[④]磐石山,即今天泌陽縣陳莊鄉盤古山,發源於此山的蔡水,即今天的甜水河,又名田市河。[⑤] 甜水河在今泌陽縣賒灣鎮匯入比水,位於梁河交匯口的下游,這一河流交匯形勢,與《水經注》的記載不符(參見圖一)。

筆者注意到,在梁河之西還有一條洪河,同樣發源於慈丘山。此洪河在源出慈丘山後,河道呈東南流向,隨後又轉爲西南流向。這一形勢與《水經注》瀙水"東流,屈而南轉"的描述正相吻合。洪河在流出泌陽縣後,在今唐河縣大河屯鎮匯入比水,其交匯口位於蔡水下游,也與《水經注》所述瀙水、蔡水方位相同,而里程簡册記録的櫬陵正在大河屯鎮附近,所以今天的洪河才應當是古瀙水[⑥],櫬陵應在今唐河縣大河屯鎮境内的比水北岸。

《漢書·地理志》(以下簡稱《漢志》)南陽郡轄有樂成侯國。關於西漢樂成侯國所在,顧祖禹引舊地志認爲即河南省鄧州南三十里的樂鄉城。[⑦] 顧祖禹的看法影響極大,《清一統志》即據此將漢代樂成侯國定於鄧州南,《中國歷史地圖集》《中國文物地圖集》把西漢樂成標繪在鄧縣西南顯然受上述記載影響(參見圖一)。[⑧] 不過,若仔細分析漢代樂成侯國方位,顧祖禹所引舊志的説法并不能成立。

---

① 《清一統志》卷二一〇《河南統部·南陽府》,上海古籍出版社,2008,第5册,314頁上。

② [清]倪明進修,栗郢纂:《泌陽縣志》卷二。又卷首輿圖將今梁河標繪爲瀼水。

③ [清]楊守敬:《水經注圖》,北京:中華書局,2009,353頁。

④ [清]楊守敬、熊會貞疏,段熙仲點校,陳橋驛復校:《水經注疏》卷二九,2479頁。

⑤ [清]倪明進修,栗郢纂:《泌陽縣志》卷二;《清一統志》卷二一〇《河南統部·南陽府》,第5册,314頁上。

⑥ 魯西奇先生已經指出《水經·比水注》記載的澳水應即今天的洪河,但未作論證。見《城牆内外:古代漢水流域城市形態與空間結構》,北京:中華書局,2011,101頁。

⑦ [清]顧祖禹:《讀史方輿紀要》卷五一《南陽府·鄧州》,北京:中華書局,2005,2417頁。

⑧ 譚其驤主編:《中國歷史地圖集》第二册,北京:中國地圖出版社,1982,22頁;國家文物局主編:《中國文物地圖集·河南分册》,230頁。

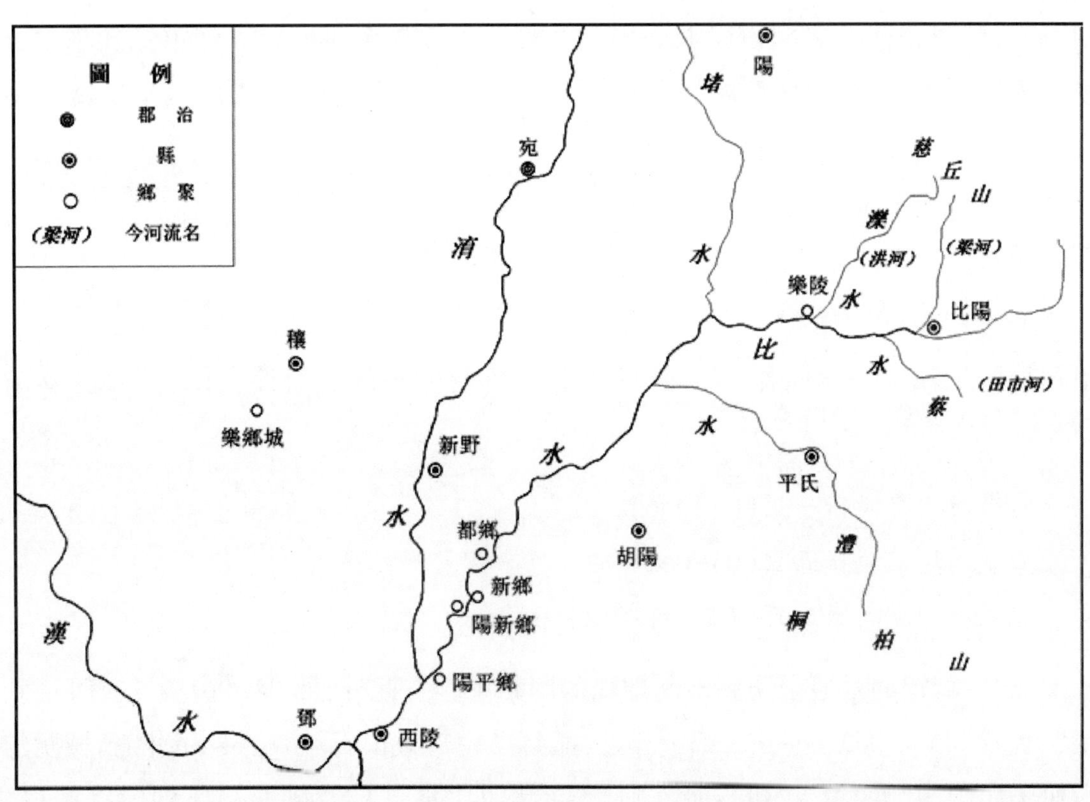


圖一 秦代比水流域聚落分布示意圖

《漢志》載録的南陽郡樂成侯國爲許延壽封國。《漢書·外戚恩澤侯表》“樂成敬侯許延壽”欄下注“平氏”,[①]根據《漢書》“侯表”下注縣名體例,樂成侯國地處平氏縣境内。漢代平氏縣即今天河南省桐柏縣平氏鎮,[②]距離鄧縣西南的樂鄉城十分遙遠(參見圖一),所以鄧縣之樂鄉城絶不可能是漢代的樂成侯國。對於《漢表》透露的樂成侯國方位信息,鄭威已有注意,他結合《水經注》灤水的記載,提出漢代樂成侯國應位於灤水附近。[③] 筆者對此非常贊同。不過鄭威在對灤水定位時,出現了偏差,將其認定爲比水以南,發源於桐柏山的某條河流,因而把漢代樂成侯國定位在今河南省泌陽縣、桐柏縣之間。前面已經提到,《水經注》記載灤水發源於慈丘山,南流注入比水,所以灤水絶不可能位於比水之南,而應當是比水以北的洪河。漢代的樂成侯國應定位於今洪河一帶。

里程簡册對“櫟陵”方位的描述,可以説進一步驗證了筆者的看法。里程簡册中的“櫟陵”正位於唐河縣大河屯鎮一帶,不僅證實了古灤水即今洪河,同時也爲樂成侯國的定位提供了依據。秦漢時代的地名,常常在地名專名後,附加“陵”“陽”“成”“原”等後綴。而古書

① 《漢書》卷一八,700頁。

② 國家文物局主編:《中國文物地圖集·河南分册》,233頁。

③ 鄭威:《楚國封君研究》,武漢:湖北教育出版社,2012,80-83頁。

樂、櫟相通,[①]故里程簡册之“櫟陵”即漢代之“樂成”,位於今唐河縣大河屯鎮比水之北。此地與漢代平氏縣相近,在漢代應隸屬平氏縣管轄,完全符合《侯表》樂成爲平氏縣鄉聚的記載。由此逆推,秦代的樂成(陵)也應隸屬平氏縣管轄。

## 三 𠃊渠

里程簡册記録了一個叫作“𠃊渠”的地名。目前公布的簡册簡文中,共有三支簡涉及𠃊渠:

𠃊渠庾到魯陽卌一里(04-056)

石城到𠃊渠庾卌五里(04-062)

𠃊渠庾到陽新城庾百四里(04-063)

以上三支簡文,記録的是𠃊渠庾到不同地點的陸路里程。此外,簡 04-061 記載有“犨到石城十七里”,此簡與 04-062、04-063 編號相連,記録了由犨經由石城、𠃊渠庾到陽新城庾的完整里程。𠃊渠庾中的“庾”字,《初步研究》已經指出即“倉”之意,則𠃊渠庾即設在𠃊渠之倉。04-061 簡提到的犨,即秦代之犨縣。04-056 簡中的魯陽,即秦代魯陽縣。犨縣與魯陽縣南北相鄰,𠃊渠地處兩縣之間。𠃊渠距離犨縣六十二里,距離魯陽四十一里,就里程來看,𠃊渠極有可能是隸屬魯陽縣的鄉聚。

西漢武帝時期,曾兩次分封輝渠侯國。元狩二年,武帝封功臣匈奴人僕朋爲輝渠侯,次年又封匈奴降王應庀爲輝渠侯。《漢書・景武昭宣元成功臣表》在兩個輝渠侯下皆注“魯陽”,[②]根據《漢書》“侯表”下注縣名體例,輝渠應爲魯陽縣之鄉聚。筆者以爲,《漢書》中的輝渠侯國應當與里程簡册中的𠃊渠有關。上古音“𠃊”爲群母幽部,“輝”爲曉母微部(或歸文部)[③]。群、曉二母同屬牙喉音,發音部位相近。從諸家所擬上古音系來看,幽與微、文二部似乎聲音遠隔,但劉釗先生結合清代乾嘉以來關於幽覺與微物文相通的研究成果,指出“不論是傳世典籍和出土資料,都充分證明了上古漢語中幽覺與微物文之間相當常見的音轉現象。”[④]𠃊從“九”聲,龍宇純先生曾注意到從“九”之字(幽部)與微部字相通的例子。如

① 如秦代櫟陽虎符即將“櫟陽”寫作“樂陽”。見吴鎮烽編著《商周青銅器銘文暨圖像集成》第 34 册,編號“19175”,上海古籍出版社,2012,549 頁。

② 《漢書》卷一七,648 頁。

③ 學界多把輝字歸入微部,但郭錫良認爲从“軍”的字《詩經》時代應在文部。參見《漢字古音手册》(增訂本),北京:中華書局,2010,227 頁注 1。

④ 劉釗:《古璽格言璽考釋一則》,收入氏著《書馨集:出土文獻與古文字論叢》,上海古籍出版社,2013,264 頁。

《禮記·明堂位》"昔殷紂亂天下,脯鬼侯",《史記·殷本紀》及《周本紀》"鬼侯"并作"九侯";又如"杌"字,《説文》以爲"簋"之古文,"鬼""簋"均微部字。此外,"艽""馗"二字俱从"九"聲,《廣韻》同見"巨鳩切"(鳩在上古爲幽部)、"渠追切"(追爲微部),亦可説明从"九"之字往往有微部之音讀[①],故馗與輝亦存在相通的可能。

根據里程簡册所載馗渠與魯陽、雉縣的相對里程,其地約在今河南省魯山縣熊背鄉境内(參見圖二),此地恰好存在黄崗寺漢代聚落遺址,遺址面積達 7000 平方米,符合漢代鄉一級聚落的規模,[②]或與馗渠鄉有關。里程簡册不僅驗證了《漢表》"輝渠侯"條下注"魯陽"之可信,同時也爲漢代輝渠侯國的定位提供了可貴的文獻依據。

## 四　輸民(輪氏)

里程簡册記載了一條出南陽郡抵達雒陽的交通幹綫。由三支簡構成,相關簡文如下:

> 魯陽到女陽百一十里(04-067)
> 女陽到輸民八十九里(04-068)
> 輸民到雒陽百 一十里(04-069)

《初步研究》提到"輸民"不見於傳世文獻記載,根據簡文載録里程,可大致推定輸民在今汝州臨汝鎮一帶。[③] 其實簡文中的"輸民"并非不見於傳世文獻,此地即《漢書·地理志》潁川郡綸氏縣。今試論證如下:

《漢志》潁川郡之綸氏縣,《續漢書·郡國志》記爲"輪氏"。《後漢書》某些篇章亦將此縣記作"輪氏"。《張玄傳》載:"(玄)强起至輪氏,道病終。"[④]《陳寔傳》:"郡中士大夫送(寔)至輪氏傳舍"。[⑤]不過《後漢書》也有將此縣書作"綸氏"的情況,似乎當時的寫法并不固定。但是洛陽南郊東漢刑徒墓磚"P3M10:下 9A"載有"無任潁川輪氏司寇張孫元初六年二月四日死"。[⑥] 另外《水經注》載臨睢縣立有東漢《豫州從事皇毓碑》,樹碑者有"二千石丞輪氏夏文則"。[⑦] 東漢刑徒墓磚銘文及漢碑碑文表明,"輪氏"才是當時通行的寫法。對照《漢志》,似乎此縣西漢書作綸氏,東漢改書作輪氏。[⑧] 不過,筆者在梳理《漢志》縣名書寫形式時,發現今

---

① 龍宇純:《上古音芻議》,收入《中上古漢語音韻論文集》,臺北:五四書店,2002,439 頁。
② 國家文物局主編:《河南省文物地圖集》,文物單位簡介第 91 頁。
③ 辛德勇:《北京大學藏秦水陸里程簡册初步研究》,收入《石室賸言》,195 頁。
④ 《後漢書》卷三六,北京:中華書局,1965,1244 頁。
⑤ 《後漢書》卷六二,2065 頁。
⑥ 中國社會科學院考古研究所編:《漢魏洛陽故城南郊東漢刑徒墓地》,北京:文物出版社,2007,附圖三一。
⑦ [清]楊守敬、熊會貞疏,段熙仲點校,陳橋驛復校:《水經注疏》卷二四,2018 頁。
⑧ 清人王懋竑即持此觀點。見《讀書記疑》卷六,清同治十一年刻本。

本《漢志》有將文字"車"旁訛誤爲"糸"旁的現象。漢簡草書"車"旁、"糸"旁寫法較爲接近,[①]在傳抄時,極易抄混。例如《漢志》清河郡有繚縣,而傳世文獻、出土文獻都表明,繚縣在西漢的通行書寫方式爲"轑",今本《漢志》的"繚"字,或爲"轑"字之訛誤,或爲"轑"字之通假。[②] 因此,《漢志》"綸氏"有可能是後人誤抄所致,也有可能是後人僅爲注音而換用了"綸"字,并非西漢的通行寫法,當時的通行寫法應與東漢一樣,同爲"輪氏"。

再來看里程簡册中的"輸民"。古書"俞""侖"二字在字形上非常接近,"侖"字極易訛誤爲"俞"。《戰國策·齊策四》"孟嘗君逐於齊而復反"章有"請以市諭"的文字。[③] 而《風俗通義》載此事則寫作"請以市論"。[④] 就文意而言,"以市論"更佳,《國策》"諭"應是"論"訛誤。而在釋讀出土簡牘文字時,也容易將"侖"誤釋爲"俞"。孔家坡漢簡《日書》曾記載古史人物"緰",劉樂賢先生認爲不能排除爲"綸"字誤釋的可能。[⑤] 這裏再舉兩個誤將漢簡文字"輪"釋爲"輸"的實例。居延漢簡 72·53 有"輸一具□□視□杙軸完"的字樣。[⑥] 就文字内容來看,該簡應屬於"折傷牛車出入簿"的一段,爲檢視牛車損壞狀況的記録。[⑦] 相類似的文字可以參考居延新簡 EPT51·251"南陽葉車父武后。第十七車。輪一具……杙軸完"的記録[⑧]。這類簿録中,檢視車輪、車軸完好與否,是非常重要的項目。顯然簡 72·53 中的"輸"是"輪"字的誤釋。仔細核對圖版,該簡輪字雖然右半部略殘,但仍能辨識,[⑨]前人的釋讀顯然存在錯誤。又肩水金關漢簡 73EJT2:18 釋文作"☑□者省擇其十人作牛車輸工遣詣天水郡☑",核對圖版,整理者顯然把"輪"誤釋爲"輸"。[⑩] 綜合以上例證,里程簡册輸民中的"輸"應是"輪"字的誤釋。

至於輸民中的"民"字,我們也有理由相信爲"氏"字的誤釋。古書民、氏二字的寫法極爲相近,常常混用。而將"氏"寫作"民"形,是秦文字的一個特點。如睡虎地秦簡中的"氏"皆寫作"民","昏"皆寫作"昬"。[⑪] 秦代刑徒墓瓦文中的"楊氏"寫作"楊民"。[⑫] 秦文字的這種寫法,在漢代仍有保留。漢代簡牘、石刻文字常能見到寫作"民"形的氏字。相關文字例

① 陸錫興:《漢代簡牘草字編》,上海書畫出版社,1989,268-269 頁。

② 參見拙文《居延漢簡地名校釋六則》,《文史》2013 年第四輯。

③ 諸祖耿:《戰國策集注匯考》卷一一,南京:江蘇古籍出版社,1985,606 頁。

④ 王利器:《風俗通義校注》卷七,北京:中華書局,1981,330 頁。此例證承蒙任攀告知。

⑤ 劉樂賢:《釋孔家坡漢簡〈日書〉中的幾個古史傳説人物》,《中國史研究》2010 年第 2 期。

⑥ 謝桂華、李均明、朱國炤:《居延漢簡釋文合校》,北京:文物出版社,1987,127 頁。

⑦ 李天虹:《居延漢簡簿籍分類研究》,154 頁。

⑧ 甘肅省文物考古研究所等編:《居延新簡》,北京:文物出版社,1990,195 頁。

⑨ 勞榦主編:《居延漢簡·圖版之部》,臺北:中研院歷史語言研究所,1957,185 頁。

⑩ 甘肅簡牘保護研究中心等:《肩水金關漢簡(壹)》,上海:中西書局,2011。釋文見下册第 22 頁,圖版見上册第 41 頁,中册第 41 頁。

⑪ 梁春勝:《楷書部件演變研究》,北京:綫裝書局,2012,106 頁。

⑫ 陝西省考古研究所、臨潼縣文物工作隊編:《秦陵徭役刑徒墓》,西安:陝西旅游出版社,1992,35 頁。

證,梁春勝先生舉出很多,這裏就不重複列舉了。

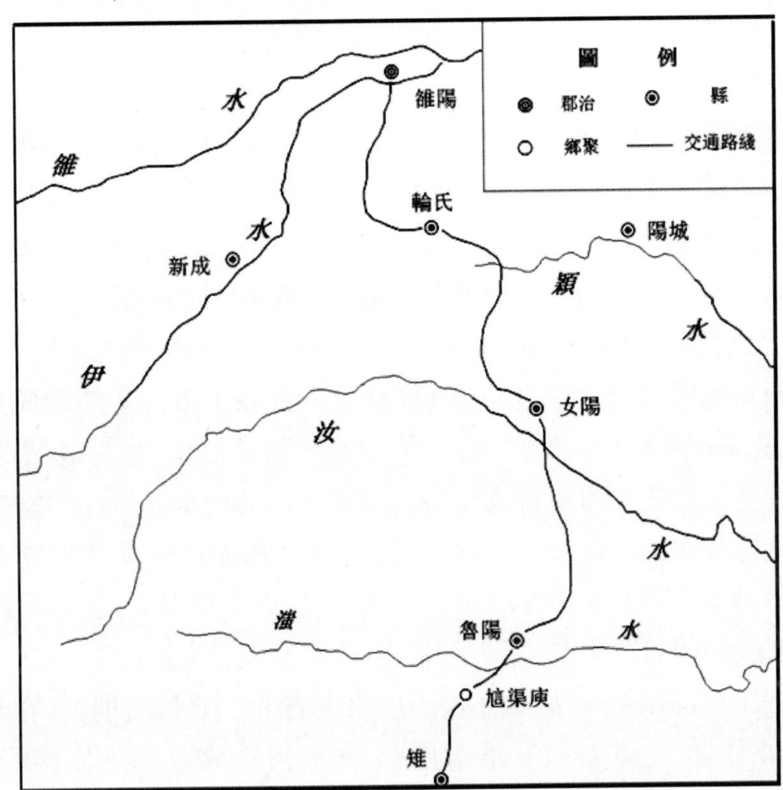


圖二 秦代南陽郡至三川郡交通路綫示意圖

那麽秦代有没有可能把地名“輪氏”寫作“輸氏”呢?筆者認爲不存在這種可能性。因爲該地名從“侖”的寫法在戰國時期便十分穩定。在戰國時期韓國的銀器、印章和兵器上都出現過地名“侖氏”。[①] 而在韓國陶文及錢幣上,還出現過從侖從邑的字形。[②] 該地名在漢代以後的文獻也從未出現從“俞”的寫法。結合以上考述,我們有理由相信里程簡册中的“輸民”是“輪氏”的誤釋。秦代里程簡册“輪氏”的寫法,表明由秦至東漢該縣都書寫爲“輪氏”,今本《漢志》“綸氏”并非漢代通用的寫法,這對於校訂《漢志》文字訛誤,無疑具有非常重要的價值。

關於漢代輪氏縣的地理方位,歷代地志均有明確記載,約在今河南省登封市潁陽鎮(參見圖二)。[③] 潁陽鎮至漢魏洛陽城遺址的道路距離約爲 50 公里,相當於秦代 120 里,與里程簡册記録的里程信息基本吻合。

① 后曉榮:《戰國政區地理》,北京:文物出版社,2013,42 頁。又 1949 年前長沙出土韓國銀器以及某私人收藏韓國兵器也見有地名“侖氏”。這兩件例證承蒙董珊先生提示,謹致感謝。

② 施謝捷:《古璽匯考》,安徽大學中文系 2006 年博士學位論文,133 頁。

③ 《大清一統志》卷二〇六《河南統部·河南府》“潁陽故城”條,第 5 册,248 頁上;譚其驤主編:《中國歷史地圖集》第二册,19-20 頁。

## 五　女(汝)陽

《漢志》汝南郡轄有汝陽縣,古書"女""汝"二字通用,故"女陽"即"汝陽"。不過,就里程簡册載録的交通路綫和里程來看,簡文中的女陽并非漢代汝南郡之汝陽,《初步研究》對此已有詳盡討論。至於簡文"女陽"方位,《初步研究》根據簡册里程信息,大致推定在今河南省郟縣境内的汝河北岸。現在明確里程簡册載録的"輪民"即"輪氏"後,可以對里程簡册之"女陽"方位做出更爲精確的判斷。

里程簡册載録女陽距輪氏八十九里,距離魯陽一百一十里。秦漢輪氏故城在今登封市潁陽鎮,秦漢魯陽故城在今魯山縣縣城南關。① 以秦漢輪氏故城、魯陽故城爲基點,可以推算出里程簡册載録的女陽約在今河南省汝州市紙坊鄉境内的汝水北岸(參見圖二)。

在今汝州市紙坊鄉康街村存有一片漢代遺址,據傳爲漢代周承休侯國遺址。②《漢書·元帝紀》《漢書·外戚恩澤侯表》載初元五年,元帝更封周子南君爲周承休侯。③ 此爲周承休侯國建置之始。就該侯國名號來看,"周承休"顯然是嘉號,而非地名。④ 至於周承休侯國建置之前,其所在鄉聚的名稱不詳。周承休侯國於東漢省并。北魏時期,又在其故地設置汝原縣,至隋代更名爲承休縣。⑤ 北魏設置的汝原縣,很有可能就是周承休侯國設置前的古名。秦漢時代,常在專有地名後附加陵、陽、城、原等通名。如《史記·建元以來王子侯者年表》載武帝元朔四年封山侯國,《漢書·王子侯表》作"山原"。⑥《漢書·王子侯表》所載武帝元朔二年封臨衆侯國,即《漢志》琅邪郡臨原侯國。⑦ 故"汝原"可與"汝陽"相通。里程簡册所載録之女(汝)陽,應當是西漢周承休侯國的前身。

附記:本文曾宣讀於2015年吉林大學"出土文獻與學術新知"出土文獻青年學者論壇,得到董珊、凌文超二位先生指正。另外文章寫作過程中,得到復旦大學出土文獻與古文字研究中心的程少軒、張傳官、任攀,歷史系林志鵬等先生的幫助,僅記於此,以表謝忱!

---

① 國家文物局主編:《河南省文物地圖集》,89頁。

② 國家文物局主編:《河南省文物地圖集》,83頁,文物單位簡介74頁。

③ 《漢書》卷九,285頁;《漢書》卷一八,698頁。

④ 如元鼎元年,武帝東巡獲鼎,有司贊曰:"今鼎至甘泉,光潤龍變,承休無疆。"見《漢書》卷二五《郊祀志》,1225頁。

⑤ 《魏書·地形志》汝北郡有南汝原縣。《隋書·地理志》襄城郡承休縣注曰:"舊曰汝原,置汝北郡。後改曰汝陰郡。後周郡廢。大業初,改縣曰承休,置襄城郡。"

⑥ 《史記》卷二一,北京:中華書局,1959,1102頁;《漢書》卷一五,465頁。

⑦ 《漢書》卷一五,440頁;《漢書》卷二八,1586頁。

# 北大漢簡《六博》補論(三則)*

武漢大學歷史學院簡帛研究中心　謝　坤

**内容提要**　北大漢簡《六博》是一篇與尹灣漢簡《博局占》頗爲相似的占卜文獻。通過相關對讀、梳理,本文認爲:第29號簡"行者疾,日夜不留"中的"疾日夜"應連讀,指行者日夜兼程、疾速行進,該句當斷讀爲"行者疾日夜,不留。"第39號簡"難與言,不合同"當斷讀爲"難與,言不合同",分别指"難以相處"和"言語不合"。第24、25、26號簡所記爲《日書》類文獻中常見的"入官""衣吉""衣忌"題材,其在内容、語言表述、簡背劃痕等方面均與《六博》篇有所不合,或非《六博》篇的内容。

**關鍵詞**　北大漢簡　《六博》　《博局占》　對讀

新近公布的北京大學藏西漢竹書第五輯中收録有《六博》一篇,其内容爲一幅"博局圖"及相關占驗結果。整理者指出其可與尹灣漢墓《博局占》等材料對讀,很有啓發性。本文嘗試提出一點不同的看法,請方家指正。

## 一

北大漢簡《六博》第29號簡釋文作:①

* 本文寫作得到武漢大學"中央高校基本科研業務费專項資金項目"(2015112010201)的資助。

① 北京大學出土文獻研究所編著:《北京大學藏西漢竹書(伍)》,上海古籍出版社,2014,210頁。下引圖版及釋文皆出自此書,不另注。

(以問行者:)在楬,行者疾,日夜不留。

尹灣《博局占》"問行者"對應處作"在楬疾日夜不留",李學勤先生指出該簡是"占問旅行者的命運",[①]當可信。在釋文斷讀方面,學者多讀作"在楬,疾,日夜不留"。[②]《六博》29 號簡亦在"疾"處斷讀,當是受了《博局占》的影響。

實際上,典籍中"疾"常與"日夜"共同出現,二者或可連讀,"疾日夜"可指"日夜兼程、疾速行進"。"疾"又常寫作"亟",二者均有"迅速"義。《爾雅·釋詁》:"亟,疾也。"邢昺疏曰:"皆謂急疾也。"《左傳》隱公十一年有"乃亟去之",陸德明《釋文》曰:"亟,急也"。是故,"疾日夜"又作"亟日夜",如:

洞庭叚(假)守繹追遷陵亟,日夜上勿留。《里耶秦簡》8-1523[③]

其亟日夜揄(輸)趣,至白(甘)泉之置。《趙正書》4-5[④]

上引例證中"亟日夜"用以修飾具體行爲,分别指疾速上報"追書"和傳輸始皇帝的"鑾駕",兩件事均十分緊急,需要日夜兼程、迅速傳輸。與之稍异,《六博》和《博局占》"占行者"中"亟日夜"之後無具體行爲。究其原因,或許是由於在此占驗中,所問内容無疑是關於"行路"的,因此在記録占驗結果時將行爲動詞省略,以避繁複。

又,北大漢簡《六博》21 號簡云"在楬者,夜行,不留",與 29 號簡内容相似。其中"夜行"與"疾日夜"皆屬時間範疇,而需要"疾日夜"處置之事要更緊急,其行路時間也更緊迫。"不留",爲秦漢習語,指"行者"在行進途中不被滯留。秦漢時期"行者"因客觀原因被留滯的現象時有發生,如里耶秦簡記有"雨留"的情況(如 5-1),嶽麓秦簡還有"波留"(《廿七年質日》42 肆)、"主吏留難"(《爲吏治官及黔首》67)的記載。[⑤] 至於《六博》中所記的"不留",當是預測"行者"行進順利、不被滯留。

綜上,"疾日夜"可能是秦漢時期指稱時間的固定表述。如所論不誤,那麽《六博》29 號簡當斷讀爲"在楬,行者疾日夜,不留。"相應地,尹灣《博局占》"占行者"記載也應調整爲"在

① 李學勤:《〈博局占〉與規矩紋》,《文物》1997 年第 1 期。

② 劉樂賢:《簡帛數術文獻探論》,北京:中國人民大學出版社,2012,117 頁。劉苓先生將其譯爲"行動快,日夜不停留",見劉苓《漢代〈博局占〉木牘解析》,《上海集郵》2004 年第 7 期。

③ 陳偉主編,何有祖、魯家亮、凡國棟撰著:《里耶秦簡牘校釋》(第一卷),武漢大學出版社,2012,348 頁。網友鄭公渡讀爲:"洞庭叚(假)守繹追遷陵亟日夜上,勿留"。"抱小"《讀〈北京大學藏西漢竹書(叁)〉(一)》文後跟帖,復旦大學出土文獻與古文字研究中心網,2015 年 11 月 18 日。

④ 北京大學出土文獻研究所編著:《北京大學藏西漢竹書(叁)》,上海古籍出版社,2015,189 頁。該簡中"揄""白"字的釋寫以及斷讀仍存在分歧,不過"亟日夜"連讀當無問題。相關討論,可參"抱小"《讀〈北京大學藏西漢竹書(叁)〉(一)》文後跟帖。

⑤ 郭濤先生指出,"波留"可讀爲"陂留",表因故阻礙而滯留縣内之義,或與河堤修築事宜有關。見郭濤《嶽麓秦簡〈二十七年質日〉"波留"或非地名》,簡帛網,2011 年 12 月 30 日。"主吏留難",整理者認爲"留難"表"無端滯留,故意刁難"之義。參見朱漢民、陳松長主編《嶽麓書院藏秦簡(壹)》,上海辭書出版社,2010,139 頁。

楬,疾日夜,不留"。相應驗辭可理解爲:"(占問結果)在楬,行者日夜兼程、疾速行進,且不被滯留。"

## 二

尹灣漢簡《博局占》中有一則占辭云:[①]

·占取婦嫁女,高,婦當家,難輿。

其中"難輿"一詞,頗費解。學者對該詞的理解存在不同意見,如劉樂賢先生懷疑"輿"爲"興"字之誤。[②]

新公布的北大漢簡《六博》篇中也有相似記載,其釋文作:

·問取(娶)婦,在高,婦長家,難與言,不合同。39

將二者對比可知,《博局占》中的"難輿"當即《六博》中"難與"。并且,典籍中"輿"和"與"常通用(其例甚多,不贅舉),亦可爲證。[③] "與"有親近義,《管子·霸言》:"諸侯之所與也",尹知章注曰"與,親也"。又,《論語·微子》:"吾非斯人之徒與而誰與",邢昺疏曰"與,謂相親與"。《博局占》中的"難與"即預測婦人難以親近,這恰和《六博》記載一致。

"合同",常指兩物相合,没有矛盾。如《史記·秦始皇本紀》二十六年瑯琊刻石云:"端平法度,萬物之紀。以明人事,合同父子。"又,唐代羅隱《兩同書》記云:"貧賤者,行不合道,言不合同,則去之楚、越,若脱敝屣,奈何同之?"

如此,則《六博》第39號簡或當斷讀爲:

·問取(娶)婦,在高,婦長家,難與,言不合同。39

該驗辭可理解爲"(占問結果)在高,婦人當家,且其不易親近,與人言語不合。"

## 三

·入官吉日:子善,丑七遷,寅吉,固……24

·衣吉日:甲子、乙丑、巳、酉,辛丑,己酉。丁丑,婦人。丁巳,安身。癸酉,多衣。

---

① 連雲港市博物館等編著:《尹灣漢墓簡牘》,北京:中華書局,1997,21頁。

② 劉樂賢:《尹灣漢墓出土數術文獻初探》,《尹灣漢墓簡牘綜論》,北京:科學出版社,1999,178,179頁。

③ 高亨:《古文字通假會典》,濟南:齊魯書社,1989,846頁。

以丑財(裁)衣,以酉衣之,必大吉。·【圖案】·春夏。25

·衣忌:入月十七日不可以財(裁)衣,六月己未不可以衣新衣,必死水中。急行,不得須良日,東行。·【圖案】·秋冬。26

對於24、25、26號簡的歸屬,整理者曾指出,"三支簡爲入官及衣的擇日宜忌,不以博局爲占,但據簡背劃痕似應置於此,其後或有缺簡。春夏、秋冬二圖,與周家臺秦簡'戎磨日'相似"。

整理者對三支簡性質的判斷應可信,但是三支簡是否應該編入《六博》,可能還有討論的餘地。孫沛陽先生曾提出,簡背劃綫可以幫助解決一些竹簡編聯問題,但是簡背劃綫對於簡序編排并無決定性作用。[①] 這一結論對於《六博》大概也是適用的。

如果將第24、25、26號簡歸入《六博》,則有幾處疑點:

首先,三支簡所記内容爲"入官""衣吉日""衣忌",這是《日書》類文獻中常見的題材。如睡虎地秦簡《日書》(甲种)中有相似記載:[②]

(1)入官良日:子丑入官,吉,必七徙。寅入官,吉。戌入官,吉。157-160陆

(2)衣良日:丁丑,丁巳、丁未、丁亥、辛未、辛巳、辛丑、己丑、乙酉、巳巳、辛巳、癸巳、辛丑、癸酉。丁丑材(裁)衣,媚人。入十月十日日乙酉、十一月丁酉材(裁)衣,終身衣絲。113-114

(3)衣忌:癸亥、戊申、己未、壬申、丁亥、癸酉,寅、申、亥,戊、巳、癸、甲,己卯、辛卯、癸卯,丁、戊、己、申。六月己未,不可以裚(製)衣,必死。115背

其次,《六博》第25、26號簡中出現的圖像,與周家臺秦簡《日書》中的"戎磨日"圖較爲相似(如下表),此皆與《六博》内容不類。

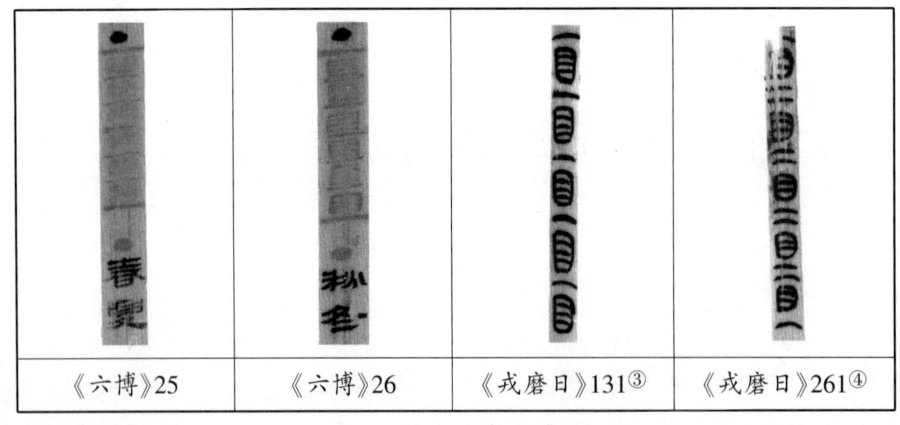

| 《六博》25 | 《六博》26 | 《戎磨日》131[③] | 《戎磨日》261[④] |
| --- | --- | --- | --- |

① 孫沛陽:《簡册背劃綫初探》,《出土文獻與古文字研究》第4輯,上海古籍出版社,2011,458頁。

② 陳偉主編:《秦簡牘合集(壹)》,武漢大學出版社,2014,430、493頁。

③ 陳偉主編:《秦簡牘合集(叁)》,武漢大學出版社,2014,203頁。

④ 陳偉主編:《秦簡牘合集(叁)》,241頁。

再者,三支簡均不見於尹灣《博局占》。我們知道,尹灣漢簡《博局占》與《六博》在占圖和占驗記録上頗爲相似,然而覆核兩批材料,《六博》中出現的"問取婦""問行者""問繫及會論者""問病者""問亡人"記録在《博局占》中均有對應辭例,而唯獨24、25、26號簡的内容不見於《博局占》,令人懷疑。

除此之外,24-26號簡的敘述風格與《六博》中的其他占問表達也存在差异。《六博》中五個"占問"均爲"問某事+在某博道+占驗結果"的格式,而簡24-26則爲"占某事+干支+占驗結果",與之顯然不同。并且《六博》中提到的九個"博道"等信息,與其并無關係,故而比較可疑。

綜上,結合前文對第24、25、26號簡的判斷,頗疑三者并非《六博》的内容。又,根據北大漢簡公布的信息,其中有一批數量頗豐的《日書》,①且另有一篇與此不同的"六博",②或與此有關。如果我们的推測不誤,那麽三支簡恐要從《六博》中單獨析出。

如要將三支簡析出,還有一個問題需要説明:整理者將其歸入《六博》一個重要的考慮因素是"簡背劃痕",因此要對整理者懷疑的"簡背劃痕"問題作出合理解釋。爲方便討論,先將原整理的《六博》簡背劃痕圖形轉載如下(圖1)。

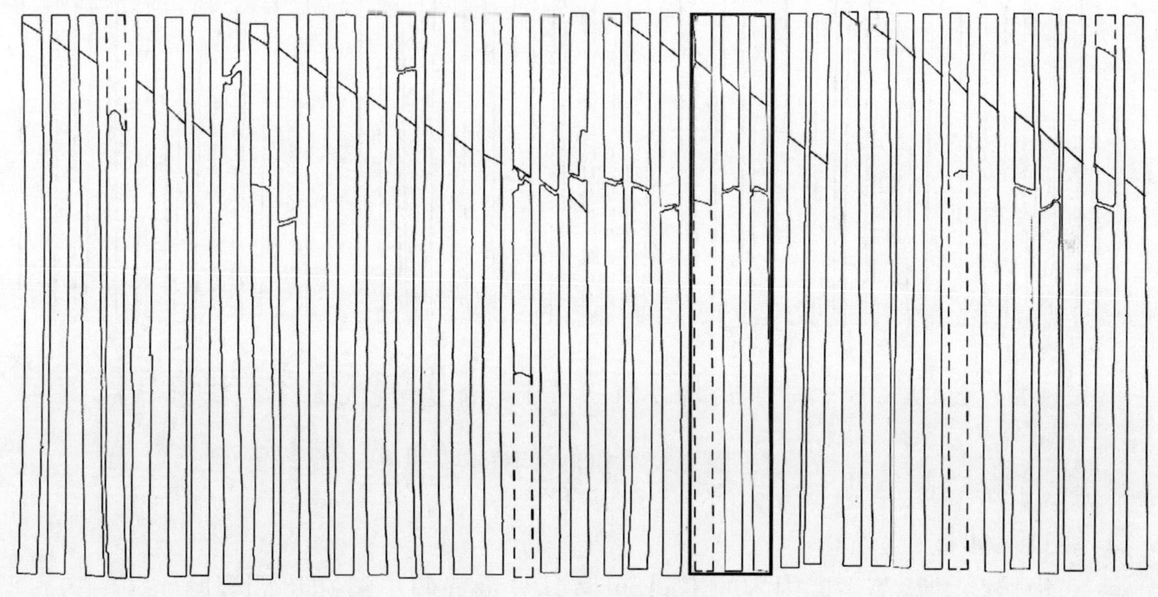

一 二 三 四 五 六 七 八 九 一〇 一一 一二 一三 一四 一五 一六 一七 一八 一九 二〇 二一 二二 二三 二四 二五 二六 二七 二八 二九 三〇 三一 三二 三三 三四 三五 三六 三七 三八 三九

圖1:簡背劃痕(整理本)

首先,可以看到,第24、25、26號簡背劃痕雖然能與第21-23號簡背劃痕較好地聯結,但

① 北京大學出土文獻研究所:《北京大學藏西漢竹書概説》,《文物》2011年第6期。

② 陳侃理:《北大漢簡數術類〈六博〉〈荆决〉等篇略述》,《文物》2011年第6期。

與第 27-28 號簡劃痕却并不能完全吻合。[①] 因此整理者將三支簡補入《六博》中,似亦未能完滿地解決簡背劃痕的問題。

其次,順着前文的思路,試將三支簡剔除,并嘗試重新調整簡序。尹灣漢墓《博局占》順序爲"六博圖+占取婦嫁女+問行者+問繫者+問病者+問亡者",這或許能爲《六博》的復原提供相關參考。觀察《六博》的整篇布局和内容,其大致順序應當也是"六博圖+占問記録"的格式。由於"六博圖"(1-20 號簡)簡正、背的信息比較充分,整理者的復原是可信的。那麽,復原的關鍵則是幾個占問記録的順序問題了。結合占辭、背劃綫等信息,《六博》篇的順序大致復原如下(圖 2)。

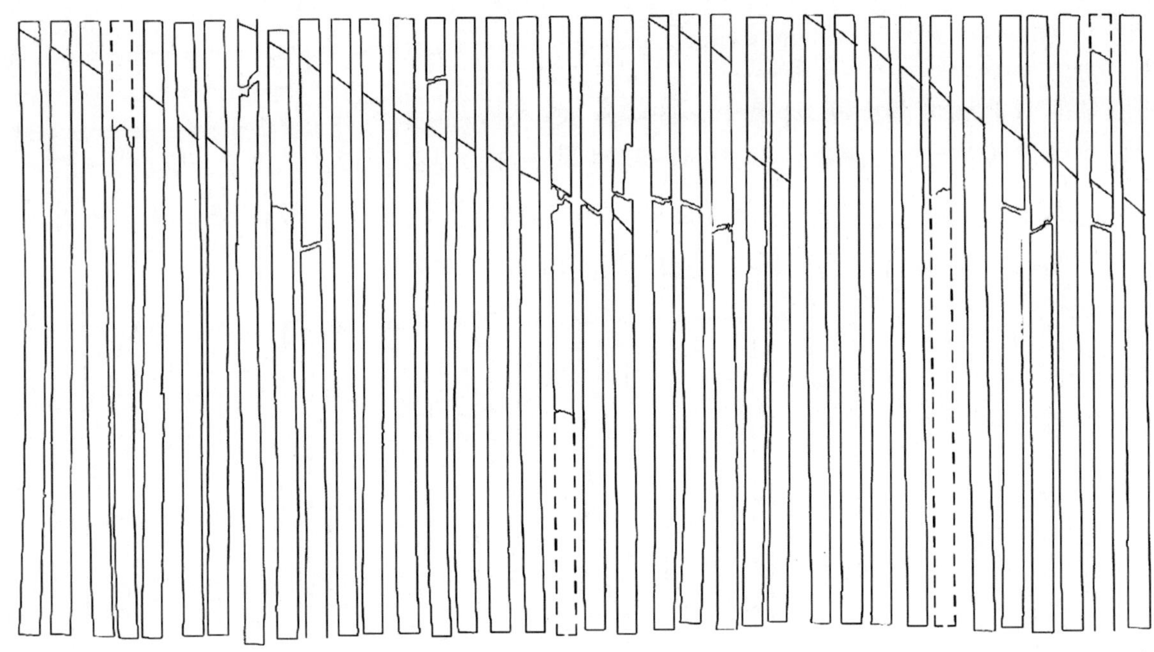

一 二 三 四 五 六 七 八 九 一〇 一一 一二 一三 一四 一五 一六 一七 一八 一九 二〇 二一 二二 二三 二四 二五 二六 二七 二八 二九 三〇 三一 三二 三三 三四 三五 三六 三七 三八 三九

圖 2:簡背劃痕(调整本)

這裏略作説明:

第一,根據《六博》篇占問内容的不同,可將其分爲五個小組,即"問娶婦"(37-39)、"問行者"(27-30)、"問繫及會論者"(31-33)、"問病者"(34-36)、"問亡人"(21-23)。在編聯時,則主要考慮五個小組之間的關係。

第二,尹灣《博局占》中"問行者""問繫者""問病者"三者先後連屬,觀察《六博》的相應内容及簡背劃綫可知"問行者"(27-30)、"問繫及會論者"(31-33)、"問病者"(34-36)亦可

① 整理者推測,第 26 號簡與第 27 號簡之間仍可能存在脱簡。

先後排列。

第三,北大漢簡《六博》第20號簡"提到卜問的前提條件",且這一記録不見於尹灣漢簡《博局占》:

·知行若亡日,以案之博道。不知,以初來問日占之。20

根據"行若亡"的記載,可推測其下面的占問很可能是"占行"或"占亡"。再結合簡背劃綫的信息,可知20號簡後應接21-23號簡。

第四,尹灣《博局占》中的"占取婦嫁女"處於第一欄,而"問取婦"在《六博》則置於最後一欄,也即《六博》中"問亡人"和"問取婦"的順序剛好和尹灣"博局占"順序相反。

綜上,復原後《六博》的簡序應調整爲:(1-23)+(27-30)+(31-39)。這樣的復原方案,似乎還存在一個問題,即"問亡人"(21-23)與"問行者"(27-28)的簡背劃痕并不能完全對應,兩組簡之間似乎仍有缺簡。不過根據已公布的北大漢簡材料來看,兩支簡可以連讀但簡背却并不連貫的現象比較常見,比如《老子》第66、67號簡,《周馴》第93-94號簡和110-111號簡之間,均存在空缺。朱鳳瀚先生推測,這有"先編後寫的可能性,可能是簡寫錯被抽掉了"。[①] 至於其原因是否如此,尚需進一步研究。

附記:本文寫作蒙陳偉老師、劉國勝老師、何有祖老師、高一致兄以及匿名審稿專家提供寶貴意見,謹致謝忱!

① 劉力源:《北大漢簡反映了漢初大量搜書的成果》,文匯網,2015年12月18日。

# 敦煌馬圈灣出土藥方簡補釋

## ——爲紀念謝桂華先生而作

首都師範大學歷史學院
出土文獻與中國古代文明研究協同創新中心 劉樂賢

**内容提要** 敦煌馬圈灣漢簡中至少有四支藥方簡,即第 505 號、第 563 號(正、背面)、第 564 號,及第 1177+1060 號。這幾支簡上殘存的藥名,雖經學者多方考證,但尚有一些需要再作討論的地方。本文主要對其中"蜀署"(第 563 號簡)、"厚付"(第 563 號簡)、"白元"(第 564 號簡)等藥名的釋讀,作了新的討論。

**關鍵詞** 敦煌漢簡 馬圈灣漢簡 藥方 藥名

在西北漢代屯戍遺址出土的簡牘中,偶爾也可以見到一些當時人抄録過的藥方簡。這些藥方簡的内容和價值,早已引起簡牘學者和醫學史專家重視,相繼有耿鑑庭《漢簡里的醫藥疾病資料》①、張顯成《簡帛藥名研究》②、高大倫《居延漢簡中所見疾病和疾病文書考述》③、謝桂華《西北邊塞散見醫藥簡牘與敦煌醫藥寫本之比較》④、馬繼興《出土亡佚古醫籍研究》⑤、劉金華《邊地漢簡散見醫方拾遺》⑥、楊輝文《甘肅河西出土醫藥簡牘整理與研究》⑦、周

---

① 耿鑑庭:《漢簡里的醫藥疾病資料》,《江西中醫藥》1957 年第 4 期,59-62 頁。

② 張顯成:《簡帛藥名研究》,重慶:西南師範大學出版社,1997,446 頁,

③ 高大倫:《居延漢簡中所見疾病和疾病文書考述》,《簡牘學研究》第 2 輯,蘭州:甘肅人民出版社,1998,117-125 頁。

④ 謝桂華:《西北邊塞散見醫藥簡牘與敦煌醫藥寫本之比較》,《漢晋簡牘論叢》,桂林:廣西師範大學出版社,2014,262-285 頁。

⑤ 馬繼興:《出土亡佚古醫籍研究》,北京:中醫古籍出版社,2005,1-14 頁。

⑥ 劉金華:《邊地漢簡散見醫方拾遺》,簡帛網 2005 年 11 月 11 日。

⑦ 楊輝文:《甘肅河西出土醫藥簡牘整理與研究》,西北師範大學 2013 年碩士學位論文。

祖亮、方懿林《簡帛醫藥文獻校釋》[1]等論著,對之作過介紹或討論。其中,謝桂華先生的《西北邊塞散見醫藥簡牘與敦煌醫藥寫本之比較》一文,對這些藥方簡的討論最爲全面和細緻,具有重要參考價值。

謝桂華先生此文,是他2000年在訪問英國倫敦大學亞非學院時撰寫的。文章由倫敦大學亞非學院的羅維前(Vivienne Lo)博士譯爲英語,先於2000年在倫敦大學亞非學院舉行的學術研討會上宣讀,隨後收入此次會議的論文集中[2]。其中文稿,也已收入近年出版的謝桂華先生文集《漢晋簡牘論叢》之中。[3]

在謝桂華先生撰寫和修改這篇論文時,我正好和他一起在倫敦大學亞非學院訪問,因而對這篇文章的寫作背景和修改過程比較清楚。現在回想起來甚爲可惜的是,當時我對漢簡的研究還不感興趣,加之忙於核對英國圖書館所藏敦煌寫本中的數術文獻,竟然未曾利用朝夕相處的難得機會,就藥方簡的釋讀向謝桂華先生仔細請教。時隔數年之後,我才開始對漢簡的釋讀發生興趣,對其中涉及藥方的部分尤爲關注。近年在研讀漢簡特别是藥方簡的過程中,又曾多次重温謝桂華先生的這篇大作,獲益良多。最近因閱讀《敦煌馬圈灣漢簡集釋》[4]刊發的新照片,對其中藥方簡的認定和考釋有些不同意見,於是草成這篇小文,在深切懷念謝桂華先生的同時,也試圖爲馬圈灣藥方簡的研究做一點拾遺補缺的工作。

上述各家論著對馬圈灣漢簡中到底有多少支藥方簡這一基本問題,看法不盡一致。多數學者在介紹馬圈灣漢簡中的藥方簡時,衹列出了第563號(正、背面)、第564號及第1177號三支殘簡。但是,馬繼興先生在介紹馬圈灣漢簡中的藥方簡時,除提到這三支殘簡以外,還列出了第574號及第1060號兩支殘簡[5]。周祖亮、方懿林在介紹馬圈灣漢簡中的藥方簡時,除提到第563號(正、背面)、第564號及第1177號三支殘簡以外,又多列出了第505號一支殘簡[6]。馬繼興、周祖亮等先生增加的第574號、第1060號、第505號等三支殘簡到底是不是藥方簡,這裏應當先做討論。

第1060號是一支殘簡,現存"白草各一分,皆冶"等字。"白草"的"白"字,以前由於照片不够清晰,曾有學者懷疑爲"甘"之誤釋[7]。今據《敦煌馬圈灣漢簡集釋》刊發的清晰照片

① 周祖亮、方懿林:《簡帛醫藥文獻校釋》,北京:學苑出版社,2014,444-463頁。

② Xie Guihua, "Han Bamboo and Wooden Medical Records Discovered in Military Sites from the North Western Frontier Regions", translated by Vivienne Lo, in Vivienne Lo and Christopher Cullen eds., Medieval Chinese Medicine: The Dunhuang Medical Manuscripts, London and New York: Routledge Curzon (Needham Research Institute Series), 2005, pp.78-106.

③ 謝桂華:《西北邊塞散見醫藥簡牘與敦煌醫藥寫本之比較》,《漢晋簡牘論叢》,桂林:廣西師範大學出版社,2014,262-285頁。

④ 張德芳:《敦煌馬圈灣漢簡集釋》,蘭州:甘肅文化出版社,2013。

⑤ 馬繼興:《出土亡佚古醫籍研究》,12-14頁。

⑥ 周祖亮、方懿林:《簡帛醫藥文獻校釋》,452頁。

⑦ 馬繼興:《出土亡佚古醫籍研究》,14頁。

可知,釋“白”準確無誤。“白草”是“白蘞”或“白英”的别名,[①]“冶”指搗碎藥物,[②]此簡所載確爲某一藥方的殘文。尤其值得注意的是,該簡的形制、字迹與上面提到過的第1177號一致。在新近出版的《敦煌馬圈灣漢簡集釋》中,張德芳先生已經將它與第1177號拼合。[③] 從斷口及内容等方面看,這一拼合可信。馬繼興先生以前將第1060號看作藥方殘簡,現在看來無疑是正確的。

第574號也是一支殘簡,衹存簡的右上部分。該簡現存“黍米一石”四字,每字都衹存其右邊一半的字迹。關於這四個字的含義,馬繼興先生曾作過解釋:“黍米爲《名醫别録》米穀部的中品藥。此處的劑量爲‘一石’。當係作爲藥效用途,但非具體醫方。”[④]今按:“黍米”雖然具有藥用價值,但“黍米”或“黍”是漢代常見的糧食,僅從漢簡的記載就可以知道,“黍米”在當時主要是當作食物而不是藥物使用。如馬圈灣漢簡第246號,其第一欄有“酒三斛”“黍米二斛”“白粺米二斛”“牛肉百斤”等内容,第二欄存“醬二斗”“醯三斗”等内容。[⑤] 馬圈灣漢簡第364號,在“候吏所貸黍稷米計”的標題之下,列有“王子嚴取黍粟五升直一斗”“誅虜張卿稷米三升黍米二升爲社”“張俘君稷米三升黍米二升爲社”等内容。[⑥] 居延漢簡10.39號,載有“對祠具:雞一,黍米一斗,稷米一斗,酒二斗,鹽少半升”等内容。[⑦] 從上下文可以清楚地看出,這些簡文提到的“黍米”都是指糧食而非藥物。馬圈灣漢簡第574號“黍米一石”的“黍米”,由於缺失了後面的文字,其具體所指一時不易完全確定。但按一般情況推測,此處“黍米”指糧食的可能性更大。馬繼興先生在没有舉出别的證據的情況下,單憑“黍米一石”四字就斷定該簡的“黍米”是指藥物,根據并不充足。爲謹慎起見,暫時不宜將該簡歸入藥方簡或醫藥簡。

第505號簡殘損嚴重,現衹存左右兩行殘文。其殘存文字,《敦煌馬圈灣漢簡集釋》釋作“大如母[指]”和“□物皆叉且”,[⑧]《簡帛醫藥文獻校釋》釋作“大如母(拇)指”和“八物,皆父(㕮)[且](咀)”。從《敦煌馬圈灣漢簡集釋》刊發的新照片看,《簡帛醫藥文獻校釋》的釋文可從。“父且”一詞,亦見於馬王堆漢墓帛書《雜療方》、武威漢代醫簡及居延新簡中的藥方殘

① 參看張德芳《敦煌馬圈灣漢簡集釋》,640頁。

② 參看李學勤《冶字的一種古義》,《綴古集》,上海古籍出版社,1998,195-197頁。

③ 張德芳:《敦煌馬圈灣漢簡集釋》,159、339頁。

④ 馬繼興:《出土亡佚古醫籍研究》,14頁。

⑤ 張德芳:《敦煌馬圈灣漢簡集釋》,222頁。

⑥ 張德芳:《敦煌馬圈灣漢簡集釋》,242頁。

⑦ 簡牘整理小組:《居延漢簡(壹)》,臺北:中研院歷史語言研究所,2014,39頁。

⑧ 張德芳:《敦煌馬圈灣漢簡集釋》,263頁。

簡[①]。研究者已經指出"父且"就是常見於古代醫書的"㕮咀",并對"父且"或"㕮咀"的本義及演變作過討論。[②] 而在武威漢代醫簡提到"父且"的藥方當中,至少有三條的叙述方式與我們正在討論的這一行殘文甚爲相近,現摘出來供大家比較:

治伏梁裹膿在胃腸之外方:大黄、黄芩、勺藥各一兩,消石二兩,桂一尺,桑卑肖十四枚,蟅虫三枚,凡七物,皆父且,漬以淳酒五升,卒時煮之三(第 46–47 號[③])。

治久咳逆上氣湯方:茈菀七束,門冬一升,款東一升,橐吾一升,石膏半升,白□一□,桂一尺,密半升,棗卅枚,半夏十枚,凡十物,皆父且(第 80 號甲[④])。

百病膏藥方:蜀椒四升,弓窮一升,白茝一升,付子卅果,凡四物,父且,漬以淳醯三升……(第 89 號甲[⑤])

該簡右邊一行殘存的"大如母指"四字,也是一種常見於古代藥方的表述。如周家臺秦簡第 372 號:"已鼠方:取大白礜,大如母(拇)指,置晋斧(釜)中,涂而燔之,毋下九日,冶之,以。"[⑥]《外臺秘要方》卷二八"中蠱毒方二十一首"之"《小品》療蠱方"下有:"又方:土瓜根,大如拇指,長三寸,切,以酒半升,漬一宿,一服當吐下。《古今録驗》同。"[⑦]

總之,馬圈灣第 505 號簡殘存的兩行文字明顯與藥方有關,儘管現在在該簡上面已經找不到任何藥名,但并不妨礙我們將該簡歸入藥方簡中。

經過上面的討論已經清楚,馬圈灣漢簡中的藥方簡至少有第 505 號、第 563 號(正、背面)、第 564 號及第 1177+1060 號等四支殘簡。其中第 505 號簡因殘損嚴重,原來的藥名現已完全缺失。其餘三簡雖然也有不同程度的殘損,但其中尚有部分藥名幸存。上引諸家論著,以及一些專門考釋馬圈灣漢簡的著作,如劉飛飛《〈敦煌漢簡〉(1–1217)選釋》[⑧]、張德芳《敦煌馬圈灣漢簡集釋》[⑨]、白軍鵬《"敦煌漢簡"整理與研究》[⑩]等,對這些藥名已經作過不少考證,但其中仍然存在一些有待繼續討論的問題。下面,試依次對這幾支簡上殘存的藥名略

① 馬王堆漢墓帛書《雜療方》、武威漢代醫簡中的材料及研究情况,可參看李建民《"㕮咀"箋證——兼論古代"嘗藥"禮俗》,《簡帛研究彙刊》第 1 輯,中國文化大學史學系、簡帛學文教基金會籌備處,2003,557–566 頁;何茂活《〈武威漢代醫簡〉"父且"考辨》,《中醫文獻雜誌》2004 年第 4 期,21–22 頁。居延新簡中的材料,見 E.P.S4.T2:65 號。

② 李建民:《"父且"箋證——兼論古代'嘗藥'禮俗》,《簡帛研究彙刊》第 1 輯,557–566 頁;何茂活:《〈武威漢代醫簡〉"父且"考辨》,《中醫文獻雜誌》2004 年第 4 期,21–22 頁。

③ 甘肅省博物館、武威縣文化館:《武威漢代醫簡》,北京:文物出版社,1975,圖版 4 頁,摹本釋文注釋 7 頁。

④ 甘肅省博物館、武威縣文化館:《武威漢代醫簡》,圖版 7 頁,摹本釋文注釋 12 頁。

⑤ 甘肅省博物館、武威縣文化館:《武威漢代醫簡》,圖版 10 頁,摹本釋文注釋 18 頁。

⑥ 湖北省荆州市周梁玉橋遺址博物館:《關沮秦漢墓簡牘》,北京:中華書局,2001,135 頁。

⑦ 高文柱校注:《〈外臺秘要方〉校注》,北京:學苑出版社,2010,977 頁。

⑧ 劉飛飛:《〈敦煌漢簡〉(1–1217)選釋》,西南大學 2010 年碩士學位論文,67–69、109–110 頁。

⑨ 張德芳:《敦煌馬圈灣漢簡集釋》,522–526、639–640 頁。

⑩ 白軍鵬:《"敦煌漢簡"整理與研究》,吉林大學 2014 年博士學位論文,370、451 頁。

作討論。

第563號簡,左右兩邊各有殘損,其正、背兩面都寫有文字。正面自上而下有七欄文字,內容都是藥名及其用量:

第一欄現衹能看清楚一行文字,爲"當歸"兩字。"當歸"是常見藥名,這裏不必解釋。據下面幾欄推測,在"當歸"的右邊至少還應當有一行文字。

第二欄現存兩行文字,左邊一行爲"半夏"兩字,右邊一行也有兩字,因衹存少量筆迹,現已無法辨識。"半夏"是常見藥名,這裏不必解釋。

第三欄現存兩行文字,左邊一行爲"黄芩"兩字,右邊一行也有兩字,因衹存少量筆迹,現已無法辨識。"黄芩"也是常見藥名,這裏不必解釋。

第四欄現存兩行文字,右邊一行爲"宝",左邊一行爲"蜀署"。馬繼興先生說:"此方中的'宝',是一種昆蟲類藥。在《神農本草經》中有木宝及蜚宝二種,均列爲中品,此處不知指哪一種。"[①]今按:武威漢代醫簡第51號載有藥名"宝頭"[②],或與此處的"宝"有關。但是,"宝頭"的具體所指同樣也不易考定[③],故"宝"的確切含義尚待進一步研究。"蜀署"的"署",馬繼興先生說:"原作'膠'。《敦煌漢簡》釋爲'署',非。"他進而將其讀作"蜀椒"[④]。今按:"蜀"後一字明顯是"署",不是"膠",以前釋作"蜀署"的意見可從。但是,"蜀署"作爲藥名不見於古書,其具體所指仍有待研究。劉金華先生說:"《五十二病方·痂》有'蜀叔'之名,與'蜀署'音頗相近,或者係一物。"[⑤]今按:《五十二病方》的"蜀叔",學者以爲即"巴叔(菽)",是"巴豆"的异名[⑥]。"叔(菽)""署"古音并不太近,"蜀署"即"蜀叔(菽)"之說尚待進一步論證。劉飛飛先生認爲"蜀署"可讀爲"蜀預","蜀預"又名"署與""山芋""土薯""薯藥",今稱"山藥"[⑦]。今按:劉飛飛先生所謂今稱"山藥"的藥是"薯蕷",而不是"蜀預"。劉飛飛先生所說的"蜀預",其名似不見於古書,他說"蜀預"又名"署與",却未舉出書證,其說恐不可信。儘管如此,他將簡文的"蜀署"與"薯蕷"相聯繫,却是一種值得重視的意見。"薯蕷",古書或作"藷萸",也作"藷薯"。《本草綱目》卷二七"薯蕷"條引吴普曰:"薯蕷一名藷薯,一名修脆。齊、魯名山芋,鄭、越名土藷,秦、楚名玉延。"[⑧]古代"蜀"字與"藷""薯"等字的讀音相去不遠,"藷薯"或可寫作"蜀署(薯)"。另外一種可能是,簡文的"蜀署"是指産自蜀

① 馬繼興:《出土亡佚古醫籍研究》,13頁。

② 甘肅省博物館、武威縣文化館:《武威漢代醫簡》,摹本釋文注釋8頁。

③ 參看王輝《〈武威漢代醫簡〉疑難詞求義》,收入其著《高山鼓乘集》,北京:中華書局,2008,271-273頁;彭達池《武威漢代醫簡札記三則》,《中醫文獻雜誌》2012年第1期,21-23頁。

④ 馬繼興:《出土亡佚古醫籍研究》,13頁。

⑤ 劉金華:《邊地漢簡散見醫方拾遺》,簡帛網2005年11月11日。

⑥ 趙有臣:《〈五十二病方〉中幾種藥物的考釋》,《中華醫史雜誌》1985年第2期。

⑦ 劉飛飛:《〈敦煌漢簡〉(1-1217)選釋》,68頁。

⑧ 李時珍:《本草綱目》,北京:人民衛生出版社,1975, 1676頁。

地之“署(薯)”。《本草綱目》卷二七“薯蕷”條引蘇頌曰:“江、閩人單呼爲藷,亦曰山藷。”[①]知“蜀署”或可單稱爲“藷”。據此推測,簡文也可能是將“蜀署”單稱爲“署(薯)”,然後在其前面加上一個表示産地的“蜀”字,因而寫作“蜀署(薯)”。

第五欄現存兩行文字,《敦煌馬圈灣漢簡集釋》分别釋作“六□”與“存付”。前此諸家釋文,與此完全一致。今按:所謂“六□”處字迹殘損嚴重,所釋是否準確,尚不容易斷定。“存付”作爲藥名,古書未見記載,釋文或有不確之處。從照片看,“付”字辨識準確,但其前面一字的寫法與“存”并不完全一致。漢簡中的“存”字,其“子”的左上角多寫作“𠂇”形,這個“𠂇”形衹有兩筆[②]。而此字“子”的左上角,却明顯寫作三筆。這三筆實爲“𠩺”,衹是稍有變化而已。漢簡中的“厚”字有時就寫作“𢈔”形,即左上一“𠩺”加右下一“子”。如武威漢代醫簡第 83 號甲“厚朴”的“厚”[③],金關漢簡 73EJT4:108A“前日厚賜宣”的“厚”[④],居延漢簡 495·4B“甚厚”的“厚”[⑤],敦煌漢簡 2278A“甚厚”的“厚”[⑥],都寫作這樣的“𢈔”形。所以,這個以前被釋爲“存”的字,應當改釋爲“厚”。“厚付”作爲藥名也見於居延新簡 E.P.T56:228 所載藥方當中[⑦],劉金華先生認爲即《五十二病》記載的“厚柎”,“實則是武威簡中所記‘厚朴’”[⑧]。馬王堆帛書《五十二病方》的“厚柎”見於“□闌(爛)者方”標題之下,其原文是:“闌(爛)者,爵(嚼)蘗米,足(捉)取汁而煎,令類膠,即冶厚柎和傅。”(317/307[⑨])馬王堆漢墓帛書整理小組在注釋“厚柎”時説:“厚柎,應即厚樸,見《神農本草經》,但無治火傷的記載。”[⑩]張顯成先生進一步解釋説:“柎,幫母、侯部;樸,滂母、屋部。二字聲同唇音,韻陰入對轉,故相通。所以,‘厚柎’即‘厚樸’。”[⑪]尚志鈞先生則認爲“厚柎”的“柎”指草木子房,“厚柎”可以解釋爲肥厚的草木子房[⑫],他後來又説“厚柎”是指厚朴的乾燥幼果[⑬]。新發現的老官山漢墓醫簡中也有“厚柎”,整理者也讀爲“厚朴”,如第 109 號簡載:“八　治風。石脂七分,蜀椒五分,方(防)風、細辛各四分,厚柎(朴)五分,陳朱(茱)臾(萸)一分,圭十分,薑六分,皆冶

---

① 李時珍:《本草綱目》,1676 頁。

② 參看[日]佐野光一《木簡字典》,東京:雄山閣,1985,207 頁。

③ 甘肅省博物館、武威縣文化館:《武威漢代醫簡》,圖版 8 頁,摹本釋文注釋 14 頁。

④ 甘肅簡牘保護研究中心等:《肩水金關漢簡(壹)》中册,上海:中西書局,2011,91 頁。

⑤ 勞榦:《居延漢簡圖版之部》,臺北:中研院歷史語言研究所,1957,375 頁。

⑥ 甘肅省文物考古研究所:《敦煌漢簡》,北京:中華書局,1991,圖版壹柒零。

⑦ 甘肅省文物考古研究所等:《居延新簡》,北京:中華書局,1994,上册,141 頁,下册,305 頁。

⑧ 劉金華:《邊地漢簡散見醫方拾遺》,簡帛網 2005 年 11 月 11 日。

⑨ 裘錫圭主編:《長沙馬王堆漢墓簡帛集成》第 5 册,北京:中華書局,2014,271 頁。

⑩ 馬王堆漢墓帛書整理小組:《馬王堆漢墓帛書(肆)》,北京:文物出版社,1985,釋文注釋 60 頁。

⑪ 張顯成:《簡帛藥名研究》,重慶:西南師範大學出版社,1997,249 頁。

⑫ 尚志鈞:《〈五十二病方〉藥物厚柎、朴、白付考釋》,《中藥材》1987 年第 2 期, 49-50 頁。

⑬ 尚志鈞:《〈五十二病方〉厚柎的再討論》,《山東中醫雜誌》1994 年第 4 期, 174 頁。

合。"[1]今按:傳世文獻和出土文獻中有从"付"得聲之字與从"卜"或从"菐"得聲之字通假的例證[2],讀"厚付"或"厚柎"为"厚朴"的意見應可成立。"厚朴"是常見藥名,這裏不必多作解釋。

第六欄,也存兩行文字。右邊是"白櫝帶二□"一行五字。"白櫝帶",或釋作"白櫝葉"[3]。從照片看,釋爲"白櫝帶"可信。但"白櫝帶"藥名古書未見,其具體所指尚待考證。"二"後一字,或釋爲"枚"[4],或釋作"把"[5]。根據殘存字迹并參照文例分析,似以釋"枚"爲優。該欄左邊,還有"□□□入各半斤"等字。

第七欄現存兩行文字,分別爲"薑一半"和"水銀二斤"。"薑"與"水銀"作爲藥名都很常見,這裏不必詳論。從照片看,"薑一半"的右邊似尚有少量筆迹,可能還寫有另一藥名。

該簡的背面有三欄文字,記載的也是藥名及其用量:

第一欄,《敦煌漢簡》釋作"良母脂取善者一兩"[6],謝桂華先生認爲其中的"良母脂"或應改釋爲"長□治"[7],《敦煌馬圈灣漢簡集釋》將此欄釋作"良□治□取善者一兩"[8]。因字迹不甚清晰,此欄文字的釋讀目前尚不能完全確定。

第二欄,現存兩行文字,自右至左分別爲"□□十分"和"李石十分"。右邊一行的藥名因衹存少量筆迹,現已無法辨認。左邊一行的"李石",張顯成先生已懷疑其爲"李實"[9]。馬繼興先生也認爲是"李實",并解釋説:"'李實'的'實'字原作'石',也屬通假。《神農本草經》無此藥,但在《名藥别録》果部中品'李仁(人)'條的副品項下列出'(李)實'的藥名。"[10]劉金華先生説:"安徽阜陽簡《萬物》W035 號簡記'理石、朱臾可以損勞也。'此'理石'應即是'李石'。"[11]劉飛飛先生説:"李石:當爲'絡石'。'李'爲來紐之部字,'絡'爲來紐鐸部字,兩字同紐,韻部對轉相通。絡石,又稱白花藤、石龍藤、石硠,爲常緑攀援木質藤本植物,可供觀賞,莖葉可入藥。《本草綱目》卷三:'絡石,養胃氣,土邪於水,小便白濁,同人參、伏苓、龍骨末服。'"[12]今按:古代"李""理"二字常相通假,例不煩舉,劉金華先生讀"李石"爲"理石"的

---

① 和中浚等:《老官山漢墓〈六十病方〉與馬王堆〈五十二病方〉比較研究》,《中醫藥文化》2015 年第 4 期,22-34 頁。

② 高亨:《古字通假會典》,濟南:齊魯書社,1989,365 頁"朴與拊"條。白于藍:《戰國秦漢簡帛古書通假字彙纂》,福州:福建人民出版社,2012,147 頁"付與撲"條,149 頁"符與撲"條。

③ 周祖亮、方懿林:《簡帛醫藥文獻校釋》,453 頁。

④ 初師賓主編:《中國簡牘集成》第 3 册,蘭州:敦煌文藝出版社,2001,72 頁。

⑤ 周祖亮、方懿林:《簡帛醫藥文獻校釋》,453 頁。

⑥ 甘肅省文物考古研究所:《敦煌漢簡》,241 頁。

⑦ 謝桂華:《西北邊塞散見醫藥簡牘與敦煌醫藥寫本之比較》,《漢晋簡牘論叢》,279 頁。

⑧ 張德芳:《敦煌馬圈灣漢簡集釋》,523 頁。

⑨ 張顯成:《簡帛藥名研究》,71 頁。

⑩ 馬繼興:《出土亡佚古醫籍研究》,13 頁。

⑪ 劉金華:《邊地漢簡散見醫方拾遺》,簡帛網 2005 年 11 月 11 日。

⑫ 劉飛飛:《〈敦煌漢簡〉(1-1217)選釋》,69 頁。

意見可信。

第三欄現存兩行文字,自右至左分别爲“白礜石十分”和“人參十分取善者”。右邊一行的“白礜石”,或釋作“白樊石”[①]。從《敦煌馬圈灣漢簡集釋》刊發的照片看,明顯是“白礜石”而非“白樊石”。左邊一行的“人參”也是常見藥名,這裏不必再作討論。

順便指出,此簡正背兩面的内容雖然都爲藥方,但現在尚不能確定這兩面記載的是同一個藥方,也可能是正背面各記一個藥方。

第564號也有殘損,祇存“府元二斤,地榆根”數字。“地榆根”是常見藥名,以往論著也已有考證。但“府元”却不見於古書,以往論著也未做解釋,需要研究。從照片看,所謂“府”字的寫法與漢簡中常見的“府”并不一致,頗疑此字當改釋爲“白”。“白元”之名不見於古書,但馬王堆漢墓帛書《養生方》中有“白杬”,其文曰:“【一曰】:取白杬本,陰乾而冶之,以馬醬和,□丸,大如指【端,□□□□□□】空(孔)中,張且大。”(111/110[②])馬王堆漢墓帛書整理小組注釋説:“《爾雅·釋木》:‘杬,魚毒。’《説文》作芫。《神農本草經》作芫花。《吴普本草》謂芫花之花‘有紫、赤、白者’。白杬本當即白杬花的根。”[③]據此,第564號簡的“白元”似應讀作“白杬”或“白芫”,指白芫花。

第1177+1060號,以往因爲照片上的字迹頗不清楚,各家釋文多不準確。《敦煌馬圈灣漢簡集釋》刊出了新的照片,并將簡文釋作“分攝水取桔梗黽榆芍藥各二分海渫黄芩白草各一分皆冶”。其中某些藥名較爲怪异,釋文或需再加斟酌。如其中的“黽榆”,也可能要改釋爲“蜀椒”。由於該簡的照片仍然不够清晰,這裏就不詳細討論了。

附記:本文撰寫時蒙鄔文玲研究員提供修改意見,謹此致謝。

① 張顯成:《簡帛藥名研究》,466頁。

② 裘錫圭主編:《長沙馬王堆漢墓簡帛集成》第6册,52頁。

③ 馬王堆漢墓帛書整理小組:《馬王堆漢墓帛書(肆)》,釋文注釋109-110頁。

# 河西漢簡所見"墧"字釋讀商兑*

河西學院文學院　何茂活

**内容提要**　勞榦《居延漢簡考釋・釋文之部》始用"墧"字,此後多家釋讀均有沿用,但或亦改釋爲"堠"。裘錫圭先生支持前者。今據相關簡文字形、字理及文例等的排比分析,認爲原釋"墧"者均應釋"堠"。河西漢簡中多有"塢""堠"對舉之例,傳世文獻中亦多見"塢候(堠)"及"候(堠)塢"之語,二者可以互證。"堠"指烽火墩臺,其上或有望樓,字本作"候(㑆、𠊱)",亦作"堠";"塢"則指防禦用的小堡。近出《肩水金關漢簡》(壹至叁卷),整理者未用"墧"而用"堠"字,應當看作正確的選擇。

**關鍵詞**　居延漢簡　肩水金關漢簡　墧　堠　塢

## 一　漢簡釋文所見"墧"字及諸家釋讀分歧

河西漢簡釋文中所見之"墧"字,始見於勞榦先生所著《居延漢簡考釋・釋文之部》,如"☐墧隧長居延西道里公乘徐宗年五十"(24.1A)、"二墧隧長居延西道里公乘徐宗年五十"(24.1B)。[①]後在《居延漢簡甲編》《居延漢簡考釋之部》《居延漢簡甲乙編》《居延漢簡釋文合校》《居延新簡——甲渠候官及第四燧》《額濟納漢簡》以及新近出版的《居延新簡釋校》和

* 本文爲國家社科規劃基金西部項目"河西漢簡文字形義考論"(13XYY010)的部分成果。承蒙《簡帛研究》匿名審稿專家提出參閲金發根、吴初驤先生相關論述等意見,謹此致謝。

① 勞榦:《居延漢簡考釋・釋文之部》,上海:商務印書館,1949,463頁。

《居延漢簡》(第壹至貳卷)中均有沿用。[①] 由於該字不見於傳世文獻,學界對此頗多疑惑,具體使用和解釋上也有較大分歧,因此有必要作一番考察和辨析。

陳夢家先生在《漢簡所見居延邊塞與防禦組織》一文中,依據勞榦先生的釋文及居延漢簡甲編、乙編的釋讀情况,對居延地區的烽燧系統作了梳理,其中甲渠候官下有三堆燧和二堆燧。[②] 此二燧名下列出了所在簡牘的編號。具體爲:

三堆燧　3.4,24.1,46.29,71.39,72.5,73.15,142.16,143.9,168.18,178.25,194.14,210.16,231.90,乙附46;(三堆卒)190.1

二堆燧　24.1[③]

根據這一整理,我們查檢了《甲乙編》《合校》《集成》及臺北版《居延漢簡》(第壹、貳卷),結果除以下幾個特殊情况外,其他均釋爲"堆":

(一)臺北版《居延漢簡》中,71.39簡因失照而不收;因該書現僅出版第壹、貳卷,收録至210.33,故231.90及乙附46簡的釋讀情况暫不可知;

(二)142.16簡《甲乙編》《合校》釋爲"藨",《集成》《居延漢簡(貳)》釋爲"蓬";210.16簡因圖版字迹潦草難辨,四書均缺釋。

由此可見,陳夢家先生所整理出的這十多個例子,在先後多家的釋讀中,基本都釋爲"堆",没有太大的分歧。

除見於"三堆燧長"這樣的詞語之外,"堆"字還出現在其他場合,但各家釋讀分歧較大。裘錫圭先生在《漢簡零拾》之十三"堆"一節,列舉了居延漢簡中4處"塢""堆"對舉的例子,即:142.30、89.21、52.17+82.15、264.32。現依上述順序,將這些例子在釋讀上的分歧臚列如下:

(1)142.30(裘文引述與《合校》同)

《考釋》:堠上深目少八……塢上深目少四

《甲編》《甲乙編》:塢上深目少八……塢上深目少四

《合校》:堆上深目少八……塢上深目少四

---

① 中國科學院考古研究所:《居延漢簡甲編》,北京:科學出版社,1959,下簡稱"甲編";勞榦:《居延漢簡考釋之部》,臺北:中研院歷史語言研究所,1960,下簡稱"考釋";中國社會科學院考古研究所:《居延漢簡甲乙編》,北京:中華書局,1980,下簡稱"甲乙編";謝桂華、李均明、朱國炤:《居延漢簡釋文合校》,北京:文物出版社,1987,下簡稱"合校";甘肅省文物考古研究所等:《居延新簡——甲渠候官與第四燧》,北京:文物出版社,1990,下簡稱"新簡";魏堅主編:《額濟納漢簡》,桂林:廣西師範大學出版社,2005。中國簡牘集成編輯委員會:《中國簡牘集成》,蘭州:敦煌文藝出版社,2001,下簡稱"集成"。馬怡、張榮强:《居延新簡釋校》,天津古籍出版社,2013,下簡稱"釋校";簡牘整理小組:《居延漢簡(壹)》,臺北:中研院歷史語言研究所,2014;簡牘整理小組:《居延漢簡(貳)》,臺北:中研院歷史語言研究所,2015。

② 陳夢家:《漢簡所見居延邊塞與防禦組織》,收入其著《漢簡綴述》,北京:中華書局,1980,87頁。

③ "二"實爲"三"之誤釋。詳參《合校》及《居延漢簡(壹)》等。

《集成》:塢上深目少八……堠上深目少四

(2)89.21(裘文引述與《合校》同)

《考釋》《甲乙編》:塢上轉射二所……塢上轉射一所……

《合校》《集成》《居延漢簡(壹)》:塢上轉射二所……塠上轉射一所……

(3)52.17+82.15(裘文引述與《合校》同)

《考釋》:一塢上望火頭三不見所望負三算……塢上望火頭二不見所望負二算

《甲乙編》:塢上望火頭三不見所望負三算……塢上望火頭二不見所望負二算

《合校》《集成》《居延漢簡(壹)》:塢上望火頭三不見所望負三算……塠上望火頭二不見所望負二算[①]

(4)264.32(裘文誤作214.32,引述文字與《合校》略同,但末句"堠"作"塠")

《考釋》:塢上樽樚少一……塢上大表一古惡……塢上不騷除不馬矢塗

《甲編》:堠上樽樚少二……塢上大表一古惡……塢上不騷除不馬矢塗

《甲乙編》《集成》:堠上樽虜少二……堠上大表一古惡……塢上不騷除不馬矢塗

《合校》:塢上樽虜少二……塢上大表一古惡……堠上不騷除不馬矢塗

針對上述各例中"塢""塠"對舉的情況,裘先生認爲:

> 居延簡裏大多數"塠"字的右旁都與"候"字截然有别,勞氏(榦)有時把"塠"釋作"堠"是缺乏根據的。
>
> "堠"應該改釋爲"塠"。"塠"就是譙樓的"譙",古書中也寫作"樵"。《漢書·趙充國傳》:"今留步士萬人屯田……部曲相保,爲壍壘木樵。"顔注:"樵與譙同,謂爲高樓以望敵也。"……所謂烽臺,一般是版築的或用墼壘成的土臺,當時上面一定還有供瞭望的樓,所以稱之爲"譙"。簡文把這個字寫成從"土",大概是着眼於"塠"以土臺爲基礎的緣故。
>
> 破城子新出的"塞上烽火品約",既提到塢也提到塠。甘肅省居延考古隊簡册整理小組的釋文把這兩個字都釋作"塢"(《考古》1979年4期360頁)。徐蘋芳同志《居延、敦煌發現的"塞上蓬火品約"》一文則把這兩個字都釋作"堠"(《考古》1979年5期445頁),恐怕都不妥當。可惜發表的圖版太模糊,對於"塢""塠"二字無法一一加以分辨。[②]

裘先生從"塢""塠"二者常常對舉的角度,證明了二者之不同,這無疑是正確的。但對"塠"字字形的認定和意義的解讀,似乎不够確當。根據對原釋"塠"字的簡文的考察及分析,我們認爲此字還是以釋"堠"爲妥。

---

① 《集成》注:"塠,即堠,烽火臺。"見《中國簡牘集成》第5册,148頁。

② 裘錫圭:《漢簡零拾》,收入其著《古文字論集》,北京:中華書局,1992,594-595頁。

## 二　從"侯、候、鍭、緱"等字看"堠"之構形及其訛混

爲了説明"堠"的字形特點及演變軌迹,有必要對其構形原理及與其相關的"侯""候""鍭""緱"等字進行一些綜合的考察。

堠,也作"𡍭",是"候(㑵、侯)"的後起區别字。此字不見於《説文》,但見於《玉篇》等字書。《玉篇·土部》:"堠,牌堠,五里一堠。"[1]《正字通·土部》:"堠,封土爲臺,以記里也。十里雙堠,五里隻堠。韓愈有《路旁堠》詩。《六書故》作㫋,通作候。"[2]《字彙·土部》:"堠,封堠,里堡。五里一堠。又,斥堠,斥,度也;堠,望也,以望烽火也。"[3]《欽定音韻述微·宥韻》:"堠,路旁記里土堡也,古作候。禹治水所穿鑿處,皆有青泥封記,此封堠所自起。一説黄帝巡幸天下,道路皆有記里堆,爲堠所始。秦法十里一亭,亭有長,故曰亭堠。十里雙堠,五里隻堠。《後魏志》堠官謂之白鷺,取延頸遠望也。"[4]字又作"𡍭"。《集韻·侯韻》:"𡍭,記里堡。"[5]可見"堠(𡍭)"是由"候(侯)"孳乳分化而來的,取義仍在候望。關於二者的同源關係,可參劉鈞杰《同源字典補》,兹不贅引。[6] 居延漢簡中的以下二例正好可以證明二者的同源分化關係:

(1)第卅六隧長宋登……堠樓不垂塗堲(214.5)

(2)第廿九隧長王禹……候樓不堲(214.8)[7]

上二例從辭例上足可證明"候""堠"同源,衹可惜例(1)圖版不甚清晰。

"候(㑵、侯)"及"堠(𡍭)"其右俱從"侯(矦)"。侯,小篆作,隸變爲"矦",具體寫法或有差异,如:

(孫子 85)　(孔龢碑)　(武威醫簡 85 甲)

(相馬經 28 下)　(流沙簡·屯戍 12)[8]

這些字形中,最後一例特別值得注意,其中的"矢"字寫作,較一般的寫法多了一横畫。

---

① [梁]顧野王:《大廣益會玉篇》,北京:中華書局,1987,8 頁。

② [明]張自烈:《正字通》,見李學勤主編《中華漢語工具書庫》第 3 册,合肥:安徽教育出版社,2001,224 頁。

③ [明]梅膺祚:《字彙》,見李學勤主編《中華漢語工具書庫》第 5 册,334 頁。

④ [清]梁國治:《欽定音韻述微》,見《文淵閣四庫全書》第 240 册,臺北:臺灣商務印書館,1986,1099 頁。

⑤ 趙振鐸校:《集韻校本》,上海辭書出版社,2012,1274 頁。《漢語大字典》失收"𡍭"字。

⑥ 劉鈞杰:《同源字典補》,北京:商務印書館,1999,27 頁。

⑦ 《甲乙編》《合校》釋文均如此。陳夢家引作"堠樠不堪",見《漢簡綴述》,155 頁。

⑧ 此五字形轉引自漢語大字典字形組《秦漢魏晋篆隸字形表》,成都:四川辭書出版社,1986,343 頁。

“矢”字的這種寫法在居延漢簡中可以找到依據,如居延甲 1991 即作。其他各例中,“矢”的上部多作“土”形,其下之“八”與之或斷或連,左點過短而右點過長過平,便與“灬”的草寫相似。試看居延漢簡、居延新簡及金關簡中的以下例證:

郡國調列侯兵(5.3+10.1+13.8+126.12)[1]

諸侯(126.41)

諸侯(157.24A)

侯禹(72.26)

侯[illegible]POS(114.18)

譚侯君(502.11)

隧長侯偃(EPT56.107)

侯賜(73EJT7:10)

侯壽(73EJT9:28)

國子侯麥計(73EJT15:17)

諸侯(73EJT30:202)

以上最後三例,比其他各例多一横畫,與上文所論字相似。尤其是“侯壽”一例,其下兩點近似“灬”的草寫,因此酷似“焦”字,但參考其他各例,可知釋“侯”是完全正確的。居延簡 512.16 原釋“☐里焦熹”,“焦”實作,當釋爲“侯”。《漢語大字典》以此爲“焦”的漢隸字形,其實不妥。居延新簡 EPF22:271“隧長侯雲”,“侯”作(右稍殘),文物本釋爲“焦”;中華本及《釋校》改訂爲“侯”,[2]甚是。EPT68.108“侯雲”之“侯”作,可以爲證。另有兩處“隧長侯永”,字作(EPF22:189)、(EPF22:192),各本均釋作“焦”,也應以釋“侯”爲是。此外,金關漢簡釋文中有兩處“焦賢”,“焦”字圖版作(73EJT23:622)、(73EJT24:411)。此二字形近,但後者比前者多一横畫,且其下爲規整的“灬”底。如果孤立地看,後者釋“焦”亦可,但聯繫前者,并參考上述討論,我們認爲均應視爲“侯”的訛寫。其訛變軌迹大體可用下圖表示:

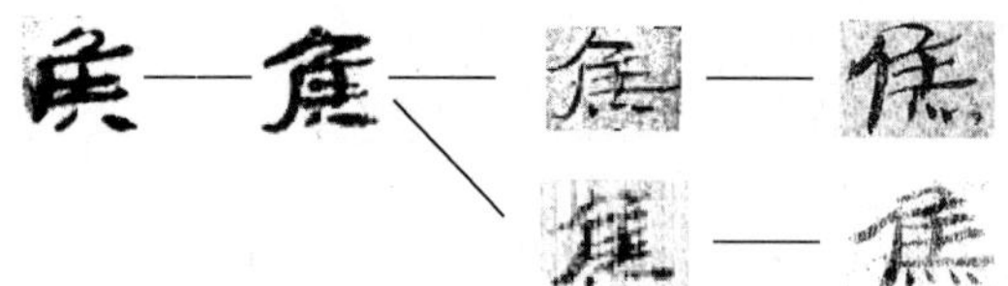

由此可見,“侯”訛混爲“焦”,其最主要的原因是右下“矢”字之“八”寫得近似“灬”。關於這一訛寫的成因,我們試作三種推論:

一是在漢字隸變過程中,兩點、三點、四點底常有相混,草寫尤爲明顯,有的甚至寫成一

① 爲證明此字確屬“侯”字,特在圖版後給出所在詞句。

② 馬怡、張榮强:《居延新簡釋校》,天津古籍出版社,2013,780 頁。“文物本”指《居延新簡——甲渠候官與第四燧》,北京:文物出版社,1990;“中華本”指《居延新簡——甲渠候官》,北京:中華書局,1994。

點或一横。如以下所舉“漢”“鳴”“馬”“馮”“廣”各例：

(華山廟碑) 　(尹宙碑)　(居延甲359B)

(居延193.2) 　(武威醫簡3)

(居延32.12A)　(居延206.10)

(居延502.14A)　(居延113.1)

(居延212.32) 　(居延128.1) 　(居延113.1)

二是因爲烽堠與“火”關係密切,這一寫法也許受了“燓”“燅”等字的影響。

三是“堠”“塢”常常對舉,意義相關,“堠”之右下作“灬”也許是受“塢”的影響。

現在再來看以“矦”爲聲旁的“候(𠊱𠋫)”“緱(緱)”“鍭(鍭)”等字的字形。先看“候”字：

候,也作“𠊱”“𠋫”,小篆字形爲𠊱。《説文·人部》:“候,伺望也。从人,矦聲。”隸變作如下之形：

(天文雜占末·下) 　(居延甲712) 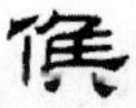　(魏曹真碑)[①]

居延漢簡、居延新簡、金關簡及額濟納漢簡中的例證如：

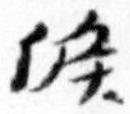

甲渠候史(居延3.19) 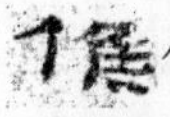　候長(EPF22.355)

東部候長(73EJT29:123) 　候長(73EJT30:48)

東部候長(73EJT29:115A) 　候長(99ES16ST1:2)

以上諸例中,右邊之横畫,寫作兩筆、三筆、四筆者均有之,右下之“八”字,或亦近似“灬”的草寫,寫法與“矦”一脈相承。

再看“鍭”及“緱”字：

銅鍭(居延甲513) 　銅鍭(居延甲1137)

銅鍭(73EJT4:153) 　銅鍭(73EJT21:61)

緱氏(73EJT11:31B) 　緱氏(73EJT31:38)

這些字的寫法同樣體現了“矦”“候”的特點。通過這些分析,可以看出,“矦(矦)”的草寫與

① 此三字形轉引自《秦漢魏晋篆隸字形表》,562頁。

"焦"相近,以此爲聲旁的"候、堠、鍭、緱"等字,其右旁同樣也會寫作與"焦"相似之形。

那麽兩漢時期"焦"字寫法究竟如何,與"矦(侯)"有無明顯區分呢？考察簡帛書法中的這兩個字,發現二者雖然形近易混,但還是略有差別。馬王堆帛書中有多處"焦"字,分别作[illegible]、[illegible]、[illegible]、[illegible]。[1] 此四字中,除第三例左側下垂之畫稍有左曲之勢以外,其他均垂直向下,甚或向内收合。查考漢隸中其他從"隹"之字,字形也大體如此。與之相比,"矦(侯)"字左邊的相應筆畫則大多明顯左曲,呈撇形。推溯到小篆字形來看,"矦"作[illegible],而"焦"作[illegible],其相應筆畫的特點正與上述分析一致。以此作爲區别特征,可以看出,上文所述誤釋爲"焦"的[illegible]、[illegible]等字,無疑應是"矦"字。下節所論原釋爲"墝"的[illegible]等字,右旁相應筆畫也大多爲撇,故應認定爲"堠"。

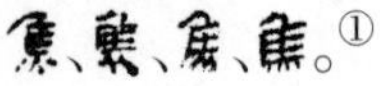

## 三 原釋"墝"者及原釋"堠"者字形比證

現在回頭來看以往釋"墝"及釋"堠"之例在語境及字形上的聯繫。

原釋"墝"者大多圖版不清,衹有個别幾例較爲清晰。現將其圖版字形、出處及各家釋讀情况對比如下：

| 字形 | 簡牘編號 | 所在語句 | 甲編 | 甲乙編 | 合校 | 集成 | 居延漢簡(壹、貳) | 説明 |
|---|---|---|---|---|---|---|---|---|
| [illegible] | 居延 72.5 | 三～隧長[2] | | 墝 | 墝 | 墝 | 墝 | 勞榦釋"堠" |
|  [illegible] | 居延 428.6 | 舉～上一苣火 | | 墝 | 墝 | 堠 | 未詳 | 陸錫興釋"堠"[3];陳夢家引作"堠"[4] |
|  [illegible] | 居延 3.4 | 三～隧長徐宗 | | 墝 | 墝 | 墝 | 墝 | |
| [illegible] | 居延 24.1A(甲 181A) | 三～隧長……徐宗 | 墝 | 墝 | 墝 | 墝 | 墝 | |
|  [illegible] | 同上 B | 同上 | 塢 | 墝 | 墝 | 墝 | 墝 | |

① 陳松長:《馬王堆簡帛文字編》,北京:文物出版社,2001,406-407 頁。

② 因在釋讀上存在歧异,兹以"～"號代替待確釋之字。

③ 陸錫興:《漢代簡牘草字編》,上海書畫出版社,1989,256 頁。

④ 見《漢簡綴述》,159 頁。

**續表**

| 字形 | 簡牘編號 | 所在語句 | 甲編 | 甲乙編 | 合校 | 集成 | 居延漢簡（壹、貳） | 説明 |
| --- | --- | --- | --- | --- | --- | --- | --- | --- |
|  | 居延 143.9（甲 812） | 三～隧長宋解 | 塢 | ⿰土焦 | ⿰土焦 | ⿰土焦 | ⿰土焦 |  |
|  | 居延 168.18（甲 974） | 三～隧長良 | 堠 | ⿰土焦 | ⿰土焦 | ⿰土焦 | ⿰土焦 | 勞榦釋"堠" |
|  | 居延 262.29（甲 1373） | 三～史張君長 | 堠 | 堠 | 堠 | 堠 | 未詳 | 陸錫興釋"堠" |
|  | 居延 264.32（甲 1383） | ～上樽槥少二 | 堠 | 堠 | 塢 | 堠 | 未詳 |  |
|  | 居延 332.5（甲 1705） | ～上表再通 | 塢 | 塢 | 塢 | 塢 | 未詳 | 陸錫興釋"堠" |
|  | 居延 332.13（甲 128） | 夜食時～上苣火一通 | 堠 | 堠 | 堠 | 堠 | 未详 |  |
|  | 居延 482.7 | 北尺竟燧舉～上離合〔苣〕 |  | ⿰土焦 | ⿰土焦 | ⿰土焦① | 未詳 | 陳夢家引作"堠"② |

以上諸例中，第 1 例顯係"堠(堠)"字無疑；第 2 例，右下粗看像同向的兩點，細辨實爲四小點；第 3 例右下索性成了四點。——，由此三字足見似"⿰土焦"之字的形成過程。正是這後一種寫法，使學者們將此字釋作了"⿰土焦"。

爲了便於相互比證，我們在上表中摘録了這些字形所在的語句。通過對比可以發現，這些字形大多處在"三～隧長"這一結構中。既然第 1 例可以確定爲"堠"，那麼至少第 3-8 也可以確定爲"堠"。那麼"三堠隧"到底是什麼意思，爲什麼在居延地區出土漢簡中祇見三堠隧而未見一堠、二堠、四堠等隧？我們的推測是，三堠之"三"表示基數而非序數，三堠隧所在地當有三座烽堠并峙。此類名稱在今河西地區仍有遺存，如山丹縣境内有雙墩子、八個墩、半截墩，等等。

居延新簡的釋讀，情況較爲簡單。以下二例《新簡》《集成》《釋校》均釋爲"⿰土焦"：

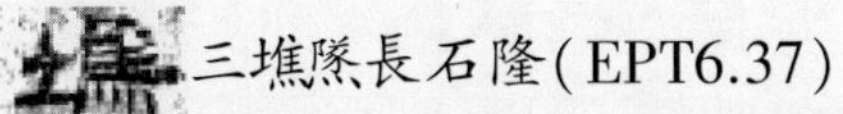
三⿰土焦隊長石隆(EPT6.37)

三⿰土焦(EPT9.20)

① 見《中國簡牘集成》第 8 册，77 頁。本簡釋文下注："⿰土焦上離合，即⿰土焦上離合苣火。⿰土焦，指烽火臺。離合苣火，漢代傳遞軍情的烽火信號一種。"

② 見《漢簡綴述》，159 頁。

以下諸例均釋作“堠”:

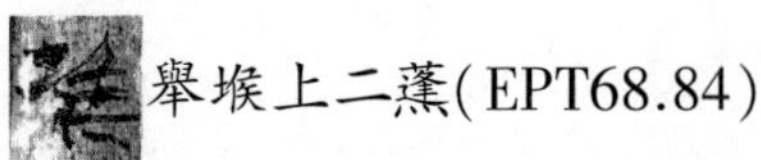
舉堠上二蓬(EPT68.84)

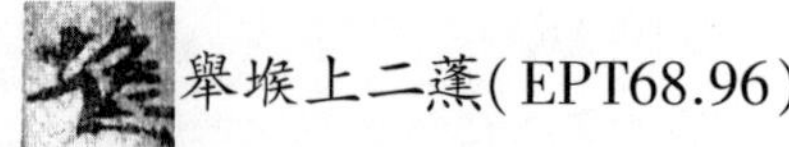
舉堠上二蓬(EPT68.96)

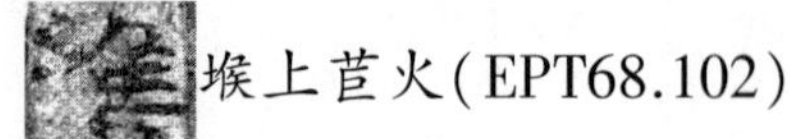
堠上苣火(EPT68.102)

三堠(EPF22.655)

釋讀分歧較大的是《塞上烽火品約》中所見的7個“堠”字。因圖版不清,此處姑選2例:

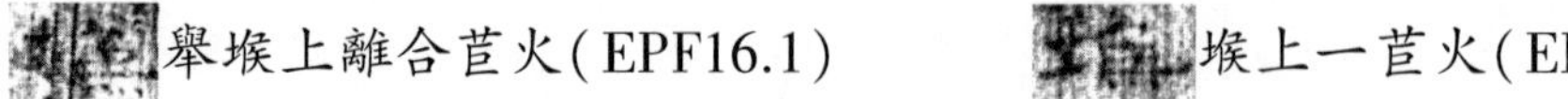
舉堠上離合苣火(EPF16.1)　　堠上一苣火(EPF16.5)

此7字或釋作“塢”,[①]或釋作“堠”,[②]《新簡》除第一例(EPF16.1)釋“墧”外,其他釋“堠”,《集成》《校釋》均釋“堠”。《漢語大字典》“堠”字條下以“”爲唯一的古文字字形,注明出處爲“居延塞上烽火品約簡”。裘錫圭先生則認爲釋“堠”未妥。

通過字形及所在語句的聯繫對比可以看出,上面釋作“墧”的兩例其實也都是“堠”字。第1例雖然右旁幾乎完全成了“焦”字,但是結合上文的論證,尤其是根據所在“三~隧長”這一語境,我們認爲祇能看作“堠”的訛寫。

2005年出版的《額濟納漢簡》中亦有釋“墧”之例,如:“☑□□□□上墧望寇舉蓬如品約☑”(2000ES9S:24)、“☑□[墧土]”(2000ES14SF1:8)。從圖版看,“墧”實亦“堠”字,惜字迹不清,難以截圖。後出《額濟納漢簡校本》中,釋文基本同此,祇是“蓬”字作“蓬”。[③]

在金關漢簡的釋讀中,我們注意到,釋讀者祇用“堠”而未用“墧”字。目前所見之《肩水金關漢簡》第壹至叁卷皆如此。[④] 如習字簡73EJT7:144,連續寫有三個字:、、,整理者均釋爲“堠”;再如10:127(右上殘斷),23:447、二字,26:123(右側字迹不清),30:261、二字等,均釋作“堠”。可見,過去有可能釋讀爲“墧”的字,金關簡的整理者一律釋作“堠”。我們認爲這樣處理是正確的,這應當代表了整理者在這個問題上的慎重思考和抉擇。

## 四　以傳世文獻解證“堠”的詞義及“堠”“塢”之别

① 甘肅省居延考古隊簡册整理小組:《“塞上烽火品約”釋文》,《考古》1979年第4期,360頁。

② 徐蘋芳:《居延、敦煌發現的〈塞上蓬火品約〉——兼釋漢代的蓬火制度》,《考古》1979年第5期,445-454頁。

③ 孫家洲主編:《額濟納漢簡釋文校本》,北京:文物出版社,2007,97-99頁。

④ 甘肅簡牘保護研究中心等:《肩水金關漢簡(壹)》,上海:中西書局,2011;甘肅省簡牘博物館等:《肩水金關漢簡(貳)》,上海:中西書局,2012;甘肅省簡牘博物館等:《肩水金關漢簡(叁)》,上海:中西書局,2013。

裘錫圭先生在《漢簡零拾》中支持釋"堠"之説,其中重點舉證了河西漢簡中所見的"堠""塢"對舉的情况。而我們在查檢相關資料時則發現,在傳世典籍中,多有"候(堠)""塢(隖)"連言之例。這應當可以作爲"堠"當釋"堠"的一個旁證。先看以下諸例:

(1)(馬)援奏爲置長吏,繕城郭,起塢候,開導水田,勸以耕牧,郡中樂業。(《後漢書·馬援傳》)

(2)詔魏郡、趙國、常山、中山繕作塢候六百一十六所。(《後漢書·西羌傳》)

(3)於是詔竇融悉還金城客民三千餘户,(馬)援爲置長吏,繕治城郭,起塢候,勸耕田,郡皆樂業,羌虜悉降。(《後漢紀·光武帝紀》)

(4)(王)霸乃築塢候,起亭鄣,自代郡至平城三百餘里。(《後漢紀·光武帝紀》)

上述語句在後世史籍中亦多有承襲,衹是"塢候"多作"塢堠"。如第(1)例,在《史傳三編·名臣傳五·馬援》《格物通·屯田上》《玉海·宮室》等中均作"塢堠";第(2)例在《山西通志·關隘八》《通典·邊防五》《文獻通考·四裔考十》等中亦作"塢堠"。

據檢索,後世典籍中還有其他一些使用"塢堠"一詞的例子,如:

(1)塢堠墩臺,處處修整,器械衣甲,亦甚鮮明。(《榕村集》卷三一,李光地《報到家日期札子》)

(2)若其按秦漢舊迹,因長城之塹,稍築塢堠,以殊内外,斥境千里……(《元憲集》卷三四《曹公墓志銘》)

(3)深惟積穀重農,第一要務,故亟將屯田事宜,議擬題請,其次則繕城郭,起塢堠,謹烽燧,良不容緩。(《甘肅通志》卷四五,楊博《修築緊要城堡以弭外患疏》)

"塢候(堠)"或亦作"候(堠)塢",如:

(1)任尚遣兵擊破先零羌於丁奚城。秋,築馮翊北界候塢五百所。(《後漢書·西羌傳》)[①]

(2)明年秋,漢又築馮翊北界堠塢五百所。(《通典·邊防五》)

由上述例證中"塢候""塢堠"及"候塢""堠塢"等詞的使用情況,可以看出"堠""塢"并舉,由來已久。漢簡中二者對舉的情况正可與之互證。

那麼"堠""塢"二者到底形制如何,又有何聯繫和區别呢?關於這個問題,前賢已有探討。勞榦先生在《居延漢簡考證·塢堡》中對"塢"與烽臺的關係作了較爲詳細的考證,認爲

① 《後漢書》卷八七《西羌傳》,北京:中華書局,1965,2890頁。或引作"候隖",如[清]張玉書、陳廷敬等編纂《御定佩文韻府》卷三七之八,見《文淵閣四庫全書》第1018册,臺北:臺灣商務印書館,1986,692頁。

塢是依傍烽臺而修築的防禦建築;烽臺往往居於塢之一角,或居其中央(該書有圖,兹不贅引)。[①] 金發根先生曾撰文探析塢堡的起源及漢代塢堡的形制等,認爲塢亦即堡,即《禮記》"遇負杖入保者息""四鄙入保"之"保"。鄭玄注"保,縣邑小城""小城曰保",可證其實。"塢堡在兩漢的邊塞也是主要的防禦及瞭望工事,有獨立的,也有附在亭燧或障的外面的"。文中引述并贊同勞貞一(榦)、賀昌群等先生對塢堡形制的分析。賀昌群認爲:"塞上亭塢所在,必築防禦工事,圍以城垣,謂之塢壁。大者爲障爲塞,小者爲塢。"[②]

陳夢家先生在《漢代烽燧制度》一文中也探討了"塢"及"候""候城""候樓""候櫓(堠樐)"等詞語的意義及關係。其主要觀點是:"亭臺之下有塢,分爲内塢、外塢";"候者即《漢書·武帝紀》注'師古曰:漢制每塞要處别築爲城,置人鎮守,謂之候城,即此障也'。候城或障大於塢而同類。"關於"候樓"以及"候櫓(堠樐)",陳夢家先生作了較爲詳細的解釋:

> 漢烽臺上有兩個附屬建築,一爲臺上的方屋,一是臺旁跳出之櫓,《釋名》所謂露上無屋者。《漢書·劉屈氂傳》師古注云"一説櫓,望敵之樓也",《文選》卷八《上林賦》"泰山爲櫓"注云"櫓,望樓",《廣韻·姥部》曰"櫓,城上守望樓"。漢簡稱之爲候樓或候樐……堠樐即候櫓。《後漢書·袁紹傳》注云"候櫓者,露上無覆屋也",櫓之作樐,猶舟櫓之或作艣……候櫓亦即候樓,《墨子·備城門篇》曰"三十步置坐候樓,樓出於堞四尺,廣三尺,廣四尺(兩廣,一當作長),板周三面,密傅之,覆蓋其上"。[③]

吴礽驤先生曾對"亭""候""塢"的形制作了探討。其主要觀點是:"烽燧的土築高臺,包括頂部之望樓在内的整個建築物,稱亭";"望樓,在敦煌、居延漢簡中,稱作'候'、'候樓'、'塢'等";"望樓的形制,據河西上百座漢代烽燧遺址的調查資料,其平面均作方形,外徑與土築烽臺上部等齊,四壁多以土墼砌築,高約 1.5 米,牆頂平砌,無雉堞或瞭望孔等設施。一面開門,與上下望樓的土築臺階或脚窩相連。上露無屋頂,或有一半露的遮陽草篷。"關於"塢"字,吴礽驤先生認爲"有些'塢'字確爲'塢'字,'塢'即候樓亦無疑"。但是他認爲"塢上深目少八"中的"塢"字應釋爲"塢",因爲望樓并不設"深目"。深目設於"塢"上之女牆。"敦煌、居延的漢代烽燧,多築在塢内一隅。塢内除烽燧外,尚有居室數間";"漢代烽燧四周的塢牆上,均築有女牆,女牆内嵌有轉射、深目等"。[④]

上述諸位前賢的討論,爲進一步了解"塢""堠"之别提供了極好的條件。在此基礎上,

---

① 勞榦:《居延漢簡考證》,見《居延漢簡考釋之部》,臺北:中研院歷史語言研究所,1960,43 頁。

② 金發根:《塢堡溯源及兩漢的塢堡》,見《中研院歷史語言研究所集刊》第 37 本(上册),臺北:中研院歷史語言研究所,1967,201-220 頁。

③ 陳夢家:《漢代烽燧制度》,收入其著《漢簡綴述》,北京:中華書局,1980,154-155 頁。

④ 吴礽驤:《漢代烽火制度探索》,見甘肅省文物考古隊、甘肅省博物館《漢簡研究文集》,蘭州:甘肅人民出版社,1984,252-253 頁。

結合傳世文獻及故訓材料,再作進一步整理。

塢,又稱塢壁、塢堡、營塢、壘壁等,爲防禦用的小型城堡。字本亦作"隖"。《説文·自部》:"隖,小障也。一曰庳城也。"《後漢書·馬援傳》:"繕城郭,起塢候。"李賢注引晋吕忱《字林》曰:"小障也。一曰小城。字或作'隖'。"又《董卓傳》:"(董卓)又築塢於郿,高厚七丈,號曰'萬歲塢'。"李賢注:"塢舊基高一丈,周迴一里一百步。"又《西羌傳》:"又於扶風、漢陽、隴道作塢壁三百所,置屯兵,以保聚百姓。"

與"塢"的城堡之形不同,"堠"則衹是烽墩。它或與塢組合在一起,或者獨立修築,總之是高於塢壁的烽火墩臺,既可候望警戒,又便舉燃布烽。"堠"字本作"候",也稱"烽候""烽堠"。試看如下諸例:

(1)是時胡虜連入雲中、朔方,殺略吏民,一歲至九奔命,寔整厲士馬,嚴烽候,虜不敢犯,常爲邊最。(《後漢書·崔寔傳》)

(2)遂上疏請與儒治左城,築障塞,置烽候邸閣以備胡。(《三國志·魏志·張既傳》)

(3)伋知盧芳夙賊,難卒以力制,常嚴烽候,明購賞,以結寇心。(《東觀漢記·郭伋傳》)

(4)復秦長城塞,自温城洎於碣石,緜亘山谷且三千里,分軍屯守,烽堠相望,由是邊境獲安,無犬吠之警。(《晋書·唐彬傳》)

(5)請於金綫島西北望海堝築城堡,設烽堠,嚴兵以待。(《明史·劉榮傳》)

烽堠,也稱亭候、亭堠。如:

(1)十二年,遣謁者段忠將衆郡弛刑配茂,鎮守北邊,因發邊卒,築亭候,脩烽火。(《後漢書·杜茂傳》)

(2)諸縣各有分界,分界之内官長所任,自可度土分力,多置亭候,恒使徼行,峻其網目,嚴其刑賞。(《晋書·賀循傳》)

(3)東夷暫驚,應時平殄;南蠻纔動,計日歸降。西域五十餘國,廣輪一萬餘里,城堡清夷,亭堠静謐。比爲患者,唯苦二蕃。(《舊唐書·崔融傳》)

(4)自滄至魏五百里,起亭堠,供帳什物自具,梁兵數十萬皆取足。(《新五代史·羅紹威傳》)

以上諸例足以證明,"堠"即烽堠,意義與"亭""燧"基本相同,實即烽火墩臺。因爲堠有瞭望功能,因此其上或設有望樓,稱爲"候樓""候櫓(堠樐)"等。《通典·兵五》:"却敵上建堠樓,以版跳出爲櫓,與四外烽戍晝夜瞻視。"《文選·司馬相如〈上林賦〉》:"河江爲陆,泰山爲櫓。"郭璞注:"櫓,望樓。"本文第一部分所引居延簡 264.32"堠上樽樐少二","樐"亦即"櫓"。

正因如此,居延簡中提到堠上和塢上均有“深目”(142.30)、“轉射”(89.21)、“望火頭”(52.17+82.15)等守禦器,這也就不難理解了。吴礽驤先生認爲望樓不設深目,恐怕未盡符合事實。

綜合上述情況,可以得到這樣的認識,“堠”是烽火墩臺,其上或有望樓;“塢”則是防禦用的小型城堡。二者往往組合營建,堠大多居於塢之一隅。

## 五　結語

總括以上討論,本文的意見是:在河西漢簡中,過去釋爲“墫”的字,實皆爲“堠(堠)”字。概括而言,理由有四:

其一,就字形的傳承存世情況而論,“墫”字不見於傳世文獻,字書、韻書中亦未收録;而“堠”則相沿久遠,廣有所見。

其二,從字源、詞源角度而論,“堠(堠)”爲斥候之“候(㑦、候)”的换旁區別字,形義關係十分清晰;而釋爲“墫”字則缺乏理據上的支持。

其三,從文字异寫及其成因而論,似“墫”之形乃因“堠(堠)”字筆畫增繁、部件訛混所致。

其四,河西簡牘出土以來,釋讀者對此多有分歧,但先修未密,後出轉精,新近出版的《肩水金關漢簡》,釋文捨“墫”而取“堠”,足可采信。《中國簡牘集成》《居延新簡釋校》等也有一定程度的改訂,可資參考。如《集成》在居延簡52.17+82.15“墫上望火頭二不見所望負二算”下注解説“墫,即堠,烽火臺”,明釋其義而暗解其形,或者説是由於釋讀者左右爲難,不得已采取了一種折中的辦法。臺北版《居延漢簡》(第壹至貳卷)在相關簡文的釋讀上悉從舊説,似乎顯得有些謹慎和保守。未知其後諸卷情況如何。

回頭再看裘錫圭先生的解説,裘先生説:“勞氏有時把‘墫’釋作‘堠’是缺乏根據的”;“破城子新出的‘塞上烽火品約’,既提到塢也提到墫。甘肅省居延考古隊簡册整理小組的釋文把這兩個字都釋作‘塢’,徐蘋芳同志《居延、敦煌發現的‘塞上烽火品約’》一文則把這兩個字都釋作‘堠’,恐怕都不妥當。”裘先生的意見表達得非常有分寸,這給了我們很大的鼓勵。也正是因爲其中暗示出尚有進一步探討的餘地,所以本文斗膽提出上述看法。假如能够算作勞榦先生釋“墫”爲“堠”的“根據”,從而得到裘先生及學界同好的首肯,那就十分榮幸了。

# 《肩水金關漢簡(肆)》綴合札記(十則)*

武漢大學歷史學院簡帛研究中心　姚　磊

**内容提要**　本文通過與其他文獻對讀以及核查圖版,綴合了《肩水金關漢簡(肆)》中如下十組散簡:73EJT37:1414+1044+369、73EJT37:1416+1177、73EJT37:1450+1402、73EJT37:832+811、73EJT37:866+580、73EJT37:1238+1323、73EJT37:393+1290、73EJT37:651+716+727、73EJT37:675+688、73EJT37:1425+1347+1142,并對相關詞句進行了解讀。

**關鍵詞**　肩水金關漢簡　綴合　釋讀

## 一

73EJT37:1414 號簡釋文作:[1]

　　觻得宜産里大夫王多牛年廿二

此簡"廿"下數字殘,無法核實簡文是否爲數字"二"。73EJT37:1044 號簡釋文作:

　　二長七尺二寸黑色牛車一兩 以□

此簡上部數字殘,同 73EJT37:1414 號簡一樣,亦無法確定簡文是否爲"二"。我們把

* 本文得到"中央高校基本科研業務費專項資金"資助,項目批准號:2015112010201。

① 本文圖版、釋文來源:甘肅簡牘博物館等編《肩水金關漢簡(肆)》,上海:中西書局,2015;甘肅簡牘博物館等編《肩水金關漢簡(叁)》,上海:中西書局,2013;甘肅簡牘保護研究中心等編《肩水金關漢簡(貳)》,上海:中西書局,2012;甘肅簡牘保護研究中心等編《肩水金關漢簡(壹)》,上海:中西書局,2011。不另注。

73EJT37:1414 與 73EJT37:1044 號簡拼合後,其圖作:

兩簡茬口密合,各殘存的一筆正好連接起來,可復原“三”字。形制、字迹一致,紋路、茬口吻合,書寫均呈右傾斜。

73EJT37:369 號簡釋文作:

元康三年五月中出

此簡上部殘缺,字體傾斜,書寫風格與 73EJT37:1044 號簡一致,疑可綴合。兩簡拼合後,其圖作:

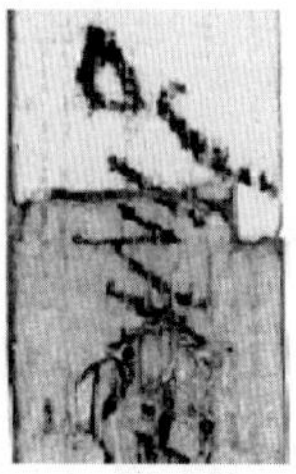

兩簡茬口密合,紋路相聯,可復原“元”字。

經測量,三簡圖版寬度一致,均是 0.9cm。由此,三簡當可互綴,釋文斷讀作:

觻得宜産里大夫王多牛,年廿三,長七尺二寸黑色,牛車一兩,以元康三年五月中出。

73EJT37:1414+1044+369

這種簡文格式,是常见的“出入名籍”。肩水金關漢簡中也比較常見,例如:

(1)河南郡緱氏武平里程宗年七尺二寸黑色 牛二車一兩 73EJT4:52

(2)河内温董里公乘李福年廿六長七尺二寸黑色 軺車一乘馬一匹 劍一 73EJT9:82

(3)河南穀成長陽里大夫師逢年卅長七尺二寸黑色牛車兩鍮楯各一 卩 73EJT25:5

(4)河南郡平縣陽河上里公乘左相年廿三長七尺二寸黑色 劍一枚 卩 73EJT10:104

此類“出入名籍”,記載出行人的個人信息(如爵位、籍貫、姓名、年齡、身高)以及攜帶物品或隨行車馬等,詳實而具體,能起到稽查的作用。此外,73EJT37:1414 號簡的出行人是“宜産里王多牛”,73EJT6:39 號簡有“成漢里男子孫多牛”。核查知,“宜産里”與“成漢里”均屬於張掖郡觻得縣。[①] 此類人名的命名方式或與此地的文化有關。劉釗先生曾列舉古文字資料中有“封多牛”,表示富有。[②]此處亦可從,代表着對富足、美好生活的一種追求。

肩水金關漢簡中的“出入名籍”多是“某月某日出/入”“某月出/入” “某日出/入”的構成模式,而“某年某月某日出/入”的模式相對較少,比如:

(1)河南郡緱氏縣東昌里大夫杜葆年卅五 以九月出 73EJT37:64

(2)河南郡熒陽西都里公乘陰讓年十六長七尺二寸黑 以九月出 73EJT37:78

(3)觻得平利里公乘趙婢年卅六長七尺四寸黑色……十二月戊寅出 73EJT37:79

(4)萬歲里公乘藉中年卌八 爲姑臧尉徐嚴葆與嚴俱之官 正月庚午入 73EJT6:52

(5)弩一矢五十 牛車一兩已入 丙午入 73EJT9:219

(6)日勒萬歲里華莫如年廿三長七尺 神爵二年七月中出 73EJT37:1003

由於“出入名籍”提供年號的較少,使簡牘斷代比較困難。此三簡綴合後可見“元康三年”這一明確紀年,爲簡牘斷代提供了很好的依據。

## 二

73EJT37:1416 號簡釋文作:

八月庚午匽師丞義移過所河津門亭勿

此簡“勿”字殘,簡面有四條紋路,非常清晰。73EJT37:1177 號簡釋文作:

毋苛留如律令/掾廣令史彭

此簡簡面亦有四條清晰的紋路,首字殘缺,不能核定爲“毋”字。我們把 73EJT37:1416 與 73EJT37:1177 號簡拼合後,其圖作:

① 黄浩波:《〈肩水金關漢簡(壹)〉所見郡國縣邑鄉里》,簡帛網,2011 年 12 月 1 日;黄浩波:《〈肩水金關漢簡(貳)〉所見郡國縣邑鄉里》,簡帛網,2013 年 9 月 18 日;黄浩波:《〈肩水金關漢簡(叁)〉所見郡國縣邑鄉里》,簡帛網,2014 年 7 月 22 日。

② 劉釗:《古文字中的人名資料》,《吉林大學社會科學學報》1999 年第 1 期。

兩簡形制、字迹相近,色澤相符,紋路相合,茬口吻合。綴合後可復原"勿"字。經測量,圖版寬度一致,均是 1.0cm。由此,兩簡當可綴合,釋文斷讀作:

八月庚午,匽師丞義移過所河津門亭,勿苛留,如律令/掾廣令史彭

73EJT37:1416+1177

"勿苛留",簡文又有"毋苛留""勿何留""毋留""毋河留止""毋苛留止""毋留止"等相似表述,皆應作"放行"理解。[①] 如:

(1)六月己亥屋蘭守丞聖光移過所肩水金關居延毋苛留如律令/掾賢守令史友

73EJT37:521

(2)十二月雒陽丞大移過所縣邑勿何留如律令掾禹令史樂　73EJT24:266A

(3)日前謁移過所縣邑侯國津關續食給法所當得毋留如律令敢言之　73EJT30:16

(4)毋河留止如律令敢言之　73EJT30:203

(5)六月甲辰居延丞延年移過所縣道河津關毋苛留止如律令/掾延年佐長世

73EJT37:519A

(6)五月己丑長安令世守左丞德移過所縣邑毋留止如律令 守令史充　73EJT27:13

"匽師"地名,屬河南郡。又見於 73EJT21:21 號簡,簡文曰:

河南匽師西信里蘇解怒 車一兩爲觻得騎士利成里田安國鄴載肩水倉麥小石卌五石輸居延 弓一矢□二劍一　73EJT21:21

《漢書·地理志》作"偃師"。[②] "匽師丞"在其他簡牘中亦有出現,比如敦煌懸泉漢簡,簡文曰:[③]

永始四年九月辛丑朔乙卯,匽師丞慶移過所,遣盧亭長唐輔爲郡輸
從者如律令。六月丙辰東。　ⅡT0113②:48

此外,居延漢簡中亦有"匽師丞印"可參看。[④]

---

① 中國簡牘集成編委會:《中國簡牘集成》第 8 册,蘭州:敦煌文藝出版社,2001,111 頁。
② 《漢書》卷二八,北京:中華書局,1962,1555 頁。
③ 張俊民:《敦煌懸泉漢簡所見的"亭"》,《南都學壇》2010 年第 1 期。
④ 黄豔萍:《居延漢簡中的官印初探》,《寧夏大學學報》2014 年第 6 期。

## 三

73EJT37:1450 號簡釋文作:

元延二年三月壬戌朔丁丑居延卅井候譚移過縣道河津
市上書具觻得當舍傳舍從者如律令 尉史忠

此簡"津"字殘。73EJT37:1402 號簡釋文作:

津關遣掾孫萬爲官

此簡亦是"津"字殘。我們把 73EJT37:1450 與 73EJT37:1402 號簡拼合後,其圖作:

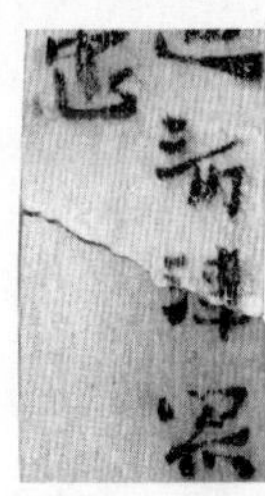

兩簡色澤、紋路相符,字迹、字間距一致,茬口吻合。綴合後,可復原"津"字。經測量,圖版寬度一致,均是 1.8cm。

由此,兩簡當可綴合,釋文斷讀作:

元延二年三月壬戌朔丁丑,居延卅井候譚移過縣道河津關,遣掾孫萬爲官市上書具觻得,當舍傳舍,從者如律令,尉史忠。 73EJT37:1450+1402

綴合後文意通順,肩水金關漢簡以及居延漢簡中亦有相似辭例可爲佐證,如:

(1)□世丞充謂過所縣道河津關遣書佐李鳳德 73EJT23:621

(2)移過所縣道河津關遣都田守嗇夫陳惲以詔書行水酒 73EJT24:9A

(3)令城倉長譚丞順移過所縣道河津關遣 73EJT24:127

(4)地節三年正月戊午朔己卯將兵護民田官居延都尉章居延右尉可置行丞事謂過所縣道河津關遣從史畢歸取衣用 73EJT24:269A

(5)常樂爲官市藥長 73EJT26:126

(6)調爲官市梧器長□□□□軺車一乘 73EJT32:20

(7)元康三年十一月中爲官市上書具長安 《合校》456.2[①]

此外,簡文中的"爲官市"意指爲"爲官府(相當於現在所説的公家)購買",與之相對的

① 謝桂華、李均明、朱國炤:《居延漢簡釋文合校》,北京:文物出版社,1987,568 頁。

則是“爲家私市”。[1]

## 四

73EJT37:832 號簡釋文作:

□□移觻……

此簡簡面存在刮削,下部殘斷。73EJT37:811 號簡釋文作:

……一兩

此簡簡面亦存在刮削的現象,上部殘斷。我們把 73EJT37:832 與 73EJT37:811 號簡拼合後,其圖作:

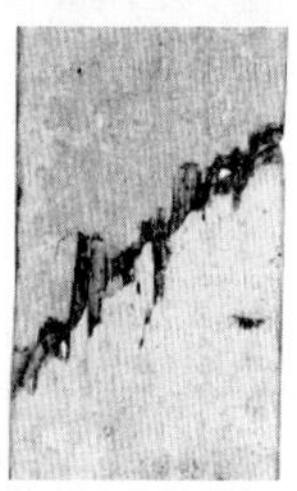

兩簡色澤相符,茬口吻合。經測量,圖版寬度一致,均是 1.2cm。由此,兩簡當可綴合,釋文斷讀作:

□□移觻……一兩　　73EJT37:832+811

從兩簡形制以及斷裂面看,應是刮削後被廢弃折斷。此簡對研究肩水金關漢簡斷裂原因具有一定的啓發意義。

## 五

73EJT37:866 號簡釋文作:

戍卒淮陽國寧平宜春里□

此簡無紋路,“里”字下殘斷,簡文缺爵位等信息。73EJT37:580 號簡釋文作:

大夫宋善年廿長七尺二寸黑色𠃧

此簡亦無紋路,上部殘斷,簡文缺地理等信息。我們把 73EJT37:866 與 73EJT37:580 號簡拼

① 承蒙匿名審稿人指出,可從。

合後,其圖作:

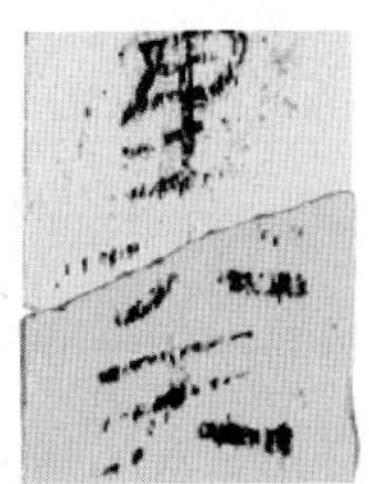

兩簡色澤相符,字迹、字間距一致,茬口吻合。綴合後,可復原"大"字。經測量,圖版寬度一致,均是 1.1cm。

由此,兩簡當可綴合,釋文斷讀作:

戍卒淮陽國寧平宜春里大夫宋善,年廿,長七尺二寸黑色,马　　73EJT37:866+580

## 六

73EJT37:1238 號簡釋文作:

子男觻得步利里

此簡有紋路,下部殘斷,簡的中央位置書寫文字,缺少人名等信息。73EJT37:1323 號簡釋文作:

□張林年十三黑色 長五尺七寸

此簡亦有紋路,上部殘斷,缺少籍貫等信息。我們把 73EJT37:1238 與 73EJT37:1323 號簡拼合後,其圖作:

兩簡色澤、紋路相符,字迹、字間距一致,茬口吻合。綴合後,可復原"里"字。經測量,圖版寬度一致,均是 1.4cm。

由此,兩簡當可綴合,釋文斷讀作:

子男觻得步利里張林,年十三,黑色,長五尺七寸　　73EJT37:1238+1323

## 七

73EJT37:393 號簡釋文作:

從者居延雜里官大夫

此簡有紋路,簡面有殘裂的細縫,字迹偏大,缺人名等信息。73EJT37:1290 號簡釋文作:

夫所勳年廿六 四 長六尺

此簡亦有紋路,上殘斷,缺爵位等信息。我們把 73EJT37:393 與 73EJT37:1290 號簡拼合後,其圖作:

兩簡色澤、紋路相符,書寫風格相同,字迹、字間距一致,茬口吻合。綴合後,可復原“夫”字。經測量,圖版茬口寬度一致,均是 1.1cm。

由此,兩簡當可綴合,釋文斷讀作:

從者居延雜里官大夫所勳,年廿六,長六尺……,四…… 73EJT37:393+1290

肩水金關漢簡中亦有很多關於“從者”的相似辭例,作:

(1) 從者安樂里大夫薛市年廿九 長七尺五寸黑色 73EJT37:1326

(2) 從者玉門臨泉里程不識年卅五 軺車三乘 用馬六匹 閏月辛卯北出 73EJT37:53

(3) 從者安樂里薛市年廿九 長七尺五寸黑色 73EJT37:1326

侯宗輝先生曾對肩水金關漢簡中的“從者”做過研究,認爲:“‘從者’是漢代社會中普遍存在且數量不菲的一種群體身份的稱謂。從漢簡記載可知,‘從者’是吏士等私人所雇傭的隨從”。[①] 可從。

## 八

73EJT37:651 號簡釋文作:

① 侯宗輝:《肩水金關漢簡所見“從者”探析》,《敦煌研究》2014 年第 2 期。

建平二年六月丙辰朔 A
觻得塞尉印 B

73EJT37:727 號簡釋文作:

候長趙審寧歸屋蘭名縣爵里年姓如牒書到出入如 A
候史丹發 B

顔世鉉先生綴合了 73EJT37:651 與 73EJT37:727 號簡,①釋文作:

建平二年六月丙辰朔
候長趙審寧歸屋蘭名縣爵里年姓如牒書到出入如 A
觻得塞尉印　候史丹發 B

顔先生的綴合是可信的,但簡仍不完整,還有進一步綴合的可能。73EJT37:716 號簡釋文作:

甲戌廣地觻得守塞尉博兼行候事移肩水金關 A
……
君前　守令史忠 B

此簡字形、形制以及書寫風格都同 73EJT37:727 號簡一致,我們把 73EJT37:716 與 73EJT37:727 號簡拼合後,其圖作:

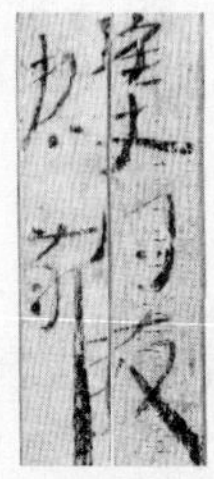

兩簡色澤相符,書寫風格相同,茬口吻合。綴合後,可復原"候""史""丹""發"等諸字。

由此,三簡當可綴合,釋文斷讀作:

建平二年六月丙辰朔甲戌,廣地觻得守塞尉博兼行候事移肩水金關
候長趙審寧歸屋蘭,名縣爵里年姓如牒書到出入如 A
觻得塞尉印,候史丹發,君前,守令史忠 B　　73EJT37:651+716+727

## 九

73EJT37:675 號簡釋文作:

① 顔世鉉:《〈肩水金關漢簡〉(肆)綴合第 10 組》,簡帛網,2016 年 1 月 16 日。

·循客張掖和平里孫立字君功年卅四五短壯☐

此簡字體規整,無紋路,下部殘斷。73EJT37:688 號簡釋文作:

☐細身小頭方面小髭少須身端直初亡時黑幘

此簡亦字體規整,無紋路,形制上與 73EJT37:675 號簡較爲一致。我們把 73EJT37:675 與 73EJT37:688 號簡拼合後,其圖作:

兩簡色澤相符,書寫風格相同,茬口吻合。經測量,圖版寬度一致,均是 1.2cm。由此,兩簡當可綴合。此外,"壯"下兩字不清晰,從字形和文意來看,或可釋作"黑色"。[①]

综上,釋文斷讀作:

·循客張掖和平里孫立,字君功,年卅四、五,短壯黑色細身小頭方面小髭少須身端直,初亡時黑幘　　73EJT37:675+688

簡文是對逃亡者進行追逃,故詳細叙述其體貌年齡等信息。

## 十

73EJT37:1425 號簡釋文作:

橐他却適隧長孟

73EJT37:1347 號簡釋文作:

聚子男奉等十

73EJT37:1142 號簡釋文作:

二人牛車廿三兩

三簡有共同的特征,如紋路相似、字與字之間的間距較大等。我們把 73EJT37:1425、73EJT37:1347 與 73EJT37:1142 號簡拼合後,其圖作:

① 承蒙匿名審稿人指出,可從。

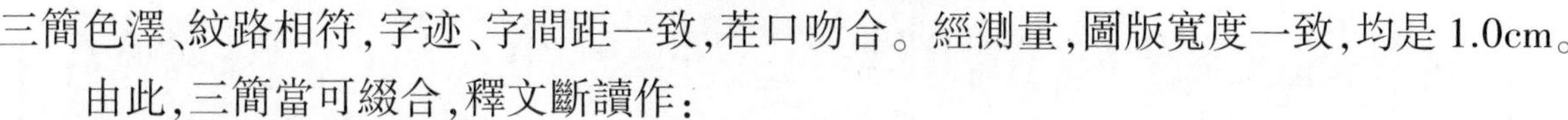

三簡色澤、紋路相符,字迹、字間距一致,茬口吻合。經測量,圖版寬度一致,均是 1.0cm。

由此,三簡當可綴合,釋文斷讀作:

橐他却適隧長孟聚、子男奉等十二人,牛車廿三兩　　73EJT37:1425+1347+1142

肩水金關漢簡中亦有相似辭例,作:

橐佗却適隧長孟冣妻忿年五十八歲黑色 男孫武 牛車一兩 十二月壬午出 十二月丿　　73EJT37:81

冣、聚相通,段玉裁《説文解字注》:"冣與聚音義皆同……冣之爲言聚……冣一作聚。"[①] 73EJT37:81 號簡中的"孟冣"和 73EJT37:1425+1347+1142 號簡的"孟聚"當爲同一人。結合兩簡,我們可復原其家庭關係,户主孟冣(孟聚),妻忿,子孟奉,孫孟武。

附記:本文寫作得到何有祖老師、謝坤兄、雷海龍兄的幫助,甘肅省簡牘博物館的馬智全先生核對了原簡,謹致謝忱。

① 段玉裁:《説文解字注》,上海古籍出版社,1981,353 頁。

附綴合諸簡全圖:

| 一 | 二 | 三 | 四 | 五 | 六 | 七 | 八 | 九 | 十 |
| --- | --- | --- | --- | --- | --- | --- | --- | --- | --- |
| | | | | | | | | | |

# 尹灣漢簡《武庫永始四年兵車器集簿》所見"薰毐"試析

北京師範大學歷史學院　吕　壯

**内容提要**　尹灣漢墓出土的《武庫永始四年兵車器集簿》木牘完整記録了西漢中晚期某武庫的武器裝備情況,其中有"薰毐八斗"。"薰毐"爲何物,史籍缺載。有學者從音韻方面分析,認爲"薰毐"即"薰陸",爲西方所産香料,可作藥用,進而認定"薰毐"爲軍備用藥。從傳世文獻及出土資料來看,尚不能明確薰陸在西漢中晚期是否已傳入我國,而且薰陸作爲藥物單獨置於武庫殊難解釋。結合五一廣場東漢簡牘及張家山漢簡所見"薰毒""堇毒"等材料,或可判定"薰毐"應爲利用有毒植物加工製作而成的毒藥,通過薰蒸的方式或可將毒性施加在箭簇等兵器之上。"薰毐"在當時管控較嚴,因此纔會出現儲存於武庫的情況。另外,戰國至秦漢時期,薰毒産生的毒煙或許也應用於守城。

**關鍵詞**　尹灣漢簡　薰毐　薰毒　薰陸

尹灣6號漢墓出土一方題爲《武庫永始四年兵車器集簿》的木牘,正面6欄,背面5欄,每欄23—26行不等,所記分乘輿兵、車器和庫兵、車器兩大類,逐項記録了所藏兵、車器的名稱及數量,兩部分末尾都有兵車器種類和器物的統計數字,最後還有總的統計數字,兵、車器共240種23268487件。[①] 由於它是"迄今所見有關漢代武庫器物最完備的統計報告,指標項目甚多,數列明確,對我們深入瞭解漢代武器裝備的情況,提供了不可多得的第一手資料,彌足珍貴"。[②] 因此,學界對此也比较關注,出現了一大批成果,包括武庫性質和制度的研究、對

① 連雲港市博物館等編:《尹灣漢墓簡牘》"前言",北京:中華書局,1997。

② 李均明:《尹灣漢墓出土"武庫永始四年兵車器集簿"初探》,連雲港市博物館、中國文物研究所編《尹灣漢墓簡牘綜論》,北京:科學出版社,1999,86頁。

《武庫集簿》中一些名物的訓釋、對漢代兵種構成的研究等。[1] 然而,就個别名物的訓釋而言,尚有進一步探討的必要。本文結合新出五一廣場簡牘相關資料,試對《武庫永始四年兵車器集簿》所見"薰毐"進行解釋,分析此物在戰争中的應用,以期推进秦漢軍事史和科技史研究。

## 一 "薰毐"非"薰陸"

《武庫永始四年兵車器集簿》所記"薰毐八斗",位於木牘背面第4欄靠右位置。關於"薰毐"的釋文,滕昭宗先生直接寫作"薰毒"。[2] 張顯成先生認爲"毒"省寫一横,在簡帛中很常見,"毐"即是"毒"的省筆字。[3] 的確,在漢代簡帛及碑刻中,常見"毒"寫作"毐"的情況,兹列舉幾例,如下表:

| | |
|---|---|
| 馬王堆漢墓帛書 | [4] |
| 張家山漢簡 | [5] |
| 銀雀山漢簡 | [6] |
| 武威醫簡 | [7] |
| 武威漢簡 | [8] |
| 東漢摩崖石刻《石門頌》 | [9] |

從上表可知,兩漢時期"毒"字寫作"毐"字很常見,薰毐即薰毒。

有關"薰毐"的訓釋,目前有兩種觀點。張顯成先生從音韻學角度分析,認爲"毒,定母、

① 研究《武庫集簿》重要論文有:李均明:《尹灣漢墓出土"武庫永始四年兵車器集簿"初探》,連雲港市博物館、中國文物研究所編《尹灣漢墓簡牘綜論》,北京:科學出版社,1999;李成珪:《前漢長安武庫收藏目録之發現——關於尹灣簡牘〈武庫永始四年兵車器集簿〉之探討》,《長沙三國吴簡暨百年來簡帛發現與研究國際學術研討會論文集》,北京:中華書局,2005。具體研究綜述可參看郝建平《尹灣漢墓簡牘研究綜述》,《古籍整理研究學刊》2015年第1期;奚林强《〈武庫永始四年兵車器集簿〉研究綜述》,《黑龍江史志》2014年第19期。

② 滕昭宗:《尹灣漢墓簡牘概述》,《文物》1996年第8期。

③ 張顯成:《尹灣漢墓簡牘校釋》,天津古籍出版社,2011,71頁。

④ 陳松長:《馬王堆簡帛文字編》,北京:文物出版社,2001,14頁。

⑤ 張守中:《張家山漢簡文字編》,北京:文物出版社,2011,9頁。

⑥ 銀雀山漢墓竹簡整理小組編:《銀雀山漢墓竹簡》,北京:文物出版社,1985,摹本60頁。

⑦ [日]佐野光一編:《木簡字典》,東京:雄山閣,1985,434頁。

⑧ [日]佐野光一編:《木簡字典》,434頁。

⑨ [日]佐野光一編:《木簡字典》,434頁。

覺部;陸,來母、覺部,二者韻相同,聲同爲舌頭音,故'毒'通'陸'",因此將"薰毐"釋作"薰陸",亦即乳香,認爲是一種藥物,也可作香料,作藥物時,可止痛長肉、調氣活血、治跌打損傷,進而認爲"上引《武庫永始四年兵車器集簿》所記該藥物爲軍中藏藥,顯然是戰備藥物"。[1] 在筆者看來,"薰毒"可寫作"薰毐",而"毒"與"陸"通,因而存在"薰陸"被寫作"薰毐"的可能。但如果認定"薰毐"即"薰陸",證據仍然不足。

首先,從時間上來看,尚不能確定原産於地中海、紅海地區的薰陸在西漢中晚期是否已傳入我國。《北堂書鈔》卷一三五引西晉初年傅玄《樂府》云:"粉加甲煎,名香熏陸,艾納回光。"[2]西晉晚期嵇含所著《南方草木狀》稱:"薰陸香,出大秦,在海邊,有大樹,枝葉正如古松,生於沙中,盛夏樹膠流出沙上,方采之。"[3]《名醫别録》由南朝梁陶弘景彙集前人成果整理成書,書中薰陸香簡稱薰陸,如"沉香"條:"薰陸香、雞舌香、藿香、詹糖香、楓香并微温。悉治風水毒腫,去惡氣。薰陸、詹糖去伏屍。"[4]由此可知,熏陸、薰陸、薰陸香均是一物,最早見於西晉文獻。《三國志·魏志·烏丸傳·贊》裴注引《西域舊圖》提到大秦産薰陸等十二種香。[5] 孫機先生曾推測《西域舊圖》"提到的狄提、迷迷、兜納、白附子、薰陸、郁金、芸膠等西方香料,其中有的在東漢時應已傳入我國。"[6]但這尚需要考古實物證明。[7]

甘肅敦煌曾出土西漢武、昭時期的紙文書3件,在文書正面分别隸書"付子""薰力""細辛"等字。整理者根據紙的形狀和折疊痕迹,認爲是包藥用紙,而正面所書即藥名。[8] 張顯成先生根據音韻判斷,薰力即薰陸,由西域商人傳入。[9] 可是僅僅從音韻上推斷,没有實例證明"力"和"陸"通假,并不能令人信服。南越王墓曾出土一種西方香料,僅26克,考古人員認爲此物因"被視爲珍品,而放入墓中"。[10] 可以想見,産自更爲遥遠的地中海地區的薰陸,應當極

① 張顯成:《尹灣漢簡"薰毐"及懸泉遺址紙文書"薰力"考釋》,收入其著《簡帛文獻論集》,成都:巴蜀書社,2008,15頁。

② 逯欽立輯校:《先秦漢魏南北朝詩(上)》,北京:中華書局,1983,567頁。逯欽立先生在詩後加按語稱:"三句有訛誤。"

③ [晋]嵇含撰,張宗子輯注:《嵇含文輯注》,北京:中國農業科技出版社,1992年,26頁。也有研究認爲,今本《南方草木狀》并非西晉嵇含所著,而是後人根據類書和其他文獻編造的,其時代當爲南宋時。而"薰陸香"則是全抄劉宋初年徐衷《南方草物狀》一書(繆啓愉:《〈南方草木狀〉的諸僞迹》,《中國農史》1984年第3期)。

④ [南朝梁]陶弘景集,尚志鈞輯校:《名醫别録》,北京:人民衛生出版社,1986,64頁。

⑤ 《三國志》卷三〇《烏丸傳》,北京:中華書局,1982,865頁。

⑥ 孫機:《漢代物質文化資料圖説》,北京:文物出版社,1991,360頁。

⑦ 西漢南越王墓西耳室出土的一個漆盒内曾發現樹脂狀藥物,重約26克,外形與泉州後渚宋船内發現的乳香類似。考古人員稱"雖然所含主要成分已經分解,但不排除它確實是乳香"(廣州市文物管理委員會等:《西漢南越王墓(上)》,北京:文物出版社,1991,346頁)。然而,唐末以後的薰陸與乳香已經是植物來源不同的兩味藥了(參見金素安等《〈海藥本草〉中的薰陸香和乳頭香》,《江西中醫藥》2013年第5期)。

⑧ 甘肅省文物考古研究所:《甘肅敦煌漢代懸泉置遺址發掘簡報》,《文物》2000年第5期。

⑨ 張顯成:《尹灣漢簡"薰毐"及懸泉遺址紙文書"薰力"考釋》,15頁。

⑩ 廣州市文物管理委員會等:《西漢南越王墓(上)》,346頁。

爲珍貴,自然不會作爲藥品應用於戰爭。

總之,傳世資料以及目前所見出土資料,并不能證明薰陸在西漢時期即傳入我國内地或東部沿海地區。

其次,無法解釋薰陸作爲藥用時,爲何單獨存於武庫中。薰陸最早作爲藥用記載於葛洪《肘後備急方》,書中記載"卒毒腫起急痛方""五香連翹湯""甘家松脂膏"以及"地黄膏"等四個處方用到薰陸。[①] 軍備藥品應當是方便戰場使用,多以丸散膏藥爲主,例如"居延吏卒之常見病,多用針、灸或丸藥、膏藥之類治療"。[②] 如果武庫中的"薰毐"即是薰陸,屬於軍備藥品,那麽武庫中應當還存有其他藥材,然而《武庫永始四年兵車器集簿》中并未見到其他可與薰陸配合使用的藥材。再者,即使薰陸可單獨使用,武庫中僅藏此一種藥材,也無法提出合理解釋。

因此,從上述兩點可以判斷,將"薰毐"釋作"薰陸"雖然在音韻上説得通,但從薰陸傳入中國的時間,以及薰陸作爲軍備用藥的可能性來看,仍然缺乏有力的證據。李均明先生則提出了另一種觀點,認爲:"薰毐,疑指熏煙的原料藁艾之類。集簿見薰毐8斗,以容量計,當爲原料之類,非器物。"[③]李均明先生從"薰"字字義來解釋"薰毐",爲我們的進一步討論提供了新的方向。《説文》中"熏""熏"同在"艸部","熏,火煙上出也。從屮,從黑。""薰,香草也,從艸,熏聲。"[④]《急就篇》顔注曰:"薰者,燒取其煙以爲香也。"[⑤]所以,"薰"可與"熏"通。《説文》釋"毒"曰:"厚也。害人之草,往往而生。從屮,毐聲"。[⑥] 由此看來,"薰毐"應該與有毒植物有關,且燃燒之後所産生的煙霧具有一定毒性。然而,武庫中的薰毐具體是何種形態,以及如何使用,僅憑尹灣漢簡,難以判斷。值得慶幸的是,新近出版的《長沙五一廣場簡牘選釋》爲我們進一步推斷"薰毐"的性質提供了新的材料。

## 二 五一廣場簡所見"薰毐"釋讀

《長沙五一廣場东汉簡牘選釋》近期公布了一批新的簡牘材料,其中CWJ1③:263—17號竹簡記載有"薰毐"二字。現將原簡文移寫如下:

月時米粟候請皆受不雇直受所監臧并二千二百凡臧三萬三千七百案斗俠薰毐射傷

① [東晋]葛洪著,王均寧點校:《肘後備急方》,天津科學技術出版社,2005,134、140、148頁。

② 徐元邦:《居延漢簡中所記吏卒病傷述略》,《中國歷史博物館館刊》1989年第12期。

③ 李均明:《尹灣漢墓出土"武庫永始四年兵車器集簿"初探》,118頁。

④ [東漢]許慎著,[清]段玉裁注:《説文解字注》,上海古籍出版社,1981,22、25頁。

⑤ [漢]史游:《急就篇》,長沙:嶽麓書社,1989,187頁。

⑥ [東漢]許慎著,[清]段玉裁注:《説文解字注》,22頁。

人對殺人亡後爲不知何人所殺何人賊殺人亡輒與平法掾[①]

《選釋》整理之後的釋文及斷句爲:“月時米、粟,候、誧皆受,不雇直,受所監臧(贓)并二千二百,凡臧(贓)三萬三千七百。案:斗、俠、薰、毐射傷人。對殺人,亡。後爲不知何人所殺,何人賊殺人,亡。輒與平法掾。”整理者認爲:“候、誧,及下文斗、俠、薰、毐、對,皆人名。”[②]關於斗、俠、薰、毐是否爲人名,筆者有不同意見。“俠”,可通“挾”。司馬貞《史記索隱》釋“游俠”之“俠”時稱:“俠,挾也,持也。”[③]漢簡中也有“挾”寫作“俠”的文例,如銀雀山漢簡《尉繚子》載“凡俠(挾)議(義)【□□□□】□起;産私結怨,貴以不得已”。[④] 如果上述長沙五一廣場東漢簡牘中“俠”亦作“挾”的話,那麼可以試對釋文後半句進行新的斷句,即“案:斗俠(挾)薰毐射傷人。對殺人,亡。後爲不知何人所殺,何人賊殺人,亡。輒與平法掾。”[⑤]這裹的“挾”同“夾”,本意是用胳膊夾住。此處“薰毐”應當連讀,即《武庫永始四年兵車器集簿》中所記載的“薰毐”,這樣斷句或許更有道理。

薰毐即薰毒,薰毒不能直接射傷人,當是使用經過薰毒加工的箭矢射傷人。張家山漢簡中有相關記載,私人不能隨意攜帶使用堇毒或糀製作的毒矢,“有挾毒矢若謹(堇)毒、糀,及和爲謹(堇)毒者,皆弃市。或命糀爲鱖毒。詔所令縣官爲挾之,不用此律。軍吏緣邊縣道,得和爲毒,毒矢謹臧(藏)。節追外蠻夷盜,以假之,事已輒收臧(藏)。匿及弗歸,盈五日,以律論。”[⑥]根據整理小組的解釋,“堇”解釋爲有毒植物名,所引《國語・晋語》注稱“堇”爲烏頭;“糀”,整理小組認爲應作蘸,引《廣雅》和王念孫《廣雅疏證》,認爲“蘸”即附子。[⑦] 附子、烏頭位列《神農本草經》下品藥的前兩位,“有大毒”。而烏頭,“其汁,煎之名射罔,殺禽獸。”輯注者稱“射罔”是用烏頭煎汁作爲塗在毒箭上的原料,輯注者并引陶弘景的注稱,“以八月采烏頭,捂笮莖,取汁,日煎爲射罔。獵人以敷箭,射禽獸。中人亦死”。[⑧] 從簡文可以看出,堇毒、糀等是由烏頭、附子等植物製成,并被塗抹在箭簇上製成毒矢,而官府對這種毒矢管理亦十分嚴格。結合張家山漢簡的情況,《選釋》中所見“薰毐”也應是指經由有毒植物加工製作而成的毒藥,并可以某種方式(薰蒸)將毒性施加在箭簇之上。

其實,給兵器施毒,戰國末年就已有之。例如荆軻刺秦王所用的匕首,就淬有劇毒。《史

① 長沙市文物考古研究所等編:《長沙五一廣場東漢簡牘選釋》,上海:中西書局,2015,111頁。

② 長沙市文物考古研究所等編:《長沙五一廣場東漢簡牘選釋》,224頁。

③ 《史記》,附录第一《史记集解序》,北京:中華書局,1959,1頁。

④ 銀雀山漢墓竹簡整理小組編:《銀雀山漢墓竹簡》,釋文81頁。

⑤ 本簡釋讀得到莊小霞博士幫助,特此致謝。

⑥ 張家山二四七號漢墓竹簡整理小組:《張家山漢墓竹簡[二四七號墓]》(釋文修訂本),北京:文物出版社,2006,10頁。

⑦ 張家山二四七號漢墓竹簡整理小組:《張家山漢墓竹簡[二四七號墓]》(釋文修訂本),第10頁。

⑧ 馬繼興主編:《神農本草經輯注》,北京:人民衛生出版社,1995,332、333頁。

記·刺客列傳》載:“於是太子豫求天下之利匕首,得趙人徐夫人匕首,取之百金,使工以藥淬之,以試人,血濡縷,人無不立死者。”①東漢時期,給箭簇施毒後用於傷人,開始常見起來。東漢明帝時期,匈奴圍攻金蒲城,“(耿)恭乘城搏戰,以毒藥傅矢。傳語匈奴曰:‘漢家箭神,其中瘡者必有异。’因發强弩射之。虜中矢者,視創皆沸,遂大驚。”②《後漢書》中也有周邊少數民族用施毒箭簇射人的記載,如《東夷傳》稱挹婁“青石爲鏃,鏃皆施毒,中人即死。”③《後漢書·西域傳·西夜傳》:“地生白草,有毒,國人煎以爲藥,傅箭鏃,所中即死。”④《三國志·蜀書·關羽傳》載關羽曾爲流矢所中,後來左臂一直疼痛,診治醫生稱:“矢鏃有毒,毒入於骨,當破臂作創,刮骨去毒,然後此患乃除耳。”⑤流矢既然有毒,説明這場戰争中大量的箭矢都是帶有毒性的。因此,可以斷定,給兵器施毒在戰國末年就已經出現,且至晚在東漢末年的戰争中就已經較大規模地使用毒箭簇。

然而,薰毐是如何施加在箭簇之上的呢?例如上引材料所見的烏頭和白草,都需要煎汁塗抹在箭簇上,其他幾處則未見具體的施毒方式。根據“薰”字文意,或許是通過燃燒産生的毒煙給兵器施毒。《史記·刺客列傳》:“豫讓又漆身爲厲,吞炭爲啞,使形狀不可知,行乞於市,其妻不識也。”⑥《漢書· 賈誼傳》則稱:“豫讓釁面吞炭。”鄭玄認爲“釁,漆面以易貌”,即利用大漆對皮膚的傷害來改异容貌。顔師古則曰:“釁,熏也,以毒藥熏之。”⑦雖然不知道豫讓使用的是植物亦或礦物毒藥,但至少已經説明,毒煙能够對皮膚産生極大傷害,而時人對此也已經有所認識了。

春秋戰國時期,古人對藥物毒性以及植物燃燒所産生氣體的認識也達到了很高水準,在戰争中已經開始利用有毒藥物。《公羊傳》何休注稱,莊公十七年(前677年)占領遂地的齊國軍隊,就被“遂人共以藥投其所飲食水中,多殺之”。⑧《左傳》襄公十四年也記載,諸侯之師伐秦,“秦人毒涇上流,師人多死”。⑨ 可見春秋時期古人就已經利用在水源中投放有毒物質的方式來取得戰争的勝利了。在彙集秦漢時期衆多醫學家藥物學經驗成果、成書於東漢時期的《神農本草經》中,就將藥物的毒性分爲微毒、有毒、大毒等,也説明漢代對藥材毒性的掌握已經達到了一個較高的水準。⑩ 宋代兵書《武經總要》“毒藥煙球”配方中的有毒植物草

① 《史記》卷八六《刺客列傳》, 2533頁。
② 《後漢書》卷一九《耿恭傳》,北京:中華書局,1965,720頁。
③ 《後漢書》卷八五《東夷傳》,2812頁。
④ 《後漢書》卷八八《西域傳》,2917頁。
⑤ 《三國志》卷三六《關羽傳》, 941頁。
⑥ 《史記》卷八六《刺客列傳》,2520頁。
⑦ 《漢書》卷四八《賈誼傳》,北京:中華書局,1962,2256頁。
⑧ 李學勤主編:《春秋公羊傳注疏》,北京大學出版社,1999,155頁。
⑨ 楊伯峻編著:《春秋左傳注》,北京:中華書局,2009,1009頁。
⑩ 馬繼興主編:《神農本草經輯注》,330頁。

烏頭和狼毒,在《神農本草經》中都有記載。而對植物燃燒之後氣味的認識,在秦漢時期也達到一個高峰,當時熏香種類衆多,熏爐製作技藝也十分先進。[①]

綜上所述,在對植物毒性的認識方面,漢代已經積累了豐富的經驗,因此利用熏蒸方式給箭簇施毒的情況極有可能存在。而根據上文所引張家山漢簡的記載,官府對毒藥的管控很嚴,對毒箭矢的管控更加嚴格,因此長沙五一廣場東漢簡牘釋文"斗俠(挾)薰毒射傷人"是一種觸犯法律的行爲。前引張家山漢簡簡文中還提到"軍吏緣邊縣道,得和爲毒,毒矢謹臧(藏)。節追外蠻夷盜,以假之,事已輒收臧(藏)。匿及弗歸,盈五日,以律論。"[②]軍人在特定情況下可以使用堇毒或糧製作的毒矢,用畢必須"收藏",如果隱匿或者不歸還,都會受到處罰。由此可知,政府對這類物品管理嚴格,而適合收藏保管這類特殊兵器的地方很可能就是武庫,這也可以進一步幫助我們理解"薰毒"爲何會出現在《武庫永始四年兵車器集簿》中。因此,《武庫永始四年兵車器集簿》所載"薰毒八斗",可用於給兵器施毒。但根據薰毒的特性,不排除另外一種可能,那就是利用薰毒産生的毒氣、毒煙防禦敵人攻城。

## 三　有關武庫"薰毒"在戰鬥中使用的另一種推測

《武庫永始四年兵車器集簿》所載薰毒僅有8斗,如果是用於給兵器施毒,與武庫中龐大的軍械儲備相比,分量實在很少。筆者認爲,此武庫所藏薰毒,或許僅僅應用於少數參與重要戰事的兵器。此外,結合戰國至秦漢時期的實際情況,也存在將薰毒産生的毒煙應用於守城的可能性。

有研究稱:"中國古代在作戰中,很早就借助煙霧來掩護軍事行動。攻守雙方都有應用,使用的煙霧劑,有燃燒物體的煙塵,也有粉塵。"[③]最早記載戰爭中使用煙塵的是《墨子》,《備突》《備穴》篇都講到了在守城中利用濃煙阻擋敵人進攻。例如《備突》篇載:"城百步一突門……門旁爲橐,充竈狀柴艾,寇既入,下輪而塞之,鼓橐而熏之。"[④]《備穴》篇多次提到利用艾草産生的煙霧熏敵,如:"令陶者爲瓦竇……置康若炭其中,勿滿,炭、康長互竇,左右俱雜,相如也。穴内口爲竈,令如窯,令容七八員艾(左右竇皆如此),竈用四橐。穴且遇,以頡皋衝之,疾鼓橐熏之。"[⑤]此外,《備穴》篇還提到了敵方使用此方法時如何應對,"盆持醞,客即熏,

① 孫機:《漢代物質文化資料圖説》,358頁。
② 張家山二四七號漢墓竹簡整理小組:《張家山漢墓竹簡[二四七號墓]》(釋文修訂本),10頁。
③ 陸敬嚴:《中國古代兵器》,西安交通大學出版社,1996,240頁。
④ 岑仲勉:《墨子城守各篇簡注》,北京:中華書局,1958,52頁。
⑤ 岑仲勉:《墨子城守各篇簡注》,56頁。

以救目;救目,分方鑿穴,以盆盛醯置穴中,大盆毋少四斗,即熏,以自臨醯上及以洒目。"[①]《後漢書・楊琁傳》載東漢靈帝時期零陵太守楊琁在鎮壓農民起義時,"特製馬車數十乘,以排囊盛石灰於車上……期會戰,乃令馬車居前,順風鼓灰",[②]從而取得勝利。可見,利用煙塵作戰在我國有着悠久的歷史。

雖然毒藥與煙霧結合用於戰争的用例,目前所見最早記載於宋代兵書《武經總要》。不過,早在春秋時期,毒氣已經應用於防盜墓等。《酉陽雜俎・屍穸》:"貝丘縣東北有齊景公墓,近世有人開之,下入三丈,石函中得一鵝,鵝回轉翅以撥石。復下入一丈,便有青氣上騰,望之如陶煙,飛鳥過之輒墮死,遂不敢入。"[③]俞樾《茶香室四鈔》卷二有"高柴墓"條稱:"元吾衍《閒居録》云:陳州古墓,俗云高柴墓,爲馮馬兒所發。初得石刻,曰'逢馬而破',遂發之不疑。毒煙飛箭,皆隨機輪而出,因斷其機,得金鑄禽鳥及玉甲片若龍鱗狀,其他异物不可數記。厚葬如此,恐非高柴,當是陳君塚耳。"[④]此外,《史記・齊太公世家》張守節《正義》引《括地志》稱:"齊桓公墓在臨菑縣南二十一里牛山上,亦名鼎足山,一名牛首崗,一所二墳。晋永嘉末,人發之,初得版,次得水銀池,有氣不得入,經數日,乃牽犬入中,得金蠶數十薄,珠襦、玉匣、繒彩、軍器不可勝數。"[⑤]王子今先生認爲墓中置水銀池,用水銀揮發的氣體毒殺盜墓者,是一種充分利用各種手段反盜墓的典型史例。[⑥]

除了上引《後漢書・楊琁傳》在野戰中利用石灰外,尚未見到秦漢野戰使用毒煙的情况。使用毒煙霧受氣象條件的限制,必須站在上風向,然後纔能點燃毒煙,利用風力吹向敵方。但是,風又很容易把煙霧吹散,因此需要大量的毒霧才行,而武庫中的薰毒分量較少,産生的煙霧想必有限。在不能利用天氣條件的情况下,就要有鼓風車、拍囊等器械,利用機械將煙霧吹嚮敵方。而《武庫永始四年兵車器集簿》中并未發現這些器械的記載,其用於野戰的可能性就很小。因此,燃燒之後能够産生有毒煙霧的"薰毒",在秦漢時期被用作守備之器,防禦敵人用地道攻城,也不無可能。

關於薰毒的具體使用方法,或許是置於其他燃料上熏燒。漢代的香料根據燃燒方法的不同,分爲兩種,如本身爲草本植物的茅草等,可直接燃燒;而龍腦、蘇合等樹脂類香料,則需要置於其他燃料上熏燒。[⑦] 後一種香料遠比第一種耐用。如果將薰毒置於其他燃料燃物上熏燒,然後使氣體擴散,這種方法用量比較節約,或許可以解釋爲什麽武庫中的薰毒分量不

---

① 岑仲勉:《墨子城守各篇簡注》,73 頁。
② 《後漢書》卷三八,1288 頁。
③ [唐]段成式撰,方南生點校:《酉陽雜俎》前集卷一三,北京:中華書局,1981,124 頁。
④ [清]俞樾撰,貞凡等點校:《茶香室叢鈔》,北京:中華書局,1995,1497 頁。
⑤ 《史記》卷三二《齊太公世家》,1495 頁。
⑥ 王子今:《中國盜墓史》,北京:九州出版社,2007,348 頁。
⑦ 孫機:《漢代物質文化資料圖説》,360 頁。

多。另外,假如薰毒是用來給兵器施毒的話,或許也是采用這種方式。

綜上所述,本文認爲《武庫永始四年兵車器集簿》中的“薰毒”從音韻角度分析可釋作“薰陸”,但如果説是後世所見香料“薰陸”,則需要更多的資料證明薰陸這種産自西方的香料在西漢中晚期就已經大量傳入我國。如果從藥用角度解釋薰毒即薰陸,似乎也行不通,因爲《武庫永始四年兵車器集簿》衹見此一種疑似藥材,且從醫學史上來看,薰陸應用於醫療最早見於東晋時期成書的中醫著作。結合五一廣場東漢簡牘及張家山漢簡所見“薰毒”“堇毒”等材料,我們或許可以判定“薰毒”應爲有毒植物經過加工製作而成的毒藥,可以通過薰蒸的方式將毒性施加在箭簇等兵器上。“薰毒”在當時管控較嚴,因此纔會出現儲存於武庫的情況。另外,結合戰國至秦漢時期的實際情況,薰毒産生的毒煙,或許也應用於守城。

# 走馬樓三國吴簡吴昌長朱表盜米案初探*

長沙簡牘博物館　孫東波　楊芬

**内容提要**　本文利用簡牘揭剥位置示意圖對《長沙走馬樓三國吴簡·竹簡柒》"吴昌長朱表盗米"卷宗進行初步整理与分析,并認爲吴簡中的湞口倉地望應當在湞水與漢水的交匯處,屬江夏郡;案卷提及的"諸葛府君"很可能是時任丹陽太守的諸葛恪。

**關鍵詞**　走馬樓吴簡　朱表盗米案　湞口　諸葛府君

《長沙走馬樓三國吴簡·竹簡柒》(以下簡稱《竹簡柒》)有一份與吴昌長朱表盜割官米有關的簡册。[①] 該簡册有對應的簡牘揭剥位置示意圖,内容相對完整。綜合運用揭剥圖、簡文内容、文書格式、書寫風格、編痕等信息,對相應簡册作出有意義的編排整理,能够解决一些單純依賴簡文難以搞清楚的問題,這種方法已爲不少學者所應用。[②] 本文試圖參考簡册對應的揭剥圖,運用以上方法,對"吴昌長朱表盜米案"卷宗進行初步整理與分析,并就簡文涉及的重要問題進行討論。

---

* 本文得到國家社科基金重點項目"走馬樓吴簡與孫吴縣政研究"(13AZS009)資助。

① 長沙簡牘博物館、中國文化遺産研究院、北京大學歷史學系、故宫研究院古文獻研究所走馬樓簡牘整理組:《長沙走馬樓三國吴簡·竹簡(柒)》,北京:文物出版社,2013。

② 侯旭東與凌文超兩位學者利用揭剥圖做了不少册書復原方面的研究。如侯旭東《長沙走馬樓吴簡〈竹簡〉〔貳〕"吏民人名年紀口食簿"復原的初步研究》,《中華文史論叢》2009 年第 1 期,66-79 頁;凌文超《走馬樓吴簡采集簿書整理與研究》,桂林:廣西師範大學出版社,2015;等。

## 一 “吴昌長朱表盗米案”的初步整理

《竹簡柒》附録一簡牘揭剥位置示意圖三十三即“朱表盗米案”簡册相對應的揭剥圖，如下：

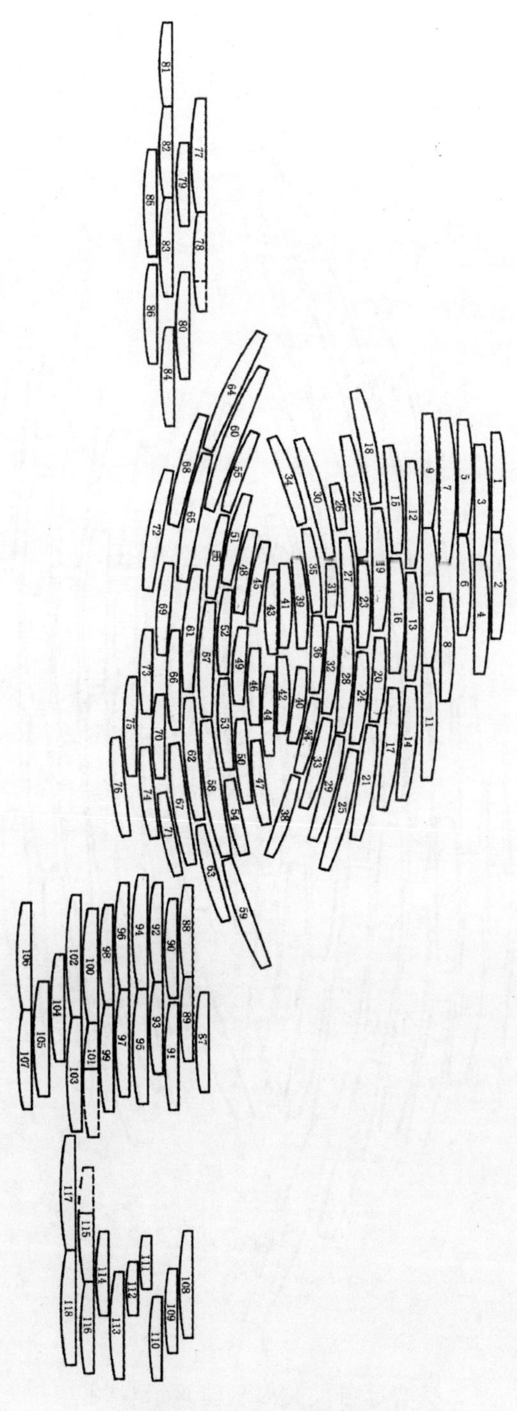

簡牘揭剥位置示意圖三十三

這幅揭剥圖直觀來看,可分成三個部分:核心部分簡牘和散落兩側的簡牘。從簡文内容來看,揭剥圖中的簡牘大體也可分爲三個部分:1—16、80—118 號主要是“户品出錢”簡(正反面均有文字);17—79 號(簡文編號柒·4082—柒·4144),大致内容爲“朱表盗米案”文書簡。下面,我們暫時排除散落一旁的 77—79 號簡,結合簡册的收卷方式、簡牘形制、書寫字迹、簡文内容以及簡牘相對位置關係,對揭剥圖核心部分的 17—76 號簡進行考察,初步整理朱表盗米案卷宗。

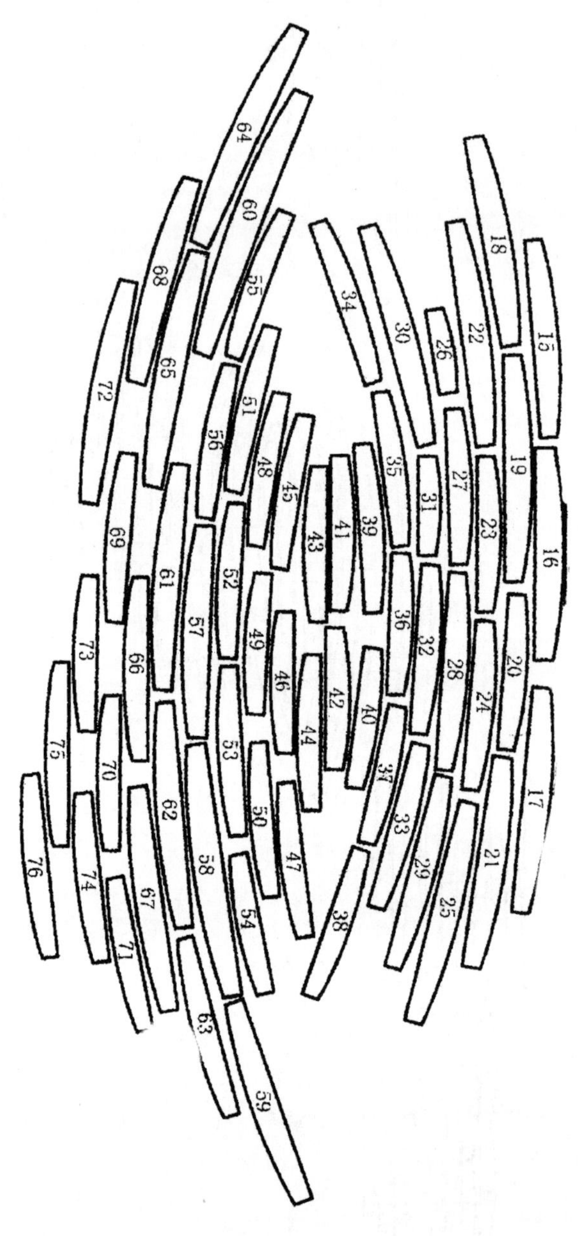


核心部分簡牘揭剥位置示意圖

以上揭剥圖中,簡牘有字面用直綫表示,無字面用弧面表示。我們以有字面相對的簡層作爲起始層,將揭剥圖分爲上、下部分。上部分劃分爲1—8層,下部分劃分爲-1—-11層。從揭剥圖可看出,現存的案卷上下層排列較爲規整,依然還能呈現簡册收卷的基本形態。簡層分布較爲均匀,有字面相對的簡册中心的上層有兩枚簡,下層也正好相同,亦爲兩枚簡。從第二層開始,存簡逐層增多,大致保留了簡册收卷的基本形態。

確定了"朱表盜米案"卷宗在揭剥圖中現存簡牘的大致範圍之後,接下來,我們需要結合簡牘在揭剥圖中的位置及簡牘内容剔除闌入簡。

位於揭剥圖4、5層的第31、26號簡,簡寬明顯窄於其他簡牘,其釋文分别是:

右初家口食五人　筭四　訾　五　十　(柒·4091/26)

妻池年五十一筭一　子男□年十九筭一　(柒·4096/31)

應當是闌入的户籍簡。

位於揭剥圖-7、-8、-9、-10層的第4134/69、4135/70、4136/71、4137/72、4138/73、4139/74、4140/75、4141/76號簡,其釋文如下:

丞□收□□令語租民但入本領米不復收就(?)米書詣倉田曹　(柒·4134/69)

從□□□□□□□□縣吏區稠鹽賈米七斛……　(柒·4135/70)

□□□鹽賈米六斛　郡　張　墜　閣　(柒·4136/71)

中鄉大男□□故户下品出錢四千四百侯相　嘉禾六年正月十二日都鄉典田掾蔡忠白　(柒·4137/72正)

入錢畢民自送牒還縣不得持還鄉典田吏及帥　(柒·4137/72背)

死罪死罪敢言之　(柒·4138/73)

書前言監運掾孫儀受吏民租税襍米起過五月十七日……　(柒·4139/74)

七斛一斗一升曹保連年收□四斛六升九合與(?)本領合二千五百五十一斛七斗☐　(柒·4140/75)

升被書轉令語租民但入本領米不復收僦襍米□言紀誠惶誠恐叩頭　(柒·4141/76)

其中簡4137正背均有文字,是户品出錢簡,應是闌入的。其他簡牘,雖是文書簡,但其内容與領受吏民租税雜米相關,和朱表盜米案内容上没有連貫性,應當同屬闌入簡。其中簡4138頂格書寫"死罪死罪敢言之",顯然是文書簡的結束句,難以判斷是否爲闌入簡。但從簡的編痕印、字迹等判斷,簡4138應與簡4139、4140、4141爲一册,同是闌入簡。

排除以上闌入簡,揭剥圖核心區域的其他簡牘大概均屬朱表盗米案簡册,現將這些簡牘釋文依次臚列如下:[①]

1.解行表軍法當遣主簿詣府白狀縣在治下吏役[不得](柒·4082正/17)

2.事史潘真以三月廿八日[承]詔覆量中倉襍米以四月二日畢訖[覓](?)得表所割(柒·4083正/18)

3.右尉寫下書到亟促依書諦[②]更據[③]科正諸罪法(柒·4084/19)

4.□又表[已先]收繫自首者謂事□覺(?)問縛(?)後自首[④]謂□□(柒·4085/20)

5.以今年正月廿日詣縣督繫曹遣吏張孟傳表以二月四日付臨湘録(柒·4086/21)

6.府[⑤]中部督郵移辛酉詔曰寫下度辭如牒又表以文入没溺米事(柒·4087/22)

7.明府顧無濟育□□乞可斷理楊全表[⑥]澈命[⑦]求哀求哀[白](柒·4088/23)

8.亡而不亡謂故在識表已先收傳繫其有姧臧懷[匿]重罪□(柒·4089/24)

9.……(柒·4090/25)

10.□[消]息不□自覺主者問轉踵自首不應(?)[⑧]□□□[表][⑨]□□□□(柒·4092/27)

11.[以](?)表自首皆在真[⑩]所覺後[⑪]今[⑫]聞□□[⑬][訟][愬]□勉重罪[者](柒·4093/28)

12.[不]應爲自首前已□□給□□罪自□□科正□□□□(柒·4094/29)

---

① 録入釋文凡例與《竹簡柒》一致。

② "諦"原釋作"識(?)"。

③ "據"原釋作"察(?)"。

④ "事□覺(?)問縛(?)後自首"原釋作"□□□□□□□前"。

⑤ "府"原釋作"官"。

⑥ "全表"原釋作"金□"。

⑦ "命"原釋作"仰",此字徐暢已改釋,參看徐暢《走馬樓簡所見孫吴臨湘縣廷列曹設置及曹吏》,長沙簡牘博物館、北京大學中國古代史研究中心、北京吴簡研討班編《吴簡研究》第3輯,北京:中華書局,2011,293頁。

⑧ "應(?)"原未釋。"表"原釋作"克"。

⑨ "表"原釋作"克"。

⑩ "真"原釋作"直"。

⑪ "覺後"原釋作"覺(?)後(?)"。

⑫ "今"原釋作"令"。

⑬ 原釋文認爲缺三字。

13.正[①]月十八日臨湘侯相君告核事掾□記識……　(柒·4095/30)

14.月十八日吏復有辭以米給莽仁非[②]自散用事既在真所覺[③]□　(柒·4097/32)

15.米一百七十斛表後以四月九日有辭以米□昔所遺兵□□[④](柒·4098/33)

16.入種粻米即已還貰見米[⑤]百七十斛付涓(?)口(?)[⑥]壄閣朱翻倉吏王　(柒·4099/34)

17.□□□運悉畢□□□書掾料校[⑦]縣倉□所貸求[⑧]□已償表[⑨]　(柒·4100/35)

18.會日遣主簿□□□□不得稽留言如□記科令[⑩]　(柒·4101/36)

19.溺米事録事各畢願乞依事覺後(?)自首科[⑪]結罪□□□[⑫]　(柒·4102/37)

20.□謹貫嚴[⑬]上聞恩唯……　(柒·4103/38)

21.收[⑭]四月九日發[⑮]臨湘吏□自首乞言以屢昔所遺兵覓到其自首□　(柒·4104/39)

22.不[⑯]如狀後吏實列乃米實已還償[⑰]表□先□記自以文入没　(柒·4105/40)

23.道里長遠時值□□無□資斷(?)換以中倉溢(?)米□□斛[⑱]給莽仁　(柒·4106/41)

24.丹楊大男朱渡求哀以促作父表給吴昌昔遣吏鄮(?)莽予諸葛府君　(柒·4107/42)

---

① "正"或可釋作"五(?)"。
② "非"或可釋作"并",
③ "覺"原未釋。
④ "□□"原釋作"……",或可釋作"有覺"。
⑤ "還貰見米"原釋作"買宜(?)見(?)米(?)一"。
⑥ "付涓(?)口(?)"原釋作"□□□□"。
⑦ "校"原釋作"核"。
⑧ "求"原釋作"米"。
⑨ "表"原釋作"麦"。
⑩ "如□記科令"原釋作"……科令……"
⑪ "科"原釋作"私"。
⑫ "□□□"原釋作"不覺翘"。
⑬ "嚴",字原釋作"叢"。
⑭ "收"釋可疑,或可釋作"以"。
⑮ "發"或可釋作"往"。
⑯ "不"原釋作"所"。
⑰ "償"原未釋。
⑱ "溢(?)米□□斛"原釋作"□□米□斛"。

25.□□傍爲道上粻米五十斛兩傍人各廿[五]斛及告□□詣府[君]　(柒・4108/43)

26.[換]取南郡李□石□□□[①]民所還種粻米□[十]斛分(?)[②]給[役]□吏□[周]　(柒・4109/44)

27.□得潘掾文書□[③]白表[④]用米給莽等斛數相應表未(?)見□[⑤]□　(柒・4110/45)

28.自首不如狀[到十日][⑥]表即復首對實□給莽[⑦]等明[⑧]十六日如見(柒・4111/46)

29.掾□□□□[⑨]等乞從府還轉以倉中溢米七十斛……　(柒・4112/47)

30.[臨湘丞][⑩][掾寫][⑪]□書[⑫]□曰亟促[⑬]□□……　(柒・4113/48)

31.……　嘉禾[六]年五月十七日起倉曹　(柒・4114/49)

32.[復]正罪法可[⑭]應會日……[主簿]……[言表]……　(柒・4115/50)

33.□詔覆量中倉[襍米]以四月六日畢訖□得(?)表(?)[⑮]□□□用[⑯]　(柒・4116/51)

34.□月十日□□長沙太守[⑰][兼中部督郵書掾]偉(?)督察移[⑱]　(柒・4117/52)

35.□□如牒又表以文入没溺米事今年[正][⑲]月廿日詣縣獄自繫　(柒・4118/53)

---

① "南郡李□石□□□"原釋作"□□□□□□□"。

② "分(?)"原釋作"米"。

③ "□"或可爲"習"。

④ "表"原釋作"表(?)"

⑤ "□"或可釋爲"覺"。

⑥ "到十日"原釋爲"斛斗□"。

⑦ "莽"字原缺釋。

⑧ "明"或可釋作"即"。

⑨ "□□□□"或可釋爲"□厚正强",或爲人名。

⑩ "丞"原釋作"書"。

⑪ "寫"原釋作"葛"。

⑫ "書"原未釋。"書"下爲編痕印,痕迹下不知是否有字。

⑬ "亟促"二字原未釋。

⑭ "可"或當釋作"所"。

⑮ "得(?)表(?)"二字原未釋。

⑯ "用"原未釋。

⑰ "□月十日□□長沙太守"原釋作"□吏(?)□□□□□下□"。

⑱ "書掾偉(?)督察移"等字原均未釋。

⑲ "正"字原未釋。"今年"二字間有留白,可以考慮此空本爲留下的編聯位,但編成册後,編繩位置比估計的稍有偏移,編繩壓在了"月"字上,擋住了"正"字。

36.府……[①]　告兼中部督郵書掾王偉臨湘今寫[②]　(柒·4119/53317/54)

37.□獄今臨湘結斛斗[③]□後表自首狀□唯□所用米事覺自首　(柒·4120/55)

38.□遣吏張孟傳表以二月四日付臨湘録事史潘真以三月廿八[④]　(柒·4121/56)

39.先自覺主者問[⑤]縛□繫[⑥]自首不應爲自(?)首表[⑦]唯□辤(?)皆爲真所(?)覺(?)[⑧]　(柒·4122/57)

40.嘉禾六年正[⑨]月□□日……　(柒·4123/58)

41. 主簿□□　省　(柒·4124/59)

42.……　右……

口紀……　(柒·4125/60)

43.……見上□　(柒·4126/61)

44.□□先□繫自首□□□未(?)覺若覺後□對謂□得□更□□　(柒·4127/62)

45.朱(?)[⑩]表坐割還□□倉吏□□所領溢米一百七十斛……畢　(柒·4128/63)

46.……記到……　(柒·4129/64)

47.正[⑪]月一日吏昌寫……録事史……復考實吴昌長　(柒·4130/65)

48.……覺後不……乞□前□□□□解行表軍法……　(柒·4131/66)

49.□月　日關中部督郵……　☐(柒·4132/67)

50.……詣□右……　(柒·4133/68)

51.皆□[⑫]真所覺白後罪明科正事當促竟記到偉□□□□□　(柒·4144/79)[⑬]

從形制上看,這些簡可粗分爲兩類。一類簡相對較長、較寬,長約24厘米,寬約1.2厘

① "府……"原釋作"敢言之"。
② "今寫"二字原未釋。
③ "斛斗"或可釋作"科正"。
④ "八"原釋作"七"。
⑤ "問"原釋作"間"。
⑥ "縛"後若留有編繩位置,則"縛繫"連讀。
⑦ "爲""表"二字間僅能容一字。
⑧ "□辤皆爲真所(?)覺(?)"原釋文作"以□月七日吏廖□□□"。
⑨ "正"或可釋作"五(?)"。
⑩ "朱(?)"原釋作"□□米"。
⑪ "正"或可釋作"五(?)"。
⑫ "□"或可釋作"在(?)"。這枚簡不在揭剥圖的核心部分,散落一側,從内容看屬於朱表盜米案簡册。
⑬ 這枚簡不在揭剥圖的核心部分,散落一側,從内容看屬於朱表盜米案簡册。

米。一類簡相對較短,較窄,長約 23.5 厘米,寬約 0.7 厘米。其中第一類簡的揭剥圖編號爲 17-19、21、25、28-30、34、57-68,對應本文編號爲 1-3、5、9、11-13、16、39-50;剩下的簡牘爲第二類簡,對應本文編號分别爲 4、6-8、10、14-15、17-38、51。第一類簡牘大體處在簡册收卷的外圈部分,而第二類較窄的簡大體分布在内圈部分。根據簡牘收卷的規律,寬簡和窄簡應分屬這份簡册的不同文書,用窄簡書寫的文書大體編在寬簡之前。

考古發掘出土的簡牘,在發現時編繩一般早已散亂,簡牘難免發生錯位。即便長期放置不動,簡與簡之間的相互擠壓、地下水的浮力,也會發生簡與簡的錯位。而且在發掘過程中,即便整體揭取,簡牘難免也會被移動,因此也會錯位。以揭剥圖作爲參照來整理復原簡牘,也要認識到揭剥圖的局限性,纔能更好地應用揭剥圖幫助復原簡册。除了簡牘揭剥圖位置,簡牘的編痕、書寫風格、文書内容、文書行政運作的特點均能給册書復原提供寶貴的信息。儘管如此,由於存留的簡文數量不多,且由多個文檔組成,所以要精確復原和整理"朱表盜米案",難度還很大。

由於基本保持了簡册原有的收卷形態,所以揭剥圖最核心的第 1 層或-1,很可能會包含簡册的首簡。位於第一層的 2 號簡"丹楊大男朱渡求哀"正好可作爲一份文書的首簡。所以,這份卷宗的第一份文書,應在簡册的核心部分,基本位於該揭剥圖簡册的第-2—2 層,是朱渡爲父親朱表求哀全命的文書。

24.丹楊大男朱渡求哀以促作父表給吴昌昔遣吏郙(?)莽予諸葛府君

23.道里長遠時值□□無□資斷(?)换以中倉溢(?)米□□斛給莽仁

26.换取南郡李□石□□□民所還種粻米□十斛分(?)給役□吏□周

25.□□傍爲道上粻米五十斛兩傍人各廿五斛及告□□詣府君

16.入種粻米即已還貫見米百七十斛付涓(?)ロ(?)壄閣朱翻倉吏王

17.□□□運悉畢□□□書掾料校縣倉□所貸求□已償表

29.掾□□□□等乞從府還轉以倉中溢米七十斛……

27.□得潘掾文書□白表用米給莽等斛數相應表未(?)見□□

28.自首不如狀到十日表即復首對實□給莽等明十六日如見

20.□謹買嚴上聞恩唯……

上列文書的字迹有連筆,較爲隨意灑脱。其中簡 20 文字頂格書寫,下有留白,應當是一份上行文書的結尾之語。其位置靠近簡册核心收卷位置,故置於這份文書之末。

揭剥圖的第 5-6 層,有幾枚寬度相似的窄簡,文字書寫工整、清晰,字符間距相近,應出自一人之手。其中簡 7 的“求哀求哀白”,與前列簡 24“朱渡求哀”,在文意上相互呼應。雖然從揭剥圖收卷方式上,與第一份文書斷開,其字體風格、字符間距也與上揭文書有别,但還是分段附在第一份文書之後:

4.□又表已先收繫自首者謂事□覺(?)問縛(?)後自首謂□□

10.□消息不□自覺主者問轉踵自首不應(?)□□□表□□□□

8.亡而不亡謂故在識表已先收傳繫其有姦臧懷匿重罪□

7.明府顧無濟育□□乞可斷理楊全表溦命求哀求哀白

上文簡 7 中“明府顧無濟育”之“明府”或應指長沙郡太守,[①]故本册案卷當有一份文書爲長沙太守下文。

位於揭剥圖-4、-5、4 層的窄簡,可組成“長沙郡府告中部督郵書掾書”:

36.府…… 告兼中部督郵書掾王偉臨湘今寫□

35.□□如牒又表以文入没溺米事今年正月廿日詣縣獄自繫

38.□遣吏張孟傳表以二月四日付臨湘録事史潘真以三月廿八

33.□詔覆量中倉襍米以四月六日畢訖□得(?)表(?)□□□用

15.米一百七十斛表後以四月九日有辭以米□昔所遣兵□□

14.月十八日更復有辭以米給莽仁非自散用事既在真所覺□

37.□獄今臨湘結斛斗□後表自首狀□唯□所用米事覺自首

51.皆□真所覺白後罪明科正事當促竟記到偉□□□□□

32.復正罪法所應會日……主簿……言表……

31.…… 嘉禾六年五月十七日起倉曹

34.□月十日□□長沙太守兼中部督郵書掾偉(?)督察移

上述簡中,除簡 51 散落一旁,其他簡分别位於揭剥圖中心位置相對的第三、四、五層,符合簡册的收卷方式。但以上編排却有疑問,即簡 38、15、14、51 是一種字體,簡 36、35、33、37、34 爲另一種字體,它們之間的字符間距也不同。其中簡 36“府…… 告兼中部督郵書掾王偉臨湘今寫□”與簡 51“皆□真所覺白後罪明科正事當促竟記到偉□□□□□”,雖然字體明顯

① 此處“明府”,還有一種可能,或許是簡文中提到的諸葛府君。

不同,字符間距也不同,很可能屬不同文書,但考慮到這兩枚簡同屬郡對督郵下文的内容,我們暫將這些簡編聯在一起,這樣文意通順、上下關係連屬,有利於復原朱表事件經過。

以下是臨湘丞掾依"府記科令"敦促結正朱表罪法的文書。

30.臨湘丞掾寫□書□曰亟促□□……

21.收四月九日發臨湘吏□自首乞言以廲昔所遣兵覓到其自首□

22.不如狀後吏實列乃米實已還償表□先□記自以文入没

19.溺米事録事各畢願乞依事覺後(?)自首科結罪□□□

18.會日遣主簿□□□□不得稽留言如□記科令

以下是臨湘侯相告核事掾文書:

13.正月十八日臨湘侯相君告核事掾□記識……

11.以(?)表自首皆在真所覺(?)後(?)今聞□□訟 愬□勉重罪者

12.不應爲自首前已□□給□□罪自□□科正□□□□

9.……

以下是右尉下書傳達中部督郵要求臨湘解表行軍法,并遣主簿到太守府白朱表案相關事宜的文書:

3.右尉寫下書到亟促依書諦吏據科正讁罪法

6.府中部督郵移辛酉詔曰寫下度辭如牒又表以文入没溺米事

5.以今年正月廿日詣縣督繫曹遣吏張孟傳表以二月四日付臨湘録

2.事史潘真以三月廿八日承詔覆量中倉襍米以四月二日畢訖覓(?)得表所割

1.解行表軍法當遣主簿詣府白狀縣在治下吏役不得

最後一份文書,是寬簡,位於揭剥圖-5、-6、-7、-8層。這些簡牘字迹大多漫漶不清,從内容看,應是相關部門"關中部督郵文書"内容。

47.正月一日吏昌寫……録事史……復考實吴昌長

45.朱(?)表坐割還□□倉吏□□所領溢米一百七十斛……畢

39.先自覺主者問縛□繫自首不應爲自(?)首表唯□辤(?)皆爲真所(?)覺(?)

44.□□先□繫自首□□□未(?)覺若覺後□對謂□得□吏□□

43.……見上□

46.……記到……

48.……覺後不……乞□前□□□□解行表軍法……

49.□月　日關中部督郵……　▨

50.……詣□右……

41.主簿□□　省

40.嘉禾六年正月□□日……

42.……　右……

口紀……

因現存簡文有散落的情況,再加上文字漫漶,無法識别,以上初步整理祇是大致編排。但通過以上大致復原,我們還是能理清朱表盗米案的大致經過。

根據簡24、45、47可推斷,這份簡册涉案人姓朱名表,任長沙郡吴昌長。朱表曾遣吏莽仁等到諸葛府君處,於此期間,割用一百七十斛没溺米。因文入没溺米事,朱表在嘉禾六年正月到縣自繫。[①] 後由吏張孟於二月四日將朱表移送至臨湘録事掾潘真處。潘真以三月二十八日覆量中倉,於四月二日完成核驗工作,獲得朱表割用的一百七十斛米的事實。四月九日,朱表供詞是將米給了以往的遣兵。但在四月十六(八)日,朱表更改之前的供詞。[②] 朱表案結論是,朱表不是在未發覺前自首,而是在潘真核驗中倉事發覺後自首,當依事覺後自首對朱表軍法處置。

## 二　湞口倉

"朱表盗米案"還留給我們一些重要的歷史信息,如簡16中的"湞口"。在走馬樓其他簡中,"湞口"也有寫作"員口"。關於員口倉的地望,有兩位學者分别討論過。王子今認爲"員口"之"員",或即爲"肙",即涓水,一名易俗河。源於湖南双峰蒋市街,北流,在湘潭北注入湘江的涓水,其与湘水合流之處,或許就是"員口倉"或"肙口倉"的所在。[③] 戴衛紅則認爲,湞口在孫吴時期屬武昌郡,按其地理位置,在今湖北省武漢市東西湖區的新溝鎮。并認爲吴國處於長江流域,爲了運輸的方便,糧倉大多建在兩江相匯的江口。湞口處於湞水之口、漢水之濱,自然也成爲天然的糧倉。[④]

① 或是吴昌縣。

② 承認將米給莽等并自盗用了。

③ 王子今:《"烝口倉"考》,北京吴簡研討班編《吴簡研究》第1輯,武漢:崇文書局,2004,331頁。

④ 戴衛紅:《長沙走馬樓吴簡所見孫吴時期的倉》,《史學月刊》2014年第11期,96-97頁。

我們贊同兩位學者的一致認識,即涓口不在臨湘。涓口邸閣“朱翻”在走馬樓吴簡中僅出現一次,屬孤例,而臨湘當地倉吏在吴簡中出現頻率是相當高的。

至於其方位,我们贊成戴衛紅的觀點,涓口處於涓水之口、漢水之濱。北京大學藏秦里程簡册記載有“用船江、漢、員(涓),夏日重船上日行八十里、下百卅里,空船上日行百里、下百六十里。”[①]可見,涓水與漢水、長江水系地域接近,亦證戴衛紅觀點更接近事實。但嘉禾年間“涓口倉”應不屬武昌郡,而屬江夏郡。要説明這一問題,必須討論孫權時期武昌郡的廢立問題。

關於孫吴武昌郡存在時間,歷代史志記載紛雜,莫衷一是。

《三國志·吴書·吴主傳二》:“(黄初二年),權自公安都鄂,改名武昌,以武昌、下雉、尋陽、陽新、柴桑、沙羨六縣爲武昌郡。”[②]《元和郡縣志·江南道三》:“建安二十五年,吴大帝以下雉、尋陽、新城、柴桑、沙羨、武昌六縣爲武昌郡,黄武初,自建業徙都,廢。”[③]《宋書·州郡志三》:“武昌侯相,魏文帝黄初二年,孫權改鄂爲武昌。”[④]以上關於武昌郡建立的時間有二,一爲黄初二年(221),一爲建安廿五年(220)。陳健梅贊成黄初二年,孫權自公安都鄂,改名武昌,孫權徙都武昌時乃置武昌郡,武昌郡當爲京畿所在。[⑤] 以上説明,學者對武昌郡立郡時間分歧不大,黄初二年(221)孫權已立武昌郡并無疑義。

但武昌郡廢郡時間,學者觀點分歧較大。一認爲孫吴未省武昌郡。《晋書·地理志下》:“孫權分江夏立武昌郡,又分蒼梧立臨賀郡,分長沙立衡陽、湘東二郡。”[⑥]後世地志多以晋志江夏武昌二郡并立,遂謂吴時武昌未省。二認爲武昌郡廢郡時間爲黄武初,如前引《元和郡縣志》。另,清人吴增僅據《晋書·王戎傳》王戎領前鋒進攻武昌,吴將楊雍、孫述、江夏太守劉朗率衆詣戎降,認爲武昌郡廢,江夏郡治武昌。又據《三國志·吴書·陸遜傳》等,赤烏七年(244)陸遜代顧雍爲丞相,孫權詔“其州牧都護領武昌事如故”,遜卒,諸葛恪代遜,權分武昌爲左右兩部,證明陸遜所領爲武昌都督,非武昌郡事,且陸遜所領三郡無武昌郡,進一步證明武昌郡省於黄武初。[⑦]

---

① 辛德勇:《北京大學藏秦水陸里程簡册的性質和擬名問題》,武漢大學簡帛研究中心編《簡帛》第8輯,上海古籍出版社,2013,17頁。

② 《三國志》卷四七,北京:中華書局,1982,1121頁。

③ [唐]李吉甫:《元和郡縣圖志》卷二七,北京:中華書局,1983,645頁。其校勘記曰:“‘黄武初’……此宜作‘黄初初’”。

④ 《宋書》卷三七,北京:中華書局,1974,1127頁。其校勘記曰:“魏文帝黄初二年孫權改鄂爲武昌‘黄初二年’各本并作‘黄初三年’,據《三國志·吴志·吴主權傳》改。”

⑤ 陳健梅:《孫吴政區地理研究》,“廢武昌郡考”,長沙:嶽麓書社,2008,232頁。

⑥ 《晋書》卷一五,北京:中華書局,1974,454頁。

⑦ [清]吴增僅:《三國郡縣表附考證》卷八《吴荆州部》考證部分,刻本,4頁。

陳健梅補充1955年出土於武昌任家灣113號墓的黄武六年(227)鄭丑買地券"黄武六年十月壬戌朔十日辛未……江夏沙羨縣物故",[①]認爲沙羨縣於黄武六年移屬江夏郡,進一步證明時武昌郡已廢。[②]

在走馬樓吴簡中,"武昌"地名一般不是以郡名的情況出現,"江夏"地名出現不多,但却明顯是指郡名,如:

三人合爲錢二百一十萬五千其一百廿七萬五千各别在武昌安成建(總·陸·44982)

武昌□□軍督領□□□承書從事□□……(貳·1001)

☑春江夏[③]南郡宜都大守承書從事□□攝□□(肆·4487)[④]

以上簡文中"安成""武昌"并言,可見武昌不是郡名。江夏、南郡、宜都并列,可證江夏爲郡名。因而,孫吴嘉禾年間,并不存在江夏郡和武昌郡二郡并立。所以,我們認爲吴簡中的涓口倉地望應當在涓水與漢水的交匯處,屬江夏郡。

## 三 諸葛府君身份猜測

本簡册首簡提及的"諸葛府君"爲何人?兩漢三國地方郡級行政機構多稱作"府",長官稱"明府""府君"等。王素、王子今已列舉傳世文獻及碑刻中的諸多事例證明。[⑤]我們再以《三國志·吴書》記載加以補充證明。《孫破虜討逆傳》裴松之引《吴録》荆州刺史王睿稱孫堅爲"孫府君",其時孫堅爲長沙太守。[⑥]《三嗣主傳》裴松之引《會稽邵氏家傳》:"(邵)疇進(郭誕)曰:'疇今自在,疇之事,明府何憂?'遂詣吏自列,云不白妖言,事由於己,非府君罪。"[⑦]邵疇面稱郭誕爲"明府",與他人言稱郭誕爲"府君",時郭誕爲會稽太守。《太史慈傳》

① 陳欣人:《武漢出土的兩塊東吴鉛券釋文》,《考古》,1965年第10期。

② 陳健梅:《孫吴政區地理研究》,"廢武昌郡考",232頁。

③ "夏"字原未釋,此據圖版補。

④ 長沙簡牘博物館、中國文物研究所、北京大學歷史學系走馬樓簡牘整理組:《長沙走馬樓三國吴簡·竹簡(貳)》,北京:文物出版社,2007。長沙簡牘博物館、中國文化遺産研究院、北京大學歷史學系走馬樓簡牘整理組:《長沙走馬樓三國吴簡·竹簡(肆)》,北京:文物出版社,2011。

⑤ 王素:《長沙走馬樓三國孫吴簡牘三文書新探》,《文物》1999年第9期,47頁;王子今:《居延漢簡所見"明府"稱謂》,卜憲群、楊振紅主編《簡帛研究二〇〇七》,桂林:廣西師範大學出版社,2010,89-98頁。徐暢也有相關論述,參見徐暢《走馬樓簡所見孫吴臨湘縣廷列曹設置及曹吏》,長沙簡牘博物館、北京大學中國古代史研究中心、北京吴簡研討班編《吴簡研究》第3輯,北京:中華書局,2011,292-393頁。

⑥ 《三國志》卷四六《吴書·孫破虜傳》,北京:中華書局,1982,1097頁。

⑦ 《三國志》卷四八《吴書·三嗣主孫皓傳》,1170-1171頁。

太史慈對孔融曰:"昔府君傾意於老母,老母感遇,遣慈赴府君之急,固以慈有可取,而來必有益也。"[①]太史慈面稱孔融爲"府君",時孔融爲北海相。可見"府君"之稱確多爲郡太守或王國相。

"諸葛府君"無疑是對郡級長官的稱謂。《吴書·吴主傳二》:"(嘉禾三年)秋八月,以諸葛恪爲丹楊太守,討山越。"[②]又嘉禾六年,"諸葛恪平山越事畢,北屯廬江。"[③]嘉禾三年至嘉禾六年,諸葛恪爲丹陽太守。所以,吴簡中提到的"諸葛府君"有可能就是時任丹陽太守的諸葛恪。

另外,簡23提到"道里長遠",説明從吴昌前去諸葛府君處路途遙遠,應當至少跨越一郡的範圍。

再次,根據現存簡文,莽仁等前往諸葛府君處,經由道路如下。

據簡23"换以中倉溢米",説明從吴昌遣吏至諸葛府君處,莽仁等經過了中倉。走馬樓吴簡中的"中倉"常見,也稱作"州中倉"。針對其地望,學者有過相關討論。何佳綜合簡文、文獻及考古材料,推測臨湘縣依據本地特殊地理位置分設三州倉與州中倉於湘水兩岸。[④] 考慮還未發現湘水兩岸倉窖藏遺址,也有學者對州中倉的地理位置,持謹慎的態度。[⑤] 我們姑且不論州中倉的具體位置,從其在吴簡中出現的頻率而言,它們當均設在臨湘或其附近。因此可推斷,莽仁等從吴昌出發後,途經長沙郡郡治臨湘。

前文我們曾討論"涓口"在漢水和涓水的交匯處,屬江夏郡,地望接近武昌。不難看出,莽仁等詣諸葛府君,先西南行至長沙郡治臨湘,沿途再經江夏郡,輾轉進入丹陽。[⑥] 這條路徑雖顯曲折,但從水陸路交通的方便或其他特殊目的看,從吴昌至丹陽并非完全不可行。《漢書·武帝紀》:"行南巡狩,至於盛唐,望祀虞舜於九嶷。登灊天柱山,自尋陽浮江,親射蛟江中,獲之。舳艫千里,薄樅陽而出,作《盛唐樅陽之歌》。"[⑦]武帝巡狩路綫爲:盛唐—灊天柱山—尋陽—樅陽,也是比較曲折,可以作爲比照。

最後,本案卷涉案人朱表、朱渡亦爲丹陽人,朱表遣吏至諸葛府君處,而諸葛恪正好爲丹陽太守,或許這種巧合能説明一定的問題。

---

① 《三國志》卷四九《吴書·太史慈傳》,1187頁。

② 《三國志》卷四七《吴書·吴主傳》,1140頁。

③ 《三國志》卷四七《吴書·吴主傳》,1142頁。

④ 何佳:《長沙走馬樓吴簡所見倉、庫及倉庫、庫吏的研究》,西北師範大學文學院歷史系、甘肅省文物考古研究所、西北師範大學文學院歷史系編《簡牘學研究》第4輯,蘭州:甘肅人民出版社,2004,119-131頁。

⑤ 戴衛紅:《長沙走馬樓吴簡所見孫吴時期的倉》,《史學月刊》2014年第11期,第98頁。

⑥ 據26號簡文"换取南郡……"一語,我們懷疑莽仁等或許與南郡某人有過接觸,但是否途經南郡并不能肯定。

⑦ 《漢書》卷六《武帝紀》,北京:中華書局,1962,196頁。

綜上,本簡册中的“諸葛府君”很可能就是孫權臨終委以大任的諸葛恪。另外,吴昌長朱表盜米案,這份留存較爲完整的册書,是認識三國孫吴行政程序的有益資料,值得進一步挖掘其中隱含的内在信息。

附記:本文被擬録稿進行修改時,筆者適時正在組織“紀念走馬樓三國吴簡出土20周年長沙簡帛研究國際學術研討會”會務。其中陳榮傑女士和楊小亮先生提交給會議的文章與本文主題相似,均以“朱表案”爲討論對象。特别是楊小亮先生在釋文訂正等方面与本文有許多結論不謀而合,因兩文并未正式公開,所以本文未參考引用,特此申明。另,感謝匿名評審給予本文很好的建議,在修改時我們已部分采納。

# “帝國模式”的生成與演化*

## ——讀《秦漢軍制演變史稿》

陝西師範大學歷史文化學院　崔建華

軍事問題對於歷代國家政權都具有極爲重要的意義。不過,對於秦國而言,軍事問題的歷史意義非但重要,而且還十分特殊。如果説後世的軍事問題往往與週期性社會動盪及改朝换代密切相關。那麽,對於秦國而言,鐵血戰争不僅使秦王替代了周天子的天下共主地位,更重要的是,秦國還經由軍事征服,建立起迥异於周代的集權統治模式,垂範後世長達兩千多年。從這個意義上説,孫聞博著《秦漢軍制演變史稿》(以下簡稱《史稿》),[①]可謂從源頭上牽住了歷史演進的“牛鼻子”,從而使相關討論有力地推進了對秦漢歷史的微觀及整體認知。

## 一

所謂“軍事制度”,是一個内涵廣泛的概念,諸如武官制度、軍隊構成、集兵方式、軍事編制、後勤補給、裝備製造與管理、軍事設施與軍事交通、軍法軍紀等内容均可納入軍事制度的範疇。但《史稿》從特定的問題意識出發,摒弃面面俱到的常規做法,搭建了一個重點突出、個性鮮明的研究架構。

《史稿》主體共五章,内容依次爲“武官制度的演進”“軍隊的構成與演變”“軍隊組建背

* 本文爲陝西師範大學歷史文化學院科研創新團隊項目“漢魏六朝帝制社會研究”的階段性成果。

① 孫聞博:《秦漢軍制演變史稿》,北京:中國社會科學出版社,2016。

景""軍事征發""軍事生活的制度史考察"。其中前兩章與第四章的主題,屬於習見的軍事制度範疇,而軍事制度的其他内容則没有被納入研究視野。作者的選擇顯然有其特殊考慮。大致説來,在軍事制度的範疇内,後勤補給、裝備設施等内容,與硬件密切相關,主要爲軍隊提供服務,屬於軍制體系中外緣性的因素。而武官制度、軍隊構成、集兵方式則不同,三者均圍繞着人的因素來發揮效能,關涉軍隊的領導、兵力的部署、民衆的役使,屬於軍制中的核心内容。通過對這三方面内容的探討,秦漢帝國集權體制對軍力、區域、民衆的控馭,無疑會得到更爲直接、更爲有力的揭示。

如果説《史稿》選取軍制中的三個主題爲研究對象,體現其突出重點的寫作長處,那麽,第三章"軍隊組建背景"、第五章"軍事生活的制度史考察",則彰顯了《史稿》的鮮明個性。作者對軍隊組建背景的關注,顯然是由於對軍事征發問題的思考而激起的。在以往的研究中,有關軍事征發的成果并不少,學界普遍意識到這個問題的重要性。但作者特别指出,以往研究"多孤立地探討集兵方式,較少將此問題置於當時國家對社會群體人身役使的大背景下思考。而欲推進相關研究,直接而要緊的,是要首先弄清秦漢的社會結構、身份秩序。(第219頁)"此説將原本受到忽視的内容猛然提升到優先考察的位置,具有振聾發聵的效果。關於軍事生活,傳統的軍制史也很少將其納入研究視野。但一個顯而易見的事實是,軍中的生活情態往往受到制度的約束,軍事生活與軍制具有很强的關聯。作者認爲從制度史角度來考察軍事生活,可以使軍制史研究"更爲立體全面"(第307頁),這樣的學術判斷無疑會推進軍制史研究對象的延展。

在研究架構之外,《史稿》的研究視角與方法亦有顯著特點,首先是極爲重視軍制在時段縱軸上的"演變"。以武官制度爲例,傳統的研究偏於静態,一般模式是列舉某朝代有某官,至於此官由何官演化而來,演化具體發生在哪個時段,爲何演化,之後又在哪個時段演化爲其他官稱,往往是史有明文則襲之,史無明文便闕略。《史稿》則不然,比如在探討文武兼宗的相邦一職時,作者指出,該職位是在爵官轉移的過程中出現的,其地位與爵官轉移之前的大良造庶長爵位相當。關於太尉一職,作者揭示,它的前身是秦國本土的邦尉,秦國在擴張過程中,新設之郡亦設郡邦尉,郡邦尉越來越多,倒逼秦國改本土邦尉爲太尉,以區别於郡邦尉(第61-62頁)。再以邊地胡騎爲例,作者不僅僅是指出漢代軍隊中胡騎的存在,還梳理出胡騎的地位與影響力越來越大的變化趨勢,并且對促成這一變化趨勢的原因進行分析。由此可見,《史稿》對軍制變化及其原因的分析,是極爲重視的。

注重横向的制度之間的相互影響,是《史稿》在視角與方法上的第二個突出特點。比如第一章第一節對爵官轉移與文武分職的討論,涉及到爵制與官制的關係。同章第四節對地方武官"邊地化"的討論,以及第二章第二節對地方武裝"郡兵"性質的穩定性的討論,均與中央與地方之間的行政管理體制變革密切相關。第四章所關注的軍事征發,作者既然認爲該制度是以秦漢時代的身份制度爲背景的,那麽,這一章的内容與秦漢身份制度之間的關聯,就是不言而喻的。在個别章節,即使所討論的并非軍制本身,但作者的思路仍然貫徹了制度關聯的精神。如第三章對秦漢軍隊組建背景的考察,討論對象并不直接屬於傳統的軍制範疇,但《史稿》從身份序列的角度指出:"以往探討秦及漢初身份秩序與社會結構,特别强調二十等爵","但功賞、刑罰相輔而成,秦及漢初的刑罰體系下,當時還存在數量較爲可觀、身份相對穩定的徒隸、司寇","在刑罰等級、法律身份之外,他們所具有的社會身份、階層意義,同樣值得關注。"(第 236 頁)也就是説,作者認爲爵位制度、刑罰制度雖然區别很大,但在身份序列中,有罪者與有爵者均有一席之地,實際上注意到了爵制與刑制之間的内在聯繫。

## 二

《史稿》對出土材料的應用水準特别值得稱道,充分體現了作者獨特的學術背景。因爲有考古學與博物館學的學習履歷,作者對以往研究使用文物考古資料的不足之處深有體會:"多以簡單引用已有研究成果,或離散提取相關簡文作輔助説明者爲多。較少對簡牘帛書、璽印封泥、器物題銘、石刻資料及其他考古文物資料進行充分搜集與綜合分析。"(第 29 頁)有鑑於此,作者在討論過程中,特别注意文物材料的斷代、地域、語境等問題,從而獲得了大量令人信服的論斷。

文物斷代方面,比如關於爵名"大良造庶長"與官稱"相邦"的對應性,作者使用了一組關鍵文物,分别是秦封宗邑瓦書與"相邦樛游二戈"。前者銘文有"四年……大良造庶長游",後者記有"四年相邦樛斿"。作者推定,戈銘"四年"的具體所指,與瓦書中的"四年"一樣,均爲秦惠文王前元四年(前 334)。主要理由有:"1.銘文字體不早於孝公;2.形制爲中長胡、寬闌、三穿均位於闌上,乃秦早期戈特點;3.瓦書記周天子致文武胙事與文獻記載一致,年代爲秦惠文王前元四年,瓦書所記人名'游'與此'樛斿'相合;4.秦惠文王後元稱王,目前所見後元時兵器,'某年'前皆有王字,作'王某年';5.……廣州南越王墓出土有'王四年相邦張義戟'。這顯示,秦惠文王後元四年張儀雖然在魏,却仍然爲秦國相邦。"(第 40 頁)經此番詳細論證,作者對"相邦樛斿二戈"的年代推定遂成不刊之論。由於瓦文與戈銘年代相同,進而便可以做出瓦文所謂"大良造庶長游"就是戈銘所謂"相邦樛斿"的判斷,至此,爵稱"大良造庶長"與官稱"相邦"的對應關係也就自然而然地浮出了水面。

《史稿》對文物資料地域因素的關注也有突出例證。比如在論述地方武官的"邊地化"趨勢時,作者列舉了秦封泥所見大量郡武官,有郡司馬,如"東郡司馬""臨菑司馬""琅邪司馬""南陽司馬"等。有郡候,如"琅邪候印""城陽候印""南郡候印"等。還有郡發弩、郡司空、郡輕車,如"衡山發弩""琅邪發弩""南郡司空""四川輕車"等。根據武官資料的地域分布狀況,作者得出結論,“上述武官在秦代地方各郡,或曾普遍設置”。至於西漢的地方武官,作者也對封泥、官印資料進行了廣泛搜集,如“長沙司馬”“膠西司馬”“濟南司馬”“菑川司馬”,以及“膠西候印”“菑川候印”“濟南候印”等。但作者特别指出,“這些均屬地方王國官印,而非郡(及所屬縣)印”。與内郡不見司馬、候等武官的情形相比,傳世文獻常見設於邊郡的司馬、候,如“天水司馬”“金城司馬”“(會稽)司馬”,以及張掖、酒泉“騎假司馬”,“酒泉候”“雲中候”等。作者的考證揭示了内地武職退縮而邊地武職得以保留且持續發展的歷史現象,這便是所謂的地方武官“邊地化”(第106頁)。觀察其論證思路,對考古材料地域因素的重視顯而易見。

至於對文物資料特定語境的關注,在《史稿》圍繞“徒隸”的討論中表現得十分明顯。作者注意到里耶秦簡J1(16)5、J1(16)6的記載:“(傳送委輸)必先悉行乘城卒、隸臣妾、城旦舂、鬼薪白粲、居貲贖責(債)、司寇、隱官、踐更縣者。田時殹(也),不欲興黔首。嘉、谷、尉各謹案所部縣卒、徒隸、居貲贖責(債)、司寇、隱官、踐更縣者簿。”通過比對,作者發現這段文字後半部分的“徒隸”與前半部分的“隸臣妾、城旦舂、鬼薪白粲”具有對應關係。也就是説,在秦代,隸臣妾、城旦舂、鬼薪白粲三者有一個專門的合稱,即“徒隸”(第239頁)。但是,學界此前習慣於將三者納入“刑徒”概念來進行研究,這樣的研究路徑存在較大缺陷。首先,秦及漢初的“刑”,特指肉刑。而在當時的司法實踐中,隸臣妾的附加刑多稱“耐”,實際上“多與‘完’同義”,并没有受到肉刑處罰(第237頁)。因此,“徒隸”是無法等同於“刑徒”的,從“刑徒”的視角來觀察“徒隸”中的個别身份,易於造成誤差。其次,一些學者在研究中所使用的“刑徒”概念,現代色彩頗濃,甚至與秦及漢初所謂的肉刑之“刑”也不相符。這個意義上的“刑徒”,其涵蓋的身份已遠超古人所謂“刑徒”,更遠超秦及漢初的特定稱謂“徒隸”。視域過於寬泛,往往導致徒隸内部各身份之間的差别難以得到層序井然的深入探討。而《史稿》第三章第二節緊守秦及漢初特有的“徒隸”概念,細緻入微地分析了其内部隸臣妾與城旦舂、鬼薪白粲的差别,有力推進了對秦漢身份制度的深層次認知。

再如《史稿》對“徭戍”的辨析。過去,學界常使用“徭役”一詞,而具體用法不一。有的認爲是指土木工程、轉輸漕運、手工業生産等勞動内容,在含義上與兵役對立;有的則認爲,秦漢時期“力役與兵役的觀念分得不甚清楚,統稱之爲繇役”。不管如何理解,總之,“徭(繇)役”是以往研究中慣用的概念,并不是秦漢時代的特定稱謂。而作者强調,欲透徹地研究秦漢時代的勞役、兵役問題,“首先需立足當時人的使用習慣,把握當時人的表述内涵”。正是在此種理念的主導下,作者决定,“據秦及漢初的出土、傳世文獻,與‘徭’連稱的往往是‘戍’,作‘徭戍’。”“這裏遵從當時人的觀念、習慣,而使用‘徭戍’一語”(第265頁)。在此基礎上,《史稿》對徭、戍分别進行細緻考索,指出秦及漢初的“徭”有廣狹二義,廣義以“受差使而外出服役”爲特征,根據受差使對象的差异,會出現“奴徭”“吏徭”等不同情形。狹義的

“徭”主要指“月爲更卒”,即成年男子每年服役三十天。至於“戍”,有“屯戍”“更戍”“冗戍”“罰戍”“讁戍”等多種。相關考證因充分觀照了秦漢時代的特定語境,可信度很高。

## 三

在《史稿》的“後記”中,作者感言:“秦漢社會的歷史發展實深受軍制影響。能否從軍制演變的探討中對帝國確立的變革意義,西漢、東漢間的社會變動增進認識,是我感興趣的方面。”(第437頁)這個表述比較隨意。在書稿的“緒論”部分,作者曾對寫作意圖有更爲嚴謹的説明:“秦政的確立及向漢政演變,實際體現着‘戰國模式’向‘帝國模式’轉型的探索與嘗試。而這其中,軍制變化是一條重要綫索。”不止於此,帝國建立之後,還存在一個從“軍國體制”向“日常行政體制”演進的過程,作者認爲,欲理解這一過程,秦漢軍制研究仍是一個“基礎的方面”(第3頁)。

無論“西漢、東漢間的社會變動”,還是帝國從“軍國體制”向“日常行政體制”演化,實際上都屬於“帝國模式”成長發育的内容。那麽,《史稿》對秦漢軍制演變所做的研究,對我們理解秦漢時代的“帝國模式”,可以有哪些啓發呢?閻步克曾主張,自秦以來的歷代政體不妨貼以“集權君主制”的標籤,以替代之前常用的價值色彩濃鬱的“專制”一詞。因爲這個概念可以象“專制 ”一樣,揭示“周代政體跟帝國體制的重大差异”,同時又去除了“專制”概念當中的價值判斷。[①] 依照這個看法,所謂“帝國模式”的核心内涵就應當是“集權君主制”。由“集權君主制”出發,結合對《史稿》的閱讀體會,筆者認爲,所謂“帝國模式”,至少可以在軍權集中、地方掌控、民衆役使這三個方面得到解讀。

先談軍權的集中。《史稿》第一章先從爵官轉移的角度來認識“官員”稱謂的變化,認爲秦國最高官員的正式稱謂從“大良造庶長”變爲“相邦”,標志着“官僚組織頂端由爵官不分、以爵統攝,逐步向爵官兩立、以官定位發展”(第41頁)。但此時的“相邦”以及不久後出現的“丞相”,似乎還不能稱之爲“武官”,因爲他們職任的基本特征是“權兼文武”,除了領兵征戰,還有治國理政的重要一面。真正比較純粹的武官是將、尉,他們由大良造庶長以下仍處於庶長爵級的人擔任。[②]

從後來的發展趨勢來看,丞相的軍事指揮權被剥奪,由地位稍低的尉官演化而成的太尉,被指定爲最高軍事官員。進入漢代,太尉或罷廢,或雖設而不掌實際軍務,軍權轉入中朝

① 閻步克:《政體類型學視角中的“中國專制主義”問題》,《北京大學學報》(哲學社會科學版)2012年第6期。

② 按《史稿》的説法,所謂“庶長”,“很可能是左右庶長以上諸庶長爵的泛稱”。就後來形成的二十等爵而言,指的是第十至第十八級爵,即左庶長、右庶長、左更(庶長)、中更(庶長)、右更(庶長)、少上造(庶長)、大上造(庶長)、駟車庶長、大庶長。參見《史稿》51頁。

將軍手中,因爲中朝將軍的擔任者“多皇帝親信與外戚,背後一定意義上凸顯皇權的擴張”(第 64 頁)。隨着中朝將軍輔政論議的職能逐步加强,其軍事色彩日益淡化,作爲宫廷宿衛重要力量的諸校尉、中郎將系統獲得了巨大發展空間,逐漸成爲國家對外征討、屯駐監護的主要執行者,以及中央權力向邊地擴張、輻射的重要工具(第 69 頁)。

透過《史稿》對戰國秦漢時期軍事權力轉移過程的梳理,讀者可以清晰地看到,集權君主把控軍事權力的政治企圖從來都没有停止過。戰國秦漢如此,後世莫不如此。

帝國模式中的地方控馭,也能够展現集權君主的持續探索。先看邊地防禦,君主當然具有鞏固邊防的强烈意願,在帝國孕育的過程中,秦國不斷開拓“新地”,當時已大量存在常規屯戍與移民實邊兩種情形。但秦漢大一統帝國建立後,“因幅員廣闊,民衆戍邊行程大爲增加,供輸補給的成本亦遠超先前”(第 178 頁),因此,在民衆常規戍邊之外,徙民實邊策略受到的關注程度越來越高。而邊地胡騎、歸義羌胡的使用,實際上也是秦漢帝國因應邊防事業給邊郡、内地造成的種種壓力,而探索出的新的邊防策略。衹是這一策略在爲王朝減負的同時,也潛藏着危機。東漢時期北邊防綫大幅收縮,即便是曾爲天下重心的三輔地區,也“逐漸蜕爲邊地”,這種邊防新形勢的出現,即與邊地民族的持續内移密切相關。

再看帝國對内郡的控制。根據《史稿》所揭示的地方武官“邊地化”趨勢,内郡武官種類越來越少,與此相應,内郡的軍事色彩也越來越淡化。雖然内郡仍維持有一定的兵力,但郡兵“一般衹在郡界範圍内活動”,表明中央對地方兵權的矛盾心態,一方面認識到不可或缺,另一方面又顧慮重重。所以,在地方行政體制從郡國到州郡的變化過程中,“‘州’一級的軍事作用愈受重視”,中央似乎有意在郡兵之上疊加一個控制層級。但在實際的軍政運作中,由於軍隊的兵士選拔、訓練校閲及調動指揮,多由郡長吏負責。因此,“地方兵的構成與性質相對穩定,仍然屬於郡兵”(第 174 頁)。這實際上反映一個問題,即中央與地方權力關係的調整,時常遭遇一些現實困境。

由帝國對邊地防禦、内郡管控策略的調整可以看出,所謂“帝國模式”固然有比較恒定的内容,即追求權力的集中。但歷史很複雜,“帝國模式”的成長并不是直綫式的,要應對很多始料未及的新情况。

至於集權君主制對民衆的役使,在戰國秦及漢初,主要依靠身份制度來實現,無論刑徒亦或有爵者,均通過不同等差的權利與義務,依附於國家。但隨着西漢政權轉入守成階段,文帝建立刑期制,刑徒“有年而免”,其等級身份的色彩漸淡。與此同時,爵制原先具有的名田宅、傅、免勞等權益亦“逐漸從爵制脱離,爵制的實際功能下降”(第 238 頁)。這勢必導致帝國對民衆的役使能力降低,從而出現兩漢間集兵方式從征兵爲主向募兵爲主的轉變。

但在民衆管理方面,秦漢國家何嘗不想加强集權呢?最近,有學者初步表達了一個觀點,認爲秦漢至隋唐間對基層統治的重心發生了鄉—縣鄉—州縣的上移過程。而秦漢統治重心之所以没有上升到郡一級,户籍書寫載體過於笨重,應當是一個重要因素。衹要條件許可,秦漢國家就會有强烈的衝動,將統治重心向上提升。[①] 此説實際上揭示了秦漢帝國科層制管理的困境,即中央權力在向基層傳導的過程中,因爲現實條件的制約,出現了梗阻現象。這些現實條件,除了書寫載體以外,可能還包括資源總量、户口繁衍、官僚及民衆自身利益等多種複雜因素。

儘管由於條件所限,秦漢國家行使對基層民衆役使與管理權力的重心仍止於縣這個層級。但《史稿》告訴我們,秦漢時代内地兵力的"郡兵"性質具有穩定性,這又從另一個側面表明,秦漢國家圍繞着加强對基層民衆的役使,曾經做出了努力,并且取得了成效。但是,當國家謀求繼續提升管理重心的時候,又是不成功的。由此亦可見,帝國模式在其成長過程中,并不總是勝利者,在現實面前,遭遇挫折,曲綫發展,是常有的事。

## 四

作爲一部近五十萬字的著作,《史稿》取得了豐富的新認知。不過,也有個别論述或判斷似仍有討論的餘地。在本文最後,筆者謹將個人看法陳述於下,不妥之處,還請作者及學界同仁批評。

一、《史稿》對隸臣妾身份消亡原因的分析,或可進一步充實。作者注意到罪徒序列中的隸臣妾在秦漢時期逐步走向消亡的歷史現象,關於其原因,作者認爲與漢文帝刑制改革有關。隸臣妾"具有官奴婢特征",在秦及漢初的身份系統中,原本與私人所屬的"人臣妾""人奴婢"等私人奴婢的"對應性較高"。并且在一般情況下,二者均爲永久性身份。"文帝相關改革'屬於結構性的變動'。司寇、徒隸'有年而免',使舊有身份結構開始發生變動。官、私奴婢雖依然存在,但私奴婢却不復與隸臣妾、收人對應。由於以往同私奴婢地位相當的主要是隸臣妾。伴隨後者刑期一并轉爲有期,二者身份不匹配情形就顯得尤爲突出。刑罰序列在後續演進中特將隸臣妾等級取消,或緣此故。(第260頁)"所謂"身份不匹配",是指在文帝改革後,"人臣妾"等私奴婢仍然是永久性身份,而隸臣妾却由永久性身份變爲暫時性身份,兩者的對應性大大降低。與此伴生的結果是,"隸臣妾"稱謂也失去了"臣妾"永久依附主人的原始意涵,成爲名不副實的一個身份概念,將其取消祇是時間早晚的問題。

作者的解釋具有一定的合理性,一個名不副實的概念,其生命力通常比較脆弱,自然容易消亡。不過,還有一個因素,或許也應當納入考慮範圍,即文帝刑制改革之後的身份銜接

---

① 張榮强:《中國古代書寫載體的演變與基層統治重心的上移——以户籍文書爲例的考察》,陝西師範大學第十届"西部大講堂·歷史學論壇"第四講,2016年7月12日。

問題。在秦及漢初的徒隸中,隸臣妾雖是官奴婢,但自由度較城旦舂、鬼薪白粲要高,除了官府永久役使的特征之外,其實際地位與庶民比較接近。[①] 而在庶民群體的底部,存在着居貲贖債等在一定時段内接受官方役使的群體。在秦代罪徒身份永久存續的情況下,隸臣妾與暫時性役使的群體之間原本是不可逾越的,但文帝允許"有年而免",將隸臣妾也改爲了暫時性役使。於是,隸臣妾在庶民中找到了同質群體。當原本地位相鄰的兩個群體出現同質化趨勢時,其中某一稱謂的消失也就不足爲奇了。[②]

二、《史稿》的個别論證在邏輯上尚有繼續完善的空間。如關於秦國相邦、丞相是否并置的問題,總體感覺,作者比較謹慎,始終未明言"是"與"否",但從其論述中可感覺到,作者更傾向於秦國相邦、丞相不并置。其理由有兩個:

首先,文物中有一件被稱之爲"昭王八年漆豆"的器物,其銘文中出現了"八年相邦薛君""八年丞相殳"。按照秦國工官生産制度,如果相邦、丞相是并置的,相邦薛君、丞相殳的職位、名字應當一次刻寫完整,寫作"相邦薛君丞相殳"。然而,漆豆的全部銘文是由兩條長銘文構成的,"相邦薛君"與"丞相殳"的刻寫并不連貫,而是隔開的,分别位於兩條長銘文的起首部位。并且"兩條長銘的文字寫法有别,非出自一人之手,當是兩次刻寫"。可見,薛君的相邦之位與殳的丞相之位不是同時存在的。

其次,文獻記載,秦昭王九年時"薛文以金受免"。"金受"即銘文中的"殳"。此人在秦昭王七年時擔任左丞相,屈居右丞相奂之下。次年,奂免職,殳仍爲丞相,而孟嘗君薛文入秦任相邦。那麽,殳爲何非要將薛文拉下相邦之位呢?作者有這樣一段話:"按,殳在七年居奂下,如八年仍任相,改居孟嘗君下,并不致與孟嘗君構釁,進而向秦王進言,奪其相位。"(第48頁)也就是説,殳之所以構陷薛文,是因爲在奂免職之後,自己已是秦君之下職位最高的人,而薛文入秦之後,由於相邦、丞相不并置,殳的丞相一職便被褫奪。假如秦國制度允許相邦、丞相并置,那麽,不管是奂任右丞相,抑或是薛文任相邦,殳都是秦國第三號人物,地位既然平穩,他也就没必要構陷薛文。簡言之,由殳構陷薛文的事實可推知,相邦、丞相二職是相互排斥的,不并置。

筆者以爲,昭王八年漆豆銘文中"相邦薛君"與"丞相殳"分開刻寫,其原因還有其他可能性。比如器物製作過程中,掛名的監造者原本是衹有丞相殳,然而,在製作過程還未結束

① 《漢書》卷二三《刑法志》記載,文帝刑制改革後,"鬼薪白粲一歲,爲隸臣妾。隸臣妾一歲,免爲庶人。"由重刑降等而來的隸臣妾,一歲後直接升爲庶人。至於原本即爲隸臣妾的刑徒,文帝刑制改革又規定:"隸臣妾滿二歲,爲司寇。司寇一歲,及作如司寇二歲,皆免爲庶人。"(《漢書》,北京:中華書局,1962,1099頁)雖然要經過司寇階段纔能升爲庶民,但據《史稿》的研究,"秦及漢初,司寇屬國家編户,籍附縣鄉,可單獨立户",在權益上與庶民并無大的差异,衹是"課役不同於百姓,在尉、獄等機構從役"(第243頁)。由此看來,隸臣妾在身份序列上與庶民相銜接,仍無太大异議。

② 甚至可能存在兩個稱謂皆消失的情形。西漢中期以後,在一定期限内接受役使的居貲贖債、隸臣妾都消失了,其替代刑名很可能是"復作"。詳情可參看崔建華《西漢"復作"的生成機制及身份歸屬探討》,《中國史研究》2016年第2期。

的時候,薛文入秦任相邦。此時秦政權的高層變動可有兩種趨向,一是相邦、丞相不并置,罷丞相而專任相邦薛君,薛君的名字自然要出現在器物上,但由於已遭罷免的殳畢竟亦曾負有監造之責,故而掛名"丞相殳"的舊刻得以保留。除此之外,還有一種可能性,也不容忽視,那就是相邦、丞相可以并置。在此情况下,薛君來則來矣,并不一定導致殳的丞相之位被免。器物造畢,相邦、丞相應一并掛名,不過,殳既已掛名,如果再刻"相邦薛君丞相殳",難免重複。爲避免重複,另刻僅掛名"相邦薛君"的銘文,亦是可以理解的。

漆豆銘文不能確證相邦、丞相二職的互斥,"薛文以金受免"的文獻記載亦複如是。作者由激烈的人事鬥争反推兩個官位不并置,但政治鬥争往往是極爲複雜的。制度上不允許兩個官職并置,一個人任職,導致另一個被奪職,固然很容易引起失勢者的反擊。但若制度允許兩個官職可以并置,政治傾軋也是經常存在的。即便官位較低者本身并不具備擔任高職的條件,也不妨礙其出於某種目的,積極構陷官位高者。這種情形其實并不鮮見。

三、《史稿》對個别引文的理解,或許可以更靈活一些。如《漢書·溝洫志》"卒治河者爲著外繇六月"的"著",之前有學者將這句話解釋爲"治河的役夫因有功而得到'著外徭六月'的獎賞"。作者對此有不同看法:"秦漢賦役涉及'獎賞'義,除使用'賜'外,多用'除''復''復除'等語。而'著'似無此義項,而多作登記、記載解"。這裏"理解作'折抵',似更合適些。(第286頁)"筆者以爲,"除""復""復除"的原義其實亦非獎賞,而是免去、報償的意思。但在皇帝詔令文書的特定語境中,從政令發布者的角度來看,他們自認爲是對臣民的恩賞。最典型的例子,比如漢文帝曾下詔"其賜天下民今年田租之半",[①]不過是免除田租而已,民衆實際上没有從政府那里額外得到什麽,但在文書中的用語便是"賜"。至於《溝洫志》中的"著",無論是直譯爲登記、記載,抑或引申爲"折抵",都是正確的。但就皇帝發布這道命令的語境而言,應當是有獎賞、優待的感情色彩的,這與緊扣文句的理解并不衝突。

① 《漢書》卷四《文帝紀》,118頁。

# "首屆絲綢之路(敦煌)國際文化博覽會系列活動:簡牘學國際學術研討會"綜述

西北師範大學歷史文化學院　袁雅潔

2016年8月17-18日,由甘肅省文物局主辦,甘肅簡牘博物館、甘肅省文物考古研究所、中國社會科學院簡帛研究中心、中國文化遺産研究院古文獻研究室、中國人民大學出土文獻與古代文明研究協同創新中心、西北師範大學歷史文化學院、中西書局等七家單位承辦的"首屆絲綢之路(敦煌)國際文化博覽會系列活動——簡牘學國際學術研討會"在蘭州召開,這是繼1991年和2011年蘭州簡牘學國際學術研討會之後在甘肅召開的第三届國際性簡牘學研討會。來自日本、韓國、中國臺灣和内地各大高校科研院所的120多位簡牘學專家學者參加了本次研討會,此次會議共收到論文90篇。與會代表圍繞20世紀以來出土的簡牘帛書等相關文獻資料從不同層面不同角度展開熱烈探討,交流最新研究成果,發表學術見解,共同瞻望簡牘學的發展前景。此次會議與會學者提交的論文數量衆多,涉及面廣,本文主要從以下五個方面對此次研討會所提交論文進行綜述。限於學識,不妥之處,還祈方家批評指正。

## 一　絲綢之路歷史文化與西北漢簡研究

甘肅在絲綢之路上有着不可忽視的地位,本次會議上有數篇關於絲綢之路歷史文化研究的主題報告和論文。林沄《絲綢之路開通以前新疆地區的交通道路》依據近世以來的考古發現,詳細論證了在絲綢之路開通以前,新疆地區物質文化交流的具體路綫,分别是額爾齊斯河、諾姆河、伊黎河三條路綫,這對我們重新認識絲綢之路的形成和發展具有重要作用。葛承雍《敦煌懸泉漢簡反映的絲綢之路再認識》參照懸泉漢簡的記載,分别探討了驛站里程路綫、中西文化物質交流過程中西域胡人的身份、相貌以及與漢庭交流的物品。根據懸泉漢簡的相關記載,得出官方勘驗護送西域來客是一站站接力不斷,并且西域來客以官方使節與民間客商混合爲代表,進行商貿來往、文化等各方面的交流,豐富了漢代絲綢之路中西交流内容。雍際春《絲綢之路北新道的開闢與北道的形成》着重分析了自西漢意欲開通新北道始,車師後部首開車師古道與新北道,東漢通行新北道,開闢伊吾道,爲北疆交通的形成奠定了基礎。及至隋唐一統王朝對西域統禦能力的强化,絲路北道不僅迅速貫通,而且逐步成爲絲路諸道中最爲重要的幹道。以此爲例可以看出歷代對西域的有效管理及其絲綢之路各道的開拓經營,是一個中原王朝逐步深入、强化和拓展西域的過程。劉再聰《"徑易之路"——絲綢之路靖遠段的開通與演變》探究了絲綢之路靖遠段自張騫始至明清的發展演變過程,文中提出并着重分析了絲綢之路靖遠段是處於漢唐京師西安通往河西重鎮武威一綫之樞紐地段。楊富學、劉源《佉盧文簡牘所見鄯善國絲織品貿易》整理了佉盧文簡牘中的絲織品記載,着重分析了絲織品在鄯善國被作爲個人財産、等價交换物、薪酬、税費、罰款、禮物等,認爲漢晋時期地處中亞十字路口的鄯善國,商品貿易發達,伴隨着絲路沿綫諸國的轉運貿易,中西物品、文化交融於此。顏亮《媒介傳播視域下的印度——于闐影響因素分析》從媒介傳播的角度討論了佛教在絲綢之路上的傳播路徑,着重分析了佛教從印度傳播至于闐的過程及影響。認爲"大西天"的印度作爲傳播主體與受傳主體"小西天"于闐,兩者之間因爲佛教這一文化媒介有了諸多交流與融合。

西北漢簡是本次討論會的熱點,討論話題中既有對單個出土地漢簡内容、形制的考證,也有對西北漢簡綜合性的研究,所涉及的議題相當廣泛。

**(一)西北漢簡綜合研究**

這部分研究多以西北漢簡爲研究對象,却并不僅限於具體某一處的漢簡做討論,研究的内容也很豐富。張德芳《近年來甘肅漢簡整理研究的新成就》着重介紹了《肩水金關漢簡(壹—伍)》和《甘肅秦漢簡牘集釋(壹—柒)》整理研究的過程和新收穫,同時談到計劃對懸泉漢簡、部分敦煌和地灣出土的漢簡展開整理工作。胡永鵬《西北邊塞漢簡中曆日的整理與研究》對西北漢簡中的曆日類别進行了歸納,同時整理了曆日中的内容,對部分曆日進行年代考證,加深了我們對曆日類簡的認識。陳玲《漢簡所見"見徒"身份探微》認爲"見徒"既不是指不從他處調遣的現有之徒,更非無期徒刑,而是指那些觸犯刑律、已被判刑、正在服勞役的刑徒。王文濤、苑苑《關於漢代西北地方傳置的幾個問題》探討了河西四郡傳置的設置和間距,對傳置内部建制、職能及傳置人員展開討論。王文濤、苑苑《漢代西北傳置的傳馬和傳車》比較了居延漢簡和懸泉漢簡中的馬匹,發現傳馬中母馬比例最小,較多使用的是去勢的公馬。傳馬的年齡也普遍較大。并且全部被刺上記號,傳馬有定額,不足可用私馬或騎馬補。在整理了懸泉漢簡中關於傳車的記載之後,得出傳車既有軺車送信,又有其他車輛載人。同時傳馬與傳車的管理與使用之責都歸厩。凌文超《西北漢簡中所見的"庸"與"葆"》主要依據肩水金關漢簡,對西北漢簡中的"庸"與"葆"再次進行考析,認爲"庸"是代役制下的身份稱謂,體現了公的一面,而"葆"則是隨從本主服役的雇請者的身份名詞,反映了私的屬性。高榮《西漢居延郡縣建制考》認爲從宣帝至新莽時期,居延不僅有居延縣,還曾設居延郡。在肩水都尉府轄區,還曾設過肩水縣和肩水郡。賈麗英《西北漢簡所見民爵分布與變遷》以肩水金關漢簡爲主要研究對象,又參考張家山漢簡、居延漢簡等,認爲公大夫與官大夫爵等差别弱化,附於爵的權益呈現上從下靠之勢,漢中期以後或在爵的授予中有區域性規定,最終成爲繼"公卒"之後,被簡化的第二和第三個爵稱,時間大約在東漢中期或更早。張俊民《西北漢簡中"海廉渠"初探》主要依據懸泉漢簡,考證出"海廉渠"或稱在"玉門塞外"、或稱在"敦煌塞外",當與史書所言辛武賢"遣使者案行表,穿卑鞮侯井以西,欲通渠轉穀"一事有關。白軍鵬《由"田章簡"談田章故事的演變》認爲《吕氏春秋》《韓非子》等文獻記載的齊桓公時的"弦章"在漢代簡牘中演變爲"田章",《晏子春秋》的整理者又將本爲桓公時人的弦章附會至景公時。魏德勝《西北屯戍簡牘中身高表達》發現在屯戍簡牘中,"高"用於馬等牲畜身高的描述,"長"則用於人的身高,從不混用。趙蘭香《從出土文獻看漢代河西邊塞官吏的出行活動》將河西官員的出行分爲普通公務出行、郵驛出行和巡邊行塞出行三類,并認爲官員的出行也存在明顯的等級差异。周艷濤、周序林《西北屯戍漢簡中的"居令延印"現象及其相關問題研究》認爲西北屯戍漢簡中"居令延印"的讀序應爲右上起横讀,表明漢代官印印文讀序的主流雖是"右上起竪讀",但尚有非主流印文讀序的存在,而武帝時的兩次官印改革很可能并没有涉及到印文的讀序,這在一定程度上給予了這些非主流印文讀序以生存的空間,這也可以得到現存官印及封泥實物的證實。沈剛《簡牘檔案文書所見秦漢時期的"庫"》對秦漢時期庫的功能、體系及流變等問題做了考察。從里耶秦簡提供的信息看,秦代縣"庫"最基本的功能是武庫,用以收藏、修繕及轉運武器。西北漢簡反映出邊塞軍政和民政體系中均設置有武庫,而且庫吏通常可以兼行同級行政機構的職事,而武威郡下的姑臧庫是輻射數郡的武器集散地。秦漢時期的"府庫"與"武庫"有職能區别,府偏重於儲錢,庫偏重於甲兵,不過二者在管理上合二爲一。謝坤《算術與行政——從西北漢簡看算術在邊塞地區的實際應用》通過討論西北屯戍漢簡中的户籍管理、勞務分配、俸禄發放、財物借貸、物資統計、郵書傳遞等行政記録與算術實際應用的關係,得出西北屯戍漢簡中的算術類文獻可視爲漢代算術與西北邊塞行政互相滲透、相互結合的產物。

### (二)居延漢簡與居延遺址保護研究

居延漢簡一直是西北漢簡研究中的熱點話題。何茂活《居延漢簡所見燧名命意證解》(一)和(二)兩篇論文主要選取《居延漢簡甲乙編》和《肩水金關漢簡》(壹至叁)的部分燧名,予以分類證解,同時對少數釋讀有分歧的燧名作了形義方面的考辨和訂正,發現這些命名方式都突出體現了守邊禦敵的主題。白海燕《讀居延新簡零識》考析了簡牘中的“臧内”“兵内”“炊内”“臧中”,認爲它們的構詞方法相類似。李迎春《西漢後期河務與清河郡行政變遷——兼論漢郡職能與都尉執掌之關係》以居延漢簡爲基礎,探究得出西漢後期清河郡主要承擔治河職能,清河都尉也轉以治理黄河爲基本職責。着重討論了西漢地方行政在“共通性”下所具有的獨特一面。楊永生《對居延遺址金塔段考古發掘與文物保護的歷史辨析》從居延地區歷史沿革和居延遺址文物保護的現實文本入手,將居延遺址分爲甘肅省金塔縣和内蒙古自治區額濟納旗兩段,“三城一關”遺址(東大灣城、西大灣城、地灣城、肩水金關)應屬於金塔縣管理段。

### (三)肩水金關漢簡研究

此次研討會舉辦前,肩水金關漢簡的整理工作也宣告結束,作爲這次會議的重要主題,參會者有着熱烈的討論。侯旭東《漢代西北邊塞它官兼行候事如何工作?——從肩水金關漢簡一封病書説起》(討論稿)考察了漢代邊塞兼行候事的情況,認爲候暫時離署,需任命官吏兼行其職,通常會任命候官障城之外某機構的官吏兼行候事,此時候官依舊是文書的集散中心,衹不過利用原有的郵路將中心收到的上行文書先轉送到兼行者駐地,處理完留在兼行者駐地,若需繼續上呈,則先送還候官駐地,并再沿用原先的正常途徑上呈。一些要逐級下發的文書(詔書與移文),則直接由候官書吏循制度抄寫下發,但均需鈐兼行者的印來封緘。兼行候事的考察有助於認識漢代行政制度的運行機制。姚磊《肩水金關漢簡(肆)綴合札記》依據簡文内容和簡牘木質紋理對《肩水金關漢簡(肆)》中的殘簡作了綴合,共綴合十枚簡牘。袁延勝《肩水金關漢簡家屬符探析》認爲家屬符中記載的家庭以 3-4 人的核心家庭居多,但有的隧長、候史等家庭規模比較大,家庭關係較爲複雜,這些家庭應該是以“宗親”或近親觀念組合起來的不完全的“臨時家庭”,并非户籍意義上的一户。“家屬符”的性質應該屬於出入關津所用之符。它應該是由橐佗候官與肩水金關共同製作、頒發的。郭偉濤《肩水塞東部候長駐地爲 A32 遺址考》通過梳理 A32 出土的有關記載東部候長的簡文,考證得出 A32 是個複合型遺址,不僅駐有金關、通道厩、騂北亭,而且是東部候長的駐地。可能東部候長最晚始於地節四年、一直到居攝二年均駐於 A32 遺址。大約自陽朔四年始,肩水候的駐地也由 A33(地灣)遷於此地。劉樂賢《讀肩水金關漢簡札記兩則》考察了漢簡中的熒惑占卜的簡文,認爲西北漢代邊塞遺址的漢簡中已有星占文字。而漢簡中的玉德學説,與《説文解字》中的玉德説相一致,有助於重新認識《説文解字》的價值。趙寵亮《金關漢簡所見“囚録”初探》

將出土文獻與傳世文獻相結合,認爲肩水金關漢簡中的"囚録"應爲郡縣等監獄有關囚徒統計的簿籍類文書。同時考析了邊塞屯戍機構中刑徒的種類、承擔勞役的種類以及來源問題。侯宗輝、王旺祥《肩水金關漢簡中的"作者"》認爲漢簡中的"作者"主要是對漢代雇傭關係下短期的雇傭勞作者的一種專門性稱呼。魏振龍《肩水金關漢簡所見過所文書種類初探——兼論門亭的作用》以吏民所申請前往目的地不同,將過所文書分爲内郡前往河西邊郡、河西邊郡之間往來以及由河西去往内郡三種;又根據過所使用者的不同,亦可分爲公用—通知形式的過所和私用—路證形式的過所。同時認爲門亭對於區分過所文書種類起到了一定作用,但這種作用并非是絶對的,有時也會存在特殊情况。張英梅《〈肩水金關漢簡(四)〉所見太常郡及陵縣問題思考》認爲西漢存在太常郡稱謂,且太常郡轄區爲非封閉式政區形態。太常轄陵縣的發展演變過程,反映出漢人對陵縣的認識經歷了不同的階段。馬智全《肩水金關關嗇夫紀年考》考證了肩水金關漢簡中記載的 16 名關嗇夫的生活年代,另有 5 位關嗇夫年代不詳。趙爾陽《小議〈肩水金關漢簡〉中的地名"熒陽"》認爲"熒"字在兩漢當從火,"熒陽"爲標準寫法。在其另一篇《小議〈肩水金關漢簡〉中的濟陰郡、濟陶郡》中,趙爾陽考證了漢簡中的濟陶郡、濟陰郡,認爲肩水金關簡中稱濟陶郡之簡,皆爲昭帝至宣帝甘露二年(前 52)之前簡;稱濟陰郡簡的時間範圍爲黄龍元年至河平四年(前 49—前 25)或建平二年至王莽時期(前 5—9)。故而贊成甘露二年前的濟陰郡名爲濟陶郡的觀點。肖從禮《讀西北漢簡札記三則》結合西北漢簡,認爲西北屯戍中存在河中布天田的現象。肩水金關漢簡中記載的"錯田"與新莽政權在始建國四年(12)廢除王田制,允許天下田地可自由買賣有關。推測西北漢簡中的"平斗"與傳世文獻中的"平斗斛""平斗桶"所言爲一事。韓華《肩水金關遺址所出封檢形制小考》就肩水金關簡中 27 枚封檢的形制根據封泥槽的不同分爲四類,并分别進行考證,發現文書類封檢多於實物類封檢。

## 二　秦漢簡牘文獻與秦漢歷史文化研究

此次會議除討論西北漢簡之外,學者們還將秦簡、漢簡相結合,結合傳世文獻的記載,綜合探討秦漢歷史問題。于振波《秦漢校長考辨》認爲出現在秦簡和漢初簡牘中的校長,其職責雖與亭長相似,却不是亭長,而是亭長的上級官吏。校長的秩次爲有秩,可管理相鄰的若干個亭。西漢中期以後,校長的職責被游徼取代。游徼是縣吏而非鄉吏,其秩次比校長略有下降,爲斗食之吏。亭長在秦、漢時的職責和秩次并無明顯變化。李炳泉《西漢衛將軍考論》認爲衛將軍最早置於秦漢之際的趙氏趙國。漢高祖、文帝僅在政局不穩時設置,事畢即罷。景、武、昭三朝,由於皇帝不親征,故不置衛將軍。宣、成、哀三朝所置衛將軍,加"大司馬"號,并兼領尚書事“輔政”,從而取代丞相,成爲國家最高權力中心的要角之一。西漢後期則多用外戚寵臣充任。孫富磊《秦漢郡卒史設置考述》結合出土文獻與傳世文獻,證明漢初郡府卒史的設置源於秦朝,且是郡太守府中的一類屬吏。漢中後期至東漢郡府卒史的設置沿續了漢初,并有所發展,出現了文學卒史。臧知非《簡牘所見秦和漢初田畝制度的幾個問題——以阡陌封埒的演變爲核心》結合簡牘材料考察,認爲商鞅變法的授田制所施行的長條畝制和阡陌封埒制度是對周制的繼承和發展,農民所受之田,實際上包括了原來自墾地,自墾地不足百畝,由官府授足。官府授與農民的并非已墾良田,而是可墾未墾之地,農民受田之後,即要繳納額定的田税。所以授田制的目的是以授促墾、以授保税,以實現“富國”目的。爲了“富國”,沃野良田則由官府直接經營,采用傳統的長條畝及其阡陌封埒制度,成爲歷史的邏輯發展。後來,隨着農具的改進、耕作方式的變化和生産效率的提高,耒耜、耦耕逐步退出農耕領域,長條畝制爲方塊田所取代,是田畝制度的自然發展。張榮强《“小”“大”之間——戰國秦漢課役身分的演進》認爲戰國後期的秦國是根據身高、年齡并用的標準劃定課役身分,按身高劃分的“小”“大”衹是一級課役名目;“小”之下設有按身高劃分的“作”和“未作”,“大”之下至少有按年齡劃分的“免老”。參照睡虎地秦簡與里耶秦簡,推測當時民衆與刑徒的課役標準一致。漢代初年開始出現兩套課役身分體系,一套是以“小未傅”(未傅籍的未成年人)、“丁”(尚未成爲法定的名目)、“老”構成的徭役身分,另一套則是以“小”“大”構成的口算身分。漢代與戰國户籍上標注或體現出的“小”“大”,表面上名目相同,但無論其性質還是指代的年齡範圍都有很大差异。王彦輝《聚落與交通視閾下的秦漢亭制變遷》對傳世史籍及出土文獻中的“亭”的研究歷史作了梳理,認爲亭有“城邑之亭”與“鄉野之亭”之分。同時探討了關於史籍記載的“十里一亭”與“十里一鄉”的不同記載,作者傾向於《漢書》中“十亭一鄉”的記載。日本學者畑野吉則《秦漢時代的文書傳遞和信息處理》認爲無論是否存在時間、地點的差异,秦漢時期郵書記録的格式與該記録所記載的共通事項大致相同。論文通過對肩水金關、甲渠候官、懸泉置出土的郵書記録傳遞範圍進行整理,闡明了三處的管轄範圍以及郵書記録的不同聚集狀況。因此認爲作爲漢代上計制度的基礎、從地方向中央傳遞信息的路徑比既往研究估計得要複雜。楊小亮《從出土材料談對“解書”的初步認識》主要利用長沙五一廣場東漢簡、西北漢簡等材料,認爲出土資料中所謂的“解書”應是下級向上級就行政或法律事務進行解説的文書,大概成熟於東漢時期,延及魏晋南朝。可獨立運行,亦可作爲附件上報,其本身具有可資論斷的書證效力。按目的和功能的不同,“解書”又可分爲“申辯解書”和“合議解書”,前者重在申辯而後者强調提供相關問題的處理意見,二者均需經上級批准纔能發揮作用。莊小霞在《秦漢急書考》中認爲秦漢時期存在一類被命名爲“急書”的官文書,最主要特征是在文書的封檢上題寫“急”字表示必須緊急傳遞。并對急書的命名由來、相關法律規定、結構形式以及演變等做了比較詳細的考證。劉釗《出土文獻所見秦漢官文書平闕現象探論》結合簡牘碑志文書考察了秦漢平闕現象,認爲秦漢平闕現象中,有"平"而無"闕",東漢時代的平闕現象已比較嚴格和複雜,奠定了後世平闕制度的基礎。著爲律令的詔書中平闕現象的出現和發展整體晚於同時代的公文性文書。平闕現象産生和發展變化的前期,與皇權的建立和發展壯大密不可分。湯志彪、沈浩《先秦出土材料所見藏納制度蠡測》認爲,傳世文獻記載先秦、秦漢時期藏書有相應的機構和官吏,從出土材料來看,銅器、生活用具(工具)、兵器、糧食、材料(甲骨)和文書等都有相應的納、藏規章制度和相關的工作人員(官吏),先秦時期的納藏制度應該比較完善。孫銘《秦漢簡牘所見"畏耎"芻論》認爲秦漢簡牘中,涉及到"畏耎"的律文有一定數量,尤其是在軍事活動中,因"畏耎"造成的處罰并不少見。從大的歷史背景來看,畏懦不行、臨陣脱逃、投敵降寇等行爲均可被看作"畏耎"的表現形式。"畏耎"所生刑名,隨着兵法、軍法、刑法這一法源性演化過程的推進而逐漸顯現出等序性的特征。秦鳳鶴《讀秦漢簡小札二則》考察了張家山漢簡中《二年律令・户律》的"留難",認爲"留難"是一種故意刁難以致延留的行爲。"留難"本爲官吏應及時處理的分内之事,官吏或爲謀取私利而故意拖延不辦。而秦漢簡牘中的"案致",不應分爲"案"與"致"解釋,"案致"應爲一詞,語義爲"考查"。安忠義《髡、完、耐與秦漢以來的耻辱刑》從文字訓詁學解釋了髡、完、耐的字義,并利用文獻和簡牘資料作進一步的分析論證,認爲漢文帝刑法改革并未觸動髡、完、耐等耻辱刑,這是因爲耻辱刑關於刑德的論述符合漢初以來的立法思想。陳文豪《簡帛目録學芻議》從目録學的角度,説明了編輯簡帛目録的意義及應注意事項,對之後編輯簡帛目録有着借鑒作用。王化平《論〈漢書・藝文志〉"方技略"及簡帛醫術的分類》結合出土文獻和傳世文獻資料,討論了"方技略"在分類、辨章學術兩方面的不足。文章在醫經、經方、房中、神仙四類之外,增加了本草、祝由兩類,并將目前出土的所有簡帛醫書進行分類羅列。

近一個世紀以來,秦簡不斷發現,大大豐富了對秦研究的資料。而本次探討會對秦簡的研究主要包括睡虎地秦簡、里耶秦簡、嶽麓秦簡、放馬灘秦簡等,涵蓋了簡册的編聯、簡文釋讀、年代考證、對個別問題的探究等方面。李力在《〈秦律十八種〉115簡的再解讀——兼及睡虎地秦簡〈徭律〉的編聯問題》中,重新考析了《秦律十八種》115簡,認爲睡虎地秦簡《秦律十八種》115簡應該是《徭律》而不是《興律》的内容。嶽麓書院所藏秦簡中的《興律》内容,有助於認識秦漢以來《興律》的演變情況。周海峰《嶽麓秦簡〈戍律〉及相關問題研究》認爲嶽麓秦簡《戍律》反映出徭戍是每個編户齊民應盡的義務,謫戍則帶有懲戒意味,其往往針對賤民。徭戍是有規定期限的,謫戍則没有固定的時間表。貲戍在本質上是一種經濟處罰,與罰戍者無别。罰戍是一種刑罰,犯法者必須前往邊境戍邊以抵罪。無論是罰戍、貲戍、適

(謫)戍或徭戍之人,還是招募而來的冗募群戍卒均可稱爲戍卒,其所從事的活動均可稱爲屯戍。曹旅寧《讀〈嶽麓秦簡(三)〉札記》結合《嶽麓秦簡(三)》奏讞書案例十五“綰等畏耎還走案”討論了“五十步笑百步”的律令意義。睡虎地秦簡《法律答問》與《嶽麓秦簡(三)》中的“未蝕”有奸未遂之意。《嶽麓秦簡(三)》案例三“猩、敞知盗分贓案”記載的“掘塚”可與《吕氏春秋·安死篇》的記載相對讀。《嶽麓秦簡(三)》案例十五“綰等畏耎還走案”中的“伍束符”是一個詞,有保持隊形識别之意。《嶽麓秦簡(三)》案例八可能存在書寫抄寫的錯誤。孫占宇《放馬灘秦簡古度應用年代考證》認爲放馬灘秦簡《星分度》篇所見二十八宿距度應當屬於以《洪範傳》爲代表的古度系統,這種古度的最初測定及應用年代應在春秋晚期,至漢武帝太初元年(前104),因“太初曆”采用更爲精密的今度座標而退出歷史舞臺。王偉《嶽麓書院藏秦簡(肆)校讀記(三則)》對《嶽麓書院藏秦簡(肆)》中的簡010/0797、簡084/2149+085/2016+086/2008、簡242/1261三枚簡文做了重新釋讀。張忠煒《里耶秦簡博物館藏秦簡》對里耶秦簡博物館所藏秦簡進行概略介紹,認爲館藏10-15殘牘是迄今爲止所見年代最早的功勞記載實物,并對9-1至9-12所見反印文進行考察,確定了9-1至9-12的疊壓關係。鄔文玲《里耶秦簡〈欣與吕柏書〉試析》圍繞《欣與吕柏書》展開探討,整理了里耶秦簡中關於欣和吕柏的簡文,推斷出欣生活的年代。同時釋讀《欣與吕柏書》的内容,并對相關書信的用語和格式加以討論。李世持《秦簡女性人名命名規律及文化内涵初探》通過對目前已刊布秦簡的全面整理,共得98個女性人名,其命名意義可分爲三類:一是取名於自然,二是取名於社會,三是取名於其他。命名規律是人名取義在社會價值上的集中體現,表現爲“三多”,即示“勞”“德”“弱”類的女性人名多。其文化内涵特點是,傳統“三從四德”思想雛形初見端倪。李迎春《秦基層行政“守官”制度再探》主要依據里耶秦簡,對秦基層行政“守官”展開討論,認爲秦尚不存在“滿歲爲真”的試守制度,除了個别“謫守”現象外,無論守丞還是守官都是在真官空缺時的代理,代理者往往需脱離本職,與兼本職而行文書事的假官不同。秦對守官種類和守職者身份有相關規定。對於部分守官來説,“守職”經歷是其仕途進程中的重要組成部分,根據相關考課結果,守官者有轉正、免歸、轉徙、退回原職等不同的仕進前途。朱錦程《秦郡官吏代理制度考略》主要探討了嶽麓秦簡中郡尉的代理制度,先對嶽麓秦簡中的相關簡文進行考釋,之後又結合里耶秦簡的内容,認爲秦郡官吏的代理制度與其所代理之官的重要性直接相關,大體采取以秩禄高低和先真後守的順序,同時以令的法律形式對這種代理制度進行明確、嚴謹的表述,進而公示天下。在里耶秦簡的文書中可以清楚看到這種代理制度在實際行政過程中的具體體現。魏永康《秦漢律令簡所見農事禁忌考論》結合《張家山漢簡·田律》考察了“日書”中的農事禁忌土忌與田忌,并討論了日書與律令的關係,認爲衹有《律令》與“日書”配合使用,纔能把成文的律令和不成文的規範相結合,全方位地實現對百姓的控制。

## 三　吴簡研究專題

隨着長沙走馬樓三國吴簡的不斷公布,學術界對其也有着熱切的關注。楊振紅《出土户籍簡與秦漢三國時期的"編户齊民"——中國古代官僚政治社會構造研究之三》結合出土的秦漢三國吴時期的户籍簡,進一步辨析編户齊民的概念内涵和發展變化,探討其所反映的戰國秦漢以來的社會結構及其變遷。熊曲、宋少華《走馬樓吴簡中的種糧給貸簿研究》復原了兩個官府種糧給貸簿書,即出禾給貸簿和嘉禾三年種糧給貸簿。認爲官府借貸種糧以一户爲標準,不論其家庭内勞動力的數量。百姓借貸種糧有兩種用途:一是用於耕種;二是用於口糧。政府貸給百姓種糧,主要是救濟貧民。陳榮傑《試論走馬樓吴簡"粢田"及相關問題》認爲吴簡"粢田"當爲種植粟的田地。因長沙地區以種植稻爲主,稻的種植面積遠遠超過其他作物的種植面積。爲與稻田相區别,種植粟的田地稱爲"粢田"。吴簡"粢田"按不同的收米標準,分爲粢租田、粢税田和粢限田,這和《田家莂》中二年常限田按不同的收米標準分爲租田和税田是一樣的。

## 四　魏晋河西地區歷史文化研究

魏晋時期絲綢之路河西地區民間歷史文化具有獨特的内容和藝術價值。吴浩軍在《河西買地券叢考——敦煌墓葬文獻研究系列之四》對河西地區出土的10件買地券文書作了考證研究,并對這類文獻的性質作了討論,對了解魏晋河西地區民間信仰和社會習俗具有一定參考價值。高啓安《中國最早的"貓捉老鼠"圖——兼談鬼灶上出現老鼠圖像的意義》指出高臺駱駝城東漢墓葬中曾出土一枚鬼灶,上有一幅"貓捉老鼠"圖,這是中國最早的"貓捉老鼠"圖,説明當時河西人已經馴養貓用來捕鼠。鬼灶上鼠圖像的大量出現,不是作爲食物,亦非源於某種信仰,而是生活場景的反映,是製作者的情趣創作。李永平《高臺出土魏晋論語類帛書的學術價值及有關問題》介紹了1991年出土於高臺縣駱駝城遺址墓葬區的帛書,現藏高臺縣博物館,帛書80行左右,8000餘字,是一份重要的儒家論語類論説文獻。高臺帛書擴展了魏晋早期書寫材質的範圍,在語言學、文字學、詞章學、思想史方面有獨特的價值。

## 五　出土文獻與古漢語古文字研究

近些年來,學術界從古文字學古漢語學角度對戰國秦漢簡帛的研究熱度不減,此次會議中學者們對這一問題也有着熱烈的討論,内容涵蓋清華簡、上博簡、秦漢簡牘帛書的語言文字等,同時也涉及到史事考證、思想流派等方面。

### (一)清華簡和上博簡等楚簡研究

李均明《清華簡〈殷高宗問於三壽〉"祥"説解析》對該篇文獻中的"祥"進行討論,認爲簡文中的"括换妖祥,是名曰祥"體現出鬼神與人事并重的觀念,簡文中的"喜神而憂人""神民莫責""神民并尤""恭神勞民"等,總是神人并列,二者并重,且恭敬前者,實惠後者,人的作用已被充分重視。李守奎在《釋"仍"》中認爲清華簡七《越公其事》中的"艿"當讀爲"仍",訓爲"重"。簡文"殹民生不艿,王其毋死"比《吴語》之"以民生不長,王其毋死"貼切,很可能是後人傳抄或整理過程中不認識"艿"字所做的改寫。石小力《清華簡第六輯中的訛字研究》對清華簡(六)中13個訛字現象作了研究,并對古代訛字現象産生的原因及判定訛字的標準等問題進行了討論。王輝《一粟居讀簡記(八)》是讀清華簡《良臣》的五則札記。一、討論伊尹與保衡的關係,説伊尹是湯臣,與保衡非一人。保衡時代晚於湯,但不會晚到武丁時。二、子産之師"肥仲"疑即苗賁皇,苗爲封地,賁爲其姓,皇爲其名,仲爲排行。肥、賁通用。苗賁皇見於《左傳》《國語》《漢書・古今人表》。他知禮知法,眼光遠大。三、子産之師"杜嗇"疑即《左傳》所見之杜泄。他依禮行事,不畏强權,是子産效法的對象。四、子産之輔"子剌"應即鄭臣印段,剌讀爲礪,與段(碫)義近。印段與子産同時,曾"從"子産離開鄭國一段時間,治國理念相同。五、子産之輔"王子伯"疑即《左傳》所見之王子伯駢,他長於外交辭令,與子羽一樣,是子産從政的幫手。吴良寶《從清華簡〈繫年〉説屭羌鐘銘的"楚京"》認爲現有的史籍記載與出土文獻都不支持屭羌鐘銘文"賨敚楚京"的"楚京"國名説,《繫年》的相關内容從根本上否定了將鐘銘"楚京"之"楚"理解爲"楚國""楚京"是楚國地名的各種意見。楚京地名的探求,與三晋伐齊的具體路綫有關。劉國忠《也談清華簡〈厚父〉的撰作時代和性質》贊成清華簡《厚父》篇作於周初的見解,認爲它是周武王時的作品,是西周初年借鑒夏、商治政得失而廣泛諮詢遺老的産物,并主張篇中的厚父很可能與周代杞國的始封君東樓公有關。認爲清華簡《厚父》的學術價值體現在它對於後來的《酒誥》和周初禁酒的影響上,以及它對於周人夏代史觀和德政思想的影響上。趙平安《〈子儀〉歌、隋與幾個疑難字的釋讀——兼及〈子儀〉的文本流傳》結合清華簡《子儀》中的"歌"和"隋"考察了與之相關的文字,主張《子儀》内容上與秦有關,用楚文字書寫,但是受到了三晋文字的影響。韓國學者姜允玉《論楚國儒家出土文獻中“仁”的含義》用傳世文獻和楚國出土儒家文獻材料來互證“仁”字含義和其來源問題。認爲從孔子開始,仁字的含義成爲做人的最高準則,使它成爲一個學說。傳世文獻和出土文獻所反映的包括孔子所言、整個春秋時代的各種“仁”觀念,實際都并没有突破“仁”乃“親愛”“相人偶之人”的範圍。從文字學角度來看,從“身”從“心”的“㥤”,以表示新的“仁”觀念。張新俊《上博簡〈君子爲禮〉補釋一例》對上博簡《君子爲禮》簡 3+9A+4+9B 簡進行考釋,認爲簡文中的“顔淵起迲席”中的“迲”所釋無誤,“智而比信”的“信”應釋爲“[illegible]”,“斯人欲亓長貴也”的“長”應釋爲“比”。上博簡《君子爲禮》可以和郭店簡《成之聞之》對讀。

**(二)其他秦漢簡牘研究**

這部分主要包括對簡牘中的古漢語分析、古文字考釋和音韻學研究。張顯成《〈漢語大詞典〉書證缺無簡帛補》收補簡帛文獻中的 45 個詞彙的書證:半徑、卌、尒、㑹、匋、兄嫂、平旦、奉、奉書、弍、弎、句、吙、後父、外王母、廖、它、宗、枕巾、某、桮、桼、威、相邦、發書、篤、褻、萬、翁、素履、績、綸、絜、繆、繰、車鉤、褋、豘、賴、鉏、靳、鞠、頭足、頯、顔。李玥凝《漢簡“卿”字小札》認爲秦漢時期“卿”從二人相向對食引申爲公卿大夫,在秦漢時代可指代各階層的長官,還有了敬稱、第二人稱稱謂語、人名的泛稱等多種意涵。作爲人名泛稱的“卿”主要見於河西地區出土的簡牘文書中,其他含義則在魏晉時期趨於固定,并一直沿用至今。“卿”在更多情況下没有尊敬之意,這可能與其作爲稱謂語時主要應用於尊對卑的稱呼有關。竇磊《夏侯妙妙衣物疏補釋》對北京古陶文明博物館藏的一枚木牘衣物疏進行了詳盡考釋。文中引用學界觀點,認爲此衣物疏可能出土於甘肅省張掖市高臺縣西南的駱駝城遺址附近,并對“爪囊”“舜囊”等數詞做了進一步的解釋。單育辰《〈長沙馬王堆漢墓簡帛集成〉房中術竹簡校訂》結合新舊圖版對馬王堆帛書《十問》《合陰陽》《天下至道談》中的“棰食”“厥”“款”“款”“已”“撅”“害”“數已”等諸字詞從古文字學角度進行了新的疏證。方勇《讀天水放馬灘秦簡札記四則》考訂放馬灘秦簡中乙 214A+223 之“[illegible]”當讀爲“豩”;簡乙 298“[illegible]”當讀爲“弜”;簡 300“[illegible]”當讀爲“雌”。簡 282“[illegible]”當讀爲“貸”。張存良《新見英藏斯坦因所獲漢文簡牘未刊部分釋讀》整理和研究了英藏斯坦因所獲漢文簡牘中的一些削衣碎片,發現這些簡牘遺文的内容大多數與古佚書《蒼頡篇》有關,有助於對《蒼頡篇》的研究。古音研究方面,馮玉、孫占宇《從放馬灘秦簡通假字看秦上古方音系統》認爲放馬灘秦簡中的通假字用例真實地反映了秦方音系統的若干特點:聲紐發音部位相同的字最易通假,除全濁音當時可能尚未分出外,其他聲母更符合黄侃“古音十九紐”之説;入聲“有勢無聲”的特點致使入聲韻在秦方言中正在逐漸消失,收尾於[-k]的最不穩定,收尾於[-p]的系統性最强,變化最慢;上、

去兩聲尚未分出,入聲分立,這也與黄侃上古聲調僅有平入兩調的主張相合。此外,本次會議還收到了一篇關於青銅器考釋的文章,黄錦前《釋“金□”——兼談“鑾旟”》對近年刊布的獄盤、獄盉、衛簋及曶簋銘的“□”字進行了考釋,認爲從文字的形、音、義及有關金文文例等各方面來看,“□”應釋爲“旗”,該字從“燕”得聲,係“旗”字的异體。東盉銘“鑾旟”之“旟”亦當釋作“旗”,從袁得聲,亦係“旗”字的一種异體。常見的“旗”字出現多種异體的寫法,或與當時用字習慣的差异有關,就現有材料而言,這一現象或僅在西周中期這一短暫的時段内存在。

此次會議上,甘肅簡牘博物館聯合多家合作單位正式發布并向與會代表贈送了《肩水金關漢簡(伍)》。會議期間,向與會代表展示了由甘肅簡牘博物館、西北師範大學和蘭州城市學院等多家單位學者合作撰寫的《居延新簡集釋(一—七)》,這是甘肅漢簡整理研究的重要成果,對弘揚甘肅簡牘文化和推動國内外簡牘學研究具有重要意義。此次會議,還向與會代表贈送了《簡帛研究二〇一六(春夏卷)》、《出土文獻研究》第十五輯、《四川文物》第1、3期、《簡牘學研究》第六輯等簡牘學和考古學專業刊物。

此次會議是2016年“首届絲綢之路(敦煌)國際文化博覽會系列活動”之一,此次學術研討會議弘揚了甘肅古老悠久的歷史文化,爲“一帶一路”建設提供了豐富的歷史文化信息和學術論證,爲“華夏文明傳承創新區”建設增加了甘肅漢簡的獨特内容。此次提交論文的作者,既有長期從事簡牘學研究的年長學者,也有來自國内外高校科研院所的年輕學者和在讀碩博研究生,簡牘學研究隊伍的壯大,加之近代以來全國各地不斷發現先秦秦漢魏晋三國時期的簡牘帛書,簡牘資料的不斷豐富,使簡牘學這門國際顯學愈發展現出蓬勃生機。當然,我們也應看到此次提交的論文,大都以具体个案的史事、文字等考證爲主,對簡牘本身的保護研究以及簡牘學的整體評價、發展方向、基本規律等理論性的探討和宏觀上的分析尚顯不足,這應該也是以後簡牘學術界需要加强研究的一個方面。

# 代地歷史文化學術研討會綜述

中國社會科學院研究生院　單印飛

河北省蔚縣在歷史上曾爲代國、代郡治所所在。代居於中原農耕文化與北方游牧民族文化交界地帶、燕趙之間，具有獨特的歷史、文化、民俗。爲了進一步加强蔚縣文化建設，促進代地歷史文化研究，加强科研單位與地方文化建設結合，河北省蔚縣縣委宣傳部和中國社會科學院歷史研究所戰國秦漢史研究室聯合主辦的"代地歷史文化學術研討會"於2016年9月24日至25日在河北省蔚縣召開。來自中國社會科學院、北京大學、中國人民大學、武漢大學、鄭州大學、《河北學刊》雜誌社、首都師範大學、河北師範大學、河北省文物考古研究所、石家莊學院以及張家口市電視臺、蔚縣政協、蔚縣博物館等單位三十餘位學者參加了會議。開幕式由蔚縣縣委宣傳部部長宋豔蓮主持，蔚縣縣委副書記李衛森、張家口歷史文化研究會副會長劉喜、中國社會科學院歷史研究所戰國秦漢史研究室主任楊振紅先後致辭。

與會學者圍繞"代的建國史""戰國秦漢時期代的行政建制演變""戰國秦漢時期冀、晋地區的歷史文化與民族關係""冀北的歷史文化與社會風俗流變"四個論題，發表專題報告并進行了討論。現分幾個方面進行介紹。

第一，代地行政建制沿革、歷史地理、區域文化特征研究。關於古代國建立的時間和族屬，古今學者説法不一。黄紹雄《對古代國建立時間和族屬的再認識》，依據《逸周書》《路史》等傳世文獻記載以及考古學、體質人類學的最新研究成果，認爲古代國是商代或商初建立的子姓族國的觀點是可信的，而春秋時期戎狄部族所建的通説值得商榷。李新威《代王城城址調查報告》，從地理位置、自然環境、歷史沿革與建制、城址現狀、代王城墓葬群等方面詳細地介紹了代王城遺址考古工作所取得的新發現，并對代王城遺址的價值進行了學術評估。

孫繼民《春秋戰國東代城地望蠡測》,從《水經注》的記載入手,依次考訂了代城、將城、東代(後曰東城)三座古城的方位,認爲代城即今代王城遺址所在,將城應在西合營以南一帶,并推測東代城在北大坪、小棗堡、任家莊一帶。毋有江《内生與外向視角下的地區發展——以先秦兩漢魏晋南北朝時期的代地爲例》,從資源、地緣文化和政治文化角度,將地方或區域發展分成内生與外向兩種基本模式,并以此對先秦兩漢魏晋南北朝時期的代地發展進行了分析。他認爲,春秋以前代地是立足於游牧社會的内生型發展,但代地與華夏族群地緣上的頻繁互動改變了這種狀態,導致代地出現了游牧與農耕兩種社會生活形態,政治上開始走上外向型發展的軌道,并出現向農耕社會演進的歷史趨勢。飛狐道是連接内蒙古高原和華北平原的重要通路,曾磊《飛狐道與秦漢軍事交通》概述了飛狐道、飛狐關的險要形勢,認爲飛狐口和飛狐關當在一地,并從光武帝下詔修治飛狐道的歷史背景考察了東漢飛狐道的走向問題。

第二,關於趙代關係、代政治、經濟等方面的研究。袁延勝、馮西西《從〈史記·趙世家〉看趙、代關係》,充分挖掘《史記·趙世家》中有關趙、代關係的信息,揭示了趙國爲吞并代國所做的準備工作以及滅代過程,指出趙國重視代地的原因是企圖將其作爲跳板,繼續擴張趙國勢力,同時得到代地人力、物力、財力的支援。許夢陽《小議戰國時期的代地史事——兼論〈史記〉秦滅代問題》,從趙、代關係的角度,論述了戰國至秦統一這一段時期與代地軍事地位相關的一些史事,對代王嘉敗於易水之後隨燕王東遷至鴨緑江中上游的觀點提出商榷,贊同代王嘉最終滅亡於秦始皇二十五年的通説。蘇輝《戰國代地所鑄趙兵三器的再分析》,以代地所出的趙國晚期兵器爲中心,結合相關器銘與文獻,考察了局勢動盪與戰事頻繁的環境下兵器製造業和軍事供給情况的變化趨勢,并根據代地兵器的督造者對趙國封君與邊地行政管轄體制提出了新認識。賈麗英《"代馬丞印"小研究》,認爲半通印"代馬丞印"不是漢初之印,而是秦時璽印;"代馬"不是地名而是職官名,與"家馬"同,是秦時官府在代郡所設的馬政官署,主要目的是馴養良種馬,以備軍、備胡。莊小霞《里耶秦簡所見代地簡文考述》,對里耶秦簡中涉及秦代代郡歷史的簡8-532+8-674+8-528作了進一步考釋。王文濤、苑苑《兩漢代地守相及相關問題略論》,分漢三年至元朔五年、景帝末至綏和三年、光武初至建安中三個時間段,對代地最高行政長官守、相的身份、任職情况進行分析,認爲兩漢時期代郡的軍事地位呈現出階段性波動的特征,西漢武帝時代郡作爲抵抗和反擊匈奴的前沿,軍事地位十分重要,武帝後隨着漢匈關係的變化,代郡的軍事地位逐漸下降。蔡萬進《竇太后"籍趙""籍代"及相關問題》,對竇姬"籍代"所反映的漢代户籍制度進行探討,并認爲竇姬"籍代"的年代在漢惠帝元年至六年(或五年)之間,目的可能是利用她來監視劉姓諸侯王。趙天昱《西漢時期的代郡》,從隸屬關係、軍事地位、經濟、民風等角度對西漢時期的代郡進行了全面論述。張偉《魏晋北朝時期代地的社會經濟》,指出魏晋北朝時期隨着各民族政權的更替、戰爭和自然災害的頻繁發生,代地逐漸形成了自然經濟、農牧經濟以及救濟經濟相融合的經濟特色。

第三,關於代地歷史人物、風俗的研究。秦進才《衛綰奏請開啓罷黜百家的先河——兩漢代郡歷史人物與經學關係初探之一》,以漢武帝初年的學術背景、衛綰的生平爲切入點,辨析衛綰奏請的相關問題,認爲衛綰奏請開啓了罷黜百家、表彰六經的先河,具有重要歷史意義。宋燕鵬《磨笄山與代王夫人信仰研究札記》,針對磨笄山地望的問題,認爲無論是飛狐縣東北百五十里説還是代郡東南二十五里説都在代國範圍内,并梳理了定襄七岩山聖母形象向代王夫人轉化的過程。袁延勝《"代馬依北風"簡析》,對"代馬依北風"這一名句進行解讀,認爲從戰國到秦漢代地一直都是盛産良馬的重要産地;"依北風"表明代馬是北方馬的代表,表達了對家鄉風土的眷戀;隨着秦漢時期代地的郡縣化以及匈奴崛起的影響,"胡馬"逐漸取代"代馬"用來指代北方。

第四,與代地有關的趙、中山、匈奴等相關問題、歷史背景的研究。2014 年河北省文物研究所工作人員在河北省境内首次發現了趙北長城遺址,韓金秋《趙北長城的新發現》簡要介紹了趙北長城的走向、現狀、特征、附屬建築以及相關遺存,指出其東段的年代爲戰國至漢代,采用因地制宜的修築原則。他特别指出,這次調查更正了以往關於張家口西部地區戰漢長城在尚義縣與懷安縣交界綫的觀點,將原先認爲的戰漢長城向北移動了 10-20 千米。孫聞博《范雎"遠交近攻"之策的提出及其内涵新探——兼論秦對外戰略的北移》,將范雎的"遠交近攻"之策置於秦對外戰略的整體發展綫索中,對這一戰略提出的歷史背景、戰略特征、施行内容進行了探討。馮金忠《漢景帝時匈奴諸王入附考》,首先對漢景帝時徐盧等降附者的人數、姓名、身份、受封地地望進行了詳細考辨,指出封地位不高的匈奴酋長爲侯主要是政治上的考慮,將其安置在内地反映出漢王朝對降附者的防範,這與武帝置其於邊地、建立屬國不同,顯示出不同時代漢匈之間力量的消長。李現紅《也談"慷慨悲歌"》,對"慷慨悲歌"的文化内涵進行分析,認爲"慷慨悲歌"最早不是燕趙的文化符號,而是中山國獨有的民風民俗,後來成爲中國歷史上士人的一種特殊情懷。

閉幕式由中國社會科學院歷史研究所戴衛紅主持,中國社會科學院歷史研究所戰國秦漢史研究室副主任鄔文玲對此次學術研討會作了總結發言。她指出,這次會議内容豐富、成果顯著,從多層面、多角度深入探討了代地的歷史文化,取得了以下成果:一是辯駁舊説、提出新見,厘清了若干問題,進一步豐富了對代地歷史文化的認知;二是采用新的研究視角和理論框架,進一步突顯了代地的歷史地位;三是發掘出一些新史料,拓展了代地歷史文化研究的新領域,進一步呈現了早期代地歷史文化的區域特征。最後,蔚縣縣委副書記李衛森致閉幕詞,指出此次研討會是蔚縣文化事業上的一個標志性事件,將對發掘、整理、繼承蔚縣寶貴歷史文化遺産,進一步推動蔚縣文化事業大發展、大繁榮産生積極而深遠的影響。

# 附录:《簡帛研究》文稿技術規範

《簡帛研究》文稿技術規範在原有基礎上進行了適當調整,從《簡帛研究二〇一四》輯開始執行,敬請同仁垂注。

一、作者投稿,敬請惠寄打印稿或電子稿(WORD+PDF文檔)。文稿務請達到齊(内容提要、關鍵詞、正文、注釋均完整無缺)、清(整齊清晰)、定(係作者定稿)。

二、文稿全文繁體橫排(如果需要保留格式,個别簡文可豎排)。標題下標出作者工作單位、姓名。如果是國外學者,請在工作單位前添加國别,并加"[ ]",如[韓]。内容提要300字以内,關鍵詞3—5個。

三、文内分層或小節的標題數字順序依次是:一、,二、,三、,四、……;(一),(二),(三),(四)……;1.,2.,3.,4.……;(1),(2),(3),(4)……。文内一級標題漢字數碼後用頓号,後出標題題文,文内二級、四級標題後緊接標題,三級標題阿拉伯數字後加"."。如:

一、名籍的格式

(一)物價波動狀況與换算失誤

1.臨潼銀鋌與安邑分司

(1)婺源縣的事例

四、爲突出引文的重要而另立段落者,引文第1行起首空4格,從第2行起,每行之首均空2格。引文的首尾不加引號。引文的注釋號標在引文最後標點之後。

五、系統在默認狀態下不能處理録入的文字,請造字或以圖片形式插入正文。

六、關於數字的用法:

(一)數字用法以國家技術監督局1995年12月公布的《出版物上數字用法的規定》爲基本依據,并考慮到本專業的特殊性。

(二)如下情形使用阿拉伯數字:

1.作者的一般性叙述。如:

漢武帝實行鹽鐵官營,在全國40個郡國中設立鐵官49處。

2.公曆世紀、年代、年、月、日。如:

1922年12月初,顧頡剛到商務印書館編譯所任專任編輯。

3.公制的度量衡單位計數與計量,包括正負數、分數、小數、約數和百分比,各種物理量值。如:

中國歷史博物館藏唐武德元年銅權重464.2克。

清代農業人口占人口總數90%以上,構成全國人口的主體。

4.表示順序號、數據及計量單位均用阿拉伯數字。

(三)如下情形使用漢字:

1.古籍文獻中的數字。如:

《晋書》卷一一《天文志上》:"古舊渾象以二分爲一度,凡周七尺三寸半分。"

2.古籍文獻中的卷數。如:

《册府元龜》卷三五《帝王部·封禪一》

3.中國朝代的年號及干支紀年使用漢字,其後加括號標出公元年代,但不寫出"公元"、"年"字。如:

乾道六年(1170),元狩四年(前119)

4.數字作爲詞素構成定型的詞、詞組或慣用語。如:

相差十萬八千里,十之八九,四分五裂

5.帶有"幾"字的數字。如:

幾千年以來

七、文内標點符號用法

(一)標點符號以國家技術監督局1995年發布的《標點符號用法》爲依據。

(二)連接號"—"爲短横(一字綫),占兩個字符。

如:中國秦嶺—淮河以北地區屬温帶季風氣候。

(三)引文或行文中的省略號,前、後均不加逗號或句號。

如:《左傳》隱公十一年《傳》:"與鄭人蘇忿生之田……盟……"

八、表格需注明表題,文中含一個以上的表需注明表序號,表中或表後應注明資料來源。如:

表1　明天啓元年(1621)北京五城鋪甲户數統計表

| 五城 | 鋪數 | 甲數(名) | 户數(户) |
|---|---|---|---|
| 中城 | 53 | 2544 | 25440 |
| 東城 | 173 | 3608 | 36080 |
| 南城 | 135 | 4330 | 43300 |
| 西城 | 101 | 3764 | 37640 |
| 北城 | 63 | 873 | 8730 |
| 合計 | 525 | 15119 | 151190 |

資料來源:《明熹宗實録》卷九。

九、注釋格式

(一)注文采用頁下注,每頁連續編號。

(二)注號采用阿拉伯圓圈數字,如:①、②、③。

(三)正文中的注號,無論隨文還是提行引用,一律標注在引號、逗號、分號、句號的後面。

(四)徵引古籍

1.徵引古籍標注一般順序:撰寫時代/撰寫者/著作名/卷數/版本/出版地點(出版社社名中已標示其所在地者,可不必再標地名)/出版社/年份/頁碼。影印古籍、未經今人整理的古籍亦出册頁。撰寫者時代以[ ]標出。如:

[宋]張齊賢:《洛陽縉紳舊聞記》卷五,文淵閣《四庫全書》本,上海人民出版社,1986,第231册,45頁。

2.習見古籍如二十四史、十三經、十通、《太平御覽》等書,徵引時可不出撰寫者時代和撰寫者。如:

《晋書》卷一四《地理志上》,北京:中華書局,1974,406頁。

《資治通鑑》卷一八五《唐紀一》貞觀元年,北京:中華書局,1956,5777頁。

(五)近人專著標注一般順序:責任者與責任方式/著作名/出版地點/出版社/年份/頁碼。

1.多卷本著作標明卷名,多人撰寫的著作應標出具體責任人。如:

林甘泉主編:《中國經濟通史·秦漢經濟卷》上册,第1章《緒論》(林甘泉撰寫),北京:經濟日報出版社,1999,8頁。

2.文集責任者與析出文獻責任者相同,省去文集責任者。如:

徐中舒:《殷人服象及象之南遷》,《徐中舒歷史論文選集》,北京:中華書局,1998,78頁。

3.文集責任者與文集析出者相同,但字面關係不明,可在文集前加上"收入其著"。如:

齊思和:《毛詩穀名考》,收入其著《中國史探研》,北京:中華書局,1981,24頁。

4.文集責任者與文集析出者不同,應標出責任人。如:

顧頡剛:《九州島之戎與戎禹》,中國社會科學院科研局組織選編《顧頡剛集》,北京:中國社會科學出版社,2001,101頁。

5.期刊文章標注順序:責任者與責任方式/著作名/期刊名/年期(或卷期,出版年月)。同名异地刊物應有區别説明。如:

潘明娟:《從鄭州商城和偃師商城的關係看早商的主都和陪都》,《考古》2008年第2期。

李濟:《創辦史語所與支持安陽考古工作的貢獻》,《傳記文學》(臺北)第28卷第1期,1976。

6.報紙文章標注順序:責任者與責任方式/著作名/報紙名稱、出版年月日/版次。如:

楊伯達:《東北夷玉文化板塊的男覡早期巫教辨》,《中國文物報》2008 年 4 月 9 日第 7 版。

7.網絡文章標注順序:責任者與責任方式/著作名/網站名稱/年月日。如:

邢義田:《漢代簡牘的體積、重量和使用——以中研院史語所藏居延漢簡爲例》(修訂稿),簡帛網,2008 年 4 月 5 日。

(五)外文文獻標注順序。西文專著:責任者與責任方式/著作名/出版地點/出版者/出版時間/頁碼。著作名用斜體,出版地點後用英文冒號,其餘各項間用英文逗點隔開。西文期刊:責任者與責任方式/著作名/期刊名/卷册及出版時間。著作名用英文引號標出,期刊名用斜體。引文跨頁用“pp. X-X”。日文、韓文等專著和期刊標注方式基本相同。日文、韓文等中的漢字請遵照其本來寫法,如發展的“發”,日文寫作“発”;“變”寫作“变”,“學”和“國”仍用簡體等。如:

T' ung-tsu Ch' ü, *Han Social Structure.* Seattle and London: University of Washington Press, 1972, p.121.

Brain E. Mcknight, *The Quality of Mercy: Amnesties and traditional Chinese Justic.* Honolulu: University Press of Hawaii, 1981, pp.37-72.

宮崎市定:《九品官人法の研究——科挙前史》,京都:同朋舎,1971,179 頁。

中村圭爾:《魏晋時代における“望”について》,《中国-社會と文化》2,1987,25 頁。

方東仁:《韓國의國境綫劃定研究》,首爾:一潮閣,1997,100 頁。

金文植:《조선후기지식인의자아인식과타자인식》,《大東文化研究》39,2001,19 頁。

(六)譯著格式:責任者國別/責任者與責任方式/翻譯者/著作名/出版地點/出版者/出版時間/頁碼。國别以[ ]標注,責任者需以括號標出本名,責任者和翻譯者間用逗點間隔。

譯文格式:責任者國别/責任者/翻譯者/著作名/刊名/出版時間或卷册。國别以[ ]標注,責任者需以括號標出本名,以書代刊出版物標出出版單位和時間。如:

[英]柯林伍德(R.C.Collingwood)著,何兆武、張文杰譯:《歷史的觀念》,北京:中國社會科學出版社,1986,155 頁。

[德]科卡(Juegen Kocka)著,景德祥譯:《全球化時代的社會史研究》,《史學理論研究》2007 年第 1 期。

[日]大庭脩著,徐世虹譯:《〈居延漢簡補編〉的出版》,《簡帛研究二〇〇一》,桂林:廣西師範大學出版社,2002,567 頁。

十、各朝代的簡帛資料,參照所引底本内容、格式、符號、標記、編號照録,或采用通行方法,如《吴簡研究》第 3 輯(北京:中華書局,2011,405 頁)附録的“吴簡徵引格式”。引用簡牘是否斷句、加標點,不做統一要求。

十一、其他

(一)凡徵引文獻以“參見”、“詳見”、“并見”等引導,責任人直接與文獻連接。如:

參見傅衣凌《明清社會經濟變遷論》,北京:人民出版社,1989,152 頁。

(二)同一文獻再次引用時,注釋中衹標出責任者、著作名和頁碼。一律不采用“前揭”、“前引”、“同前注”、“同上注”等。

(三)出版物的出版時間均采用公曆。

(四)需要標出基金項目、資助等,在文章標題後加注,注釋符號爲“ * ”號,在頁下脚注寫出説明性文字。

(五)文稿附加文字如鳴謝等置於全文後,另段標出。

# 徵稿簡約

一、本刊作爲中國社會科學院簡帛研究中心的專業性學術刊物，歡迎與下述内容相關的論文投稿：

1.出土簡帛的辨識、考證；2.根據出土簡帛考辨史實，研究中國古代的各種制度、思想文化以及社會發展狀況；3.有代表性的國外簡帛研究譯文；4.簡帛研究綜述；5.簡帛研究論著評論；6.簡帛研究論著索引；7.簡帛學理論與方法的總結、探討。

二、本刊提倡嚴謹的學風，堅持“百花齊放、百家争鳴”的方針，堅持相互尊重的自由討論。本刊發表的文章均不代表本刊意見，由作者文責自負。

三、本刊衹接受首發投稿。已在正式出版物和網絡上刊發者，均不視爲首發。

四、來稿請提交一份文本稿，一份電子文稿（電子郵件或磁盤）。

五、本刊實行雙向匿名專家審稿制度。稿件中請勿出現作者個人信息。有關作者姓名、單位、聯繫方式等，請另紙提供。

六、本刊對刊登的稿件擁有爲期兩年的專有版權。作者如有异議和特殊要求，請於投稿時聲明。請勿一稿兩投。

七、本刊處理來稿期限爲60個法定工作日。逾期未接到通知，作者有權對自己的稿件另行安排。因本刊經費緊張，來稿一律不退，請作者自留底稿。

八、來稿請寫明作者真實姓名(發表時筆名聽便)、工作單位、職稱或職務、通訊地址、郵政編碼、電話號碼和電子郵箱，以便聯繫。

來函請寄：

北京市建國門内大街五號 中國社會科學院歷史研究所戰國秦漢史研究室

曾磊 收

郵編：100732

電子郵件請寄：jbyj2005@126.com